길은 복잡하지 않다

길은 복잡하지 않다

제1판 제1쇄 발행일 2009년 12월 15일
제2쇄 발행일 2010년 1월 1일
제3쇄 발행일 2010년 1월 21일

글쓴이 | 이갑용
기획 | 책도둑(김민호, 박정훈, 박정식)
표지 그림 | 강우근
디자인 | 김효중
인쇄 | (주)갑우문화사
펴낸이 | 김은지
펴낸곳 | 철수와영희
등록번호 | 제319-2005-42호
주소 | 서울시 마포구 망원1동 386-2 양경회관 302-1호
전화 | (02) 332-0815
팩스 | (02) 6091-0815
전자우편 | chulsu815@hanmail.net

* 책값은 뒤표지에 있습니다.

ISBN 978-89-93463-06-4 03300

철수와영희 출판사는 '어린이' 철수와 영희, '어른' 철수와 영희에게 도움되는 책을 펴내기 위해 노력하고 있습니다.

골리앗 전사 이갑용의 노동운동 이야기

길은 복잡하지 않다

이갑용 지음

철수와영희

프롤로그

후회로 남지 않을 '지금'을 위해

처음 노동운동, 아니 정확하게 말해서 노동조합을 시작했을 때 우리는 정말 아무것도 몰랐다. 노동조합이란 무엇인지, 단체협상은? 임금교섭은? 근로기준법은? 노동법은? 연월차는? 수당은? 퇴직금은? 파업은? 노동쟁의는……? 끝도 없이 이어지는 질문에 답할 수 있는 사람이 없었다. 우리가 노동조합을 만들었던 건 노동조합만이 이 질문들에 답을 주고, 노동조합만이 우리를 지켜줄 수 있다는 확고한 믿음 때문이었다. 하지만 노동조합을 만든 이후부터 우리 삶은 그야말로 시련의 연속이었다. 평생 갈 일 없을 줄 알았던 감옥을 제집처럼 들락거리고, 수없이 많은 가정이 깨졌다. 무엇보다 견딜 수 없었던 건 동료와 동지들의 죽음을 지켜봐야 했던 일이다. 세상에 대한 분노와 무력감에 어쩔 줄 모르는 날들이 많아졌다. 세상은 우리에게 말했다. 노동조합만 포기하면 아무 일 없을 거라고, 다시 예전의 삶으로 돌아갈 수 있을 거라고.

하지만 그럴 수 없었다. 도대체 노동조합이 무엇이길래 이렇게까지 잔인하게 탄압하는 것인가. 우리의 요구가 그렇게 과한 것인가. 왜 우리는 이렇게 당해야 하는가. 점점 오기가 생겼다. 그렇게 오기와 분노로 버틴 세월이 어느덧 23년이다. 그런데 여전히 노동조합의 파업은 시민권을 얻지 못한 채 '떼잡이' 취급을 받고 있으며 비정규직과 장기 투쟁 사업장은 늘어만 가고 있다.

1989년 현대중공업의 128일 투쟁은 당시로선 최장기 투쟁이었다. 그래서 위대하다는 소리를 들었고, 영웅적인 투쟁이란 칭송을 받았다. 그런데 지금은 어떤가? 요즘 100일 정도 투쟁은 투쟁 축에도 끼지 못한다. 500일, 1000일 정도는 되어야 겨우 장기 투쟁 사업장 소리를 듣는다. 노동자의 삶은 오히려 더 피폐해져 비정규직 수가 1000만을 넘보는 지경까지 이르렀다.

1987년, 노동자들의 투쟁으로 잠시 주춤했던 자본은 20년 동안 서서히 반격을 준비했고, 그 반격은 성공한 듯 보인다. 가장 무서운 건 사람들이 체념을 내면화한 것이다. 나도 모르게 점점 싸워야 할 일들을 당연한 듯 포기하거나, 날 선 칼 대신 무딘 막대기를 들고 변명을 하게 된다. 무엇이 문제인지 알기 두려워 외면하다 체념과 무기력에 익숙해진다. 싸움의 대가가 너무 크다는 걸 알기 때문이다.

강산이 두 번은 변할 세월 동안 오직 노동조합만 보면서 달려왔는데, 요즘 들어 멈칫하는 순간이 많아졌다. 어디서부터 잘못된 것인지, 우리는 다시 무얼 해야 하는지……. 자본의 습성, 자본의 행태, 자본의 방식을 안다면 우리는 87년보다 더 조직되고 더 치명적인 반격을 준비할 수 있을 것이다. 그러나 그러기 위해서는 스스로에 대한 성찰이 먼저다.

그래서 기록하려 한다. 되돌리고 싶은 과거에 대해, 인정하기 싫은 현재에 대해. 그리고 돌아봤을 때 후회로 남지 않을 '지금'을 만들기 위해 말하지 못하고 묻어두었던 많은 일들을 쓴다.

나는, 노동운동과 노동조합 활동을 시작하는 후배들에게 작은 실무 교재를 만들어주고 싶었다. 회사에 업무 매뉴얼이 있듯 노동운동에도 매뉴얼이 있다면, 최소한 같은 문제에 부딪혔을 때 시행착오를 덜 겪을 것이 아닌가. '지금 알았던 걸 그때도 알았더라면…….' 하는 탄식이 나올 때마다, 어떻게 싸워야 하는지 아무도 가르쳐주지 않았다고 말하는 노동자들을 볼 때마다, 최소한 내 경험만이라도 남겨줘야 하지 않을까 하는 의무감에 마음 한구석이 늘 무거웠다. 그 부채감이 이 글을 쓰기 시작한 가장 큰 이유다.

그리고, 87년 노동자 대투쟁이 어떻게 이 사회의 분배 구조를 바꿔냈는지에 대해 말하고 싶었다. 87년 7·8·9 노동자 대투쟁은 6월 항쟁 못지않은 항쟁이었다. 그러나 노동조합이 몇 개 생기고, 몇 명이 파업을 벌였다는 통계로만 얘기될 뿐, 그것이 가져온 사회경제적 변화에 대한 얘기는 없다. 나는 내 경험을 바탕으로 노동자들의 투쟁이 어떻게 분배 정의를 이뤄냈고, 사회 발전에 얼마나 지대한 영향을 끼쳤는지 말하고 싶었다. 노동자들은 늘 자신의 역사를 남에 의해 평가받고 자리매김 당해왔다. 노동자가 말하는 노동자 대투쟁의 의의, 그것이 이 글을 쓰게 된 두 번째 이유이다.

세 번째로, '노동'을 정치나 경제보다 상위에 있는, 적어도 동등한 의제로 만들고 싶었다. 언론에서도, 일상적인 대화에서조차 우리는 '정치, 경제, 사회, 문화'라고 얘기한다. 노동은? 없다. 나는 민주노동당의 대선 공약에 '노동 부총리'를 넣어야 한다고 주장했었다. '경제 부총리'는 되는데 '노동 부총리'는 왜 안 되는가? '노동'의 의제화는 노동운동의 과제여야 한다. 어떨 땐 경제의 하위가 되고, 어떨 땐 사회의 하위가 되는 '노동'의 현실. 심지어 진보 언론에서도 '노동'은 없다. 나는 노동이 가장 우선인 사회를 꿈꾼다. 재벌이 재벌의 천국을 꿈꾸듯, 노동자인 나는 노동이 모든 것에 우선인 노동자 세상을 꿈꾼다.

넷째로, 민주노총을 살리고 싶었다. 사람으로 치면 이제 15살을 바라보는 나이. 그러나 제도권에 들어간 민주노총은 썩기 시작했다. 특히 김대중과 노무현 정권 때 노동운동은 더 힘들었고 지금 이렇게 무너져 있다. 모두가 위기라고 말한다. 이 시기를 잘 넘기면 바르고 단단하게 성장할 수 있지만, 잘못하면 역사의 뒤안길로 사라질지 모른다. 민주노총이 오늘날 왜 이렇게 되었는지, 위원장을 했던 내부자로서의 경험과 조직 밖에서 경험한 외부자의 시선으로 냉정하게 진단해보고자 했다. 솔직한 비판만이 민주노총을 살리는 길이라 생각해서 가혹하다 싶을 만큼 가감 없는 비판을 했다. 그게 내가 민주노총을 사랑하는 방식이다.

마지막으로, 현대중공업 노조와 민주노총 위원장, 울산광역시 동구 구청장을 거쳐 다시 해고자로 돌아온, 내 청춘의 한 시절을 담담히 정리하고 싶었다. 노동운동을 시작한 1987년도부터 1997년까지 나는 울산의 현대중공업 노동조합과 함께였다. 그 10년 동안 나는 평생 다시 겪을 수 없는 귀한 경험을 했다. 그땐 모이기만 하면 안 되는 일이 없었고, 너무나 많은 것들을, 너무나 짧은 시간에 바꿔냈다. 우리는 모두 순수했고 참 못났었다. 누구나 자기 삶은 특별하겠지만, 나는 유별난 경험을 많이 했다. 어떤 일들은 단순히 내 삶의 한 조각이 아니라 세상과 맞닿아 특별한 역사로 남기도 했다. 개인의 기록이긴 하나 사회적으로도 의미가 있는 기록이었으면 하는 마음으로 내 삶의 경험들을 적었다.

● ● ●

인생을 큰 틀에서 들여다보면 나는 참으로 행복한 삶을 살았다. 하지만 내 인생의 작은 순간들을 촘촘히 들여다보면 순간순간들이 후회와 탄식의 연속이다. 그때 골리앗에서 내려오지 말아야 했는데, 그때 그 사람을 현총련(현대그룹 노동조합 총연합)에 못 들어오게 해야 했는데, 그때 사보이호텔에서 총파업을 멈추라던 그들에 대해 말해야 했는데, 그때 민주노총의 비리를 더 철저하게 파헤쳐야 했는데, 그때 스위스에서 날아와 단식이나 하고 앉아 있어서는 안 됐는데, 그때, 그때, 그때…… 그렇게 해야 했는데, 혹은 그렇게 하지 말아야 했는데……. 수많은 '그때'들이 후회스러워 나는 내 가슴을 친다. '뼈아프다'라는 말은 그냥 하는 말이 아니다. 가슴 속에 수많은 '그때'들이 후회로 요동칠 때면 절망과 안타까움 때문에 그야말로 뼈가 아프다.

살면서 가장 후회되는 순간이 언제였느냐는 아내의 물음에 나는 단 1초도 망설이지 않고 "골리앗에서 내려온 것"이라고 답했다. 역사에 가정은 없다지만 만일 내가 그때 골리앗에서 내려오지 않았다면 한국의 노동운동은 크게 달라졌을지도 모른다. 골리앗 투쟁은 패했기에 더 위대한 투쟁으로 기록되었다지만 나는 '승리했기에 위대한 투쟁'으로 기록되고 싶었다. 나는 '골리앗의 외로운 늑대'라는 내 별명을 좋아한다. 그리고 투쟁으로 얻은 그 별명을 늘 영광이라 생각해왔다. 하지만 이제는 골리앗을 물리친 다윗이 되고 싶다. 더 이상은 외롭고 싶지도 않다. 혼자가 아닌 여럿이 함께 다시 시작하고 싶다.

• • •

이 책은 아내 이선옥이 없었다면 세상에 나오지 못했을 것이다. 우리는 정말 많은 이야기를 나눴다. 결혼 후 서울과 부산을 오갈 때, 처가에 갈 때, 명절에 꽉 막힌 고속도로에서 10시간씩 갇혀 있을 때도 쉴 새 없이 얘기를 나눴고, 아내는 그럴 때마다 혼자 듣고 지나기엔 아깝다며 내게 글을 쓰라고 권했다. 한 개인의 삶이지만 노동운동의 역사에도 꼭 필요한 기록이라는 이유에서였다. 아내를 만나지 않았다면 나는 아마 내 이야기를 글로 쓸 생각을 하지 못했을 것이다. 아내는 내 얘기를 너무도 진지하고 재미있게 들어주었고, 글을 쓰기 시작한 후에는 울고 웃으며 나눴던 얘기들을 빠짐없이 기억해내어 내가 놓친 부분을 완벽하게 보완해주기도 했다. 아내에게 고마울 따름이다.

여러 사람의 도움이 있어 이 글을 마무리할 수 있었다. 늦어지는 원고를 해를 넘겨가며 기다려준 '철수와영희' 출판사, 글이 나오도록 자신의 연구실까지 내어주며 격려를 아끼지 않은 한홍구 선생님, 그리고 서울과 울산의 많은 벗들이 이 책이 나올 수 있도록 도와주었다. 노동자로 부끄럽지 않게 살겠다는 다짐으로 감사의 말을 대신하려 한다.

세 번 징역을 살면서 아버지, 어머니를 차례로 잃는 아픔을 겪었고, 동생 둘의 결혼도 두 번 다 감옥 안에서 맘으로만 축하해야 했다. 한 가족으로 보면 가장 큰일들인 경사와 조사에 한 번도 함께하지 못한 자괴감과 아픔은 지금도 마음 한구석에 커다란 돌덩이처럼 남아 있다. 땅속에 계신 부모님과 갑상, 미아 두 동생들, 어느덧 21살이 된 은주와 10살 된 윤주, 아빠로서 책임을 다하지 못해 고생만 시킨 두 딸에게 미안한 마음도 함께 전한다.

그리고 내게 대표할 수 있는 영광을 준 이름 없는 많은 노동자들과 이 감회를 함께 나누고 싶다.

마지막으로, 타협하지 않고 자존심을 지키며 살 수 있도록 버팀목이 되어주는 든든한 내 아내 이선옥에게, 이틀 앞으로 다가온 우리의 결혼 10주년을 함께 축하하는 마음으로 이 책을 바친다.

2009년 11월 11일 늦은 밤, 이갑용.

길은 복잡하지 않았다,
우리의 마음이 복잡했을 뿐이다

한홍구 | 성공회대 교수

이갑용 위원장은 지난 2년간 내 가장 가까운 술친구였다. 그의 집이 학교 바로 옆이고, '백수'인 해고자 신분이다 보니 술 한잔 생각이 나 전화해보면 어쩌다 울산에 내려가 있을 때를 빼놓고는 언제나 잔을 기울일 수 있었다. 여기 이 책에 실린 내용은 대부분 그런 기회에 내가 미리 듣고 배울 수 있었던 이야기들이다. 때로는 『삼국지』보다 더 재미있게, 때로는 어찌 그런 일이 있을 수 있느냐며 밤새 통음하면서, 때로는 현장에서 거둔 작은 승리의 뒷얘기에 낄낄대면서 정말 혼자 듣기 아깝다고 생각했던 그런 얘기들이었다.

촛불시위가 한창일 때도 같이 붙어 다니며 많은 이야기를 나눴다. 시위대가 처음으로 청와대 입구까지 진출했던 2008년 5월 31일 새벽에는 대학원생들과 같이 밥 먹고 나오다 서대문경찰서에 연행되어 그 유명한 '닭장 투어'를 같이한 사이이기도 하다. 서생인 나야 상관없지만,

그래도 명색이 '투쟁의 달인' 이 그런 일로 잡혀가서야 모양 빠져 어찌 사느냐고 유치장 안에서 놀려대면서도 나는 그가 걸어온 노동자로서의 치열한 삶이 우리 모두의 자양분이 되어야 한다고 생각했다. 평화박물관 일이나 외부 강연으로 매일 학교에 나가지 못했던 나는 연구실 열쇠를 이갑용 위원장에게 맡기고 내 방에서 글을 쓰라고 강권했다. 성격이 깔끔한 그는 어수선한 방을 싹 정리하더니 노트북 컴퓨터를 가져다가 글을 쓰기 시작했다.

나보다 한 살 많은 58년 개띠인 이갑용 위원장은 아직 회고록을 쓰기에는 젊은 나이인지 모른다. 그러나 그가 노동운동을 하면서 체득한 지혜와 감각과 근육은 이른바 민주 정권 10년을 보내며 싸우는 법을 잊어버린 오늘의 우리에게 너무나 절절한 것이 아닐 수 없다. 이 책은 그런 절실한 내용으로 가득 차 있다. 현대사를 전공하다 보니 이런저런 회고록을 많이 읽어보았지만, 이 책처럼 치열하게 자신의 잘못과 실수를 고백하고 반성하는 책을 나는 아직 보지 못했다.

'지금 알았던 걸 그때 알았더라면' 이라는 회한은 이 책을 관통하는 기류이다. '골리앗의 외로운 늑대' 였던 그가 눈물을 흘리며 골리앗을 내려올 때, 현대중공업 위원장 당시 회사의 노조 분쇄 기도에 맞서 파업을 단행하지 못한 1994년 이후 지금까지 현대중공업이 단 한 차례의 파업도 하지 못하는 것을 회고할 때, 민주노총 위원장 시절 내부 비리를 원칙적으로 처리하지 못했던 일, 민주노총 위원장 임기가 다 되어갈 무렵 발생한 검찰의 조폐공사 파업 유도라는, 하늘이 내린 기회에 제대로 싸워보지 못한 일을 돌이킬 때면 노동과 투쟁으로 단련된 투사의 목소리도 떨리곤 했다.

이 책에는 그가 노동운동가로서 직접 겪은 일과 사람에 대해 날이 선 실명 비판이 자주 등장한다. 거론되는 내용은 참으로 거북하고 민망하기까지 한 일들이다. 그러나 이런 일을 덮어둠으로써 발생한 엄청난 결과를 생각해볼 때, 그리고 그 자신의 뼈저린 자기비판과 견주어볼 때 그의 실명 비판은 존중되어야 한다. 비판의 당사자가 된 이들은 이갑용 위원장의 비판에 부당한 점이 있다면 적극적으로 해명하거나 반박해야 할 것이고, 만일 그의 비판이 타당한 것이라면 자기비판을 하거나 최소한 자숙하는 모습을 보여야 할 것이다. 이갑용 위원장도 인간인지라, 그의 비판이 100% 옳다고 할 수는 없을 것이다. 그러나 현재의 노동운동이나 민족민주운동 전체의 상황을 볼 때, 우리 내부를 향하여 이렇게 아픈 이야기를 하는 그의 존재는 참으로 소금과 같다고 할 수 있다. '골리앗의 외로운 늑대' 라는 별명처럼 그는 외로운 사람이다. 누구도 소금을 한 순갈 푹 떠서 먹지 않는다. 그렇지만 소금이 빠진 음식은 상상할 수 없다.

그가 지적한 것처럼 신자유주의가 휩쓴 한국에서 노동자들은 점점 더 고립되어갔다. 노동자에 대한 사회적 지원과 연대는 거의 사라졌고, 노동자 내부에서 정규직과 비정규직의 골은 깊어만 가고 있다. "비정규직은 아무 지원도 없이 내동댕이쳐져 싸우는데, 정규직은 탄압을 피해 민주노총이란 테두리에 숨어 있는 기이한 구조"를 벗어나지 못한 채, 노동운동은 표류하고 있다. 이갑용 위원장이 책을 쓴 이유는 "투쟁을 통해 노동운동을 바로 세워보고 싶은 열망" 때문이었다.

이 책은 오늘도 현장에서 자본의 노동자 길들이기에 맞서 노동자로서 당당하게 살아가고자 하는 활동가들에게 소중한 지침서가 될 것이다. 그는 '지금 알았던 걸 그때 알았더라면' 이라는 회한에 머물지 않고, 자신이 무수한 시행착오를 통해 얻은 경험과 통찰력을 바탕으로 현장에서 어떻게 해야 회사의 노무 관리에 길들여지지 않을 수 있는가를 생생하게 가르쳐주고 있다. 가랑비에 옷 젖듯 조금씩 망가져간 노동운동과 활동가들의 모습을 아프게 지적하면서 이갑용 위원장은 현장에서 지켜야 할 원칙을 단호히 천명한다.

현대사를 공부하는 한 사람으로서 그가 1987년 7·8·9월 노동자 대투쟁이 가져온 변화를 설명하는 대목을 읽고는 많이 부끄러웠다. 역사학자들도, 사회과학자들도 7·8·9월 노동자 대투쟁의 의미에 주목하지 못했다. 이갑용 위원장처럼 명쾌하게 대투쟁이 가져온 변화를 민주화의 관점에서 설명한 글을 나는 아직 보지 못했다. 민주화란 별것이 아니었다. 노동조합이 만들어지고, 노동자가 인간다운 대우를 받고, 임금이 올라 생활 형편이 나아지고, 그 지긋지긋한 잔업철야를 벗어나는 것, 그것이 바로 민주화였다. 이 변화를 지속시키지 못했기 때문에 민주화란 여의도에서나 따지는 절차로 축소되었고, '민주 대 반민주' 구도는 노동자나 서민을 더 이상 껴안을 수 없었다.

상처받은 짐승이 나무를 타듯 "지금 이 시간에도 어디에선가 배낭을 짊어지고 눈물을 삼키며 하늘로 하늘로 오르는 사람들이 있을 것"이다. 굴뚝으로, 망루로, 타워크레인으로, 교통 CCTV 탑으로, 한강 다리 난간으로 사람들은 그렇게 오르고 있다. 1931년 우리나라에서 처음으로 고공 농성을 했던 평양의 여성 노동자 강주룡이 올랐던 을밀대의 높이는 겨우 5미터였다. 여기서 고작 9시간을 버텨 강주룡은 세상을 바꿨다. 그렇지만 21세기의 한국은 수십 미터의 85호 크레인에 외로이 올라

129일을 보낸 김주익을 외면했다. 이갑용 위원장이 지적했듯이 가장 무서운 것은 체념을 내면화하는 것이다. 체념이 내면화되면서, 그리고 과거의 투사들에게 좋은 자리가 주어지면서 지난 10년 동안 싸움의 근육은 퇴화되었다.

이 책은 가진 것도 없고, 배운 것도 없고, 조직도 없는, 그렇지만 싸움의 근육이 울퉁불퉁 살아 있고 투쟁으로 노동운동을 바로 세우고 싶은 열망으로 가득 찬 한 노동운동가가 지금 어디에선가 하늘로 오르는 사람들에게 바치는 눈물로 쓴 기록이다. 이 책을 덮으며 나는 역사에서 길은 단 한 번도 복잡한 적이 없었다는 점을 깨달았다. 길은 복잡하지 않았다. 우리의 마음이 복잡했을 뿐이다.

진정한 노동운동가의 삶이 주는 백 배의 감동

하종강 | 한울노동문제연구소장

훌륭한 사람을 만나면 작아지는 느낌이 든다. 이갑용 전 민주노총 위원장의 글을 읽으며 내내 그런 느낌이 들었다. '아, 이렇게 멋진 일들을 많이 겪은 사람에 비하면 나의 삶은 얼마나 단순한가.' 그런 생각이 떠나지 않았다. 지금까지 그에 대해 웬만큼 알고 있다고 생각한 것이 부끄러웠다. 그리고 솔직히 부러웠다.

북쪽에 올라가 예정에 없던 일정을 강요하는 실력자에게 "우리는 돌아간다. 이런 우리를 이해하지 못하는 북의 통일운동 방식은 우리도 동의할 수 없다"라고 맞받아치는 장면에서는 거의 숨이 멎었다.

게다가 "'우리의 소원은 통일' 을 부르며 남북을 갈라놓은 낮은 벽돌담을 넘으니 바로 남한"이었다니……. 반세기 동안 우리를 갈라놓았던 그 낮은 벽돌담을 자신의 발로 직접 넘어본 사람과 그러한 경험을 해보지 못한 사람의 인생이 같을 수는 없다. 이갑용 위원장이 노동자들을 이끌고 평양에 올라가 남북노동자 축구대회라는 물꼬를 트지 않았다면 6·15 정상회담은 없었거나 훨씬 늦게 이루어졌을 것이라는 사실도 이갑용 위원장의 글을 읽고서야 알았다.

노동운동 언저리에서 30년 가까운 세월을 보낸 나에게는 이갑용 위원장이 구청장 시절 겪은 많은 일들 또한 새로웠다. "자치단체장인 나에게는 '공무원을 징계하지 않을 권리'가 있다"며 "노무현 정부여, 나를 고발하라!"고 주장하는 대목은 마치 영화의 한 장면 같다.

50개가 넘게 들어오던 추석 선물을 몇 년에 걸쳐 4개로 줄인 일, 참여예산위원에 청소년 대표 학생들을 포함시킨 일, 예산권과 인사권이라는 두 가지 기득권을 버리고도 구청장 역할을 훌륭하게 수행한 일 등이 어떻게 가능했는지 궁금한 사람이라면 이 책을 읽어보면 된다. 그렇게 일하는 지방자치단체장이 열 명만 있어도 우리 사회는 많이 달라졌을 것이다.

노동운동에 대한 글들은 예상 밖으로 충격적이다. 나는 지금까지 공개된 문건 속에서 노동운동 내부의 문제를 이렇게 솔직하게 까발린 글을 본 적이 없다. 87년 노동자 대투쟁 이후 지금까지 민주노조운동 진영 안에서 어떤 일들이 벌어졌는지 이렇게 솔직하고 실감 나게 설명한 글은 일찍이 없었다. 그래서 이 책은 노동운동의 사료로도 가치가 있다.

때로 동지들의 배신감에 분노하고 수많은 상처를 입었으면서도 다른 누가 그 노동자 대표를 함부로 무시하는 것은 도저히 용서하지 못하는 이갑용 위원장의 모습에서 진정한 노동운동가의 모습을 본다.

자신은 골리앗 크레인 위에서 수십 명 동지들과 함께 있었어도 그렇게 외로웠는데 129일 동안이나 혼자 올라가 있었던 김주익 열사는 얼마나 외로웠을까 하는 절절한 마음으로 이갑용 위원장은 혼자 5일 동안 단식을 하며 김주익 열사를 떠나보냈다. 그것밖에는 아무것도 해줄 수 없었노라고 고백하며 울었다. 이갑용 위원장은 그런 사람이다.

대학 수업 시간에 이갑용 위원장 부부를 특강 강사로 초청한 적이 있었다. 아버님과 어머님의 장례식을 모두 감옥에서 바라볼 수밖에 없었노라고, 부모님을 자신의 손으로 땅에 묻어 드리지 못한 불효자라고 가슴을 치며 "앞으로 평생 동안 불 땐 따뜻한 방에서는 잠들지 않겠다"고 결심했다는 이갑용 위원장의 얘기를 듣는 학생들의 팔뚝에 소름이 돋았다. 그러나 곧이어 "그런데 감옥 나와서 살다 보니까 또 더운 방에서 자게 되더라구요"라는 재치 있는 반전으로 학생들을 매료시켰다. 이 책이 보여주는 신선한 감각과 감동의 크기는 그 백 배쯤 된다.

차례

1

현대중공업과의 만남

생각해보면 해고 사유가 뭔지, 대규모 감원을 왜 해야 하는지도 모르고 그냥 회사가 자르면 잘리나 보다, 다른 직장 찾아야지 하며 너무 순하게들 떠났다. 머리카락 잘리고, 조인트 까이는 걸 예사로 여기는 곳에서 일하다 보니 노동자의 권리 같은 건 생각하지 못했다. 회사란 당연히 그런 것이고, 회사의 주인은 사장이니 사장이 나가라면 어쩔 수 없이 나가야 한다고 생각하는, 그런 굴종이 내면화되어 있었다. 그저 내가 살아남은 것에 안도하며 쫓겨난 사람들도 곧 잊게 되었다. 공장은 아무 일 없었다는 듯 다시 돌아갔다.

마도로스의 꿈을 접고

1981년 군대를 다녀오고 1년 세월을 백수로 보냈다. 그러다 처음으로 돈 벌 궁리를 하게 되는데, 여름 피서철에 바닷가에서 장사를 하면 겨울을 날 수 있다는 소리를 들었다. 아버지한테 돈을 빌려 송정 바닷가에 갔다. 하지만 결과는 참담했다. 돈을 벌기는커녕 밑천마저 다 날리고 빈털터리가 되어 집에도 못 들어가는 신세가 된다. 겨우 집에 가보니 아버지가 내 장사 밑천이 마을금고 대출로 얻은 돈이니 갚으라고 하시는 거다. 집의 돈을 날리지 않은 게 그나마 다행이라 생각하며 빚을 갚으려고 막노동을 했다. 그러다가 선장을 하는 사촌형의 도움으로 알래스카 베링 해로 가는 명태잡이 트롤 원양 어선을 타게 되었다.

5000톤급으로 선원 수도 150명이나 되는 국내에서 제일 큰 수준의 배였다. 1982년에 봉급이 25만 원이었으니 웬만한 직장보다 많았고(1984년 당시 현대중공업 노동자의 봉급이 15만 원이었다), 석 달에 한 번 육지로 돌아왔다가 15일 정도 머물고 다시 출항하는 식이니 육지 세상과도 영 떨어지는 게 아니었다. 막노동판보다 훨씬 좋은 조건이라 이왕 배를 탄 거 나중에 상선을 타고 마도로스로 살며 세계를 돌아보자는 꿈도 꾸었다.

사번 8407669

그런데 초등학교를 졸업해야 중학교에 갈 수 있듯, 어선을 1년 탄 사람에게만 상선을 탈 수 있는 자격을 주었다. 그러니 어선 생활 1년은 어떤 어려움이 있어도 견뎌야 했다. 어선의 선주들은 이를 이용해 도가 넘는 착취를 했다.

단순하게 생각하면 석 달에 한 번씩 육지로 오게 되니까 오고 가는 데 한 달 소모되면 실제 일하는 기간은 두 달인 줄 알았다. 보수도 많고 노동 시간도 적다고 생각했다. 그런데 실상은 전혀 그렇지 않았다. 배 안에는 엄격한 계급 구조와 착취가 있었다. 수산대학교와 수산전문학교 출신들은 항해사와 기관실로 배치되어 자신들끼리 서열을 정하고, 나머지 일반 선원들은 부하로 분류되어 나이에 상관없이 반말과 멸시를 당했다. 규율도 엄격해서 군대처럼 계급을 만들어 복종하도록 강요한다.

일하는 시간도 육지와는 달랐다. 배는 바다에 떠 있는 자체가 일이다. 고기를 잡는 일뿐만 아니라, 배가 무사히 떠 있도록 하는 모든 게 일인 것이다. 처음 배를 탔을 때는 하루 12시간 근무를 했는데, 두 번째 나갔을 때는 하루 18시간씩 작업을 시켰다. 망망대해에서 항의도 할 수 없고 상선을 타려면 1년은 버텨야 하니 시키면 시키는 대로 할 수밖에 없었다. 마도로스의 꿈은 자연스럽게 접혔다. 아버지에게 빌렸던 돈도 다 갚은 마당에 더는 배를 탈 이유가 없었다.

인생의 막장에서 "배 타러 간다"고 하듯, 힘든 세상살이에서 벗어날 마지막 방법으로 배에 오른 사람들이 많았다. 배운 것 없는 농촌 출신이거나 사업에 실패해서 가족과 생이별하는 고통도 감수하며 사는 분들이었다. 이들을 따뜻하게 대해주고 격려해주면 망망대해에서 서로에게 힘이 될 텐데, 그곳도 자본의 논리로 움직이는 노동 현장인지라 각박하기만 했다.

어떤 아저씨 한 분은 아주 촌에서 살던 분이라 정말 세상 물정을 몰랐다. 큰 배는 보통 출항하면 석 달을 바다에서 생활해야 하니 육지에서 각종 연속극과 영화들을 비디오로 녹화해서 돌려 본다. 그런데 이 아저씨가 〈전원일기〉를 보다가 "내가 배 타기 전에 여관에서 본 것인데, 배가 멀리 나오니 방송이 늦게 잡히나 보다." 하는 것이다. 순박하고 시키면 시키는 대로 불만 없이 일만 하던 사람이었다. 그런데 어느 날 40이 넘은 이분에게 대학을 막 졸업한 20대 초반의 삼등 항해사가 반말지거리를 하며 함부로 대하는 것이다. 싸가지 없는 그 어린 항해사와 대판 싸우고 배에서 내려버렸다.

막상 내리기는 했지만 취직은 쉽지 않았다. 몇 달을 놀다 한국주철관에 취직이 되어 포항으로 갔다. 처음 얼마 동안은 친척 형님 댁에서 신세를 지다 회사 근처에서 자취를 했는데, 연탄가스를 마셔 죽을 고비를 넘겼다. 그러다 아는 분을 통해 울산 현대중공업에 시험이 있다는 연락을 받았다. 해양사업부 품질보증부에 검사원으로 면접을 보라고 한다. 부서로 가서 면접을 보니 대뜸 시험지를 주며 시험을 치라고 한다. 들여다보니 검사 방법과 현장에서 지켜야 할 시방서(스팩)인데 대부분 영어로 되어 있어 문제를 읽을 수도 없다. 담당자에게 공부하고 시험을 볼 수 있게 해달라고 사정을 했다. 그랬더니 시험지는 가져가고 대신 책을 한 권 주면서 한 시간 후에 시험을 보자고 한다. 그 책도 온통 영어였다.

여기까지 와서 그냥 돌아갈 수는 없다는 생각에 지나가는 부서원 중에서 똑똑해 보이는 사람을 불러 사정을 설명하고 도와달라 청했다. 일이 되려고 그랬는지 그분이 웃으면서 우리는 시험을 자주 보는 부서이니 앞으로 공부를 많이 해야 한다며 나올 만한 시험 문제를 가르쳐주었다. 찍어준 문제의 답만 죽어라 외워 한 시간 후 총무과장의 감독 아래 시험을 쳤다. 기억나는 단어를 중심으로 답을 적었다. 그 자리에서 바로 채점을 하는데 92.5점이 나왔다. 40문제 가운데 3개 틀리고 다 맞은 것이다. 총무과장이 똑똑하다고 칭찬하며 이틀 후부터 출근하라고 한다.

1984년 4월 4일. 현대중공업 해양사업본부 품질보증부 기능직 7급, 사번 8407669 이갑용. 파란만장한 현대중공업 인생은 그렇게 시작되었다.

우리는 짐승처럼 일했다

현대중공업 정문을 통과하려면 경비들과 제일 먼저 부딪히게 된다. 대부분 해병대나 특전사 출신들이어서 덩치도 크고 자기들끼리 계급 관계도 뚜렷했다. 노동자들은 이들을 두려워했다. 회사의 기물을 지키는 일보다 노동자 감시가 이들의 주된 임무였다. 정문에서 '바리깡'을 들고, 출근하는 노동자들의 머리를 검사해서 목과 귀를 조금이라도 덮으면 가차없이 그 자리에서 밀어버렸다. 머리에 흉한 '고속도로'가 난 채로 일하다 점심시간에 짬을 내 이발을 해야 했다. 회사는 아예 이발사를 고용해서 곳곳에 배치했다. 일하는 시간을 쓸까 봐 휴식시간 10분 동안이나 점심시간에 깎으라고 했다. 그게 싫으면 출근을 안 하는 수밖에 없었다.

고등학생도 머리를 기르는 세상에 다 큰 어른들이, 그것도 50대 가장들까지 신체를 감시당하고 머리를 깎이면서 산다는 게 이해가 되지 않았다. 더구나 두발 검사는 '경비들 보기에 단정'이 기준이었다. 그러다 보니 정문에서는 늘 경비들과 크고 작은 시비가 일었다. 그러나 노동자들은 막강한 회사를 등에 업은 경비들을 이길 수 없었다. 경비들은 머리 감독뿐 아니라 복장 검사, 출퇴근 체크, 출입증 확인, 퇴근시 몸수색 등 노동자들의 일거수일투족을 감시할 권한이 있었다. 작업복에 안전화를 신지 않으면 정문을 통과할 수 없었다. 더럽고 치사해서 그만두고 싶어도 힘들게 들어왔기에 그럴 수 없었다. 현대중공업이라는 울타리 안에서 근무하는 수만 명이 똥이 무서워서 피하냐, 더러워서 피하지 하는 생각으로 하루를 살았다. 되도록 이들과 부딪히지 않고 피하는 게 상책이었다. 말로는 날마다 '우리는 한가족'이라고 하면서 회사는 '가족'인 노동자들의 머리를 강제로 깎고, 정해진 작업복에 안전화로 군인을 만들어서 출퇴근을 시켰다. 이건 '가족'이 아니라 '군대'였다.●

●
제복을 입히는 데에는 목적이 있다. 학생은 교복을 입어야 단정하고 학생답다고 하지만, 그건 어디까지나 어른들이 볼 때 그렇다. 아이들에게 학생이란 정체성을 고정시켜서 '학생이란 이래야 한다'는 '어른들'의 규율을 더 효과적으로 강제하기 위해서다. 다수에게 고정된 일체감을 느끼게 할 때 복종은 더 쉬운 법이다. 군대를 보면 쉽게 이해할 수 있다. 혈기왕성한 나이의 젊은 남성들을 한곳에 모아놓고, 똑같은 머리 모양, 똑같은 옷, 똑같은 자세, 똑같은 훈련을 시키는 목적은 오로지 '복종'을 위해서다. 국가에 순응하는 집단을 만드는 것, 지배 권력에 대항하지 않도록 체질적으로 복종을 내면화시키는 것이 군대의 목적이다. 자본은 일터를 군대화시켜, 노동자들이 군대에서 강요당했던 복종과 충성을 다시 한 번 이용하고자 했다. '산업 전사', '산업 역군'이란 말은 결코 노동자들을 칭송하는 말이 아니다. 통일된 복장으로 지시에 순종하는, 묻지도 따지지도 않고 열심히 일만 하는 젊고 힘센 현장판 군인. 자본가들이 원한 건 그런 '산업 전사'들이었다.

그렇게 출근을 하면 관리자들의 잔소리와 욕으로 하루를 시작한다. 집에 가면 아내와 아이들 위에 군림하는 한 집안의 가장들이 회사라는 또 다른 '가족'*의 울타리 안에만 들어오면 꼼짝을 못했다. 욕설은 다반사고 폭력과 폭행도 예사인 현장을 보니 기가 막히고 어이가 없었다. 나는 젊은 혈기에 관리자와 맞서 싸우기도 했다. 가만히 당하고만 있는 다른 노동자들이 답답해서 왜 바보처럼 당하느냐고 울분을 토하면 빙긋이 웃는 것이다. 자기도 처음에는 그랬단다. 목구멍이 포도청이라 체념하고 산다는 그들을 보면서 나는 절대로 그렇게 살지 않으리라 각오하고 야무지게 맘을 다잡곤 했다.

그런데 시간이 지나면서 그들이 왜 그렇게 체념하게 되었는지 이해하게 되었다. 1980년대는 지금처럼 모든 게 풍족하지 않을 때였다. 소비를 위한 사회적인 물자 기반은 부족한 반면, 70년대 개발독재 시절을 지나오면서, 가난을 벗어나려면 무조건 일해야 한다는 노동 압력이 거센 때였다. 노동자의 권리 같은 건 꿈도 못 꾸는 시대였다. 아침 7시 출근, 밤 10시 퇴근은 보통이고, 토 · 일요일도 거의 특근이었다. 물론 일하는 시간만큼 돈을 더 받긴 했다. 그 당시 내 시급이 630원에 기본급 15만 원이었는데, 특근을 많이 해서 한 달에 40만 원 넘게 돈을 받았다. 우리는 짐승처럼 일했다. 그리고 짐승 취급을 받았다.

집안에 경조사라도 있으면 1주일 전부터 관리자에게 허락을 받아야 했다. 아내나 아이 생일에 단란하게 저녁을 먹는다거나 하는 일은 회사의 허락 없이는 불가능했다. 잔업을 빼주지 않기 때문이다. 그나마 허락을 받아놓아도 당일에 일이 터지면 도루묵이었다. 담당 과장과 반장의 허락이 떨어지지 않으면 근무 시간을 다 채워도 퇴근을 마음대로 할 수 없었다. 요즘처럼 포장이사도 없던 시절, 담당 과장이 이사라도 하면 그 과 직원들 모두가 동원되어 짐을 날라야 했다. 돈을 준대도 하기 싫은 특근 없는 일요일에 과장 집 이삿짐을 나르기 위해 줄줄이 모여드는 노동자들. 그들은 아내까지 동원해 짐을 나르고 청소까지 해주었다.

노동자들 가운데 일부는 야간 대학을 다니기도 했다. 대학과 군대를 마친 20대 후반 입사자는 일반직 4급으로 시작하는데, 현장의 기능직은 아무리 높아도 5급 반장이다. 20대 4급 기사가 50대 노동자에게 함부로 대하는 걸 당연하게 여기는 현장에서, 야간 대학이라도 다니려는 건 배움에 대한 목마름보다는 멸시당하지 않으려는 몸부림에 가까웠다.

여름에 관리자 식당은 에어컨을 트는데 현장 노동자 식당은 선풍기만 돌린다. 수천 명이 내뿜는 땀 냄새와 더운 바람 속에서 꾸역꾸역 밥을 밀어 넣으며 맹세한다, 내 자식은 꼭 대학 보내서 나처럼 살게 하지 않겠다고.

●

그때도 현대중공업의 슬로건은 '가족'이었다. 정문에 들어서면 큰 글씨로 가장 먼저 눈에 들어오는 표어. "사원을 가족처럼, 회사를 내 집처럼." 자본가들은 가족이란 말을 참 좋아한다. "피는 물보다 진하다"는 말이 아무런 의심 없이 통용되듯, 우리 사회에서 가족은 어떤 불순물도 침범할 수 없는 영역이다. 한없이 따뜻하고, 평화로운 혈연 공동체. 가족은 그래서 어떤 문제도 일어나선 안 되는 청정 지대여야 하고, 누구도 의심하거나 깨트리면 안 되는 집단이다. 노동자 '자식'들을 먹여주고 재워주는 회사라는 '부모'에게, 불만을 표하거나 대드는 노동자는 용납할 수 없는 '패륜아'가 되었다. 현대중공업이 가족이라면 날마다 가정 폭력이 넘치고, 자식들이 죽어나가는, 그래도 아무 말 없이 일만 하는 공포 영화 속 '조용한 가족'일 따름이다. 문제는 이 '가족 신화'를 자본이 너무도 사랑한다는 것이다. 어떤 기업, 어떤 자본도 우리는 노동자들과 '쿨'하게 서로 노동력과 임금을 주고받는 관계라고 하지 않는다. 그렇게 되면 서로의 불평등한 관계가 금방 드러나기 때문이다. 그럴 때 가장 좋은 방법이 바로 '가족 신화'다. 그래서 자본은 엄청난 돈을 들여 이런 광고를 하는 것이다. 우리는 '또 하나의 가족'이라고.

허울뿐인 가족 논리에 갇혀 말없이 수모를 견디는 그들을 이해할 수 없었다. 그러다 1984년 말 처음으로 보너스를 받고 나서야, 왜 현장 노동자들이 욕설과 구타를 견디며 살아가는지 이해할 수 있었다. 연말에 보너스로 300%를 받는데, 나는 입사 1년이 안 되었다고 100%를 받았다. 1년이 넘은 사람은 모두 300%인 줄 알았는데 알고 보니 그렇지 않았다. 노조가 없던 시절 노사 협의회 위원들이 회사와 임금 협상을 할 때 시급 20원부터 50원 사이, 보너스 300%로 협의를 하고 그 지급 방식을 회사에 위임했기 때문이다.

노사 협의회 위원들은 거의 회사에서 운영하는 매점, 이발소, 목욕탕 등의 운영 권한을 가지고 있고, 임금 협약할 때는 회사가 낸 안에 도장만 찍어주는 역할을 하고 있었다.

노사 협의회가 합의해준 임금 인상안을 바탕으로 회사는 보너스 지급 권한을 관리자들에게 주었다. 관리자들은 1년 동안 자기 부서의 현장 노동자 100여 명의 근무 성적을 매겨서 적게는 150%부터 많게는 450%까지 차등해서 지급했다. 100명 중 450% 2명, 400% 3명, 350% 10명, 300% 50명, 250% 20명, 200% 10명, 150% 5명, 이런 식으로 지급하니 원래 노동자 전체가 고르게 받아야 할 상여금을 남기게 된다. 노사 협의회 위원들과 관리자들이 이렇게 회사의 이윤을 위해 복무하니 회사는 이들에게 온갖 특권과 시혜를 주었던 것이다.

감원 폭풍

입사 첫해 마지막 날의 풍경을 아직도 잊을 수 없다. 12월 31

일, 종무식을 하는 날이라 출근해서 오전에 청소를 한 후 11시경 과장 이하 관리자들과 간담회를 시작했다. 한 해 고생했다, 내년에 건강한 모습으로 만나자, 덕담이 오간 후 관리자들은 먼저 보너스를 받고 퇴근을 했다. 현장 노동자들은 점심을 먹고 족구도 하고 바둑도 두며 기다리고 있었다. 그런데 얼굴들이 긴장되고 초조하다. 드디어 1시 30분쯤 부서 서무가 들어와 현금이 든 봉투를 나누어준다. 사람들은 바로 열어보지 않고 모두에게 나누어준 것을 확인한 후에야 한두 사람씩 열어보았다.

나는 그때 시급 630원에 첫해라 보너스는 100%니 한 달 기본급 15만원 정도를 예상하고 있었다. 더 받을 것도 없으니 돈 세고 나서 허탈하긴 해도 불만은 없었는데, 봉투를 손에 든 노동자들마다 희비가 교차했다. 300% 이상 받은 사람들은 여유와 자부심이 생기는데, 250%를 받은 사람은 불만이 가득했다. 200%와 150%를 받아 울분이 목까지 차오른 사람, 허세를 부리는 사람까지 성격에 따라 반응이 다양했다. 그 가운데 유독 분하고 억울해하던 한 사람이 밖으로 뛰어나가더니 소방 호스 옆에 있는 재난상황용 손도끼를 들고 들어와 과장 책상에 내리꽂는 것이다. 여기저기서 참았던 욕들이 터져 나왔다. 많이 받은 사람도 마찬가지였다. 그러나 그뿐, 한바탕 관리자 없는 자리에서 욕을 퍼붓고는 삼삼오오 흩어져 집에 돌아갔다. 알고 보니 이런 광경은 한 해 끝자락에 중공업에서 일상으로 벌어지는 푸닥거리 같은 것이었다. 그래서 관리자들은 오전에 먼저 보너스를 받아들고 얼른 튀어버리는 것이다.

300% 아래로 보너스를 받은 사람들은 집에 들어가기 미안하고 부끄러워 많이 받은 사람에게 돈을 빌린다. 가족들에게는 300% 받은 양 행

세를 하고 내년엔 더 열심히 해서 많이 받아 오겠다고 약속하고 한 해를 넘기는 것이다. 아내 몰래 빌린 돈을 갚기 위해 이들은 한 해 동안 담배와 술과 용돈을 줄이며 살 수밖에 없다. 어떤 사람들은 대낮부터 술을 마시고 떡이 되어 집에 들어간다. 애타게 보너스를 기다릴 가족들을 제대로 볼 수 없기 때문이다. 휴대폰도 없을 때라 기다리는 가족들은 얼마나 애가 탔을 것인가. 그런 선배 노동자들을 보면서 이들이 왜 그렇게 멸시 속에서도 숨죽이고 살 수밖에 없는지 이해가 되었다. 나도 그들을 보면서 그들과 같이 마음이 축 처졌다. 자식들만큼은 나처럼 살게 하지 않으려고 짐승 취급을 견디며 사는 아비들의 마음, 그러나 도저히 모멸감을 견디지 못해 도끼질을 해야 했던 인간으로서 최소한의 자존심. 모멸과 자존 사이에서 그들은 하루하루를 살아내고 있었던 것이다.

새해 초가 되면 임금을 올려서 지급해야 하는데, 이때 관리자들은 연말에 보너스를 적게 받은 몇을 구제하지 않으면 사고를 칠지 모르기 때문에 시급을 적당히 올려 무마한다. 시급 인상도 관리자 권한이라 대들거나 마음에 들지 않는 부서원들은 적게 준다. 차이가 20원부터 50원 사이니 많이 오른 사람은 제일 적게 오른 사람의 150%를 더 받게 되는 것이다. 이는 엄청나게 큰 액수였다. 관리자 말 한마디에 150%가 왔다 갔다 하니 노동자들은 충성 경쟁을 안 할 수가 없었다. 가족들에게 올해는 회사가 시키는 대로 열심히 해서 남들보다 잘 받아 오겠다고 약속한 마당이다.

처음 한두 달은 착실히 지킨다. 돌아서서 욕할지언정 앞에서는 굽실거리고, 눈 밖에 나지 않으려 참고 견딘다. 그러나 사람인지라 욱하고 치오를 때가 있다. 한 번 어긋나버리면 다시 돌아오기는 어려워진다. 처음엔 50원 인상 대열에 들려고 노력하다가 점점 내려오기 시작한다. 학연이나 지연, 다른 인맥으로 관리자와 엮인 동료가 부러울 뿐이다. 중간대인 3, 40원이라도 받아보려고 혹시나 하는 마음에 1년을 기다린다. 나처럼 책임질 가족 없는 총각에다 관리자들 하는 짓이 보기 싫은 사람은 그냥 돈을 포기하면 된다. 몇몇 그런 사람들이 있었다. 하지만, 우리도 보너스 받을 날이 가까워지면 혹시나 하는 마음에 출근도 일찍 하고 퇴근은 천천히 하면서 보이지 않는 경쟁을 벌였다. 어차피 모두 20원짜리들인데도 아무도 포기하지 않는 것이다. 회사는 사람들의 그런 묘한 경쟁 심리를 치사한 방법으로 자극했다. 굳이 지키고 감시하지 않아도 알아서 열심히 해주니 얼마나 좋은가. 현장 노동자들은 알아서 기고, 관리자들은 그들을 통제하고 휘두를 수 있는 권력과 이득에 취해 있으니 불만이 없고, 그렇게 쥐어짠 임금은 다시 회사의 이윤으로 돌아오니 손 안 대고 코 풀고, 꿩 먹고 알 먹는 격이었다.

추석 즈음이면 현장은 본격적인 충성 경쟁이 시작된다. 아침 7시가 출근 시간인데, 6시 30분쯤이면 거의 출근을 마치니 용접 불꽃 튀는 시간도 점점 빨라진다. 10월쯤 되면 이 경쟁은 극에 달한다. 6시 30분 출근도 눈치가 보여 전 공장이 6시면 출근을 마친다. 한 시간 먼저 일하는 것은 당연한 일이 되어버린다. 그럼 퇴근 시간은? 서로 눈치 보며 남이 먼저 작업을 끝내주길 기다리다 보니 한없이 늦어진다. 관리자들은 부서원 평가를 명목으로 권력을 휘두르고, 노동자들은 경쟁에서 살아남으려고 서로 견제하며 몇 달 동안 수당도 없는 무임금 봉사를 한다.*

혈기왕성한 젊은이였던 나는 선배들이 이해가 되긴 했지만 그런 과

●

서로 적으로 생각하며 우리끼리 처절하게 싸우는 동안 자본은 거대 재벌로 변하고 있었다. 현대재벌은 황무지였던 땅 수백만 평을 정부 지원으로 헐값에 사들여 원주민은 한쪽으로 이주시키고 10여 년 후에 아파트를 짓기 시작한다. 헐값에 이자도 없이 평당 20원에서 50원씩 주고 거저 사다시피 한 땅에 아파트를 지었더니, 한 동만 분양해도 원금은 갚고도 남는다. 대단지 아파트를 지어 직원들의 집으로 분양하고 봉급에서 꼬박꼬박 집값을 떼가니 떼일 염려도 없는 알짜배기 장사인 것이다.

노동자들의 미뤄진 퇴근 시간이 모이고 모여 현대중공업은 연일 역대 최대 매출, 최대 순이익, 최대 수주, 최고 조선소가 되어갔고, 현대건설은 알짜배기 집장사로 이윤을 늘려갔다. 현대라는 기업은 그렇게 노동자들을 여러 면으로 착취해 재벌로 몸집을 불리기 시작했다. 노동자 3만여 명이 자본가 1명의 이윤을 위해 무한정 충성 게임을 벌인 결과였다.

잉 경쟁에 적응하진 못했다. 입사 3년차인 1987년에도 시급 40원이 올라 670원이었으니 거의 최저 임금 인상을 적용받았다. 물론 성과급도 200% 이상을 넘기지 못했다.

1985년 하반기부터 중공업 전체에 감원 바람이 불기 시작한다. 특별한 사유도 없이 1만 명 정도가 감원되었다. 이 중 몇천 명은 막 커지기 시작한 현대자동차로 발령받아 옮겨 가고, 일부는 명예퇴직을 했다. 사무직도 감원 폭풍을 피할 수 없었다. 갑자기 생산직 부서나 연수원으로 발령을 내서 못 견디고 사표를 내는 일도 있었다. 화장실도 마음대로 못 다니게 하고 온종일 눈치를 받다가 결국 나가게 되는 것이다. 특히 사무직 노동자들의 해고 통보는 노란 봉투에 넣어서 했다 하여 노란 봉투를 보면 집에 가라는 얘기가 유행일 정도였다. 1998년 현대자동차 정리해고 때 악명 높았던 '노란 봉투'는 이미 10여 년 전부터 노동자들에게 공포의 대상이었다.

잘린 사람들은 이리저리 일자리를 찾아 떠났다. 울산 동구에서 현대중공업 노동자들이 모여 살던 연립단지를 '만 세대 아파트'라 불렀는데, 그 감원으로 '만 세대'가 텅 비어서 집값이 똥값이 됐다. 1998년 현대자동차 정리해고 때 양정동 새마을아파트가 휑해졌듯 노동자들이 모여 살던 곳은 갑작스런 대량 해고로 동네 전체가 '공동화' 되었다.

나는 해고는 면하고 일반 검사과에서 비파괴 검사과로 발령받아 검사 업무를 새로 배우라는 명령을 받았다. 그때 16명이 함께 교육을 받으러 왔는데 모두 자기 부서에서 말깨나 하고 고분고분하지 않아 쫓겨온 사람들이었다. 그래도 일들은 잘했기 때문에 자르진 않고 다른 부서로 이동시킨 경우였다. 생각해보면 해고 사유가 뭔지, 대규모 감원을 왜 해야 하는지도 모르고 그냥 회사가 자르면 잘리나 보다, 다른 직장 찾아야지 하며 너무 순하게들 떠났다. 머리카락 잘리고, 조인트 까이는 걸 예사로 여기는 곳에서 일하다 보니 노동자의 권리 같은 건 생각하지 못했다. 회사란 당연히 그런 것이고, 회사의 주인은 사장이니 사장이 나가라면 어쩔 수 없이 나가야 한다고 생각하는, 그런 굴종이 내면화되어 있었다. 그저 내가 살아남은 것에 안도하며 쫓겨난 사람들도 곧 잊게 되었다. 공장은 아무 일 없었다는 듯 다시 돌아갔다.

그리고 1987년이 왔다. 87년 현대중공업 노동조합이 설립되는 과정은 그때 시대 상황과 비슷했다. 군인 대통령이 집권하면서 국민을 위하기는커녕 국민 위에 군림하고 있었던 것처럼, 상급 단체인 한국노총이 있었지만, 노동자들에 도움이 되기보다는 노동자들을 억압하면서 오히려 정권의 하수인 노릇으로 생명을 유지하고 있었다. 그러나 독재 정권에 맞서 사회에 민주화운동이 일어나듯, 공장에도 민주화에 대한 열망이 서서히 피어오르기 시작했다.

조선소에 불어닥친 87년의 바람

1987년 6월 10일, 울산에서도 '박종철 군 고문치사 조작, 은폐 규탄 및 호헌철폐 국민대회'가 열린다. 시내에서 가두 행진과 집회가 열린다는 사실이 이미 알려졌다. 회사는 그룹 차원에서 전 직원 야간 근무 명령을 내렸다. 특별한 사유가 있어야만 정시에 퇴근할 수 있었다. 민주화 투쟁을 재벌 기업이 왜 막는지 이해하지 못했지만, 어쨌든 나는 시내로 나갔다. 언론에서 연일 민주화운동에 대한 소식이 나오고 세상이 뒤숭숭하니, 회사는 특히 젊은 노동자들을 내보내지 못하게 했다. 300명 정도 되는 부서에서 과장과 반장의 8시 특근 명령을 어기고 퇴근을 선언한 사람은 2명뿐이었다. 감태상이란 친구와 나였는데 우리는 이미 시내 집회에 같이 가기로 약속을 해둔 터였다. 반장이 과장에게 바로 보고하니 과장은 우리를 못 나가게 하라고 지시한다.

노동자 이갑용에서 초대 대의원 이갑용으로

당시 과장은 전형적인 회사 충성형 관리자였다. 오로지 현장 노동자들을 감시하기 위해 제일 먼저 출근해서 제일 늦게 퇴근하는 부지런한 사람이었다. 청소가 안 되었다고 잔소리를 하고자 몸소 청소를 해서 증명하는 피곤한 상사. 노동자들이 그런 과장을 좋아할 리가 없었다. 한번은 이런 일이 있었다. 1986년 연말 보너스 주는 날에 서열대로 줄 세워서 맘에 없는 덕담으로 인사치레하고 도망가려는 과장을, 서열상 가장 아래인 친구가 중간에 말허리를 잘라 불러세웠다. 지금도 가장 친하게 지내는 최군석이란 친구인데 "과장님 다 좋은 얘기만 하고 가버리면 우리 같은 사람은 의미가 없으니 말 좀 합시다. 나부터 할 얘기 좀 하겠습니다." 하며 평소에 하고 싶었던 입바른 소리를 했다. 그 말이 끝나자 내가 바통을 이어받아 과장에게 하고 싶은 말을 했다. "우리가 새벽부터 나와서 종일 식구들보다 더 많은 시간을 보내는 게 직장인데, 담당 과장이 아침부터 잔소리하면 온종일 스트레스를 받는다. 그 스트레스 집에 가서 풀면 온 가족 분위기까지 망친다. 당신의 잔소리가 가정 파괴범이 된다. 잔소리 좀 그만 해라. 꼭 할 말 있으면 개별로 불러서 해라." 과장은 얼굴이 붉으락푸르락해서 돌아갔다. 어차피 보너스나 임금 인상은 포기한 몸이니 우리도 무서울 게 없었다.

아무튼, 그렇게 찍혀 있던 몸인지라 과장도 우리를 말리지 못했다. 특근 안 하고 돈 안 받겠다는 데야 뭐라고 할 수 없으니 우리를 내보낼 수밖에 없었다. 지금 생각하면 우리만 나올 게 아니라 부서원들을 선동해서 함께 나갔어야 했는데, 그때만 해도 노조가 없었으니 누가 우리에게 그런 걸 알려주지도 않았다. 그나마 나 혼자가 아니라 한 사람이라도 함께 하는 동지가 있다는 게 엄청난 위안을 주었다. 여차하면 그만둔다는 객기가 있었기 때문에 가능했던 일이다.

시내에 나오니 사람들이 많이 모여 '독재타도'를 외치고 있었다. 옥교동에 내리자마자 외곽에서 시작한 태극기 물결이 시내 중심으로 막 모여들어 장관을 이뤘다. 태어나서 처음으로 집회라는 걸 봤다. 시내 중심가를 거의 다 메울 정도였으니 놀랍기도 하고 감동적이기도 했다. 최루탄을 맞고 울면서 몸을 피한 상가에서는 상인들이 물도 주고 음료수도 주며 시위대를 격려했다. 밤늦도록 흩어졌다 모이기를 반복하며 최루탄도 맞고 경찰에 도망 다니다 숙소로 돌아와 동료에게 무용담을 전했다. 그러나 듣기만 할 뿐 함께 나갈 생각을 하는 사람은 없었다. TV를 통해 요즘 시국이 어찌 돌아가는지 알고 있었고 궁금해하면서도 그게 내 일이라 생각하지 않았다. 거기에 나갔다가는 찍힌다는 두려움이 워낙 컸기 때문이다. 시내 집회에서 작업복 입은 노동자들 모습을 보기가 왜 그렇게 어려웠는지 이해가 됐다. 자본가들은 왜 정치 집회를 못 나가게 막았던 것일까? 독재 정권이 기업마다 노동자들을 집회에 나가지 못하게 하라고 지시했을까? 사회의 민주화와 공장의 질서는 어떤 관계가 있었을까? 난 1987년 노동자 대투쟁을 통해 그 대답을 깨우치게 되었다.

다음날이 되니 정시 퇴근을 하려는 나를 과장이 막아 세운다. 내용도 없는 면담을 몇 시간씩 했다. 퇴근을 했을 때는 이미 시내 집회까지 가기는 늦었고 뉴스를 볼 수밖에 없었다. 그러나 어디든 막으면 더 가고 싶고, 가리면 더 보고 싶고, 금지된 건 더 강렬하게 끌어당기는 법이다.

공장 담 너머 바깥세상에서 끓어오르던 투쟁과 열정과 생명의 아우성들은 아무리 막으려 해도 막을 수 없는 바람처럼 미포만 조선소의 담장을 조용히 타 넘고 있었다. 그것은 조용하지만 아주 뜨겁고 강렬한 바람이었다.

1987년 민주화 바람이 불면서 얼어 있던 노동 현장이 움직이기 시작했다. 특히 노동자들이 수만 명씩 모여 일하는 울산은 그 움직임이 심상치 않았다. 울산 동구에 있는 현대라는 기업은 100만 평이 넘는 큰 공장 안에 중공업, 엔진, 조선, 목재, 중장비, 플랜트, 해양, 철탑 등 여러 개의 사업부와 사업장이 모여 있었다. 이 가운데 현대중공업은 2만 명이 넘는 대형 사업장이고 나머지는 2000명부터 500명까지 크고 작게 어우러져 있었다. 그리고 중공업 정문을 나서면 바로 앞에 현대백화점, 현대호텔, 병원 등 현대그룹의 사업장들이 있었고, 조금 더 나가면 현대미포조선, 한국프랜지, 고려화학 등 계열사들이 있었다.

제일 먼저 출발점을 나선 건 현대엔진이었다. 1987년 7월 5일, 현대엔진 노동자들이 현대그룹에 노동조합을 결성한다. 이에 고무된 다른 사업장들도 하나 둘 노동조합을 준비하게 된다. 이런 움직임이 일자 현대중공업 사측은 곧 한국노총 금속노련에 도움을 요청한다. 한국노총 금속노련의 간부가 울산으로 내려와 하는 말이, "현재 법으로는 복수노조가 허용이 안 되니 회사가 먼저 노조를 만들어 신고필증을 받아두라" 고 조언한다. 회사는 노사 협의회 위원들을 중심으로 7월 21일에 어용노조를 만든다. 그리고는 어용노조를 앞세워 노조 결성을 막으려고 온갖 교란 작전을 벌인다.*

뚜렷한 구심이 없이 어용노조의 출현에 당황한 노동자들을 추스른

●

1990년대 초까지도 '어용노조 민주화'냐 '민주노총 건설'이냐를 두고 활동가들 사이에 논쟁이 있었다. 여기서 말하는 어용노조란 한국노총을 말한다. 한국노총은 전신인 대한노총의 탄생 배경이 말해주듯 정권에서 자유로울 수 없었다. 이승만 정권이 반공, 반북을 위한 노동자 전위 부대로 만든 조직이 바로 '대한노총'이었기 때문이다. 태생의 한계를 어쩌지 못하고 그들은 박정희의 유신과 전두환의 쿠데타를 지지하는 등 일관되게 반공 독재 정권의 하수인 노릇을 했다. 이들은 민주노조를 만들고 지키기 위한 많은 사업장의 투쟁에서 걸림돌 정도가 아니라 악랄한 방해꾼이자 적극적인 가해자 노릇을 했다. 자본이 노조 결성을 막으려고 도움을 요청하고, 자본에 어용노조를 만들라고 조언하는 노동자 조직의 행위는, 직무 유기 정도가 아니라 범죄에 가깝다. 1987년 노동자 대투쟁 때 민주노조들이 속속 한국노총을 이탈한 것도, 싸우고 또 싸워 새로운 노동자 전국 조직인 민주노총을 만든 것도 다 한국노총의 반노동자 행위들 때문이다. 한국노총은 오늘날에도 이명박 정권과 정책 공조를 이야기하며 대선 때 이명박을 공식 지지하는 등 여전히 친정권 행보를 보이고 있다.

건 선도 투사 11명이었다. 그들이 바로 현대중공업 민주노조 역사에서 빼놓을 수 없는 이른바 '11인 대책위'다. 이들 11명은 노조를 만들고자 이미 따로 모임을 해온 사람들이었다. 지금은 정병모 동지를 제외하곤 모두 노조를 떠났거나 심지어 회사 편에 선 사람도 있지만, 어쨌든 그때 11인 대책위는 노동자들의 지도부였다.

11인 대책위는 어용노조 퇴진을 위한 조합원 서명을 받기 시작했다. 순식간에 3000명 넘는 조합원들이 서명했다. 대책위는 이 기세를 몰아 '민주노조 개편 대책위'의 이름으로 노조 지도부를 뽑고자 임시 총회를 선포한다. 8월 14일 위원장을 뽑는 임시 총회가 종합운동장에서 열렸다. 누가 먼저랄 것도 없이 노동자들 만 명이 운동장에 모였다. 총회를 못하게 하려고 회사가 공장 내 버스 정류장마다 노동자들을 막았지만 이미 힘으로도 노동자들을 막을 수 없었다. 총회는 성공했고 대책위가 지지한 이형건이 조합원 58%의 지지로 위원장에 당선됐다. 부서별로 대의원도 다 뽑았다. 나도 현대중공업 노동조합 해양사업본부 품질 보증부 대의원으로 뽑혔다. 대의원 공고가 나자 3명이 배정된 우리 부서에서는 평소에 입바른 소리에 앞장섰던 나를 가장 많이 지지했다. 5명이 출마했는데 내가 가장 지지도가 높다 보니 동반으로 선택한 2명까지 쉽게 당선되었다. 노동자 이갑용에서 현대중공업 노조 초대 대의원 이갑용으로 노동운동에 첫발을 디딘 순간이었다.

최초의 투쟁을 시작하다

이형건은 당선되자 회사에 8월 17일부터 협상을 제안하고 집행부를 꾸린다. 어용노조는 이미 노동자들의 서슬에 밀려 사퇴한 후였다. 회사는 노조의 제안을 무시하고 오히려 8월 16일 자로 현대중공업과 6개 사업장에 휴업 공고를 내버린다. 조합원들의 손으로 직접 뽑은 새로운 노동조합을 인정하지 않겠다고 나온 것이다. 일방적인 휴업 공고에 흥분한 노동자들은 현대중공업 정문에 모였고 그 모인 힘을 주체하지 못하고 거리로 진출한다. 정문은 맥없이 뚫렸다. 머리를 깎이고 발길질을 당해가며 넘나들던 곳, 경비대 서슬에 늘 주눅이 들어 통과했던 곳이 너무도 쉽게 뚫리는 걸 보면서 뭉치면 못할 것이 없다는 걸 집단으로 깨달았다. 대의원 대회는 투쟁하자는 주장들이 넘쳤다. 거리로 진출하자는 의견이 주를 이뤘고, 그것도 맨몸으로 갈 것이 아니라 장비를 동원하자는 주장까지 나왔다. 장비관리부 대의원 김위경이 장비 동원은 자기가 책임을 지겠다고 하더니 실제로 다음날 바퀴가 백 개가 넘는 트랜스포터, 샌딩머신, 크레인, 지게차, 대형 트럭 등 모든 장비를 동원해 나왔다. 노동의 도구에서 투쟁의 무기로 바뀐 중장비들은 노동자들에게 엄청난 힘을 주었다. 회사의 지시에 따라 일만 할 때는 작업 도구에 불과했던 것들이, 투쟁에 나서니 너무도 든든한 우리의 무기가 되어준다는 것을 알았기 때문이다. 1987년 중장비를 앞세운 노동자 부대의 위력 있는 대투쟁의 시작이었다. 김위경은 그 투쟁성을 인정받아 이후 부위원장에 당선되었지만 결국 불신임을 당하고 만다.

우리는 현대그룹 노동조합 협의회란 연대 틀을 만들어 투쟁하기 시작했다. 연대를 통해 공장 밖으로 투쟁을 확대한다. 8월 18일, 노동자 수만 명이 경찰의 저지선을 뚫고 10킬로미터 넘게 위력적인 거리 행진을 한다. 단체로 부를 노동가도 아직 보급되지 않아 '임을 위한 행진곡'과 '파업가'가 전부였다. 대신 '훌라송'과 '아리랑 목동'을 줄곧 불렀다. 천 명 정도씩 무리 지어 수십 대오가 행진하면서 부르다 보니 한 곡당 백 번은 넘게 불렀다. 그래도 신이 났다. 막걸리도 마시고 밥도 먹어가며 천천히 즐기면서 행진을 했다. 남목고개를 넘어 현대자동차 앞을 지나는데 담장 안에서 고개를 내미는 노동자들이 보인다. 어제의 우리 모습들이다. 우리는 그들을 향해 노래를 불렀다. "동참하라, 동참하라, 훌라훌라~" 담장을 사이에 두고, 당당히 거리에 선 자신의 모습에 취했는지 으스댐도 섞여 있었다.

우리는 거리 시위를 통해 자연스레 노조 집행부를 인정받았다. 하지만 그뿐, 회사의 태도는 변함이 없었다. 위력을 과시하긴 했는데 실제 힘으로 모아내는 역량이 아쉬웠다. 6월 시위에서는 학생과 시민이 그렇게 많이 모였어도 경찰에 쫓겨 다녔는데, 현대중공업 노동조합만의 힘으로 경찰 병력을 쉽게 무력화시키니 노동자들의 힘이 대단하구나 하고 느꼈다. 그런데 아직 뭔가 부족했다.

시내 공설운동장으로 진군하고 나서 위원장의 연설을 듣고 밥을 먹으러 식당에 들어갔다. 그런데 TV에서 위원장과 정주영 회장이 면담하는 장면이 나오는 것이다. 노동자들이 탄복했다. "위원장이 되면 신출귀몰 도인이 되어야 하는구나. 금방 울산에서 연설하고 서울에서 협상하니 귀신에게 홀린 기분이네." 그런데 밥 먹고 운동장에 가니 위원장이 내려와 있는 것이다. 정말 귀신에 홀린 것 같았다.

알고 보니 당시 위원장은 쌍둥이였다. 운동장에서 연설한 위원장은 형인 이원건이었고, 서울에 가서 회장을 만난 게 동생인 진짜 위원장 이형건이었다. 우리는 가짜 위원장의 연설을 들으며 박수 치고 연호했던 것이다. 회사도 쌍둥이인지 모르고 속았다.

서울에 올라간 위원장은 노동부 장관의 중재로 9월 1일까지 회사와 협상을 마무리하고 정부가 이를 보장하겠다는 동의를 받고 돌아온다. 그러나 약속 날짜가 되도록 협상이 진전이 없자 9월 2일 아침 회사 운동장에 다시 모여 거리 행진을 시작한다. 집행부는 공설운동장까지 가서 집회를 하려고 했지만, 노동자들은 집행부의 통제를 벗어나 시청까지 행진한다. 시청에 갔는데 갑자기 누군가가 시청 유리창에 돌을 던지고, 주차된 차의 유리를 깨고, 심지어는 차를 뒤집어 불을 지르는 것이다. 노동자들은 이를 막으려고 했다. 불을 지르지 말라고 항의도 하고 불을 끄려고 노력도 했다. 시청에 앉아서 농성할 줄 알고 온 노동자들은 갑자기 일어난 사태에 대오가 흐트러지기 시작했다. 이날 시청 집회는 이상한 점이 많았다. 언론에서는 그냥 노동자들이 저지른 방화와 폭력이라고 떠들었지만, 시청에 공무원들이 근무하고 있었고 경찰도 이를 뻔히 보면서도 사진도 찍지 않고, 말리지도 않았다. 그리고 그런 사태가 일어났는데도 경찰이 조사도 하지 않고 연행자와 구속자도 없었다. 협상을 다시 시작했지만, 회사와 정부는 협상엔 관심도 없어 보였고, 그 기간에 이런 이상한 사태는 계속 벌어진다.

흐트러진 대오를 정비해서 시청에서 철수해 다시 공설운동장으로 가서 밤을 새웠다. 일부는 집에 돌아가기도 했지만 대부분 운동장에 남아 이런 저런 얘기도 하면서 다음 지침을 기다렸다. 아침이 되어 운동장에서 밤을 새운 노동자들이 다시 현대중공업으로 돌아왔다. 그런데 또 사고가 일어난다. 마스크를 쓴 흥분한 노동자 한 무리가 갑자기 정문 옆 총무부 건물에 불을 지르고 쇠파이프로 유리창을 깨는 것이다. 노동자들이 이를 발견하고 말리기도 하고 일부는 잡아서 현장에 있던 경찰에 직접 넘기기도 했다. 그런데 조사받은 흔적은 물론 방화나 폭력으로 구속된 사람도 없었다. 이상한 일련의 폭력 사건은 나중에 지도부가 구속되면서 연대 책임을 지는 것으로 마무리된다. 조합원인지 아닌지도 모르고 정체도 불분명한 사람들이 저지른 폭력을 노조 집행부가 책임지게 된 것이다.*

9월 2일의 시청 방화와 9월 3일 회사 총무부 방화 사건으로 9월 4일 새벽, 경찰이 신관 5층 대의원회의장을 점거하고 농성 중이던 대의원과 집행 간부들을 구속한다. 집행부의 총무차장 장세근은 경찰의 침탈을 피해 옥상 물탱크 안에 이틀을 숨어 있다 피했고, 총무부장 김형권은 회사 안 현대엔진 노동조합으로 피신했다가 회사가 보낸 경비대에 잡혀 끌려갔다. 9월 12일 괴한들이 김형권을 납치할 때 노동자 한 명이 몸으로 차를 막았는데 차는 그 노동자를 눌러버렸다. 현대엔진의 이상남 열사다. 이상남 동지는 612일 동안 투병하다 89년 5월 16일 끝내 숨져 망월동에 묻혀 있다. 망월동 묘역에 열사를 묻기로 하고 장례를 치렀는데 광주 가는 길을 경찰이 막아선다. 장례 행렬에 수배자가 있다는 이유였다. 어찌어찌 뚫고 광주에 도착하니 톨게이트에서 또 경찰이 막아선다. 조합원들이 경찰과 투석전을 벌이고 싸운 끝에 겨우 조선대로 들어갈 수 있었다. 그렇게 현대중공업 노동자장으로 장례를 치렀다. 지금도 해마다 기일이 되면 동지들이 망월동을 방문해 이상남 열사를 만나고 온다. 그 수가 점점 줄어들어 마음이 아플 뿐이다.

대의원과 간부들이 구속되고 나서 회사는 울산시에 노조 해산 명령

●

그때 돌출행동을 했던 무리의 정체는 여러모로 봤을 때 회사가 사주한 사람들이라고 본다. 불 지른 사람을 잡아다 줘도 조사도 안 하고 내보내는 경찰이나, 기물 파손으로 책임을 묻지 않는 회사나 너무도 이상했다. 무엇보다 갑작스런 폭력 사태에 놀란 노동자들이 대오를 이탈하거나 비판하는 등 내부의 균열이 있었으니, 아마 내부를 교란시키려는 작전이 아니었나 생각한다. 심증은 있는데 물증이 없으니 어떻게 할 수는 없었지만, 우리가 노동조합이란 조직으로 조금만 더 정비되어 있었다면 아마 금방 확인할 수 있었을 텐데 아쉽기만 하다.

회사는 언제든 이런 교란 작전을 벌인다. 회사뿐 아니라 경찰도 벌이고, 정부도 벌인다. 흔히 '프락치'라고 하는데 기존의 조합원을 포섭하기도 하고, 새로운 사람을 투입하기도 한다. 거창한 임무를 띠고 현장에서 일사불란한 작전을 벌이는 모습을 상상하면 안 된다. 어떤 사람은 자기도 모르게 회사가 원하는 행동을 하는 일도 있다. 중요한 문건을 회사 손에 넘겨준다거나, 정보를 캐내 수배자의 위치를 알려준다거나, 내부를 동요시키는 게 프락치들이 하는 일이다. 위의 경우처럼 노동자들을 방화범으로 만들려고 과격한 행동을 벌이기도 한다. 프락치가 끼치는 제일 큰 해악은 서로 의심하게 한다는 것이다. '저거 혹시 회사에 넘어간 것 아냐?'라고 누군가를 의심하는 순간 내부 단결은 깨져버린다. 지금도 이런 공작은 계속되고 있다. 사실 노조의 상급 관료일수록 알게 모르게 프락치 짓을 많이 한다. 자본보다 자본을 더 위한다거나, 온갖 명분을 들어 투쟁을 방해하거나, 때론 직권 조인을 하기도 한다. 프락치 본연의 임무를 이적 행위라고 할 때 무수히 많은 노조 관료들이 이 길을 걸었다고 할 수 있다.

을 요청했으나 받아들여지지 않았다. 그러자 경남지방노동위원회에 '임원 개선 명령'을 요청하여 노조의 투쟁을 막으려 했다. 우리의 싸움은 이미 전국적인 뉴스였다.

회유, 협박, 설득, 뇌물 …

내 아버지는 부산 동래에서 민정당 당원에 각종 관변 단체와 여러 단체 직함을 가진 이른바 '동네 유지'셨다. 타고난 성격이 무슨 일이든 그냥 못 지나치는 분이고, 동네의 크고 작은 일에 본인 돈 써가며 해결하는 마당발이어서, 경찰서나 관공서에서도 무시 못 하는 분이었다. 그런 아버지가 울산의 소식을 듣고 큰아들의 안부가 궁금해 동생과 함께 나를 찾으러 오셨다. 그런데 나는 만나지 못하고 울산시청으로 항의하러 가는 노동자 가족들 대열에 끼어 시청을 방문했다가 봉변을 당하신다. 아버지는 무자비한 폭력을 휘두르는 경찰들에게 화를 내고 항의하다 동생에게 부산으로 돌아가자 하셨다. 동생이 왜 맘을 바꿔 그냥 가시느냐고 물으니 "회사에서 사람을 보내, 아들이 감옥 갈지 모른다, 빨갱이 물이 들기 전에 빨리 데려가라고 해서 왔는데, 내 눈으로 실상을 보니 나쁜 짓을 한 것도 아니고 남을 위해 싸우는 의로운 일이니 막을 수 없다." 하시며 발길을 돌리셨다고 한다. 아버지는 그 후 언제나 아들의 편에서 가족 때문에 흔들리는 일이 없도록 막아주는 든든한 후원자가 되어주셨다.

가족 이야기를 잠깐 하자면, 바로 아래 남동생은 부산대학을 다닐 때 불교학생회 회장을 하면서 나보다 먼저 민주화운동에 발을 깊이 담그고 있었던 이른바 '386' 이다. 1986년 박종철 고문치사 사건 이후 박종철의 장례를 집도하여 경찰에 쫓기기도 했다. 그러다 어머니의 부탁으로 1987년 이후 활동을 중단한다. 어머니가 자식 둘을 위험에 빠트리고 불안해서 살 수 없으니 둘 중 한 명이라도 그만두라고 간청을 하신 것이다. 동생은 워낙 효자여서, 노동자이고 성격도 확실한 형이 하라며 자신은 활동을 포기한다. 그러나 운동이란 게 낚시 같은 취미 활동도 아니고 마음을 두었던 일이니, 딱 끊고 떠날 수가 없었다. 그래서 늘 형인 나와 선후배들을 뒤에서 지원하고 보조하며 살다 보니 훨씬 어려운 삶을 살았다. 동생에게 언제나 미안하고 고마운 마음이다.

아버지를 협박했던 것처럼 구속자와 활발하게 활동한 조합원을 대상으로 회사의 작업이 시작된다. 부모를 협박하고 친인척과 회사 간부, 선후배 등 각종 인맥을 총동원해 구속된 활동가를 회유한다. 그러면서 회사 편인 노조 간부와 회유에 넘어온 활동가들로 수습 대책위를 꾸려 투쟁을 정리하려 한다. 이런 속셈을 안 다른 쪽 활동가들은 숨어 다니며 집회를 하고 지방노동위원회의 임원 개선 명령을 받아들이지 않고 싸운다. 그러나 회계 감사를 중심으로 한 수습 대책위는 대의원 대회 장소에 경찰이 난입하여 간부들을 구속한 지 보름도 안 되어 회사와 정상 조업을 합의하고 만다.* 이들은 회사와 정상 조업을 합의하고 구속된 집행부가 석방되어도 자리를 비켜주지 않는다. 대책위는 오히려 회사의 대변인 역할을 하고 회사는 노조의 집행 간부들을 해고한다.

현대엔진 노동조합이 1988년 초부터 점거 투쟁을 시작하면서 현대중공업도 분위기가 어수선해진다. 87년 원년 멤버들이 대부분 감옥살이 후 부서나 근무 지역 이동으로 운동을 떠나기 시작했다. 그러나 11인

●

20년 전의 일이지만 회사의 이런 대응은 지금도 똑같이 벌어지고 있다. 현장에서 회사의 불합리한 점을 말하거나 고분고분하지 않고 튀는 노동자가 있으면 어떤 구실을 만들어서라도 구속시키거나 수배자로 만들어버린다. 중공업에서는 맞지도 않은 사람이 맞았다고 신고해서 폭력 가해자로 집어넣는데 유독 투쟁하는 활동가들만 쏙쏙 골라 혐의를 씌웠다. 생전 처음 보는 경찰도 맞았다고 거짓말을 하고, 아무리 안 때렸다고 해도 찍힌 활동가의 말은 경찰도, 검찰도, 사법부도, 회사도 들어주지 않는다. 회사는 어떤 수를 써서든 이들을 구속하거나 수배자로 만들어 현장의 투쟁에서 분리시키고, 온갖 법을 동원하여 집행부를 불법으로 만든다. 그러고 나서 회사의 대리인들을 세워 수습 국면으로 만든다. 현장으로 복귀하는 조합원들에게는 파업 기간 임금도 주고 책임도 묻지 않겠다고 하지만 일단 복귀하면 말짱 거짓말이다. 조합원들이 복귀하고 나서 진짜 보복이 들어온다. 그땐 이를 막아줄 지도부가 없는 상황이기 때문에 조합원들은 맥없이 당하기 마련이다. 그래서 나는 오랜 싸움의 경험을 통해 수습 대책위부터 조심해야 한다는 걸 깨달았다. 되도록 노동조합이 아닌 수습을 위한 대책위는 막아야 한다. 대책위 명의의 합의문이 나오고 나서는 정말 대책이 없다. 회사가 가장 두려워하는 것은 단결이다. 투쟁에 앞장서다 구속된 조합원이 생기면 그 사람을 단결해서 책임져야 한다. 그래야 다음 사람이 또 싸울 수 있다. 노동조합이 나를 지켜준다는 믿음만 있으면 얼마든지 흔들리지 않고 싸울 수 있지만, 앞장서니 구속되고 해고되고 고생만 하더라 하게 되면 아무도 싸우지 않게 된다. 구속자와 해고자를 만든 회사에 즉각 반격하고 나설 사람이 없으면 그 현장은 곧 죽음의 일터가 된다.

대책위의 정병모와 김진국 두 동지는, 감옥에서 나와 현대엔진 점거 투쟁을 지원하기 위해 현장에서 선동하고 투쟁하다 다시 구속된다. 석방된 노동자들 대부분 회사의 협박과 회유로 떠났지만, 이들은 자신의 희생으로 연대 투쟁을 실천하는 모범을 보여준다. 1988년 정주영의 아들인 젊은 재벌 총수 정몽준이 울산 동구에서 국회의원에 출마했을 때, 노동자들은 감옥에 있던 김진국 동지를 설득해 노동자 후보로 옥중 출마시킨다. 재벌 총수에 맞선 노동자 후보에다 옥중 출마였으니 보기 드문 광경이었다. 개인적으로 매제이기도 한 김진국 동지는 해고자 생활을 오래 하다 지금은 노동운동을 정리하고 다른 일을 하고 있고, 정병모 동지는 11인 대책위 가운데 유일하게 아직도 현장에서 노동자로, 노동운동의 선배로 후배들과 열심히 투쟁하며 살아가고 있다.

당시 투쟁은 집행부 구속, 수습 대책위 등장, 투쟁 마무리, 선거, 이런 순서로 정리되어갔다. 예나 지금이나 이 순서는 거의 같다. 누구나 감옥에 가는 걸 두려워 않고 투쟁한다면 지도부를 구속시켜도 새로 뽑힌 집행부가 또 싸울 것이다. 회사는 더 큰 손해를 보기 전에 협상에 나설 것이고, 그러면 구속과 해고의 악순환을 끊을 수 있는데 사람 마음이 하나로 모이기란 참 어렵다.

어쨌든 그런 순서를 밟고서 선거를 치르게 되었다. 구속된 이형건 위원장이 조합원들이 잘 모르는 서태수란 후보를 지지하는 성명을 내어 그가 당선된다. 그런데 당선된 그날 밤 의문의 교통사고로 심한 상처를 입고 병원 신세를 지게 되었다. 그런데 꼭 회사가 필요할 때마다 퇴원해서 이상한 행동으로 노동조합을 위기로 몰고 갔다.

입원 중인 서태수 위원장 대신 인원이 가장 많은 조선 분과의 대표, 조선 부문 부위원장 심재경이 직무 대행을 맡게 된다. 87년 파업 때 가장 선봉에 섰고 현장에서 인정받는 이였는데 직무 대행이 되고 두 달 만에 임금 협상안에 직권 조인을 한다. 회사는 잠시만 틈이 생기면 회유, 협박, 설득, 뇌물 등 어떤 방식이든 동원해 사람을 유혹한다. 아무리 주변 감시를 철저히 해도 막을 수 없을 만큼 집요한 공작을 벌였다. 몇 달 전만 해도 회사와 날을 세웠던 지도부가 자꾸 넘어가니 조합원들은 동요했다.

직무 대행의 직권 조인으로 임금 협상을 망친 노동조합은 또 다른 직무 대행을 선출해서 노동조합 최초의 단체 협약을 준비한다. 임원들이 자꾸 회사 쪽으로 넘어가니 강성 대의원 중심으로 안을 짜게 되었다.

신생 노조라 경험이 없어 여러 곳에서 도움을 받아 만들었다. 현대중공업 노조의 맨 처음 단체 협약안은 어디에 내놔도 빠지지 않는 최고의 안이었다.

사업부별로 최강 대의원으로 단체 교섭팀을 꾸려 회사와 협상을 시작했다. 그리고 위원장을 뺀 나머지 임원에 대한 불신임안이 대의원 대회에 올라오게 된다. 위원장에 대한 불만도 있었지만 병원에 있고, 직권 조인의 직접 당사자가 아니며, 조합원 직선으로 뽑은 위원장이라 대의원 대회에서 다룰 수 없었다. 임원 불신임안은 대의원 대회에 긴급 상정하여 통과되었다. 그만큼 대의원 성향이 좋은 때였다. 임원 가운데 노동자 편에 선 부위원장은 자진 사퇴를 했다가 다시 출마해 당선된 일도 있었고, 불신임당한 부위원장 중에는 회사의 사주를 받아 노동자 테러에 앞장선 사람도 나왔다. 현대중공업 노조는 지도부가 늘 엎치락뒤치락하면서 혼돈을 겪었다.

나는 현장에서 여러 대의원이나 활동가, 임원들의 명멸을 지켜보며 초대 대의원과 두 번째 대의원, 운영위원 그리고 교섭위원으로 노동조합의 간부 체계를 순서대로 밟아가며 노동운동에 빠져들기 시작했다.

소고기 파티와 오토바이 부대

회사 쪽의 단체 협상 교섭 대표는 노조 교섭위원들의 소속 부서 담당 중역들이었다. 맨투맨 작전을 쓴 것이다. 나중에 현대중공업 사장이 된 당시 내 담당 유관홍 이사도 그 가운데 하나였다. 그가 내게 한 것을 보면 회사가 어떻게 노동자들을 포섭하는지 알 수 있다. 그는 하필 현대중공업 입사 전부터 잘 알고 지내던 형의 친형이고 집도 같은 부산이었다. 추석날 우리 집에 과일 상자를 들고 와 부모님께 인사 드리고 가고, 기능직인 나를 일반직인 관리자로 바꿔주겠다고 제안하기도 했다.

어느 날 밖에서 만나자는 연락이 와 별생각 없이 나갔더니 사우나를 함께 하잔다. 저녁 먹고 집으로 태워주고 가면서 봉투를 하나 던지고 간다. 열어보니 80만 원이다. 그 당시 내 봉급이 한 달에 30만 원 정도였으니 꽤 많은 돈이다. 다음 날 민주파 대의원들 모임에 참석해 이 돈을 어떻게 돌려줄 것인가 논의했다. 휴일이니 월요일 아침에 찾아가자는 의견, 좋은 데 쓰고 영수증 보내자는 의견, 이왕 준 거 회사 돈으로 우리 건강 챙기고 조합원을 위해 열심히 투쟁하자는 의견 등 다양한 의견이 나왔다. 몸보신에 대부분 동의를 하는 바람에 그렇게 결정이 나고, 고맙다는 인사는 받은 사람이 준 사람에게 공개적으로 하기로 했다. 대의원 30여 명이 비싼 소고기를 배가 터지도록 먹고 남은 돈은 공개 활동비로 보관해 두었다.

그런데 다음날 단체 교섭하는 자리에서 원래 내가 하기로 되어 있던 인사를 다른 사람이 먼저 해버렸다. 내 담당인 그에게 "이갑용 교섭위원을 통해 보내준 기금 덕에 우리 모두 배불리 잘 먹었습니다. 앞으로는 이 위원한테만 주지 말고 저한테도 기금 좀 주십시오. 줄려면 다 줘야지 그래야 생색도 같이 나는 거 아닙니까?"라고 말한 것이다. 그는 얼굴이 붉어지며 어쩔 줄 모르고 원망 어린 눈빛으로 나를 쳐다본다. 당황한 사측은 회의를 빨리 마치려 하고 우리는 이 이야기를 더 끌어내 못을 박아두려고 계속 물고 늘어졌다. 특별히 결론이 나진 않았지만,

그 후 우리 대의원 대표 교섭위원들에게 사측이 돈으로 간을 보는 경우는 없었다. 사실 그때 받은 자리에서 돌려보냈어야 했다. 던지고 가버린 후라 돌려주기 불가능했다 해도 다음날 반드시 돌려주는 것을 원칙으로 해야 했는데, 엉뚱하게 몸보신으로 결론이 난 것이다. 그나마 둘레의 동지들과 의논한 게 다행이었다.

교섭단은 대의원 대표 5명, 임원과 상집위원 5명, 기록을 담당하는 대의원 1명을 포함해 총 11명이었다. 그런데 협상장에만 가면 사고가 생겼다. 우리끼리 사전에 교섭의 목적과 이유, 협상안 등 열심히 연습까지 해가며 준비해 들어갔는데, 번번이 우리의 의도를 사측이 아는 것이다. 도청을 할지도 모른다는 판단에 운동장 한가운데서 회의도 하고, 밤중에 갑자기 모여 차를 타고 가다가 아무데나 눈에 보이는 여관에 들어가 논의도 했다. 그래도 결론은 똑같았다. 짐작이 가는 사람이 있었다. 대의원 대표 5명은 작전을 짰다.

대의원 대표들이 교섭을 실질적으로 주도했던 터라, 협상 도중 "우리가 중요한 것을 놓치고 있다"고 말하고 교섭을 일찍 중단했다. 돌아와서 협상안 가운데 문제라고 생각하던 몇 개를 골라내고 협상 방식도 바꾸는 것을 논의했다. 그리고 그날은 일찍 헤어지는 척했다. 요주의 교섭위원은 아무것도 모른 채 '중요한 보고'를 하려고 부지런히 사측의 대표 방으로 달려갔다. 우리는 그 순간 뒷문을 통해 급습해서 현장을 잡았다. 예상대로 기록 담당 대의원이었다. 노동조합으로 데려와 심문하고 끝냈다. 이런 식으로 사측의 프락치를 잡아냈는데 그 정도로 끝낼 것이 아니라 영구히 제명했어야 했다. 우리는 이 정도면 다시는 사측의 프락치는 하지 않을 것이다 생각했고, 회사 쪽 대의원들이 막으려 하면 더 귀찮아진다 생각했기 때문에 그 정도에서 타협한 것이다.

일단 사태를 수습하고 나서 그 위원을 교체시켰다. 하지만, 임원 대표 교섭위원들이 이런 식의 사고를 계속 쳤다. 할 수 없이 임원 전체를 불신임하기로 결단을 내려 결국 임원을 바꿔버린다. 당시 대의원들은 그 정도로 건강했다. 불신임된 임원 중 한 명은 사측에서 꾸린 테러단으로 활용되어 감옥살이도 한다. 배신하고 떠난 사람이 다시 우리 편으로 돌아온 경우는 거의 없다. 한 번 배신하면 두 번, 세 번은 더 쉽다. 지금 돌아보면 대의원 대회에 논란을 만들어 치열하게 붙고, 적군과 아군이 누구인지 명확하게 구분해두는 것이 좋았을 텐데 아쉽기만 하다. 이런 임원을 중심으로 교섭위원이 꾸려져 있으니 교섭이 일사천리로 진행되기보다 매번 부닥치고 진척은 되지 않았다. 회사도 쉽게 물러나지 않았다. 꾸준히 대의원들을 포섭하기 위해 퇴근 후에 부서장과 만남을 추진하는 등 작업에 들어간다. 노조는 대의원들을 지키고 사측을 위축시키기 위해 감시 부대를 동원한다.

현대중공업은 노동자 절반 정도가 오토바이를 타고 출근하는데, 그 출근 모습만으로 장관이다. 87년 처음 투쟁할 때 오토바이 부대를 만들어 활용하기도 했다. 현대중공업 노동조합 행사에 오토바이 수천 대가 앞장서고, 그 다음에 장비, 그 뒤에 조합원들이 행진하면 시민과 언론들은 그 위용에 깜짝 놀랐다. 늘 보는 우리도 넋을 잃고 볼 정도로 멋있었다. 그런 오토바이 부대를 노동조합의 일상 조직으로 배치하여 기름 값을 지원해 투쟁에 대비했다. 오토바이 부대는 은밀하게 동원되어 사측에서 대의원을 회유하는 술자리를 찾아다녔다. 지금은 자가용이 흔하지만, 그때만해도 자가용이 귀하고 시내까지는 거리가 멀어 남목고개를 넘기가 쉽지 않았다. 그래서 회식 자리는 주로 동구 바닷가 쪽인 주전을 이용했다. 길이 외길이라 주전 넘어가는 고개를 지키고 있다 뒤를 따라가 현장을 확인하고 나서 다음날 그 대의원에게 무슨 일이 있었느냐 물으면 대부분 순순히 자백했다. 그리고 다시는 사측의 관리자를 만나지 않겠다고 약속도 한다. 회사는 끝없이 틈을 노려 찌르고 우리는 이를 계속 긴장되게 방어하는 시간이 이어졌다. 오토바이 부대는 자본의 회유와 탄압을 막기 위한 우리들의 고육지책이었다.

우리가 방어해야 할 대상은 자본만이 아니었다. 노태우 정권 또한 자본과 한편에서 우리를 괴롭혔다. 한참 노동자들이 투쟁하던 7월, 88올림픽을 핑계로 노태우 정권이 노동자를 탄압하는 일이 일어났다. 그동안은 파업과 시위를 막으려고 경찰과 검찰을 동원했지만, 이번엔 아예 노동자들의 결사 자체를 막는 방식을 쓴 것이다. 규모로 볼 때 현대중공업의 2%도 안 되는 특수선 사업부가 해군 군함을 만든다는 이유로 현대중공업 전체를 방위 산업체로 지정했다. 방위 산업체는 국가 안보상 원천적으로 파업을 할 수 없는 사업장이다. 노태우 정권은 심지어 여군 속옷을 만드는 사업장도 방위 산업체로 지정해 웃음거리가 되었다. 언론은 우리의 파업을 불법이라고 협박했다. 회사와 정권과 언론이 서로 일사불란하게 역할을 분담하고 우리를 입체적으로 탄압하니 오기가 생겼다. 왜 이런 분란을 오히려 정부가 앞장서서 만드는 것인지 이해할 수 없었다. 노동부를 비롯한 정부 기관은 당연히 중립적이고 정의의 편이라 생각하며 살아온 수십 년 환상이 노동운동을 하면서 깨지기 시작했다.

그렇게 6개월이 흐르고 연말이 다가와도 단체 협약안 140여 개 가운데 절반 정도밖에 해결되지 않았다. 다른 계열사에서 이미 타결된 안도 회사는 받아주지 않았다. 사측은 당시 교섭위원들과 교섭을 진행할 의사가 없었다. 12월 8일, 노조는 교섭 결렬을 선언하고 현대중공업 노동조합 역사상 처음으로 쟁의 행위 찬반 투표를 한다. 조합원들은 압도적으로 찬성했다. 노조는 쟁의 행위에 돌입했다. 이날의 찬반 투표가 이후 128일간의 장기 투쟁을 알리는 시작이 될 줄은 아무도 몰랐다.

역사적인 128일 투쟁의 서막

쟁의 행위를 시작한 날부터 태업을 시작으로 파업의 조건을 갖추어 가며 투쟁을 시작했다. 투쟁의 한 축으로 서울 결사대를 조직해 담장 밖 투쟁도 시작했다. 가장 전투적인 조합원들은 '현대 민주 노동자회' 소속 노동자들이었다. 이들은 87년 투쟁 때 모여서 학습하고 조직화해서 현장 조직인 '현민회'를 만들었다. 그때는 쉽게 외칠 수 없었던 "양키 고 홈", "가자 북으로, 오라 남으로, 만나자 판문점에서!"와 같은 생경한 구호를 외치며 통일을 얘기했다. 현장의 일반 노동자들은 이들을 신기하게 여겼고 동경하기도 했다.

분위기가 심상치 않게 돌아가는 것을 감지한 사측은 서태수를 불러들여 파업을 지휘하게 한다. 서태수는 6개월을 이끌어온 노동조합 협상팀을 능력이 없다며 바꾼다. 그리고 대의원 대회를 열어 파업을 중단할 것인가를 물으려다 대의원들의 반발로 무산된다. 위원장은 강경 투쟁을 위해 2차 서울 결사대를 파견한다고 선언하고 운동장에서 2차 파견 대의원 명단을 발표한다. 명단에는 나를 포함해 민주파 대의원으로 분류되는 20명이 다 들어가 있었다. 이 문제를 논의하기 위해 식당에 대의원들을 소집했는데, 부위원장이던 이영현이 "위원장이 회식비를 주면서 열심히 투쟁하라라고 격려했다. 이제 위원장이 제대로 싸울 것 같으니 오늘은 한잔하고 오랜만에 회포나 풀자"라며 어이없는 소리를 한다. 그는 그렇게 말했다가 "서태수가 우리를 서울로 보내려는 의도가 눈에 뻔히 보이는데 그걸 모르겠느냐"며 핀잔만 들었다. 우리는 3명만 올려 보내고 가지 않기로 했다. 그 3명 가운데 정영빈 동지는 올라가다 중간에 내려버렸다. 다음날 아침 환송을 나온 위원장이 대의원들이 버스에 오르지 않자 인상을 쓰기 시작했다. 그 뒤 정영빈 동지가 중간에 내린 사실까지 보고받고는 작전에 실패했다고 여기고 포기한다.

이때 서울 결사대 구성원은 태어나서 서울이 처음인 사람, 친척집이나 방문하려고 올라간 사람, 비장하게 유서를 쓰고 올라간 사람 등 다양했다. 이들은 비를 맞으며 노숙을 하고 종로구 계동에 있는 현대 사옥에서 경비들과 싸우다 맞기도 하고 밥도 굶어가며 투사가 되었다. 그나마 1, 2차 결사대는 노조에서 보낸 경우라 기본 생활이 되었지만, 3차 결사대는 비상 대책위 체제에서 올라간 동지들이라 생활이 굉장히 힘들었다.

아침에 지하철 표 2장과 천 원으로 피켓과 홍보물을 들고 정해준 구역을 돌며 선전전을 하다 저녁이 되어서야 돌아왔다. 텐트 생활을 하다 나중에는 한국노총 강당을 점거하고 들어가 잠자리를 마련했다. 재정이 어려워지자 서울 쪽은 더 적은 돈으로 투쟁해야 했다. 경비로 쓰던 천 원도 받지 못해 먹는 것을 아끼는 등 많은 걸 스스로 해결했다. 나중에는 모금함을 들고 자체로 먹고 살 길을 마련했다.

그나마 서울에 민주화운동의 열기가 남아 있을 때라 현대중공업 작업복을 입은 노동자들이 사정을 설명하고 손을 벌리면 많은 분이 도와주었다. 성격이 내성적이어서 남 앞에 한 번도 서본 일이 없는 늙은 노동자가, 울산의 동지들이 투쟁하는 걸 알리고자 지하철역에서, 지하철 안에서, 길거리에서 목이 터져라 외치는 광경을 생각해보라. 나중엔 깡과 악만 남아 여린 성격도 바뀌고, 남을 미워하지 않던 착한 마음마저 강팍하게 바뀔 정도였다. 이역만리 서울에서 아는 사람도 없이, 집 나간 어린아이처럼 제대로 먹지도 자지도 못하면서도, 노조에 부담을 주지 않으려 애쓴 그들의 노력은 눈물겨웠다.

노동자들이 이렇게 힘겹게 싸우고 있는데 서태수 위원장은 회사의 사주를 받아 정상 조업을 외치고 직권 조인으로 조합원을 배신하는 것도 모자라, 노동자를 징계하고 고소 · 고발로 뒤통수를 친다.

서태수는 교섭위원들에게 며칠 안에 단체 협상을 마무리하라 지시한다. 하루에 20개가 넘는 안들이 정리되고, 1주일 만에 핵심 조항을 10개 미만으로 줄인다. 협상은 상대가 있는 법인데 대표자가 시한을 정해주고 그때까지 무조건 마무리하라 지시하면, 상대가 안 들어주는 안은 결국 우리 것을 포기해서 마무리 짓는 수밖에 없다. 그건 협상이 아니다. 협상은 언제나 상대가 있는 법이다. 내게 유리하게 협상을 하려면 상대의 수를 정확하게 읽어야 한다.●

●
협상을 잘한다는 건 타협을 잘하는 게 아니다. 협상은 언제나 결렬될 수 있다는 걸 전제로 하는 게임이다. 이는 노동조합의 협상만이 아니라 어떤 관계의 협상에서도 마찬가지다. 노동조합을 하면서 수도 없이 협상을 해보았다. 외국은 교과서에서 노사 교섭을 배우고 모의 교섭도 해본다는데, 우리는 학교 다닐 땐 선생님한테 맞고, 군대 가선 상급자한테 맞는 복종이 일상이었다 보니 누구와 협상이란 걸 해본 경험이 없었다. 교본도 없고, 누가 가르쳐

주지도 않았지만, 경험이 쌓이면서 나름 협상의 달인이 되어갔다.

그때 내가 답답했던 것처럼 지금도 어디선가 노동자들이 답답함을 느끼고 있을 것이다. 온몸으로 터득한 선배 노동자들의 자산인 '협상의 기술과 지혜'를 후배 노동자들과 나누는 마음으로 적어본다. 한미 FTA 협상 때 한국 대표단이 보였던 행동을 아래 적어놓은 협상의 기술과 견주어 본다면, 우리가 왜 그런 엉터리 결과물을 가지고 왔는지 보일 것이다.

협상의 기술

첫째, 기죽으면 안 된다. 상대의 기를 꺾어야 한다.

자본은 노동자들보다 돈과 정보가 많아서 기술을 배우고 들어온다. 이들이 써먹는 가장 흔한 수법이 친근함을 가장해서 '선빵'을 날리는 것이다. 교섭 대표들은 대부분 서로 아는 사이들이다. 이들은 그걸 이용해 나이나 직급, 부서 등의 연결 고리를 찾아 알은척을 한다. 공식적으로 하는 게 아니라 협상장에 들어와 개인적인 대화를 나누는 식으로 접근한다. 예를 들어 내 고향 선배인 부서장이 "갑용아, 오늘 다른 사람끼린 싸워도 우린 싸우지 말자" 하는 식이다. 이때 바로 제동을 걸어야 한다. 이 말을 들은 동료든, 아니면 당사자가 직접 하든 누구든 꼭 나서야 한다. "교섭 그만 합시다. 우린 조합원 대표로 왔는데 이런 식으로 나오면 협상할 수 없습니다. 예의 갖추십시오. 반말하지 말고 존중하십시오. 그렇지 않으면 우린 나갑니다." 그리고 실제 나가야 한다. 그래야 다음 협상을 진행할 때 유리한 고지를 점할 수 있다.

둘째, 교섭단 안에 반드시 '무대뽀' 역할을 정해야 한다.

교섭단 안에서 역할 분담을 해야 한다. 다른 말은 안 해도 결정적일 때 책상을 뒤엎는 역할만 맡기는 식이다. 우리는 실제 협상하다가 책상을 뒤엎은 적이 많다. 예를 들어 첫날 예의 없다고 퇴장했는데 다음 교섭에서 또 반말 비슷하게 "어젠 뭘 그런 걸로 화를 내고 나가나." 이런 식으로 나오면 바로 책상 뒤엎고 나가는 것이다. 들어오기 전에 만일 오늘도 회사가 이런 말을 한마디라도 하면 누가 책상을 엎을 것인지 미리 정해야 한다. 이는 협상을 깽판 놓는 것이 아니라 모두 협상에서 이기기 위한 방법이다. '무대뽀' 역할은 꼭 필요하다. 흔히 점잖고 신사적으로 하는 게 협상이라고 생각하는데 그런 것에 말려들면 진다. 머리나 논리로 이기려고 하면 안 된다. 저쪽은 두뇌 자원이 우리보다 훨씬 많다. 노동자에게 필요한 건 명석함이 아니라 우직함이다. 무식해 보이면 어떤가. 그 좋은 머리를 부도덕하게 쓰는 그들이 부끄러운 일이지 우린 부끄러울 게 없다. 회사는 머리 좋은 위원장보다 우직한 위원장을 두려워한다. '무대뽀'는 고도의 전술이다. 심지어 협상 안 하나 들어줄 테니 그 사람 빼주시오 하는 협상이 들어온 적도 있다. 이게 얼마나 큰 것인가. 사람 하나가 버텨줌으로써 심리적으로, 물리적으로 우리에게 유리한 환경이 만들어지는 것이다. 협상이 사회적으로 노조에 불리하다는 느낌이 들거나, 우리 쪽이 곤경에 처할 땐 숨을 고르기 위해서 엉뚱하게라도 치고 나가야 한다. 우리가 불리하다 싶으면 상대도 틈을 주지 않고 몰아붙이기 때문이다. 정회도 잘 안 하려고 한다. 그럴 땐 어떤 꼬투리든 물어 판을 엎어야 한다. 상대가 잠시 인상을 쓰면 "왜 인상 쓰느냐", 혹은 말투 하나도 "말꼬리가 왜 건방지냐" 하며 싸워야 한다. 격앙되면 책상 위에 안전화 신고 올라가 발로 차며 화를 내기도 한다. 실제로 현대중공업의 교섭 탁자에는 지금도 예전 교섭때 발길질로 깨진 자리가 화분으로 가려져 있다. 분위기를 잘 보다가 필요한 경우에 탁 치고 나가야 한다. 그 역할을 맡은 동지가 물꼬를 트면 바로 공조해서 판을 잡아야 한다. 그래야 우리가 숨을 돌리고 다음 작전을 준비할 수 있다.

셋째, 노동자들의 옷을 입고 머리띠를 꼭 해야 한다.

동물도 자기 존재를 과시할 땐 최대한 자신을 돋보이고 눈에 띄게 한다. 협상도 마찬가지다. 노조 대표로 가는 교섭단은 꼭 노조의 투쟁 조끼나 공식 옷을 입어 상대에게 노동조합의 대표임을 각인시켜야 한다. 머리띠도 마찬가지다. 요즘 보면 머리띠를 매지 않고 협상하는 모습이 자주 눈에 띄는데 이건 지는 전략이다. 평소에 입지 않더라도 협상장만큼은 꼭 노동조합의 이름이 적힌 공식 옷과 머리띠를 두르고 가는 게 조합원이 위임한 대표임을 상기시키는 것이다. 이는 조합원에 대한 홍보에도 꼭 필요하다. 조합원의 눈과 귀가 온통 쏠려 있는데 노조 대표라는 사람들이 양복을 입는다거나, 누가 누군지도 모르게 하고 앉아 있으면 이는 바로 불신이다. 내가 민주노총 위원장을 할 때 민주노총 잠바를 고집한 것도 다 그런 이유에서다. 대통령을 만나러 갈 때 왜 잠바를 입고 가느냐고 하는데, 그런 만남 자체가 다 협상이다. 내가 민주노총의 대표로 왔음을 상대에게 환기시키고, 또한 전 국민이 보는 방송에 민주노총 로고가 한 번이라도 더 나오게 하는 게 얼마나 큰 홍보 효과인가.

넷째, 상대방에게 유리한 발언은 금지해야 한다.

어떤 경우에도 일단 협상장에서는 사측에 우호적이거나 동조하는 발언을 못하게 해야 한다. 상대가 어떤 얘기를 했는데, "아주 훌륭한 발언이십니다. 아주 좋은 생각입니다." 따위의 얘기를 해서는 안 된다. 개인적인 의견은 모두 정회하고 나서 우리끼리 평가할 때 풀어놓아야 한다. 그런 식으로 합의되지 않은 발언은 우리 진영을 당혹스럽게 한다. 반드시 정회 시간에 서로 발언들을 모두 평가해야 한다. 그래서 문제가 발견된 팀원은 언제든 교체할 수 있도록 준비해야 한다.

다섯째, 야간 교섭을 금지해야 한다.

야간 교섭은 조합원이 없는 상태에서 하기 때문에 협상 내용을 불신하게 된다. 오늘 꼭 타결 지읍시다 하며 야간 교섭을 제안하는데 이를 받아들여선 안 된다. 오늘 밤에 할 수 있는 일이면 쉬었다가 내일 아침에 바로 해도 된다. 낮에도 충분히 할 수 있는데 굳이 밤까지 하면 사람이 지치고 심리적으로도 압박을 당하게 된다. 시간에 몰리면 자연히 수세적이 된다. 협상팀은 압박당하면 안 된다. 왜 피곤한 몸을 이끌고 밤을 새워 교섭해야 하는가. 오늘 밤에 안 하면 지구가 무너지는가. 노조가 파업 중이라면 다음 날 해도 되고, 파업을 안 하는 상황이면 서둘러 밤까지 협상할 일은 더더욱 없다. 야간 교섭을 꼭 해야 할 명분은 없다. 나도 예전에 위원장 할 때 사측의 야간 교섭 제안을 받아들인 적이 있다. 60일 넘도록 한 파업, 그날 밤 하루 넘긴다고 해서 큰일도 아닌데, 회사가 오늘 밤에 끝냅시다 하는 걸 거부하지 못했다. 안 한다고 하고 그냥 나오면 되는 것을……. 회사가 야간 교섭을 하자고 하면 조합원들 안 자는 낮에 합시다 하고 거부해야 한다.

여섯째, 공개의 원칙을 지키고 애초 협상단을 고수해야 한다.

협상은 비디오, CCTV, 녹음 등 모든 방법을 동원해 공개를 원칙으로 해야 한다. 사측은 공개를 안 하려 한다. 최저 수준의 공개가 녹음인데 녹음도 잘 안 하려고 한다. 그럴 땐 녹음 안 하면 교섭도 없다고 해야 한다. 녹음을 하다가도 중간에 '오프 더 레코드로 하자'고 하는데 절대 응하면 안 된다. 공개는 조합원들을 위해서도, 나중을 대비해서라도 꼭 필요하다. 또 협상을 하다 보면 사측이 실무 교섭단을 꾸리자는 등 자꾸 소규모 단위로 협상단을 축소하려 한다. 이것 역시도 받으면 안 된다. 협상팀원을 노조가 계속 바꿀 수는 있어야 하지만, 협상단 자체의 형태를 어떤 식으로든 바꾸려 하는 것은 막아야 한다. 소규모로 될수록 회유가 수월하기 때문에 회사가 교란 작전을 벌이는 것이다. 조합원이 위임한 원래의 협상단을 고수해야 한다.

일곱째, 개별 행동을 금지해야 한다.

사측과 협상할 때 노동자는 원천적으로 불리한 점이 있다. 우리는 회사 측 사람을 유혹해서 빼올 수 없지만, 회사는 노동자들을 얼마든지 유혹할 수 있는 자원이 많기 때문이다. 그래서 교섭팀은 언제든 개별 행동을 할 수 없도록 해야 한다. 교섭을 마칠 때까지 교섭팀은 합숙을 원칙으로 하는 게 가장 좋다. 그게 안 되면 원칙을 정해야 한다. 개별 행동이나 사측을 만나는 건 절대 금지다. 수칙을 정하고 위반하는 사람은 바로 교체해야 한다. 사측은 어떻게든 협상팀에 자기 사람을 심으려 한다. 대부분 지위가 높은 사람이 그 대상이 될 가능성이 크다. 협상 시작 전이나 협상이 진행되는 도중에도 매수한다. 회사 쪽에 넘어간 사람의 특징은 상대방을 대하는 태도가 부드러워지고 대립하는 대목에서 중재하려고 나선다. 그렇게 나오는 사람은 일단 매수되었을 가능성이 크다고 보고 경계해야 한다.

여덟째, 교섭위원 개인마다 철저하게 준비를 시켜야 한다.

교섭위원이 될 만한 사람은 회사도 다 파악하고 있다고 봐야 한다. 그래서 교섭위원을 공개하기 전에 철저하게 준비를 시켜야 한다. 회사가 어떤 식의 유혹을 할 것이라는 점도 상기시키고, 교섭에 들어가서 취해야 할 태도 등도 정확하게 훈련을 시켜야 한다. 사측이 작업이 안 될 만큼 무장을 시키고 난 후에 교섭위원을 공개하는 것이 좋다. 그리고 언제든 교체할 수 있는 예비 후보도 준비시켜야 한다.

아홉째, 상대방의 발언을 계속 공개해야 한다.

교섭이 진행되다 보면 서로 신경전을 벌이게 된다. 이때 하루하루를 그냥 넘기지 말고 회사 측 교섭대표들이 실수하거나, 조합원들이 분노할 만한 발언들을 계속 수집해서 공개

해야 한다. 노동조합의 선전부나 홍보팀에게 전달해서 교섭 중에 회사가 이런 말을 했다고 실시간으로 전해주어야 한다. 회사 쪽 위원이 하는 말은 어떤 발언이든 절대 개인 발언으로 취급해선 안 된다. 대표의 말 한마디는 곧 회사의 의중이다. 교섭을 진행하면서 벌이는 신경전에서 우리 쪽 분위기를 고양하고, 조합원들에게 교섭의 상황을 브리핑하는 역할도 할 수 있다. 회사 쪽 대표들이 툭툭 던진 말 한마디가 계속 노조의 선전물을 통해 나오고 조합원들이 분노하면 상대방은 다음 협상부터 위축돼서 함부로 말을 못하게 된다. 반대로 노동자는 위축될 일이 없다. 그 점을 명심해야 한다. 우리는 여차 하면 파업하면 된다. 죽어도 교섭으로 끝내야 한다는 부담을 갖지 않고 하면 절대 위축될 일이 없다.

열 번째, 조합원이라는 백을 이용하라.

교섭팀은 어깨에 들어간 힘부터 빼야 한다. 교섭팀이 권한을 가진 것처럼 행세하는 순간 망한다. 이들이 조합원들의 매개 역할을 하는지, 대표 역할을 하는지 회사는 간을 본다. 그래서 너희에게 권한이 있으니 결정하라는 유혹을 계속할 것이다. 예를 들어 노조가 제시한 임금 인상 안을 회사가 낮추려고 할 때, "우린 권한 없다. 대의원 대회에서 결정한 일을 우리가 마음대로 바꿀 수 없다"라고 해야 한다. 이 정도는 내줄 수 있다고 판단한 사항이라도 그것 역시 대의원과 조합원의 결정을 통해서 하겠다고 해야 한다. 그럼 상대방은 "그런 권한도 없이 교섭에는 왜 들어왔느냐"라고 할 것이다. 그럴 땐 "우린 그냥 대의원 대회에서 결정해서 왔다. 조합원들이 가라고 해서 온 거다"라고 단순하게 말하고 버틴다. 어떤 경우든 조합원과 대의원을 두려워하고 있다는 것을 보여야 한다. 협상단이 버티기 시작하면 회사가 심어둔 프락치가 움직인다. 교섭과 파업이 길어지면 회사도 무리수를 두게 되어 있다. 가장 쉬운 게 자신들이 심어놓은 조직들을 이용하는 것이다. 현장에서 회사 쪽에 유리한 선동을 한다든지, 조합원들에게 유언비어를 퍼뜨리는 등 움직임이 보일 것이다. 그걸 파악해서 그 조직을 깨야 한다. 회사가 지도부와 활동가를 구속해 노조 조직력을 깨려고 노력하듯, 우리도 파업과 교섭 때가 아니면 그런 일을 할 때가 없다. 회사의 조직을 깨면 다시 그런 조직을 만드는 데 시간이 걸리고 통제력을 잃게 된다.

열한 번째, 교섭을 일상으로 만들어야 한다.

교섭과 협상은 파업 때만 하는 게 아니다. 평소에도 필요할 때 언제든 교섭을 요구하는 분위기를 만들어두어야 한다. 1년 내내 협상한다고 생각하면 된다. 예를 들어 산재 사고가 터지거나, 대의원 전출을 시키거나, 현장 안에서 일어나는 어떤 일이든 다 협상 대상이다. 회사의 매출이 예상과 달리 올랐다는 기사 한 줄만 떠도 노조는 당장 이 사안으로 협상을 요구해야 한다. 그리고 계속 조합원들에게 선전해야 한다. 회사는 일상적인 교섭을 피한다. 그래도 요구해야 한다. 조합원에게 어떤 투쟁이 있을 때만 선전 선동하는 것이 아니라, 회사와 긴장 관계를 늘 유지하고 있음을 보여줘야 한다. 일상적인 방어선을 협상을 통해 구축하는 것이다. 집행부가 철저하게 준비하지 않으면 교섭에서 밀린다. 집행부가 일찍부터 교섭 준비를 마치고 선전하면 교섭에 나서지 않는 회사에 대한 불만을 느끼기 시작한다. 그러면 회사가 불리해진다. 조합원의 분노와 참여를 만들어내야 하는 게 집행부의 역할이다. 스스로 뭐 이런 일까지 협상을 하나 하는 생각은 절대 가져서는 안 된다. 일상 활동에서 기선을 잡지 못하면 파업 때도 기선을 잡을 수 없다.

열두 번째. 이면 합의서를 만들어선 안 된다.

이면 합의서는 매우 위험하다. 이면 합의서를 요구하는 것은 대부분 회사 쪽이다. 노조가 이에 응할 이유는 없다. 조합원에게 공개하지 못할 합의 내용은 없으며, 이면 합의서가 순기능을 하는 예도 거의 없다. 많은 노조에서 이면 합의서가 드러나 문제를 겪는 일이 있었다. 협상의 과정과 결과는 언제나 조합원에게 투명하게 공개되어야 한다. 그게 가장 중요하다.

한미 FTA 협상의 수석 대표였던 김종훈은 TV에 나와서 "나는 책임자인 대통령에게 협상을 타결하라는 명령만 받았다. 협상을 결렬시켜도 된다는 명령은 받지 못했다. 그래서 타결 명령을 지키기 위해 필요한 걸 양보한 것이다." 라고 말했다. 전권을 위임받은 게 아니라 무조건 타결하고 오라는 명령만을 받았을 뿐인데, 미국 측에서 이 조항을 양보 안 하면 결렬을 선언하니 어쩔 수 없이 들어주었다는 것이다. 국민의 삶에 너무나 큰 영향을 끼치는 조항 하나하나를 오로지 결렬을 막기 위한 문구로만 취급한 교섭 대표. 변화무쌍한 협상의 장에서 외교의 달인이란 관료가 하는 말이 이렇게 무책임할진대, 어떻게 그런 관료를 대표로 임명한 대통령에게 책임을 묻지 않을 수가 있을까.

서태수는 교섭안을 줄여가며 마무리하려고 조합원 총회를 강행해서 파업 찬반 투표를 하지만 결과는 오히려 파업 찬성으로 나왔다. 그러자 잠적한 채로 조합원은 현장에 복귀하라는 홍보물을 뿌린다. 어느 날 잠적한 서태수 위원장이 나타났다는 소식을 듣고 대의원과 활동가들이 노조 사무실에 몰려와 약간 험악한 분위기에서 간담회를 하게 된다. 서태수는 사퇴하라는 말에 곤혹스러워하다 사퇴서를 쓰고 자리를 떠난다. 보내지 말고 잡아둬야 한다는 의견도 있었지만 사퇴서를 썼으니 괜찮을 거라고 생각했다. 그게 실수였다. 서태수는 폭력과 감금 때문에 쓴 사퇴서라며 간담회에 참석한 노동자 11명을 고소해 3명이 구속되었다가 두달 만에 결국 무죄로 풀려난다.

연말이 되자 더는 위원장을 두고볼 수 없어 비상 대책위를 꾸려 조선부문 부위원장을 비상 대책위 위원장으로 임명하고 4개 국으로 조직을 재편했다. 나는 비대위의 정당방위대장이란 이상한 지위를 맡았다. 직위는 국장급인데 역할은 애매했다. 비상 대책위는 어용 집행부와 사측을 함께 상대해야 했다. 제일 먼저 부딪히는 건 돈이었다. 투쟁엔 돈이 드는데 공식 조직이 아니니 집회 한 번 하는 것도 어려웠다. 그리고 대부분 수배자여서 신변 문제도 자신이 알아서 주의해야 했다. 자연스럽게 합숙을 하게 되고 개인행동을 금지했다.

노조 파괴 전문가 '제임스 리'와 복면테러단

1988년 연말을 보내고 89년 새해를 맞이한 비상 대책위는 고민에 빠진다. 재정도 부족하고 파업 대오는 줄어들고, 회사의 분열 책동과 어용 집행부의 선전전은 계속 우리를 괴롭혔다. 회사는 노조 파괴 전문가를 고용하고 테러를 준비한다. 제임스 리라는 노조 파괴 전문가는 조합원에게 "파업하는 노동자는 모두 빨갱이 사주로 움직이는 것"이라고 교육한다. 그는 "빨갱이들을 그냥 두면 안 된다. 구사대를 조직하라. 모든 책임은 내가 진다. 해고자를 복직시킬 필요가 없다"라고 선동했다. 교육장에는 대공분실 과장과 노동부 소장까지 참석해 이런 주장에 힘을 실어주었다. 노동자들에게 회사가 정당하니 무슨 짓을 해도 된다는 것을 몸소 보여준 것이다. 명백히 정부의 개입을 입증해준 장면이다.

회사와 어용노조 그리고 정부까지 함께 입체적으로 움직이니 비대위도 가만히 있을 수 없었다. 운동장에 모인 조합원을 대상으로 서태수 위원장 불신임안을 상정하고 규약을 변경해서 이형건의 쌍둥이 형인 이원건을 위원장으로 새로 뽑았다. 새로 뽑힌 위원장을 중심으로 파업 지도부를 구성했다. 노동자들의 자율 의지로 정당하게 처리한 일을 두고 회사와 언론, 노동부는 불법 집행부라 선동했다.

중공업의 휴가 기간이었던 1989년 1월 8일 새벽, 수련회를 하러 현대중전기 활동가들이 모여 있던 울산 근교 언양 석남산장에, 각목과 쇠파이프, 야구 방망이 등으로 무장한 복면 테러단이 들이닥쳤다. 대형 버스를 두 대나 끌고 온 이들은 노동자들을 무자비하게 구타하고 욕설을 하며 한참 동안 폭행을 하다 중공업 활동가가 아니라는 걸 알고 철수한다. 그들은 다시 울산 동구에 있는 현대그룹 해고자 협의회 사무실을 급습해 자고 있던 현대엔진 해고자 권용목과 간사를 구타한다. 회사는 이 테러 사태를 노-노 싸움으로 몰아가려 했다. 그러다 테러를 의심한 경찰관의 제보와 이를 추적한 언론에 의해 이 천인공노할 사태가 현대그룹 종합기획실에서 꾸민 일임이 만천하에 공개된다.

수배자들이 많았던 파업 지도부 간부들은 휴가 기간에 언양에 피해 있기로 했었다. 집단으로 움직이면 자칫 몽땅 잡혀가는 불상사가 생기니 2명씩 조를 짜서 움직였다. 참으로 아찔한 순간이었다. 그런데 우리가 언양으로 피신하려던 계획을 어떻게 알았을까. 다시 우리 내부를 의심하기 시작한다.

1월 8일 테러가 있고 난 후 사측의 테러에 분노한 노동자들이 하나 둘 운동장으로 모이기 시작했다. 모금액도 많아졌다. 그러나 대의원들 절반 정도가 회사 쪽으로 붙어, 파업 지도부가 불법이라며 홍보물을 뿌리고 다니니 조합원들은 혼란스러워한다. 다시 운동장에서 대의원 선거를 해서 현장을 지도할 대의원을 뽑았다. 그렇게 뽑힌 대의원들이 이제 남은 투쟁을 책임져야 하는 막중한 임무를 맡게 된다.

대의원들이 새로 뽑히면서 현장을 직접 지휘할 지휘관이 확보되었다. 정상 조업을 하려는 노동자들을 상대로 이를 막기 위한 줄다리기가 시작된다. 현장 출입을 못하게 정문을 막으면 경비들과 관리자들이 나와 길을 터주어 이들을 들여보냈다. 파업에 참여한 노동자들은 공장 안으로 진입을 시도했다. 공장 안에 수많은 노동자가 정상 조업을 하고 있다고 회사는 선전했지만, 어디에도 일하는 사람은 없었다. 이미 두 달째 월급을 받지 못한 조합원들에게 출근만 하면 지난달치 돈까지 준다는 유혹은 큰 것이었다. 그래서 일부 조합원이 동지를 등지고 현장으로 들어갔지만, 회사는 애초부터 그들에게 일을 시킬 생각 같은 건 없었다. 단지 파업 현장에서 분리시켜 노동자들을 편가르려는 작전일 뿐이었다.

서태수 집행부와 회사는 조합원 가정의 어려움을 덜어주기 위해 양보를 한 것처럼 돈으로 유혹하여 정상 조업 참여를 외치고, 언론은 작업장이 돌아가는 것처럼 홍보해주었다. 날마다 조업 참여자가 늘어나고 있다는 방송을 하니 시간이 지날수록 조합원들의 불안감은 커졌다.

1월 8일 테러로 살아난 분위기는 오래가지 못한다. 사퇴서가 무효라

●

한 달 봉급으로 생활하던 노동자가 두 달째 돈을 못 받으니 살기가 어려워진다. 파업에는 동의하지만 생계를 위해 돈을 벌어야 하니 동지들을 등지고 막일을 하고 있는데, 어느 날 관리자가 찾아와 정상 조업을 시작했으니 나오라 한다. 일 안 해도 출근만 하면 된다는 말이 이상하긴 하지만 파업 현장에서 투쟁하는 동지들과 멀어져 있다 보니 감도 떨어지고 솔깃한 마음에 출근하게 된다.

한 번 출석이 두 번이 되고, 회사에서 하는 교육을 들으니 유명한 인사들이 나라 걱정도 하고 내 걱정도 해주니 솔깃해진다. 교육자는 말한다. 지도부의 말도 맞지만, 솔직히 대책이 없는 것도 사실 아니냐, 그러니 이 문제를 해결하기 위해 당신이 나서야 한다고. 그리고 영문도 모르고 나온 나를 누군가가 손가락질을 한다. 기분도 나빠지고 내가 뭘 잘못했느냐는 오기도 생긴다. 하루 이틀 더 지나면 어느새 회사 입장에 서서 친한 친구와 후배를 불러내서 설득하고 달래는 역할을 하게 된다.

많은 노동자가 이런 일을 겪었다. 파업 대오는 점점 약해지고 회사는 테러와 함께 장기 파업에 대비해 이런 심리전도 준비한 것이다.

고 주장하는 서태수 집행부와 어용 대의원들이 자기들의 정통성을 주장하며 현장을 교란시키고 있었기 때문이다. 파업 지도부는 불법이므로 조합비를 쓸 수 없고, 회사와 협상 창구도 합법 지도부인 자신들이 해야 한다고 선전했다. 회사는 이를 핑계 삼아 협상 창구를 단일화하지 않으면 응하지 않겠다고 한다. 언론은 노-노 싸움으로 몰아갔다.

서태수 어용노조는 파업 지도부에게 회사와 공동 교섭을 하거나 양쪽 모두 사퇴한 후 새로운 집행부를 꾸리자 주장하며 물타기를 시도한다. 파업 지도부는 서태수 집행부를 만나거나 인정하면 안 된다는 쪽과, 현실적으로 한 번 만나보자는 쪽으로 내부가 갈리기 시작한다. 토론 결과 일단 한 번 만나보는 걸로 결정되었다. 우리는 그때 큰 실수를 한 것이다.

불신임한 집행부를 만나는 그 자체가 그들의 실체를 인정하는 꼴이 되어버렸다. 언론에서 지금까지의 투쟁이 노-노 싸움이었는데 양쪽이 만났으니 이제 해결 국면이라고 떠든다. 회사와 싸우던 문제는 하나도 풀리지 않았는데 투쟁은 쑥 들어가버린 것이다. 파업에 직접 참여한 노동자는 물론 참여하지 않은 노동자도 양쪽이 만나는 순간 파업 지도부가 밀리는 느낌을 받는다. 파업 지도부는 손실 100%, 어용노조와 회사는 효과 100%였다. 우리는 어리석었다. 현실적인 이유를 들어 만나자고 했던 동지들도 결과를 보고 후회했다.

2월 들어서서 회사의 조업 복귀 공작은 점점 심해졌다. 플랜트 사업부에서는 조업에 동원된 노동자들을 작업장에 밀어 넣고 밖에서 문을 용접해버린 사건이 일어나기도 했다. 언론은 여전히 정상 조업 인원을 부풀렸고, 회사는 관리자들을 동원해 거짓 선전물을 배포했다. 현장은 전쟁터를 연상할 만큼 싸움이 치열했다.

2월 21일, 파업 지도부가 우려하던 폭력 사태가 일어난다. 파업 지도부는 충돌이 잦으면 그 핑계로 공권력이 투입될 걸 우려해 자제하도록 감시해 왔다. 그런데 그날은 미리 대기하고 있던 경비들이 파이프와 각목, 자전거 체인과 식칼로 무장하고 노동자들에게 무차별하게 휘둘렀다. 자전거 체인과 식칼에 찔린 노동자의 비명과 살점들과 피로 현장은 아수라장이 되었다. 1·8 테러에 이어 두 번째, 더구나 이번엔 백색 테러였다. 그 사건은 워낙 충격적이어서 전국의 언론을 통해 현대중공업 폭력 경비대의 실상이 만천하에 알려졌다.

파업 해산 작전명 '울산 30'

대낮에 식칼에 찔려가며 싸움을 하다 보니 전

국에서 지지와 지원이 이어졌다. 농민들은 쌀을 보내주고, 시민과 학생들은 돈을 모금해서 보내주었다. 어용노조가 돈을 쥐고 있어 가난했던 우리는 이런 도움으로 투쟁을 이어간다. 서울의 시민들은 동전을 모아 자루로 보내주어 세는 데만도 한참이 걸렸다. 수많은 도움을 받았지만 투쟁을 끌고 가기에는 턱없이 부족했다. 결국 노조가 정상화되면 돌려주기로 차용증을 쓰고 조합원들에게 손을 벌렸다. 하루 만에 1억 정도가 만들어졌다.

파업 투쟁에 들어선 지도 석 달이 되어갔고, 길고 힘들게 투쟁을 하면서 내부에 분란이 생겼다. 원칙을 주장하는 쪽과 타협을 말하는 동지들 사이에 벽이 생기더니 다툼에 주먹질까지 일어난다. 그러나 더 큰 문제는 다른 것이었다.

파업을 한창 진행하던 어느 날 어용 대의원들이 파업 지도부 이원건 위원장이 룸살롱을 다닌다는 소문을 낸다. 수배 중이어서 총각들 숙소인 오좌불(단체 숙소 건물 이름)에서 합숙을 하고 있을 때였기 때문에 어용들의 헛소문 작전이라고 생각했다. 그런데 업소 이름까지 나오는 게 영 의심스러워 회의 때 위원장을 추궁했다. 절대 간 적이 없다고 부인했는데 주변의 친한 사람들을 추궁하니 사실로 확인된다. 그것도 회사 노무담당 부장에게 술값을 내라고 전화까지 했다는 것이다. 이미 소문이 다 퍼져서 집행부 회의에 사과하는 걸로는 수습이 쉽지 않았다. 결국 이원건 위원장은 마이크를 잡고 조합원들에게 공개 사과를 했다. 남성 사업장이라 술 문화에 관대했고, 또 힘들게 투쟁하는 지도부를 격려한다는 이유로 일단락되었다.

그러나 제 버릇 개 못 준다고 이원건은 나중에 현대중공업 6대 노조 위원장이 되어 조합원을 배신하고 직권 조인을 한다. 현대중공업 노조 위원장 자격으로 노태우와 면담하는 자리에서, 노동자들의 억울한 현실을 말하기는커녕 교도소에 담배 좀 넣어주라는 기가 막힌 발언으로 세간의 웃음거리가 되기도 했다. 지금은 뉴라이트 간부로, 이명박 대통령의 선거를 도왔고 한나라당 활동을 하는 현대중공업 노조 오욕의 인물 가운데 하나다.

한편, 서울 결사대는 어렵게 투쟁을 이어가고 있었다. 합류한 가족들까지 포함해 300명 정도 되는 결사대가 농성장을 침탈하는 경비들과 싸우느라 날마다 긴장의 연속이었다. 회사와 경찰은 결사대를 치기로 한다. 경비들과 관리자 일부가 몸싸움을 유도해 대오가 분리되길 기다렸다 대기하던 경찰이 치고 들어와 1명씩 연행해가기 시작했다. 결사대는 차량 밑에 드러눕고, 가스통에 불을 붙이고 몇 시간 동안 저항하다 가족들까지 모두 연행된다. 그러나 구속된 4명을 빼고 즉결 심판과 불구속 입건으로 나온 나머지 동지들은 다시 계동 사옥에 모여 투쟁을 계속하는 결연한 의지를 보여준다. 적은 인원이지만 울산보다 더 치열하게 투쟁하고 있었다.

파업이 한창 막바지에 다다를 때 이북 출신 자녀들의 모임인 반공청년회를 통해 구사대가 조직된다. 반공청년회는 1953년 거제 포로수용소에 수감됐다가 반공 포로로 석방된 이들이 만들어, 그 자식들이 맥을 잇는 조직이었다. 회사는 전국에서 200여 명을 모아 서울 본사의 현대인력개발원에서 시위 진압 훈련을 시키고 현대중공업 사원 기숙사에 대기시켰다. 그러다 사회 문제가 될 듯하자 방침을 바꿔 해산시킨다. 이들은 현대에서 정규직 취업을 약속하고 모집했는데 이를 지키지 않자 농성을 벌이기도 했다. 반공이 자본과 만나 어떻게 노동자를 파괴하는지 보여주는 상징적인 사건이었다.

1989년 파업은 수천 명이 텐트 농성을 하며 파업 대오를 유지했기 때문에 경찰 병력과 싸울 준비가 되어 있었다. 언론은 경찰 투입을 시사하고, 회사는 공권력이 들어오기 전 마지막 협상이라며 찔러보고, 경찰도 시청도, 너도나도 중재를 외치며 파업 지도부를 압박한다.

1989년 3월 29일, 서울에서 경찰 병력이 울산으로 이동한다는 소식이 전달되었다. 현장은 결사 항전을 다지며 투쟁을 준비한다. 그러나 실제로는 긴장하고 위축될 수밖에 없다. 다 같이 투쟁을 결의하며 보초를 세우지만, 밖으로 이탈하는 조합원을 막기는 어렵다. 회사는 가족들에게 경찰이 투입되면 다치고 구속도 될 수 있으니 지금이라도 데려오라고 겁을 주고, 고향에 있는 가족과 부모님까지 동원해 이탈을 설득한다. 심지어 부모님이 위독하다, 아이가 다쳤다는 거짓말을 하라고 가족들을 부추긴다.

파업 지도부가 가족들의 출입을 막았기 때문에 정문의 파업 경비대를 통해 가족들이 계속 찾아와 사정한다. 무전기로 파업 현장에 방송을 해주는데, 이날 하루 동안 부모님 상을 당한 사람, 부모님이 위독한 사람, 가족이 다친 사람들이 저녁부터 새벽까지 계속 이어진다. 파업 현장은 위축되고 내부도 분열되면서 인원이 줄기 시작한다.*

3월 30일 새벽, '울산 30'이란 작전명으로 울산에 집결하는 경찰 병력이 늘어나면서 파업 지도부의 고민도 깊어진다. 새벽에 점검을 해보니 남은 인원은 500명 정도인데, 그나마 술을 마신 사람들이 대부분이라 현장을 사수하기에는 턱없이 부족하다.

현대자동차 앞을 감시하던 동지들한테서 180대가 넘는 경찰 버스가 남목고개를 넘어 동구로 들어가고 있다는 보고가 들어왔다. 연이어 바다에는 군함이 진입한다는 보고도 들어왔다. 위원장실에서 파업 지도부 마지막 회의를 소집했다. 상황실장인 내가 우리 상태를 보고하고 대책을 구하는데 아무도 답을 하지 않는다. 그래서 내가 제안을 한다. "지금 상태로 현장을 사수하기는 불가능하니 철수해 밖에서 투쟁하자. 밖에서 모르도록 신속하게 미포문으로 빠져나가 오좌불 숙소로 들어가자". 모두 동의해 새벽 3시경 철수가 시작된다. 미포문으로 가는 길에

●

파업을 하면 가장 고통받는 사람들이 바로 노동자의 가족들이다. 그래서 노동조합을 하려면 파업에 대비한 생계유지 방법이나, 가족들을 설득하고 동참시킬 방법을 준비해야 한다. 그런데 어느 노동조합도 이런 준비를 잘 하지 않는다.

대다수 노조는 파업 시작 후 시간이 흐른 뒤에야 가족들의 중요성을 깨닫는다. 현대중공업 노조는 87년 파업 때 가족들도 함께 시청까지 행진한 경험도 있고, 조합원들이 같은 아파트에 모여 살다 보니 다른 노조들보다 가족 참여가 잘되는 편이었다. 파업 시작 후 가족 대책위를 꾸려 활동하는데, 식사 당번도 자처하고, 집회에 참여하고, 현장 순회에 동행해 응원하는 등 남자들보다 더 큰 역할을 하기도 했다. 가족들의 지지가 노동자들의 사기를 높이자 회사는 가족들을 참여하지 못하도록 고소하고 협박도 한다. 실제 지원 활동을 하다 구속된 가족도 있다.

자본주의를 유지하기 위한 가장 좋은 방법이 '가족'이라는 단위이다. 가족이 있는 한 노동자들은 가족을 유지하기 위해 계속 노동을 해야 하기 때문이다. 그래서 자본은 임금이라는 가족 유지 수단을 볼모로 늘 노동자를 협박한다. 가족의 고통 때문에 파업을 이탈하는 경우가 많지만, 거꾸로 가족의 지원을 받는다면 파업은 더 큰 힘을 받을 수 있다.

가족들의 중요성을 알게 된 회사는 파업이 끝나고 본격적으로 가족 챙기기에 들어가 각종 강좌와 주부대학 등을 만들어 운영한다. 1990년 만들어진 현대중공업의 주부대학 졸업생은 지금 만 명이 넘는다. 이들은 강력한 회사의 도우미로 활용되고 있다. 어떤 기업이든, 특히 대기업일수록 가족을 포섭하기 위해 다양한 방법을 동원한다. 그럼 노조는 어떤가? 가족을 노동자들의 가장 든든한 지원군으로 만들기 위한 활동을 하고 있는가?

물론 가족, 특히 여성들을 노동조합 활동을 위한 부수적인 존재로 이용한다는 비판이 있고, 가족주의라는 위험한 함정에 빠질 우려가 있긴 하지만, 이런 우려를 극복하면서 가족을 조직하는 것은 필요한 일이다.

주유소가 있는데 교란을 위해 사수대 전원 주유소로 집결하라는 방송을 하고 경비실 전화선을 모두 절단한다. 1시간 안에 모두 오좌불 숙소에 도착하여 장외 투쟁을 준비했다. 한참 후인 새벽 6시, 경찰은 회사 안의 수배자를 검거하기 위해 들어갈 것이니 수배자를 내놓으라는 경고 방송을 한다. 수배자 10명을 잡으려고 전국에서 2만 명 넘는 경찰이 모였다는 얘기다. 경고 방송을 3차례 하더니 포클레인으로 정문 앞 바리케이드를 부수고 들어온다.

무전기에서 파업 지도부를 찾는 소리가 들린다. 정문을 사수하고 투쟁하겠다, 지도부의 의도를 알겠으니 동의하면 무전기를 두 번 눌러달라 한다. 무전기를 두 번 눌렀더니 임무를 완수하겠다는 말과 함께 정문에서 투쟁이 시작된다. 이들은 밤새 정문을 지킨 사수대 동지들인데, 우리는 급하게 나오느라 이들을 잊었었다. 그런데도 이들은 지도부가 일부러 알리지 않고 빠져나가면서 자신들에게 사수 임무를 맡긴 줄 알고, 가스통에 불을 붙이고 화염병을 던지고 저항한 것이다. 얼마나 미안하고 고마운 동지들인지. 다행히 이들은 경찰 병력이 밀고 들어오자 현장의 컨테이너 박스에 이틀 넘게 숨어 있다 피신해서 아무도 잡히지 않았다.

2만 명을 투입한 경찰의 진압 작전은 노동자 1명과 정문에서 경찰 병력 투입에 항의하던 외부인 몇 명 검거로 허무하게 끝났다. 독이 오른 경찰들은 노동자가 모여 있는 오좌불 숙소에 화풀이한다. 경찰은 아침에 오좌불 숙소에 침입해 잠자던 노동자들까지 무작정 때리기 시작했다. 경찰들의 폭력에 분노한 노동자와 주민들이 함께 싸우기 시작하면서 동구 전체가 투쟁 현장으로 바뀌게 된다. 그리고 현대중공업의 노동자들과 함께 싸우기 위해 전국에서 학생들이 울산으로 모여든다. 동구는 최루탄의 도시가 되었다. 최루탄 가루는 거리에 쌓였지만, 주민들은 투쟁하는 노동자와 학생들을 아무 집에서나 재워주었고, 점심을 해다 나르고, 무엇이든 먹여주어서 우리는 오히려 행복했다. 화염병을 처음 만들어보는 노동자들이 실수하면 학생들이 시범을 보여주는 등 꼭 80년 5월의 해방 광주처럼 동구는 모두 하나 되어 투쟁하게 된다.

그러나 장외 투쟁이 열흘을 넘어가면서 싸움은 점점 힘들어진다. 공장이 경찰에게 장악되니 구심이 약해지고, 거리는 대대적인 검문검색이 이어졌다. 심지어 헬기를 동원해 하늘에서 감시하다 노동자들이 모일라 치면 얼른 와서 해산시키기까지 했다. 노태우는 할 줄 아는 게 그런 것밖에 없었다. 검문검색으로 수배자는 행동이 위축되고, 경찰은 공중에서 삐라를 뿌리고, 회사는 관리자를 동원해 출근을 종용했다.

거리 투쟁을 하면서 회의를 하거나 의논을 할 수 없는 구조가 되니, 현장에 복귀하는 노동자들은 출입이 가능한 누군가가 안에서 지휘를 하고 밖에서는 홍보물 팀을 꾸린다. 그러나 경찰의 방해와 숨어서 해야 하는 작업의 성격상 한계가 있었다. 현장 지도부의 장악력도 떨어지기 시작했다. 장외 투쟁에 대한 준비가 전혀 없었고, 만일의 사태에 대비해 2선 지도부도 꾸렸어야 하는데 우리는 이를 하지 못했다. 투쟁을 지휘할 2선 지도부와, 파업이 끝나고 다음 선거에서 투쟁을 이어갈 지도부를 꼭 준비해야 한다. 그러나 그때는 아무런 준비를 하지 못했고 이런 미숙함이 노동조합에 손해를 끼치게 된다.

128일 투쟁은 구속자 석방과 해고자 복직이라는 원칙을 지키고자 시작된 싸움이었다. 그러므로 투쟁을 지지한 노동자들에게 최소한 이런 원칙을 지키고 투쟁할 수 있는 집행부를 꾸려주고 물러나는 게 의무다. 그래야 우리의 정당성도 인정받고 노동조합도 지킬 수 있다. 이전보다 더 강한 지도부를 뽑아 노동자가 감옥을 두려워하지 않는다는 걸 경찰과 자본에 보여주면, 가장 큰 무기인 구속이 별 힘이 없어지니 저들은 굳이 파업으로 치닫기 전에 해결하려 할 것이다.

파업 지도부와 수습 지도부는 이런 것을 함께 이해하면서 가야 한다. 그러나 그때는 거리 투쟁이 진행 중인데도 공장 안은 선거로 방향이 정해지는 등 지도력이 없었다. 수배 중인 파업 지도부의 이원건 위원장을 일반 조합원에게 맡긴 것도 너무나 안이한 판단이었다. 이원건은 자신이 숨었던 곳을 말하는 바람에 숨겨준 그 노동자까지 구속되었다.

이원건은 수배 중에 회사 안에 들어가 송명주라는 사람을 독단으로 지지 선언하고 자진 출두를 한다. 송명주는 단독으로 출마하여 노조 위원장에 당선되고 모든 문제는 대화와 타협을 통해 해결하겠다고 선언한다. 파업 지도부와는 다른 노선임을 회사에 보인 것이다. 파업 지도부는 4월 중순 대부분 검거되었다. 128일 동안 앞만 보고 내달았던 우리들의 투쟁은 그렇게 끝이 났다.

2

"응답하라, 여기는 골리앗의 외로운 늑대"

5월 10일, 우리는 골리앗에서 내려왔다, 14일 만에. 골리앗에서 내려오는 우리를 전국에서 뜨겁게 지켜보는 것도 몰랐고, 우리 싸움이 위대하다고 역사에 기록될 줄도 몰랐다. 포위되어 갈 곳 없던 우리 앞에 골리앗이 있었고, 그저 버틸 수 없어 내려왔다. 우리는 위대하고 싶어 오른 게 아니었다. 하지만 한 가지, 최선을 다했다. 완패했지만, 때론 잘 진 싸움에서 이긴 싸움보다 더 큰 교훈을 얻을 수 있다는 걸 골리앗을 통해 보여주고 싶었다.

노동운동의 역사를 쓰다

1989년 4월, 아이 출산일이 가까워 부산으로 내려가던 나는 검문소에서 잡혀 울산 중부경찰서로 넘어가 구속이 된다.

첫 구속이라 요령도 없고 해서 있는 대로 다 불었다. 하지만 나를 숨겨준 친구가 피해를 볼까 봐, 피해를 주지 않는다는 확답을 해야 시인하겠다고 버텼다. 경찰이 검찰과 통화한 후 확답을 받고 나서야 시인을 했다. 세상 물정 모르고 경찰 말을 곧이곧대로 믿고 사실대로 말했지만 지금 생각해보면 참 어리석었다.

감옥에서 만난 테러범들

경찰서에 들어가 보니 정말 경찰도 가지가지다. 착한 경찰, 나쁜 경찰, 오버하는 경찰, 무게 잡고 폼 잡는 경찰 등. 국민을 보호하라고 세금으로 월급 받으며 일하는 사람들인데, 우리를 대하는 걸 보면 우리는 국민도, 사람도 아니었다. 재판이 끝나기 전까지는 죄인 취급을 할 수 없다는 사실을 몰라 그냥 당연히 죄인 취급을 받았다. 경찰이 사람을 때리면 안 된다는 걸 알았다면 저항하고 싸웠을 텐데, 공장 안의 노예 생활을 깨려고 일어난 노동자가 경찰서에 와서도 때리면 맞고, 불라면 불고 아무 방어도 못한 채 똑같은 일을 당한 것이다.

내가 검거되었을 때는 울산에 구치소가 생기기 전이라 남부경찰서 대용 감방이 감옥 대신이었다. 100평 정도 넓이에 2층이었는데 여기에 200명에서 많게는 300명까지 수용했다. 사람 취급도 못 받는 '죄인' 들이었으니 인권과 복지는 꿈같은 얘기였다. 조직 폭력배들은 경찰 대신 질서 유지를 해준답시고 폭군 노릇을 했고, 부정 물품도 버젓이 들여왔다. 경찰과 의경들은 폭력으로 문제를 해결하려 했고, 열악한 근무 환경에서 오는 스트레스를 갇혀 있는 사람들에게 풀었다. 그야말로 작은 지옥이고 무법천지였다.

나는 함께 투쟁하다 구속된 현대자동차와 정공, 하청 노동자, 학생 등 동지들과 감옥 생활을 견뎠다. 두렵고 힘들어 적응하는 데 시간이 걸렸지만, 차차 질서도 잡혔고 투쟁도 하게 되었다. 때리는 의경과 폭력배들의 위협에 맞서 싸우다 보니 자연스럽게 충돌이 많아졌고, 이런 소 내 싸움이 언론을 타며 사회 문제로 되었다. 치열하게 싸워 노동자들의 방을 쟁취했다. 감옥에 가면 누구나 나가고 싶어 위축되기 마련인데 동지들이 있으니 오히려 감옥은 또 다른 투쟁 현장이었다.

어느 날 전교조 선생님들이 노조를 만들려다 구속되어 들어왔다. 노동자완 아무 관계없는 사람들이라 여겼던 교사들이 우리도 노동자다, 노동조합을 인정하라 외치다 감옥에 와서 우리와 동지가 되다니! 선생님도 노동자란 말이 너무나 좋았다. 그리고 힘이 생겼다. 살면서 선생님이 그렇게 존경스러웠던 적은 처음이다.

감옥 안에서는 여러 가지 일들이 일어났다. 당시 유명한 노동자 시인 백무산을 잡으려 안기부가 혈안이 되어 있었는데, 감옥에 있는 노동자들도 일일이 조사를 했다. 실제로 만나본 적이 없기 때문에 모두 모른다고 했는데, 한 친구가 잘 안다고 한 것이다. 안기부 직원이 솔깃해서 그에게 음식과 담배까지 주며 구슬렀다. 잘 먹고 난 후 그가 하는 말이 "나는 지금도 그 사람 책을 보고 있다. 감옥 안에도 많다." 무슨 소린가 했더니 만화가 백무산인 줄 알고 그렇게 말한 것이다. 뺨 맞고 돌아와 하는 말이 음식 잘 먹고 귀한 담배 피우고 뺨 한 대니 손해 없지 않으냐고 해 모두 웃었다. 그 순수했던 노동자 최윤석이 13년 후 현대중공업 14대 노조 위원장이 되어 해고자들 청산에 앞장서니, 참 씁쓸한 일이다.

감옥은 참으로 별천지다. 세상과 격리된 것 같지만 바깥세상의 법칙이 그대로 통하는 곳이기도 하다. 채널 선택권은 경찰이 쥐고 있으니 우리는 독재자가 좋아하는 방송만 봐야 했는데, 최악은 기독교인 경찰관이 일요일에 근무할 때다. 죄인도 아닌 우리한테 온종일 회계하라는 설교만 틀어주는 것이다. 그래도 종교가 우리를 도운 일도 있었으니, 교회의 위로 방문 때 가족들이 신자들 틈에 끼어서 들어온 것이다. 반가워 알은체를 하려는데 눈을 깜빡이며 모른 체하라고 한다. 살짝 눈인사를 하고 돌아갔는데 그날따라 방문단이 늘 주던 빵과 요구르트가 아닌 떡을 돌리고 갔다. 떡 안에는 담배가 숨어 있었다. 말 그대로 '이게 웬 떡이냐!' 였다.

담배는 볼펜과 함께 반입 목록 1호였다. 철창 없이 자유롭게 만나는 변호사 접견 때 볼펜을 들이고자 안팎에서 합동 작전을 벌인다. 착한 경찰은 슬쩍 눈감아주기도 했는데, 곧이 곧대로인 또박이나 악질을 만나면 실랑이를 벌이느라 시끄러웠다. 실패해도 또 시도했다. 특별히 할 일 없는 감옥에서 작은 일 하나도 다 투쟁거리로 만들었다. 볼펜 반입도 투쟁이었고, 일명 '강아지' 로 불리는 담배 보급도 중요한 투쟁이었다. 재소자에게 담배와 볼펜을 금지하는 건 어느 나라 법인지 우리는 이에 순응할 수 없었다. 더구나 그 안에서도 돈 있는 이른바 '범털' 들은 담배를 쉽게 피우면서 남는 담배로 권력까지 행사하고 있었다. 돈이면 안 되는 것 없는 세상은 감옥 안도 똑같았다. 경찰은 자기 근무 시간에 사고가 없도록 질서를 잡아달라는 명분으로 조폭들에게 담배를 주기도 하면서 특별 대우로 권력을 공유했다. '경폭 유착' 이었다.

그러나 조폭들도 우리 공안 관련 죄수들은 건드리지 않았다. 경찰을 보면 도망가는 자신들과 달리 정의의 이름으로 경찰에 맞서는 우리를 나름 존중해주었다. 우리는 재소자들의 탄원서나 항소 이유서 등을 써주고 담배를 받기도 했다.

감옥 안에서 우리 노동자들을 테러했던 테러범들을 만났다. 그들을 본 우리는 당연히 분노할 수밖에 없었다. 그 안에서 계속 싸웠다. 계속 싸움이 일어나니 경찰은 테러범들을 다른 경찰서로 보내버렸다. 구속된 노동자들 일부는 실형을 받았고 대부분은 1심에서 집행 유예로 석방되었는데, 이 테러범들도 항소심을 마치고 석방되어 아무 제약 없이 현장으로 복귀한다. 노동자들은 실형을 받고 해고되는데, 테러범은 석방되어 복직하는 어처구니없는 현실. 분노가 일었다.

파업이 바꾸어놓은 것

석방되고 보니 구속자와 해고자가 52명이나 된다. 노조에서 해고자에 대한 생계비 지급 규정을 만들었기 때문에 생활할 수 있었다. 그런데 송명주 집행부는 해고자에 대한 생계 지원을 시혜로 생각했다. 어느 날 비가 억수같이 쏟아지는데 해고자들을 모두 불렀다. 생계비를 받으러 들어오라는 것이다. 통장으로 넣어달라고 했지만, 꼭 직접 지급해야 하니 들어오라고 한다. 송명주 위원장은 해고자들에게 생계비를 전달하며 조합원의 피땀이니 아껴 쓰란다. 그 소리에 해고자 모두 기함을 했다. 더 비참한 것은 그 장면을 사진으로 찍어 다음날 홍보물에 내보내려고 불러들였다는 것이다. 허탈했다.

사냥이 끝나니 사냥개를 버린다는 말처럼, 노조를 위해, 조합원을 위해 앞장서다 구속되고 해고되었는데, 노조 위원장이란 사람이 불쌍한 사람에게 선심 쓰듯 아껴 쓰라는 말을 하다니 너무나 화가 났다.

해고자들이 받은 설움은 그뿐 아니었다. 단체 협약을 마무리하면서 집행부는 해고자들을 논의 과정에서 제외했다. 해고자 몇은 복직에서 제외되었는데, 몇 년이 지난 후에야 그때 회사와 노조가 해고자 2명을 복직시키지 않는 대신 조합원 임금을 인상하는 비밀 합의서를 작성했다는 걸 알게 된다. 임금 몇 푼에 동지를 팔고, 노동자를 속여 협상을 마무리한 것은 노동조합의 생명인 원칙과 도덕성을 깬 일이었다. 또 병역 특례 해고자 4명을 복직시키지 않아 아내와 아이를 둔 해고자가 입대를 해야 하는데도 집행부는 그런 협상안에 합의해버렸다. 이미 투쟁성을 잃어버린 것이다. 조합원들은 자세한 내용을 모른 채 1년 넘게 끌어 온 단체 협상안을 회사와 집행부의 말만 듣고 통과시킨다.

그러나 128일 투쟁을 경험한 노동자들은 예전의 노동자가 아니었다. 현장에 돌아가 일을 하고 있지만, 구속자와 해고자들이 주장하는 방향으로 함께 움직여주었다. 회사는 파업 이전으로 현장을 되돌리고 싶어, 협상으로 마무리한 것은 회사가 양보한 것이고, 이제 노조의 힘이 세졌으니 서로 협력 공생하자고 노동자들을 설득하기 시작한다.

파업 이전 회사 관리자가 중심이던 현장의 조직 질서는 파업 이후 노동자들 주도로 바뀌었다. 회사가 관리하던 각종 서클과 향우회가 힘을 잃고, 대신 파업을 주도한 노동자들이 만든 부서 동지회가 현장을 장악한다. 대의원과 해고자들이 노조 집행부 대신 회사와 힘겨루기를 하게 되었다.*

파업 이후 회사는 파업에 적극적으로 참여한 노동자를 가려내 연수 교육을 한다. 1987년 이전 노동자가 받는 교육은 회사가 시키는 안전과 기술 교육이 다였다. 그러나 노동자 대투쟁 이후 각종 교육이 많이 생겨난다. 투쟁을 통해 교육 시간을 확보하면서 작업 시간을 줄인 결과다. 그러나 회사가 노동자와 관리자를 대상으로 하는 교육은 모두 노조에 도움이 되지 않는 내용이다. 그런데도 집행부는 이를 막지 않고 방치했다. 답답한 활동가들 개인이 막을 수밖에 없었다.

회사는 파업 참여 조합원을 용인 마북리 연수원에 모아놓고 '다물' 교육을 한다. 이는 애국 · 애족 · 애사를 내세운 국가주의 교육으로, 노동자들에게 계급의식 대신 국가와 회사를 위한 봉사와 헌신을 가르치는, 낡은 반공 이념까지 더해진 정신교육이었다. 현대중공업의 다물 교육은 1987년도부터 현장에 들어와 노동조합을 깨는 데 이용된다.

그러나 노동자들은 고분고분하게 연수를 받지 않는다. 회사가 하는 모든 교육을 일부러 피하거나 훼방을 놓는다. 마북리 연수원에는 회장

●

흔히 노동조합이나 노동운동을 투쟁만 하는 강경파와 실리를 추구하는 온건파로 구분 짓는다. 이런 식의 구분 짓기는 맞지도 않을뿐더러 자본과 언론에서 만든 공식일 뿐이다. 그들이 그런 구분 짓기를 하는 이유는 선과 악을 만들기 위해서다. 투쟁은 과격하고 질서를 어지럽히는 것이니 강성 노조는 사회에 악영향을 끼치는 악한 존재이고, 온건 노조는 그나마 무식한 강성과는 달리 파괴적이지 않고 대화를 통해 해결하려는 합리적인 선한 존재로 여론을 만드는 것이다. 그러나 이 두 가지는 모두 함정이다. 노동조합이란 조직을 규정하는 잣대가 오직 '투쟁' 밖에 없기 때문이다. 노동조합과 노동운동은 정말 많은 일을 한다. 최저임금과 최저 생계비같이, 한국 사회 대다수 국민의 삶에 영향을 끼치는 문제에 대해 사회적 약자들을 보호하기 위한 '사회적 책임'을 다한다. 그런데도 언론과 자본은 노조가 하는 일은 그저 투쟁뿐인 것처럼 호도한다. '싸우는 집단', '과격한 집단'으로 노동조합의 시민권을 박탈하려는 것이다. 선진국일수록 노동조합에 대한 언론의 보도가 천박하지 않다.

20년 넘게 노동조합 활동과 노동운동을 경험하면서 깨달은 건 누가 무슨 소리를 하든 노동조합과 노동운동의 최선은 '투쟁'이라는 것이다. 협상도 투쟁의 하나다.

자본과 노동자, 그리고 국가라는 권력이 균형 있게 공존하려면 힘을 가져야 한다. 노동자의 힘은 '단결'과 '투쟁'에서 나온다. 그런데 노동자들이 투쟁하면 온 사회가 '강성 노조'가 나라를 망친다고 공격한다. 이는 보수 언론뿐 아니라 진보라는 언론, 시민 단체, 사회운동 세력들의 교묘한 동조도 포함된다. 지난 쌍용자동차 투쟁에서 노조에 유연함을 주문하고, 성숙한 대화와 타협을 통해 파국을 막으라고 했던 건 보수 진영만이 아니었다. 양비론은 약자에겐 칼이 된다.

'대화와 타협'만이 '선'이고, 투쟁은 언제나 '악'이라는 주장이 시민운동 진영까지 포함해 전 사회적인 이데올로기가 될 때, 노동자는 고립되어 힘을 잃을 수밖에 없다. 점점 투쟁과 실리를 대립시키는 후보들이 등장한다. 자본은 이들을 지원하는데 조직과 사람을 아낌없이 투자한다. 선거는 점점 원칙보다는 당선이 중심인 기존 정치권의 모습을 닮아가고, 몇 차례 어용노조를 겪고 나서 조합원들은 다시 투쟁하는 노동조합을 찾는다. 그러나 이미 현장은 죽을 대로 죽어버린 후가 된다. 이런 악순환이 20년째 계속되고 있다.

의 보신을 위해 사슴과 물고기들을 키우는 농장이 있는데, 밤에 사슴을 잡아먹으러 들어가거나, 고스톱을 쳐서 다음날 일정을 망치거나, 소등 후에도 전기를 찾아내어 밤새 수영장에서 노는 등 회사의 교육을 무력화시키기 위해 다양한 방법을 동원한다.

몇 차례 실시한 교육이 효과가 떨어지자 회사는 전 사원을 대상으로 음성 꽃동네 봉사 연수를 시작한다. 기수별로 담당 관리자를 배정해서 체계를 만든다. 여전히 '회사가 없으면 노동조합도 없다, 그러니 회사를 살려야 모두가 산다' 며 노동조합의 목적과 존재 이유를 왜곡한다.

그러나 우리는 1987년 이전, 나를 지켜줄 수 있는 아무런 장치도 없었을 때와 노동조합이 생긴 이후의 차이를 너무도 분명하게 경험했다. 그래서 회사의 그런 교육이 먹히지 않았다. 임금과 노동 시간, 학자금, 두발 자유, 자존심을 지켜준 건 노동조합이었고 노조가 없었을 때 짐승 취급을 받았으므로 그런 선전이 먹힐 리 없었다.

1990년대 들어 회사는 정규직을 아주 적게 채용한다. 그마저도 채용할 때 연좌제를 시행한다. 현대중공업 중역 정도 되는 사람의 신원 보증이 없으면 입사할 수 없고, 보증인은 입사 후에도 노동자를 꾸준히 책임져야 한다. 당연히 입사 때부터 노동조합 활동은 금지되고 회사가 하라는 대로 해야 하는 구조가 시작된다.

128일 동안 파업하면서 노조도 회사도 노동조합 대의원의 역할이 얼마나 중요한지 깨달았다. 집행부가 어용이어도 대의원만 건강하면 노동조합은 튼튼하게 자리 잡을 수 있었다. 회사는 대의원을 장악하기 위해 많은 공을 들이기 시작한다.

관리자들의 진급에 가장 중요한 덕목은 노동조합 관리 능력 여부다.

아무리 능력이 뛰어나도 대의원 관리를 못 하는 관리자는 진급에서 빠진다. 그러니 부서장들은 어떤 방법을 써서라도 자기 말을 듣는 사람으로 부서 대의원을 세워야만 진급할 수 있었다. 대의원은 점점 회사 쪽으로 기울어갔다.

회사가 조직을 정비하고 장기전에 들어간 반면, 노동조합은 여전히 경험 부족으로 조직을 추스르는 일이 힘들었다. 일상 활동에서 회사의 작업을 방어할 촘촘한 체계를 마련하지 못하고 오히려 내부 분열로 계속 갈등하게 된다.

풍물패, 글패, 산악회 등 노동조합 활동가들도 나름대로 조직들을 꾸려 일상 활동을 하지만, 문화 활동이나 기능이 중심이 되는 경우, 선거 때 갈등을 겪고 해체되거나, 노조에 대한 의견 차이로 내부의 갈등이 드러나는 경우가 많았다.

128일 투쟁 이후 노동조합의 구심은 서울 결사대 동지들과 해고자들이었다. 특히 서울결사대 동지들은 '한목소리' 라는 모임을 만들었는데 어떤 조직보다 단결력이 뛰어났다. 5대 임원 선거를 앞두고 '한목소리' 와 해고자들이 모여 어떤 사람이 후보가 되어야 할지 고민을 했다. 고민 끝에 위원장은 해고자 출신이, 수석은 '한목소리' 에서 내기로 하고, 그 외 임원은 각자 추천하고 추인받는 것으로 결정한다.

해고자들은 감옥을 두 번 갔다 오고, 초대 회계 감사와 부위원장 경험이 있는 이영현을 위원장 후보로 추대했다. 수석 부위원장은 서울결사대 출신 우기하, 사무국장은 조국 통일과 양키 고 홈을 외쳐 노동자들에게 신선한 충격을 주었던 현민회 소속 이종수를 각각 추대한다.

나는 회계 감사 때와 128일 투쟁 때 이영현의 실망스런 모습을 몇 번

봤기 때문에 반대했는데 다수결로 결정이 되었다. 그런데 후보 등록을 앞두고 현민회에서 독자로 후보를 내겠다며 사무국장으로 추대됐던 이종수가 빠져버린다. 우리 진영은 난감했다. 위원장, 수석, 사무국장을 한 팀으로 내야 하기 때문이다. 그때 해고자 가운데 사무국장 후보를 내자며 내게 제안이 온다. 나는 위원장 후보에 대한 신뢰가 없어서 사무국장을 맡지 않겠다고 거절했다. '현대 해고자 복직 실천협의회' 간사 이용희 동지가 등록하는 날 새벽에 집으로 찾아와 중공업 노조를 살려야 하지 않느냐며 사정도 하고 협박도 한다. 다른 활동가들도 모두 압박을 한다.

마감을 몇 시간 앞둔 상황, 막판까지 몰린 나는 이영현에게 다짐을 받고 사무국장을 수락했다. 위원장이 되어도 나와 의논 없이 개인행동을 하지 않겠다는 다짐을 몇 번이고 확인했다. 상황이 워낙 다급했던지라 그도 그러겠다고 약속했다.

이영현, 우기하, 이갑용 후보 조가 5대 현대중공업 노조 임원으로 당선되었다. 우려했던 대로 이영현은 위원장이 되자 문제를 일으키기 시작했다. 취임 전 당선자 시절, 설을 맞아 고향에 가는데 회사에서 차를 한 대 빌려왔다며 함께 가자고 한다. 면허증도 없는데 왜 빌려왔느냐, 안 된다고 하니 같은 부산이니 나더러 몰아달라고 한다. 고집을 부려 할 수 없이 부산까지 운전해 집에 내려주었다. 그런 일은 아예 처음부터 강하게 막았어야 했다. 무면허로 운전하다 사고라도 나면 큰일인데, 면허증 없는 걸 뻔히 알면서 차를 빌려주는 회사의 의도가 무엇이겠는가. 당선된 위원장의 허세와 권위를 한껏 추켜세우고, 농락하는 모습이 눈에 보이는데도 본인은 이를 모르는 게 답답했다.

1990년 골리앗 투쟁

투쟁의 시작

5대 집행부는 시작부터 험난했다. 임기가 시작되기도 전에 회사는 노조의 상근자를 줄이라고 일방적으로 통보한다. 4대 송명주 노조위원장은 취임하는 날 자리를 넘겨주겠다고 하여 사무실을 제대로 사용할 수 없었다. 인수인계 기간에 128일 파업을 주도한 노동자들이 부산에서 재판을 받게 된다. 항소심인데도 1심보다 더 많이 구형하면서 현장이 흥분한다. 알고 보니 지난 사건과 병합해서 구형한 것이라 특별한 게 아니었는데, 현장의 노동자들이 흥분해서 대의원 대회 소집을 요구하며 위원장실을 점거한다.

아직 4대 위원장인 송명주의 임기 중이라 현 집행부가 대의원 간담회를 소집했다. 5대 집행부는 준비할 시간이 필요하니 발언을 하지 않기로 했다. 대의원 간담회장에서 4대 집행부가 별다른 의견을 내지 않자, 대의원들이 5대 위원장의 의견을 듣고 싶다고 했다. 이영현은 회사의 약속 위반으로 생긴 문제이니, 전 조합원이 월차를 내고 공판에 참석하자는 돌출 발언을 한다. 대의원들은 그러기로 결의한다.

위원장이 돌출 발언을 하니 발등에 불이 떨어졌다. 의논 끝에 부산 공판장에는 부위원장을 보내기로 했다. 그런데 이영현은 그 결정을 무시하고 부산에 내려가다 검문소에서 덜컥 연행되어버린다. 회사가 고소한 것도 아니고 연행할 이유가 없었는데도, 경찰은 일단 잡아두었다가 그날 오후 회사의 고소를 받아 구속해버린다. 선 검거, 후 고소가 통하는 시대였다.

함께 고발된 우기하 수석까지 수배되니 위원장과 수석 부위원장이 없는 취임식을 치러야 했다. 실질적인 임원은 나 혼자였으니 집행부를 꾸릴 책임을 떠안은 것이다. 나는 간부들부터 자세를 가다듬는다는 차원에서 13가지 항목으로 사무국장 지침서를 만들었다. 그런데 조직부장이 회사 쪽 관리자와 술 마시지 말라는 조항에 대해 문제 제기를 한다. 사측과도 술을 마셔야 정보도 빼낼 수 있고, 잘만 대응하면 되지 왜 겁을 먹고 만나는 것도 막느냐는 것이다. 왜 안 되는지 사례를 들어 설명하고 설득해도 계속 고집을 부렸다. 간부들도 이에 찬성하는 의견들이 있어 결론은 만나게 될 경우 보고하고 가는 것으로 했다. 하지만 예상대로 보고는 잘 지켜지지 않았고, 오히려 우리 내부에 회사의 끈을 여러 개 만들어주는 빌미만 되었다.

관리자와 만나 술 마시는 게 노조에 도움이 될 거라는 건 순진한 노동자들 생각이다. 관리자는 자신의 출세를 위해 노조 간부를 만난다. 필요하면 공개적인 협상을 통해 만나면 되지 따로 만나 할 얘기는 없다. 그 시간에 차라리 조합원을 한 사람이라도 더 만나는 게 노조로서는 훨씬 더 필요한 일이다.

5대 집행부는 단체 협상을 먼저 시작한다. 처음부터 투쟁하기엔 준비도 부족하고 현장 분위기도 끌어올려야 해서 회사 쪽에 단체 협상을 앞당기자고 요구했다. 예상대로 회사는 협상장에 들어오지 않았고, 우리는 세 번의 협상 거부를 해태懈怠로 간주하고 파업 찬반 투표 명분을 만든다.

투쟁 수위를 차츰 높이며 파업을 준비하는 중에 현대엔진이 중공업에 합병된다. 투쟁 경험이 많은 엔진 노조의 합병은 우리에게 큰 힘이 되는 일이었다. 그런데 엔진 노조가 합병하기 전 남은 조합비를 해고자들에게 지원하고 빈손으로 오게 되었다. 나는 어용 대의원들과 10시간 넘게 싸워, 엔진 해고자 3명을 현대중공업 노조 해고자로 인정하고 생계비를 지급하기로 했다. 얼마 전 뉴라이트로 갔다 세상을 떠난 권용목과 지금 현대중공업 노조 위원장 오종쇄가 그들이다.

우리는 대의원 분과장 제도를 만들고 대의원을 보좌하는 소위원 제도를 만들었다. 2월에 덕유산에서 1박 2일간 대의원 수련회 겸 야영을 하기로 했다. 워낙 추울 때라 반대도 있었지만, 조합원을 대표하는 대의원들이 이 정도는 해야 한다며 밀어붙였다. 그날 밤 모두가 잠자리에 든 후 집행부와 대의원 일부가 비디오 카메라를 들고 산 아래 여관을 급습했다. 아니나 다를까 구석구석에서 분과별 어용 대의원들과 부서장들이 고스톱을 치다가 걸려 황급히 얼굴을 가리고 난리가 났다. 회사가 출발 전에 여관을 잡아주고 용돈도 주면서 어용 대의원들을 작업한 것이다. 그때 비디오에 찍힌 인물들이 이후 부위원장도 되고, 운영위원, 회계 감사 등 노조의 요직을 하면서 현대중공업 노조는 망해갔다.

우리가 파업을 준비하고 있을 때 사장 퇴진을 걸고 파업 투쟁을 하다 구속된 KBS 조합원 117명이 석방된다. 다른 노조는 파업을 벌인 집행부도 모두 석방되는데, 월차 쓰고 공판에 가자고 한 우리 위원장은 구속되어 있으니 현장은 분노한다. 전노협(전국노동조합협의회)은 현대중공업 노조의 파업을 지지하고 함께하겠다고 결의했고, 현대자동차 노동조합도 5월 1일 파업을 결의했다. 현대 계열사의 연대 투쟁 결의, 기아자동차 노동조합의 동맹 파업 선언, 마산과 창원 동지들의 지원 등이 구체화되면서 현대중공업 노조가 자본에 맞서 싸우는 노동자들의 상징이 되기 시작했다.

외부의 지원과 연대는 잘 준비되고 있는데 내부는 심각한 문제들이 계속 일어난다. 이영현 위원장은 구속되고 수석 부위원장은 수배 중인 어수선한 집행부에, 부위원장들에 대한 믿음도 없어 힘들게 하루를 견디고 있는데, 어느 날 동구의 울산 해고자 협의회 사무실에서 황당한 일을 겪는다. 울산대학교 4학년이라는 한 여성이 울산 해고자 협의회 간사로 들어왔는데 나는 얼굴도 이름도 모르는 사람이었다. 지역 동지들과 파업을 의논하려고 들어가는데 자기를 만나고 가라는 것이다. 무슨 일인가 싶어 앉았더니 자기소개를 하고는 내게 흥분해서 따지기 시작한다. 위원장이 구속되고 수석 부위원장이 수배되었는데 당신은 뭘 하고 있느냐는 거였다.

약간 당황했지만 열심히 하고 있다고 말했더니, 열심히 하는 것만으로는 부족하다, 자본과 권력에 맞서 노동자가 결사항전 해야 한다며 한참을 훈계하는 것이다. 다 듣고 있기에는 너무 바빠서 "노동을 해본 적이 있느냐" 하니 없다고 한다. 그래서 지금 이 이야기를 10년쯤 후에 다시 하자고 했다. 그때도 지금처럼 노동자를 위해 투쟁하고 있기를 바라고, 오늘 내게 가르친 만큼 실천하는 노동자로 만나고 싶다 하고 자리를 떴다. 그 여성은 이후 민주당 선거운동을 하더니 요즘은 한나라당에서 활동하고 있다. 어쭙잖은 이론과 투쟁 경험으로 노동자들을 가르치고 아래로 보는 학생운동 출신들의 전형적인 모습이었다.

파업 이후 플랜트 부위원장이 비상대책위 위원장을 맡았는데 하루하고는 대형 사고를 친다. 조합원 총회에서 강력하게 투쟁하겠다 하고는 다음날 시내 여관에서 외부 세력이 부추기는 파업을 더는 진행할 수 없다고 기자회견을 한 것이다. 이 기자회견에는 지원과 설계 부문 부위원장들 2명이 함께했다. 이들은 회사 안의 장비 열쇠를 반납해버려 파업에 쓸 무기들을 회사에 넘겨준다. 회사는 모든 차량의 타이어 바람을 빼버리고 파업을 방해한다. 이들의 배신으로 87년처럼 담장 밖으로 진출하려던 계획이 어려워졌다. 정말 가려면 곱게나 갈 것이지. 이가 갈렸다.

비상대책위 위원장을 맡은 사람들이 사고를 치면서 내가 비상대책위 위원장을 맡게 되었다. 그때 딸아이가 돌이었다. 구속되었을 때 태어난 딸이다. 파업 중에 돌잔치를 했는데 농성 중인 대의원들까지 모두 참석해 축하해주었다. 아직 집행 유예 중이라 나도 중책을 맡고 싶은 생각은 없었다. 노동자 의식이 강한 것도 아니었기 때문에 피할 수 있으면 피하고 싶었다. 하지만 의리 하나로 여기까지 왔는데, 아무도 하지 않는 이 상황에서 도망갈 수 없었다. 위원장과 수석을 감옥에 두고 혼자 빠지는 것은 너무도 비겁한 일이었다. 망설이지 않고 비대위원장을 맡았다. 실질적인 위원장 노릇을 해왔기 때문에 어려운 일은 아니었다. 다만, 시간이 너무 없었다.

파업 3일 동안 비상대책위 위원장이 세 번 바뀌고, 임원들은 계속 주저앉으니 노동자들은 새로 비상대책위 위원장이 된 나 역시도 믿지 못했다. 화장실을 갈 때도 도망갈까 싶어 수십 명이 감시성 경호를 하는 진풍경이 벌어졌다. 불쾌하지만, 그들을 탓할 수는 없는 일이었다.

4월 26일 비상대책위 위원장이 되었는데, 4월 27일 회사가 휴업에 들어간다. 투쟁을 위해 조직을 추스를 시간이 3, 4일 정도는 있을 줄 알았는데 예상과 달리 병력이 너무 빨리 들어왔다. 싸움을 준비할 시간이 부족했다. 시간이, 시간이 문제였다.

무장한 경찰 병력과 싸우려면 회사 안의 장비를 사용해야 하는데 열쇠가 없으니 암담하고, 열쇠 없이 가동을 하려면 조합원을 설득해야 하는데, 이미 경찰은 들이닥칠 준비를 끝내고 있었다. 상황이 긴박하게 돌아가면서 전국에서 울산으로 경찰 병력이 모이고 노동자와 학생들도 모여든다. 전국의 눈과 귀가 울산에 집중되었다.

마지막 협상 압력이 들어온다. 중재자가 동원되는데 대부분 투쟁 경험이 많은 노동자를 중간에 세워 만남을 시도한다. 경찰, 검찰, 안기부, 시청 등에서 제안이 들어오는데 내용은 한결같다. 지금까지 나온 이야기를 재탕하거나 구속을 빌미로 협박하는 얘기가 다다. 그런 자리에 나가 시간을 낭비하느니 현장 동력을 점검하고 단결력을 높이는 게 훨씬 유리했다.

회사가 마지막으로 만나자는 제안을 한다. 구속자 석방은 검찰에서 고발하라 해서 한 일이니 자기들 손을 떠난 문제인 걸 잘 알지 않느냐고 한다. 그렇다면, 검찰이 시킨 대로 했다는 말만 해달라, 그러면 투쟁을 멈출 것이라 했더니 예상대로 그건 못 하겠다 한다.

회사는 원하는 일이 있으면 무엇이든 들어줄 테니 이쯤에서 정리하자고 한다. 가족들을 끔찍이 위하는 척하며 진급도 들먹인다. 왜 위원장이 친 사고를 당신이 수습하느냐, 누구를 위해서 감옥 가고 희생하는 것이냐, 다 도망가는데 왜 네가 혼자 총대를 메느냐, 조용히 떠나면 보상을 충분히 하겠다고 온갖 유혹을 다 한다. 마음의 준비를 끝냈기 때문에 모두 들을 가치도 없는 얘기였다.

경찰 병력 투입이 임박하면서 마지막 작전 회의를 했다. 5월 한 달만 버티면 전국 투쟁이 불붙을 것이니, 집행 간부들은 야전 지도부로 밖에서 투쟁하고 비대위원장은 골리앗 크레인에 올라가는 것으로 결정했다. 식량도 충분했고 그전에 이미 마지막 보루는 골리앗으로 결정해둔 터라 이견은 없었다.

경찰 병력이 밀려오자 우리는 82미터 상공의 골리앗으로 올라갔다. 올라가기 전 지상과 골리앗의 무선 명칭을 정하는데 임원들 다 도망가고 비상대책위 위원장이 혼자 남았으니 '골리앗의 외로운 늑대'로 부르자 한다. 내가 가장 좋아하는 별명, '골리앗의 외로운 늑대'는 이렇게 만들어졌다. 살면서 가장 후회된 일, 지금도 가슴에 맺혀 있는 일, 모두가 칭송해도 내겐 아픔으로 남아 있는 1990년 '골리앗 투쟁'은 그렇게 시작되었다.

"응답하라, 여기는 골리앗의 외로운 늑대"

82미터 상공에서 내려다보면 밑에 있는 사람들이 개미만 하게 보인다. 골리앗은 높이 82미터, 길이 120미터나 되는 거대한 크기라서 걸어 올라가는 데만 20분 정도가 걸린다.

위에 올라가 보니 아래서 보던 것보다 더 웅장했다. 내부가 넓어 많은 사람이 지내기에 어려움이 없어 보였다. 단, 화장실이 하나밖에 없고 계단의 폭이 아주 좁아 사람은 물론 짐을 옮기는 데 불편한 구조였다.

1990년 4월 28일, 경찰 수만 명이 정문과 바다에서 밀고 들어온다. 작전명 '미포만의 아침', 경찰의 진압 작전이 시작된 것이다. 128일 투쟁 경험이 있는 노동자들은 격렬하게 저항하며 정문을 사수하고 군함의 방파제 접근을 막는다. 뽀얀 최루탄 연기가 자욱한 정문에서는 쇠파이프를 든 노동자들이 경찰과 격렬하게 싸우고 있다. 하늘 위에서 이 모습을 지켜보는 골리앗 동지들은 모두 눈시울이 뜨거워졌다. 군함 접근을 막는 노동자들은 경찰이 쏜 물대포와 최루탄에 밀리고 만다. 경찰이 진입을 시도하는 것을 보고 우리도 그쪽을 향해 고함도 지르고 새총도 쏘면서 지원하지만, 별 도움이 되지 못한다. 경찰이 군함에서 내리는 것을 하늘에서 지켜보자니 기분이 아주 더럽다. 군함에서 내린 경찰 병력이 정문에서 대치하고 있던 노동자들의 뒤를 치기 시작하면서 정문 동지들도 밀리기 시작한다. 골리앗의 한쪽 다리는 경찰이, 다른 쪽은 노동자가 접수한 것을 보고, 우리는 경찰들을 향해 볼트를 던지고 새총을 쏘면서 지원을 한다. 당장에라도 내려가 함께 투쟁하고 싶은 마음에 다들 속이 타들어 갔다.

골리앗에서 첫날 밤을 맞았다. 너무 급하게 올라오다 보니 사전에 조를 짠 것도 아니고 사람 점검도 하지 못했다. 확인해보니 200명 정도가 올라와 있다. 해가 지고 아래 투쟁 현장이 소강상태로 접어들자 동지들을 모아 하늘에서 첫 대책 회의를 하게 된다.

그런데 올라온 사람들의 입에서 불만이 터져 나온다. TV도 있고 문화 시설이 잘 되어 있다는 소리에 올라왔는데, 와보니 씻을 물조차 없으니 어떻게 지내느냐는 거였다. 천막 농성장에 있던 동지들을 급하게 끌어 모으면서 누군가 그렇게 얘기를 했는가 보다. 나는 지금 내려갈 동지들은 내려가라 했다. 저녁을 먹고 점검해보니 반 정도가 내려갔다. 다행히 첫날은 경찰이 골리앗 밑까지 오지 못해 내려간 동지들이 무사히 복귀할 수 있었다. 건물 점거 농성 경험이 있는 엔진 노동자와 5분과 동지들, 집행 간부들과 대의원들이 주로 남아 있었다.

128일 때와는 달리 야전 지도부도 발 빠르게 움직여 첫날부터 홍보물을 준비해 동구 전체에 뿌리니 경찰도 당황한다. 파업 전에 성능 좋고 비싼 무전기를 사두었다. 휴대 전화가 없을 때라 골리앗과 지상의 연결 고리는 무전기밖에 없었기 때문이다. 그런데 교신이 되지 않는다. 경찰이 우리 무전기 주파수를 알고 교신을 방해한 것이다. 우리는 교신명 그대로 '골리앗의 외로운 늑대'가 되었다.

둘째 날이 되니 골리앗 진압 훈련이 시작된다. 경찰의 진압 훈련 모습이 골리앗 상공에서 훤히 보였다. 운동장에서는 헬기를 동원해 고공에서 뛰어내리는 훈련을 하고, 그물망을 길게 늘여 불상사를 막는 훈련도 한다. 헬기도 틈만 나면 상공에서 위협하니 이를 지켜보는 골리앗 동지들의 불안감이 커지기 시작한다.

우리의 외로움과 두려움을 덜어준 건 경찰 병력과 싸우고 있는 동지들이었다. 한눈에 동구 전역에서 싸우고 있는 우리 동지들의 모습이 보였다. 골리앗의 한쪽 다리 밑에 있는 구내식당에서 줄을 내려달라 한다. 파업 중인 식당에서 현대금강개발 여성 동지들이 드럼통 가득 돼지고기와 김치를 볶아 올려 보내 주었다. 그날 점심과 저녁을 먹고도 반

이상이 남아 보관해 두었는데 다음날 모두 쉬어서 버려야 했다. 4월인데도 하늘 위는 달궈진 철판 온도까지 합해져 30도가 넘는 무더위였다. 밤엔 기온이 급격히 떨어져 10도까지 내려가니 밤낮으로 온도에 적응하는 것도 힘들었다. 3일째 되는 날 한쪽 다리도 점령당하면서 음식도 올려 보내지 못하게 되었다.

4월 30일, 경찰 헬기가 골리앗 위를 낮게 날면서 진압 시도를 한다. 새총을 쏘며 저항해보지만, 상대가 되지 않는다. 30일 아침에 동지들을 모아놓고 헬기를 잡는 동지는 영웅으로 포상하겠다고 공표하니 모두 신이 났다. 헬기 포획 작전이 시작됐다. 족장足場을 설치하는 아시바(교각 받침대) 중간 다리가 사람 키만 한데, 이걸 이용해 대형 새총을 만들어 대비한다. 헬기가 저공비행을 시작하자 새총에서 볼트를 쐈는데 경찰 헬기의 몸체에 "탕" 하고 정통으로 맞는 소리가 났다. 놀란 헬기는 달아나버렸다. 그 후 골리앗에서 내려올 때까지 다시는 헬기가 나타나지 않았다.

한편, 지상에서 진압하러 올라오는 걸 막기 위해 지상 감시조를 편성하고, 골리앗으로 오르는 작은 엘리베이터도 정지시켰다. 골리앗 중간까지는 계단이 밖에서 보이지만, 거기부터는 안으로 들어와야 하는데 그 문을 막아버리고 신나 통 등으로 채웠다. 위도 아래도, 우리를 진압하긴 어려웠다.

5월 1일 노동절이 되었다. 골리앗 위에서도 노동절 기념행사와 토론을 하면서 보냈다. 한쪽 다리가 점거되면서 경찰이 전기를 차단했다. 밑에서 올려주던 물도 못 받으니 빗물을 통에 받아두고 속옷으로 걸러서 먹어야 했다. 그러나 기름과 불순물이 너무 많아 먹을 수 없었다. 식수난이 찾아왔다.

처음엔 높이에 긴장했던 동지들이 이젠 익숙해지니 난간에 매달리기도 한다. 그게 실수였다. 사진으로 우리를 확인해서 공작을 시작한 것이다. 5월 5일 어린이날에 동원된 아이들이 “아빠, 보고 싶어요. 빨리 내려오세요.” 하고 애타게 부른다.

시간이 지나면서 골리앗 내부에 갈등이 일어나기 시작했다. 특히 어린이날 아이들의 목소리를 들은 이후로는 흔들리는 게 눈에 보였다. 대책이 뭐냐고 따지는 동지도 생기고 두려움이 얼굴에 드러난 동지도 있었다. 아침마다 구속과 해고를 각오한다는 결의를 했지만, 말처럼 쉬운 게 아니었다.

전기와 물이 없으니 불편한데다 외부와 차단되어 아래 전투 소식을 들을 수 없으니 자꾸 추측을 하게 되어 혼란은 더했다. 안되겠다 싶어 그날 저녁 모두 모여 공개 토론을 한다. 쟁점은 두 가지로 모였다. 언제까지 할 것인가, 대책은 무엇인가. 5분과 동지들과 엔진 동지들의 의견이 갈린다. 엔진 동지들은 끝까지 버텨야 한다고 주장했고, 5분과는 그 끝이 어디냐고 반박하는 것이다. 격론을 벌였지만 해결책은 나오지 않았다. 투쟁을 하자니 상대가 없고, 진압도 불가능하니 끌려 내려갈 수도 없고, 누군가 죽어야 해결이 된다는 격한 말이 나오고 서로에게 상처를 주는 말들로 싸우기 시작한다. 그러다 물도 없어 어차피 굶어야 하니 차라리 굶어서 죽자, 죽기를 각오했다는 것을 알리고 사측에 협상을 제안하자고 결정했다. 그리고 가족들 때문에 흔들리는 동지는 내려가도록 하자는 의견에도 동의했다.

5월 6일, 골리앗 상공에서는 쌀과 라면을 아래로 던져버렸다. 우리는 식량을 던지며 죽기를 각오하고 단식을 시작했으니 회사는 협상에 응하라고 요구했다.

물론 이 결정도 실수였다. 골리앗은 10명만 지켜도 침입이 불가능한 요새다. 야전의 투쟁이 멈춘다 해도 공장 안의 골리앗을 회사가 점거하지 못한다면 정상 조업은 불가능하다. 골리앗을 사수하면 경찰력도 회사에 상주하게 된다. 경찰력이 있는 한 정상 조업은 할 수 없고, 우리는 파업을 지휘하면 됐다. 그냥 버텼으면 되는 것이다. 그러나 외롭고 지친데다 단련되지 않은 노동자들인 우리는 이런 원칙을 지키기에 아직 부족했다.

또 한 가지 실수는 언론과 정치권에 골리앗을 공개한 것이다. 노무현, 이상수, 박찬종, 김정길 등 정치인들이 함께 골리앗에 올라왔다. 우리 투쟁을 격려해달라 부탁했는데 오히려 "이제 할 만큼 했으니 내려가자"고 하는 것이다. 이들은 권력을 잡은 후에 노동자를 또다시 하늘로 올라가게 만든 가해자가 된다. 많은 사람이 착각해서 그렇지, 대통령과 노동부 장관 이전의 그들도 원래 '계급적'으로 우리 편은 아니었다. 우리가 그렇게 믿고 싶어 했을 뿐이다. 아무튼, 그 공개로 내부 혼란은 더 심해졌다.

5월 8일, 어버이날에는 부모님을 동원해 더 강도 높은 공작을 한다. 섬에 계신 부모님을 모시고 와서 자식의 이름을 애타게 부르니 골리앗 상공은 울음바다가 된다. 성능 좋은 마이크 덕에 옆에서 경찰이 읽어주며 시키는 소리가 다 들리는데도 아들 이름을 부르다 실신하는 부모님을 보고 있자니 눈물이 안 날 수가 없었다. 참으로 비정한 놈들이라 이를 갈았다. 부모님과 아이들이 보고 싶은 마음, 천륜을 이용해 인간을 파괴하려는 자본의 본성이 끔찍했다. 노출될 때는 마스크를 쓰라는 간단한 규칙만 있었어도 이런 불필요한 혼란과 아픔이 없었을 것인데, 경험이 없다 보니 이런 일을 당할 수밖에 없었다.

한 동지는 광주가 고향인데 회사가 사람을 보내 아버지를 모셔왔다. 그런데 아버지가 "아들아, 정말 고생한다. 훌륭하게 잘 싸우고 있다. 거기 있는 여러분 모두 정말 잘하고 있다"라며 오히려 격려를 하신다. 광주의 민주화운동을 경험하신 분이라 회사의 공작에 넘어가지 않은 것이다. 결국, 올 때는 극진하게 모셔온 회사가 나갈 때는 길도 알려주지 않아 고생하셨다.

5월 5일은 참을 만했는데 5월 8일 부모님이 우는 모습을 지켜본 후 골리앗은 흔들리기 시작한다. 경찰은 내려만 오면 모든 책임을 묻지 않겠다고 방송한다. 이미 한둘씩 꾸준히 빠져나가고 있었는데 그날 대거 골리앗에서 내려간다. 5분과와 엔진 사업부 그리고 집행 간부들 55명만이 남았다.

내려간 동지들에게 골리앗 상황을 말하지 마라 부탁했지만, 회사는 상황을 바로 파악한다. 마실 물과 함께 노동자를 올려 보낸다. 이들은 아래 싸움은 다 끝났다고 하며 정리할 것을 권했다. 회사는 내려와도 구속되지 않도록 경찰과 협상해서 조치하겠다고 유혹한다. 우리는 또 흔들렸다. 그런데 노동자들 틈에 몰래 따라 올라온 신문 기자가 나를 보자고 한다. 그는 "바깥 상황은 저 사람들 말과 전혀 다르다, 아래에서는 지금도 열심히 싸우고 있고 전국에서 지원하고 있다"며 귀띔해준다. 그 말을 전하러 거기까지 올라온 그 기자가 고마웠다. 이름이라도 알아둘 걸, 워낙 경황이 없어 나중에 그런 분들에게 고맙다는 말도 못했다.

그때 우리는 그런 동지들의 도움으로 싸울 수 있었다. 지금이라도 그분들께 고맙다는 말을 꼭 전하고 싶다.

완패했지만 최선을 다했다

5월 8일 밤 전체 회의를 하는 자리에서 5분과와 엔진 동지들 사이에 싸움이 일어난다. 투쟁을 주장했던 엔진 동지들이 단식에 동참하지 않은 것을 5분과 동지들이 목격한 것이다. 싸움은 점점 격렬해졌다. 중재를 했다. 단식은 의미가 없으니 단식 안 한 건 인정하자, 대신 5월 10일 민자당 창당 일에 전국의 투쟁이 골리앗을 쳐다보며 일어나기로 했으니 이날까지만 지켜보고 결정하자. 일단 무마는 되었으나 서로에 대한 불신은 깊어졌고 5분과 동지들은 자체 회의를 열어 10일 날 내려가는 것으로 결정한다.

그런데 몇 동지들이 수상한 낌새를 보였다. 주변 동지들에게 이 상태를 벗어나려면 희생이 필요하다는 말을 암시하는 것이다. 무언가 결심한 듯 밤새 잠도 자지 않는다. 두 사람에게 감시를 붙여두고 고민에 빠졌다. 이런 때에 노동운동을 위해 내 한 몸 바쳐야 하는데, 하는 생각이 들었다. 33살. 혈기로 보면 뛰어내릴 수 있는 나이. 하지만 가족들의 얼굴과 막 돌잔치를 한 어린 딸의 모습이 떠오른다. 약해진다. 약해진 나 자신이 부끄러웠다. 하지만 누군가 다쳐야 한다면 그것은 나여야 하고 다른 사람이 다쳐서는 안 된다는 생각은 변함없었다.

5월 9일, 내려가자는 5분과 동지들과 끝까지 싸우자는 엔진 동지들이 눈물을 흘리며 서로에게 호소한다. 5분과는 결정을 바꿀 뜻이 없었다. 엔진 동지들과 마지막 논의를 했다. 보낼 사람 보내고 남은 사람들은 골리앗을 지키면 될 일인데, 그때 나는 갈등의 해결에 집중하다 보니 내려가는 길뿐이라고 판단해버렸다. 내 생애 최악의 판단, 가장 후회스러운 결정이었다.

협상도 하기로 했지만 모두가 내려가기로 한 마당에 회사는 아쉬울 게 없었다. 나는 골리앗 농성자들을 구속하지 말고 내 손으로 수습을 하게 해달라 요구했다. 말이 협상이지 구걸을 하는 꼴이 되었다. 1주일 전만 해도 가능한 얘기였지만 지금은 들어줄 리 없었다.

5월 9일 밤, 내려가기로 결정하고 나니 14일 동안 버틴 날들, 한국 노동운동 사상 가장 높은 곳에서 벌인 위대한 투쟁을 내부 갈등과 지도력 부재로 정리한다 생각하니 속에서 눈물이 났다. 50여 명 동지가 돌아가며 한마디씩 했다. "악조건에서도 여기까지 온 것을 자랑스럽게 생각하자", "이번 투쟁을 교훈 삼아 다음에는 이런 일 없도록 잘 준비하자." 나이도 많은데 묵묵히 끝까지 골리앗을 지킨 도장부의 강석용 형님은 "나는 노동운동도 잘 모르고 그저 미안한 마음에 골리앗에 올라왔다. 여기서도 나이 들었다고 대접해주고 같이 싸울 수 있게 해줘서 너무나 고맙다. 다른 건 못하겠지만 내려가서도 여러분 기억하면서 살겠다"라고 울림이 있는 말을 했다. 그는 지금도 그렇게 살고 있다. 배신하지 않고 묵묵하게.

동지들의 발언이 끝나고 나도 마지막 말을 했다. "내려가 조사를 받으면 아무것도 안 했다고 말해라. 어차피 집행 간부들은 구속을 면할 수 없지만, 조합원들은 피할 수 있다. 나는 이번에 감옥에 가면 당분간 못 나올 것이다. 여러분은 감옥에 가더라도 먼저 나오면 현장의 동지들과 결합해서 다시 투쟁할 수 있도록 조직해달라. 우리는 현대중공업 노조 역사에 오래 남을 중요한 투쟁을 했다." 담담하게 말하고 자리를 끝냈다.

늦은 밤, 혼자 골리앗 난간에 기대 아래를 내려다봤다. 눈물이 계속 흘렀다. 아쉽고 안타까웠다. 뭐라 말할 수 없는 감정이 북받쳤다. 감옥 가는 건 두렵지 않은데 이렇게 싸움을 끝낸다는 게 견디기 어려웠다. 참았던 눈물을 쏟고 있는데 어느새 자러 간 동지들이 하나 둘 내게로 왔다. 고생했다고, 조합원들이 오래 기억할 거라고…… 말로, 눈빛으로, 손길로 내게 따뜻한 위로와 격려를 해준다. 칠흑 같은 어둠 속, 그 넓은 세상에 달랑 우리밖에 없었다.

5월 10일, 우리는 골리앗에서 내려왔다, 14일 만에. 골리앗에서 내려오는 우리를 전국에서 뜨겁게 지켜보는 것도 몰랐고, 우리 싸움이 위대하다고 역사에 기록될 줄도 몰랐다. 포위되어 갈 곳 없던 우리 앞에 골리앗이 있었고, 그저 버틸 수 없어 내려왔다. 우리는 위대하고 싶어 오른 게 아니었다. 하지만 한 가지, 최선을 다했다. 완패했지만, 때론 잘 진 싸움에서 이긴 싸움보다 더 큰 교훈을 얻을 수 있다는 걸 골리앗을 통해 보여주고 싶었다. 이대로 내려갈 수 없다고 난간을 부여잡고 우는 동지를 붙들고 함께 내려오는데, 누가 먼저랄 것도 없이 모두 울었다. 14일 동안 외로운 하늘에 한 점처럼 떠서 저 아래 평온한 세상을 바라보며 느꼈던 외로움, 저 불빛 어딘가에 있는 내 가족들과 따뜻하게 섞이고 싶은 그리움, 왠지 이길 수 없을 것만 같은 두려움, 끝이 보이지 않는 싸움에 대한 막막함, 그리고 의도치 않게 서로에게 입힌 상처들……. 울지 않을 수가 없었다.•

두 번째 감옥살이

골리앗에서 내려오니 닭장 차가 아닌 회사 버스가 우리를 기다리고 있었다. 관리자들이 나와 고생했다며 위로의 말을 던진다. 방송과 신문사의 카메라가 수도 없이 터졌다. TV에는 회사 중역들이

●

지금 알았던 걸 그때 알았더라면……. 골리앗 투쟁을 떠올릴 때마다 드는 생각이다. 노동자들의 삶이 갈수록 강퍅해지니 다시금 고공 농성이 잦아진다. 한진중공업 김주익은 골리앗에서 목을 맸고, 기륭전자 여성들은 망루에 오르고, 옥상에 오르고, 철탑에 올랐다. KTX 여성 노동자들은 서울역 철탑에 올라 자신들이 일했던 기차가 드나드는 걸 봐야 했고, 콜트콜텍 노동자들, 로케트전기 노동자들도 오랜 시간 좁은 고공 농성장에서 짐승처럼 싸웠다. 그뿐인가? 미포조선의 노동자는 회사 굴뚝에 올라가 손발이 얼어 터진 채 내려왔고, 쌍용자동차 노동자들은 한때 음식을 공급하던 밧줄을 스스로 끊으며 하늘에서 죽을 각오를 했었다. 그리고 망루에 올랐다가 타 죽은 용산의 철거민이 있다. 모두 우리가 사는 한 하늘 아래서 벌어지고 있는 일이다. 지금 이 시간에도 어디에선가 배낭을 짊어지고 눈물을 삼키며 하늘로 하늘로 오르는 사람들이 있을 것이다. 땅 위에서 해결하지 못한 짐들을 혼자 짊어지고, 천근 같은 발걸음을 떼고 있을 사람들. 김주익이 골리앗에 혼자 있다는 소리를 듣고 나는 "절대 혼자 있으면 안 되는데 누가 거기에 위원장을 혼자 두었는가"라고 화를 냈다. 골리앗에 올랐던 경험 때문에 그 위에 혼자 있는 게 어떤 것이란 걸 너무도 잘 알았기 때문이다. 우리가 골리앗에 올랐던 때 고립감과 절망감, 그리고 분노 때문에 내 한 몸 여기서 던지겠다는 동지들이 있었다. 동지들을 감시했던 덕에 다행히 일이 나지 않았지만, 혼자였다면 아마 뛰어내렸을 것이다. 김주익이 혼자 골리앗에서 지냈던 추석을 떠올리면 지금도 마음이 아프다. 골리앗(고공 농성)에 오를 거라면 계획을 잘 잡아야 한다.

절대 혼자서 올라가선 안 되고, 여럿일 경우 고공에서 어떤 일을 할지 프로그램을 준비해야 한다. 책을 읽을 수도 있고, 글을 쓸 수도 있다. 투쟁 일기 같은 것을 적어도 좋다. 어떤 경로로 침탈할 수 있는지 면밀히 살펴 대비해야 하고, 건강에 유의해야 한다. 투쟁이 때를 가려 할 수 있는 건 아니지만, 그래도 겨울의 고공 농성은 되도록 피했으면 한다. 초여름에도 견디기 어려운 하늘 위의 날씨인데 겨울에는 상상 이상이다.

그리고 고공 단식은 절대 해서는 안 된다. 단식은 지상에서도 하기 어려운 일이다. 배변 문제 때문에 최소한으로 음식을 조절하다 단식으로 가기도 하고, 음식을 다 아래로 집어던지고 결사 항전을 각오하기도 하는데, 고공 단식만은 말리고 싶다.

고공 농성도, 단식도 하고 싶어 하는 사람은 없다. 스스로 짐승처럼 느꼈다는 어느 노동자의 말처럼, 하늘 위에서 버틴다는 것은 정말 힘든 일이다. 더는 노동자들이, 그리고 이 땅의 설움 많은 약자가 하늘로 오르는 일이 없도록 해야겠다.

친절하게 우리를 맞이하고 병원까지 모셔 가는 장면이 방송된다. 동지들을 만나고 싶은데 철저히 차단해 볼 수 없었다.

우리는 간단한 신체검사 후 바로 경찰서로 이동해 조사를 받기 시작했다. 두 번째 조사라 쉽다. 집회 일정, 골리앗 점거 등 자료를 보여주는데 이미 공개되어 논쟁할 내용도 없으니 경찰이 고마워할 정도로 빨리 진행되었다. 내려와서 들으니 물도 못 올려 보내게 한 회사에 항의해 가족 대책위도 꾸려지고, 거기서 아버님이 열심히 활동하셨다고 한다. 나 때문에 가족들까지 고생시켜 마음이 짠했다.

구속되어 조사를 받는데 회사에서 제안이 들어온다. 조합원들에게 비상대책위 위원장 이름으로 '이제 모든 것을 잊고 정상 조업에 임해달라'는 편지를 한 장 써달라는 것이다. 그러면 다른 노동자들까지 포함해서 검사에게 선처를 부탁하겠다는 것이다. 검사는 구속도 되었으니 정상 조업할 수 있도록 해야 하지 않느냐며 은근히 압박을 하고 있었다. 다른 동지들을 선처하겠다는 말에 잠시 흔들렸지만 거부했다.

그랬더니 방향을 바꿔 수습 대책위를 통해 파업 현장을 추스르려 한다. 현장에서는 지주보다 더 미운 마름들이 설치고 다녔다. 회사가 세운 대리인들이다. 이들은 가지가지 논리를 만들어 조합원을 설득한다. 구속자는 구속자고 조합원의 이익을 누가 책임질 것이냐, 협상을 해야 한다, 회사가 살아야 노동자도 산다, 국민 여론이 좋지 않다, 이 상태면 해외 수주가 어려워 회사에 위기가 닥친다. 많이 들어본 말 같지 않은가? 이익, 협상, 국민 여론, 위기……. 이 땅에 노조가 생긴 후로 수십 년 동안 투쟁할 때마다 등장한 단어들이다.

그러나 조합원들의 반응은 신통치 않았다. 조합원들은 오히려 파업에 걸림돌이었던 부위원장 4명을 불신임한다. 1989년 128일 투쟁 때 어용 임원들을 불신임시킨 힘으로, 이번에도 투쟁을 회피한 지도부에게 책임을 물은 것이다. 투쟁을 통해 간부도 걸러지고, 지도자를 보는 대중의 눈도 단련된다. 투쟁 없이 말만 하는 지도부는 임원들끼리 자리다툼만 하게 된다. 그래서 파업은 노동자의 학교다. 나는 현장의 조합원들을 의심해본 적이 없다. 현장의 노동자는 정직하고 강하다. 그리고 정확하다.

골리앗에서 내려오기 전, 야전 지도부는 조합원들에게 골리앗 비상대책위 위원장 이름으로 파업 지침을 내렸다. "내 지시가 없는 한 공장의 망치 소리는 들리지 않을 것이다." 실제 조합원들은 파업 지도부가 구속되고 나서도 회사의 공작에 넘어가지 않았다. 다시 파업 지도부의 지침을 기다렸다. 우리가 골리앗에서 내려올 수 있었던 것은, 조합원들이 이 말을 기억하고 지켜줄 거라 믿었기 때문이다.

두 번째 감옥살이가 시작되었다. 이번엔 집행 유예까지 달고 있으니 처음보다 마음이 무겁다. 실형 1년 6개월에 집행 유예 1년까지 포함해서 2년 6개월을 살아야 한다. 하지만, 비상대책위 위원장의 체면을 생각해서 의연하게 대처하자 마음을 다졌다. 몇 차례 투쟁해서 골리앗 동지들이 함께 방을 합칠 수 있게 됐다. 그리고 우리를 돕다 구속된 현대자동차 노동자들도 함께 뭉쳐 생활을 시작한다. 처음 며칠은 다들 반가워하고 웃으며 지냈는데, 5평 공간에 30명 이상이 모여 있다가 보니 성격과 생활 방식이 달라 서로 힘들었다. 그뿐 아니라 투쟁에 대한 의견도 각양각색으로 다른데 모두 말로는 지지 않는 사람들이라 대립이 심해졌다.

한두 사람씩 석방이 되었지만, 여전히 위원장, 수석 부위원장, 사무국장은 구속 중이니 노동조합을 이끌 임원이 없다. 회사는 이 틈을 타 노조를 주무르기 시작한다. 대의원들을 조종해 구속자들의 생계비 관련 규정을 문제 삼아 가족들이 고통을 겪게 한다. 생계비는 노동조합 규정이므로 노조의 총무과에서 지급만 하면 되는데, 관련 규정의 문제를 들어 몇 달 동안 지급하지 않은 것이다.

심지어 대의원 대회에서는 구속자들이 생계비를 받으려고 감옥에 들어갔다는 말까지 나오고, 어용 소리를 듣더라도 조합원의 권익을 위해 할 말은 해야겠다는 대의원까지 나왔다. 투쟁할 때는 보이지도 않던 사람들이 올바른 대의원과 간부들이 구속되고 해고된 틈을 치고 들어와 설치기 시작한다.

자본과 정권은 새로운 전략을 세워 대응을 시작한다. 현대 자본은 노동조합 관리를 다시는 단위 사업장에 맡기지 않았다. 현대그룹 종합기획실에서 관리하고 정권과도 공조한다. 노동부는 단체 협약이 끝나고 3개월이 지나도록 다시 체결하지 않으면 기존 단체 협약은 무효라고 발표한다. 노사가 협상하다 보면 3개월을 넘길 수도 있는데, 기존 단체 협약조차 효력이 없다고 말하는 건 아예 노골적으로 자본의 손을 들어준 것이다. 현대미포조선 노동조합은 쟁의 신고서를 반려당한다. 회사의 불성실한 교섭 태도는 쟁의 대상이 되지 않는다는 것이다. 이런 식으로 자본은 하나하나 반격을 한다. 자본은 돈을 이용해 치고 나갔고, 정권이 법과 경찰력으로 든든히 뒷받침을 해주었다. 정치권력의 하위 파트너였던 자본은 서서히 동반자로 위치가 상승하기 시작한다.

자본과 정권은 손발이 척척 맞았다. 악덕 노무 관리의 주범으로 불렸고, 128일 투쟁과 골리앗 투쟁 때 가장 악랄하게 탄압한 신익현 전무가 노조 간부를 명예 훼손으로 고발한다. 노조의 홍보물에 자신의 이름이 들어갔다는 것이다. 노동조합의 홍보물에 노조 탄압하는 회사 간부를 욕할 수 없다면 이는 홍보물을 내지 말라는 것과 같다. 신익현 전무의 장담대로 개인끼리의 명예 훼손 사건에 이례적으로 실형 1년이 정확하게 선고된다. 그때 회사 중역들은 어용 대의원들을 통해 누가 구속되고 누가 실형을 살고, 누가 석방되는지를 정확하게 말해주었다. 자신들이 권력과 통해 있음을 과시하려는 것이다.

총칼이 물러서자 자본이 왕의 자리를 차지했고, 노동자들은 자본이 쳐놓은 덫에 하나 둘 걸려들기 시작했다.

함께 감옥에 있던 우기하 수석 부위원장이 먼저 나가게 되었다. 감옥에서 나가면 어떻게 싸울 것인지 의논하고 고민할 때마다 "나가면 한 놈 죽이고 다시 들어와 버린다"는 말을 되풀이해 불안했는데, 석방 후 한 달을 견디지 못하고 회사에 넘어가 버린다. 처음 한두 번 면회 와서 어려움을 호소하고는 오지 않기에 불안했는데 예감이 적중했다. 그러나 감옥 안에 있으니 어찌할 수가 없었다.

한편, 현장에서는 골리앗 투쟁 이후 6개월 동안 중단된 단체 협상을 시작했지만 진척이 없다. 그런데 4대 위원장 송명주와 회사 사이에 맺은 비밀 합의서가 공개되면서 노동조합이 혼란에 빠진다. 4대 집행부는 짧은 임기 동안 128일 투쟁으로 해고된 50명 중 48명을 복직시킨 걸 최대 성과라 자랑해왔다. 그런데 석방되는 즉시 원직 복직시키기로 합의한 김진국, 정영빈 동지에 대해 비밀리에 따로 합의서를 썼다는 것이다. 그 2명은 원직이 아닌 타사에 복직을 고려한다는 내용이었다. 회사는 비밀 합의서가 있으니 해고자 문제는 이미 해결된 것이라 주장했다. 결국, 그들은 영원히 복직할 수 없었다.

나는 1심에서 실형 2년을 선고받았다. 판사가 2년을 선고하자 방청석에서는 "무슨 죄가 있다고 실형이냐"며 고함을 지르고 항의가 터져 나왔다. 1990년대에는 재판 투쟁을 많이 했다. 정권이 권위가 없으니 재판장은 존경도 못 받았고 법정 또한 투쟁의 대상이었다. 재판 날 수백 명 참석은 기본이고, 우리가 들어서면 박수와 환호가 넘쳐 제지할 수도 없었다. 검사나 판사가 헛소리하면 고무신도 집어던지고 욕설에 고함에 구호까지 재판정은 순식간에 아수라장이 되었다. 이렇게 든든한 동지들이 있으니 우리도 재판정에 들어설 때 "노동운동 탄압하는 노태우 정권 퇴진하라"라고 외치고, 방청석에서는 "구속자를 석방하라"라며 화답했다. 재판을 마치고 호송차로 돌아가면 차를 붙잡아놓고 구속자들과 돌아가면서 인사도 하고 격려를 해줬다. 구속자들에겐 그게 얼마나 큰 힘이 되었는지 모른다.

부산으로 이감을 가는데 첫 징역은 대용 감방에 있다가 집행 유예로 석방된 터라 이제 진짜 감옥살이를 하러 가는구나 싶었다. 부산구치소는 울산과 달리 교도관들이 근무를 서는 정식 감옥이다. 교도관들 생활도 감옥살이와 다를 바 없었다. 24시간 맞교대에 재소자가 넘쳐 노동 강도가 셌다. 교도소의 간부급 관리자들은 현대중공업 노동조합을 상당히 두려워했다. 128일 투쟁 구속자들이 교도소에서 구타를 당했을 때, 조합원들이 대거 몰려가 부산구치소 철문을 부수고 싸우다 교도관이 다친 경험이 있기 때문이다. 그래서 우리를 함부로 대하지 못했다. 우리 동지들이 투쟁으로 얻어놓은 것을 뒤에 간 내가 잘 누린 것이다.

부산구치소에는 영남 지역의 노동자들이 많이 있었다. 이들과 지역 연대와 투쟁 경험 등에 대해 함께 얘기할 수 있어 좋았다. 또 학생운동 출신들과 사귀게 되어 그들에게 주체사상에 대해 듣기도 했다. 교도소에서는 우리를 공안수라 불렀다. 재소자들은 교도관을 두려워하지 않고 재소자들 편에서 싸우는 우리를 함부로 대하지 않았다.

여기서도 역시 담배를 피울 수 있는 능력이 되는가 안 되는가에 따라 감옥 안의 권력 구도가 정해졌다. 조직 폭력배는 힘으로, 돈 있는 사람은 능력으로, 그리고 공안수들은 우리를 지지하는 일부 교도관의 지원과 투쟁으로 담배를 피웠다.

감옥 안의 화장실은 옛날식이라 똥을 누고 나면 나무로 된 덮개를 덮어서 막아준다. 어쩌다 똥 풀 시기를 놓치면 엉덩이와 똥이 닿기도 한다. 여름이면 화장실에서 뿜어내는 암모니아 냄새가 방안을 가득 채운다. 방 안에서 담배를 피우려고 불을 붙이다 교도관이 부르는 소리에 급히 불과 담배를 변기 안에 버렸더니, 파란 불꽃을 일으키며 암모니아가 폭발해 변기 뚜껑이 엉덩이를 때려 깜짝 놀란 일도 있다.

정주영의 대선 출마와 '10만 현대 가족'

1991년 3월 초, 해고자 복직을 한 명도 하지 못하고 시간만 끌다 노동조합에서 쟁의 행위 찬반 투표를 해 78% 찬성으로 가결된다. 1987년 초창기 파업, 88년과 89년 128일 파업, 90년 골리앗 파업까지, 조합원들은 해고자들을 복직시켜야 한다는 의지를 강하게 보여주었다. 파업 때마다 해고자 원직 복직을 가장 앞에 두고 싸웠다. 그리고 골리앗 투쟁 구속자들이 석방되면서 '노조민주화 추진 위원회'를 결성해 집행부를 감시하고 어용 대의원들을 견제하기 시작한다.

회사는 관리자들과 대의원을 동원해 해고자 복직은 급하지 않다, 구속자는 돈을 더 많이 받으려고 구속된 거다, 해고자 문제는 임금 협상에서 다루면 된다라고 조합원을 현혹했다. 우기하 직무 대행은 부분 파업만 며칠 하고는 회사 입장을 담은 안을 총회에 부쳐 54% 찬성으로 통과시킨다.

회사는 조합원을 설득하기 위해 상여금 600%를 확정 지급해준다. 1987년 노동조합이 생기고 4년 만에, 300% 차등 지급이던 것이 600% 일괄 지급으로 바뀐 것이다. 따져 보면 불과 5년 만에 10년 동안 고정되어 있던 성과금이 배로 오르고, 임금도 두 배 이상, 거기에 각종 단체협약의 인상분까지 합하면 회사가 지급해야 할 임금이 1987년보다 10배 정도는 늘어났다.

그뿐인가. 해마다 파업을 했으니 일한 날은 더 적고, 경쟁 붙여 시켰던 공짜 일까지 제하면 정말 회사가 망해야 하는데 어찌 된 일인지 해마다 흑자란다. 답은 그거였다. 그동안 우리가 그만큼 착취당했다는 것, 회사가 늘 피우던 엄살은 거짓이었다는 것. 우리는 정말 바보였다는 것.

회사는 해고자에 대한 탄압을 강화하고 대의원들을 회사 쪽 사람들로 채우기 시작한다. 회사에 붙으면 대접과 혜택을 받지만, 노조에 붙으면 피해 본다는 것을 확실하게 각인시켰다. 노동조합의 지침을 지킨 대의원들은 '무노동 무임금'이라며 돈을 주지 않고, 회사에 협조하는 대의원은 물심양면으로 챙겨주었다.

단체 협약안이 통과되고 며칠 후 이영현 위원장이 석방된다. 그러나 석방된 위원장 역시 정문에서 경비들에게 출입을 금지당한다. 해고되었기 때문에 위원장 지위를 인정할 수 없다는 것이다. 위원장 이름으로 보낸 협상 공문도 반려시키고, 해고자 문제는 협상 대상이 아니라고 주장하기 시작한다. 노동조합이 투쟁이 아닌 협상으로 해고자 문제를 풀려다 보니, 해고자들은 현장 출입도 못하고 정문에서 경비들과 싸우다 폭행을 당하는 일이 반복된다.

1991년은 전투력을 가진 대공장 노조들이 대기업 연대 회의를 만들어 공동 전선을 구축하고 그룹별 연대 체계도 만든 해이다. 우리도 현대그룹 협의회에서 현대그룹 노동조합총연맹으로 이름을 바꾸고 연대 투쟁의 기치를 들었다. 1991년 5월은 강경대 열사 투쟁과 민자당 타도 투쟁으로 전국이 들고 일어났다. 전노협과 함께 대기업 연대 회의도 이 싸움에 함께했다.

밖의 투쟁 소식을 들으면 나는 구속되어 편하게 있는 것 같아 마음이 불편해졌다. 밖이 그립다 보니 판사가 말 한마디만 우호적으로 해도 혹시나 하는 기대를 하고, 변호사가 웃는 것만 봐도 석방 소식인가 싶어 부풀어 오르는 곳이 감옥이다.

그러나 결과는 언제나 정해져 있다. 1심에서 2년을, 2심에서 1년 6개월을 선고받고 집행 유예까지 합하니 2년 6개월을 살아야 한다. 최종심인 대법원이 남았는데 형량과 상관없이 유무죄만 따지는 절차다. 대법원에서 유죄를 받으면 대법 소송에 보낸 날만큼 징역살이가 추가된다. 그래서 나만 상징적으로 대법원까지 가고 나머지 동지들은 형기도 얼마 남지 않았으니 상고를 하지 않는 것으로 결정한다. 상고 결과 기각되어 90일이라는 엄청 긴 시간이 이른바 미통일수로 추가되었다. 1992년 8월 석방이 10월로 미뤄졌다.

1991년 말, 6대 임원 선거가 시작되었다. 민사연(민주노조사수연합)과 분과 동지회가 중심이 되어 현장 조직을 운영해 온 터라 자연스럽게 민사연에서 후보에 대한 논의를 진행한다. 128일 투쟁의 상징이던 비대위원장 이원건은 자신을 위원장으로 추대하라는 제안을 한다. 그러나 이원건을 겪어본 대다수의 동지는 그를 받아들이지 않았다.

결국 민사연과 이원건 각자 선거에 참여하게 되는데, 조직과 개인의 대결에서 이원건이 승리한다. 이원건이 노동자를 위해 감옥 간 동지이기 때문에 보상해야 한다는 현장 노동자들의 심리가 작용했다.

그러나 현장은 기업 총수의 정당 창당으로 크게 흔들리고 있었다. 1992년 1월, 정주영의 국민당 창당식에 노조 직무 대행을 맡은 우기하와 사무국장 직무 대행 우진범이 참석하여 투쟁하는 노동자를 배신한다. 징계를 해야 했는데, 임기가 끝나가니 다음 6대 집행부가 잘하자며 그냥 넘어간다. 가장 센 징계를 해서 자본과 야합하면 안 된다는 걸 보여줬어야 하는데 또 기회를 놓쳤다.

6대 위원장 이원건은 1992년 총선을 앞두고 동구에 출마한 정몽준과 국민당을 상대로 해고자 협상을 통보한다. 선거 국면이니 투쟁보다는 협상으로 압력을 행사하겠다는 것이다. 구속자 7명과 회사가 제3자라고 주장한 5명을 뺀 나머지 해고자들이 재입사 형태로 복직되었다.

그러나 현장은 선거 때문에 엉망이었다. 조합원과 관리자들이 선거에 동원되어 현장을 비우니 업무가 늘어나고 노동자들이 분리된다. 노조는 조합원들이 선거에 동원되는 것을 막지 못하고, 통일국민당과 정주영 일가를 비판하는 홍보물은 경비대에 뺏겨 배포도 못하게 된다.

1992년 총선을 끝내고 나서 정주영은 대선을 향해 달리기 시작한다. 국민당은 아파트 반값, 재벌 해체, 금융 실명제, 공산당 허용 등 파격적인 공약으로 바람을 일으켰다. 김동길, 이주일, 강부자 등 유명인들이 국민당의 국회의원이 되었다. 독재 정권 대신 문민 정권이 들어서고 사회가 민주화되면서 자본은 이제 정치 자금을 주는 대신 직접 정치에 뛰어든 것이다.

정주영의 무기는 '10만 현대 가족'과 돈이었다. 그리고 〈문화일보〉라는 신문도 만든다. 노동자들은 우리 언론 하나 갖는 게 소원인데 재벌은 참 쉽다. 자금을 모으고자 조합원들에게 현대중공업 주식을 팔았다. 노조 위원장 후보들은 모두 회사가 우리사주를 비싸게 판매한다고 반대했다. 그러나 노조의 단일한 지침이 없어 우왕좌왕했다.

현대라는 그룹은 총수의 선거 출마를 위한 사조직이 되어갔다. 대선은 그의 아들인 정몽준이 출마하는 총선과는 차원이 달랐다. 회사는 각종 연합회와 향우회의 대표로 관리자들을 세운다. 연합회는 노동조합 견제와 울산 동구 지역 관리를 시켰고, 향우회는 더 넓게 대선에 활용하기 위한 조직으로서 역할을 시켰다.

국민당의 전국 시도당과 지구당 건설에 현대중공업 향우회가 사람을 동원해 불법 선거운동을 하고, 심지어 일부 조합원은 사표를 내거나 휴직을 하면서 선거운동에 직접 뛰어들기도 한다. 부서별 동원령이 떨어지고 향우회별로 운동 자금을 받아 자기 지역으로 내려가는 식이다. 짧게는 1주일, 길면 한 달도 출장으로 처리해주었다. 나서기 좋아하고 약은 사람들은 돈 받아가며 선거운동하러 나가고 착하고 연줄 없는 사람들만 나간 사람들 몫까지 일하는 상황이 되었다. 그들이 가지고 간 선거운동 자금은 다 어디에서 나온 것인가. 그들의 임금과 출장비, 대선 비용은 다 누가 번 돈인가.

다시 현장으로

1992년 봄에 시작한 임금 · 단체 협상이 여름이 되도록 진척이 없자 쟁의 행위 찬반 투표에 조합원 86%가 찬성한다. 그러나 이원건 위원장은 조합원이 협상안을 부결시켰는데도 7만 원 쿠폰과 휴가 하루를 추가한 안에 직권 조인을 한다. 1년 전 우기하는 부결시킨 안을 비슷하게 바꿔 통과시키는 수법을 썼는데, 이원건은 불과 1년 만에 재투표도 아닌 직권 조인을 해버린다. 서태수의 직권 조인으로 비상 대책위원장을 하다 구속까지 되었던 사람이 똑같은 전철을 밟은 것이다.

아버지의 유언

노동자들의 목소리를 대변해야 할 이원건 위원장은 직권 조인 후 도망을 가고, 남은 간부들은 투쟁은커녕 후유증 수습에 매달려야 하니, 대선 국면에 현대그룹 노동자들의 목소리는 들을 수가 없었다. 만일 10만이 넘는 현대 노동자들이 테러범까지 동원해 노조를 파괴하고 착취를 일삼는 재벌 총수의 대통령 출마를 반대했다면 선거는 불가능했을 것이다. 이들이야말로 자본가 대통령 후보 정주영의 최고 공신들이다. 해고자 문제, 현안 문제, 임금 협상, 후생 복지, 단체 협상 모든 걸 따낼 기회를 두고 직권 조인을 했으니, 조합원들은 분노해서 무효화 투쟁을 시작한다. 추석을 눈앞에 둔 9월 9일이었다. 10월 18일 석방 날짜를 받아놓은 나는 밖의 소식을 듣고 기가 막혔다. 이거였구나, 아버지 장례식에도 못 가도록 나를 막았던 이유가. 이원건에게 이가 갈렸다.

1991년 부산에서 재판을 받는데 처음으로 아버지가 면회를 오셨다. 아버지 손에는 〈새벽〉이란 월간지에 실린 내 글이 들려 있었다. 울산 대용 감방에서 밖으로 적어 보낸 글이다. 아버지는 내 글을 보여주시며 "다 읽어봤다. 잘했다. 이왕 감옥에 들어왔으니 많은 사람을 위해 좋은 일 많이 해라. 시간이 날 때 고민도 하고 공부도 해두라."는 당부의 말씀을 하고 가셨다. 그것이 아버지와 나눈 마지막 인사가 되고 유언이 될 줄 꿈에도 몰랐다. 그 뒤에 대전교도소로 이감을 가면서 면회를 오실 수 없었기 때문이다.

동생에게 들으니 돌아가시기 전 아들을 위해서라도 열심히 살겠다고 부산대학교 경비로 취직하셨다고 한다. 부잣집 외동아들로 아쉬운 것 없이 사신 분이 사업에 실패하고 아들은 감옥에 있으니 마지막 책임을 다하려고 하신 것이다.

그런데 그 일이 화근이 되었다. 1991년 겨울 근무를 마치고 찬물에 세수하다 심근 경색으로 넘어진 것이다. 일용직이라 산재 처리도 안 해주려는 걸 중공업 노조 간부들이 부산대학교에 들이닥쳐 싸운 덕에 산재 처리를 했다. 감옥에 있는 나 대신 동지들이 자식 노릇을 해준 것이다. 그날 이후 아버지는 산소 호흡기로 연명하게 되었다.

1992년 7월 3일 금요일, 교도소장이 내일 귀휴를 보내준다고 한다. 아버지의 임종을, 그 소리를 듣고 알았다. 내가 나올 때까지 기다려주실 줄 알았는데 지치셨는지 그만 눈을 감으신 것이다. 면회 오신 그해가 환갑이었는데 내 손으로 잔칫상도 차려 드리지 못하고 갇혀 있는 모습만 보여 드린 불효자가 되었다.

석방이 얼마 안 남았으니 가족들이 법무부에 구속 집행 정지 신청도 하고 교도소에 귀휴 신청을 했다. 3일장을 4일장으로 늘리고 장남인 나를 기다렸다. 주변에서는 대전 교도소까지 영구차를 가지고 가자고 했다고도 한다.

그런데 귀휴 보내준다는 소장이 연락이 없다. 이 소식을 들은 감방 안의 동지 40명은 나를 내보내라고 밤새 입방을 거부하며 싸웠다. 그러나 끝내 교도소에서는 나를 내보내지 않았다. 결국 찬물 한 그릇 떠놓고 혼자 절을 하며 장례를 치렀다. 감옥에 갇혀 임종도 못했는데 장례마저 못 가는 그 심정이란……. 이 불효자를 용서하시라고, 혼자 장례를 치르는데 그저 속절없이 눈물만 흘렸다.

나중에 이감을 가는데 보안과장이 미안하다며 그 이유를 말해주었다. 울산 안기부에서 석방을 막았다는 것이다. 이원건의 직권 조인은 예견된 것이었다. 골리앗 투사인 내가 석방되면 가뜩이나 불만 많은 현장 분위기가 달아오를 것을 우려해 막은 것이다. 회사와 정권과 노조까지 한통속이 되어 아버지 장례조차 못 가게 하다니. 자본에 인륜과 천륜을 기대할 수 없다는 걸 뼈저리게 배웠다.

1992년 10월 18일, 정확히는 17일 밤 11시 30분에 춘천교도소에서 석방되었다. 2년 6개월 동안 손꼽아 기다린 날이다. 석방 절차를 모두 마쳤으니 나가라고 하는데 울산에서 오기로 한 동지들이 도착하지 않아 1시간쯤을 더 기다렸다. 덕분에 지겨운 감옥 생활을 무려 1시간이나 더 했다. 기다리던 동지들이 도착해 간단히 석방 환영식을 치르고 드디어 울산으로 가는 차에 올랐다. 내게 많은 것을 가르쳐준 대전교도소와 춘천교도소 생활이 머릿속에 하나둘씩 사진처럼 스쳐 지나갔다.

1991년 봄, 부산구치소에서 실형을 선고받고 대전으로 이감을 가는데 머릿속이 복잡했다. 1년 6개월이나 남은 징역살이를 험하기로 소문난 대전교도소에서 해야 한다는 생각 때문이다. 대전교도소는 '시베리아' 라고 불리던 악명 높은 곳이다. 실제 가보니 말 그대로 분위기가 험했다. 도착하니 다짜고짜 머리부터 깎아버린다. 왜 머리를 깎느냐 항의하자 여럿이 달려들어 내 몸을 잡고 강제로 깎는 것이다. 그리고는 미결수 사동에 배치한다. 기선 제압을 하려는 의도가 보였다. 나는 다음날 보안과장 면담을 신청했다. 그런데 면담에 응하지 않고 하루를 또 끈다. 우선 이곳에서 함께 싸울 동지들을 찾아야 했다. 닷새 정도 지나니 노동자와 학생들이 모여 있는 기결 사동으로 전방을 시켜준다. 알고 보니 교도소에서는 내가 온 것을 알리지 않았고, 대신 면회 간 동지들이 사실을 말해주어 공안수들이 항의해서 전방을 시킨 것이다. 동지들과 반갑게 인사를 나누고 나서 잠자리에 들었다.

다음날 운동 시간에 철망 너머로 나이 드신 영감님들이 "골리앗의 전사를 기다리고 있었습니다", "고생합니다", "위원장님 반갑습니다"하며 줄줄이 인사를 하고 가신다. 얼떨결에 인사는 받았는데 누군지 잘 몰랐다. 알고 보니 간첩으로 감옥살이하고 계신 장기수 선생님들이라 한다. 그런데 50명쯤 되는 선생님들 중 반 정도가 내가 태어나기 전부터 감옥에서 생활을 하고 계셨다. 감옥살이가 얼마나 힘든지 아는 나로서는 상상할 수 없는 일이었다. 그런데 실제 그런 분들이 내 눈앞에 있다니 믿어지지 않았다. 겨우 2년 6개월, 감옥살이 축에도 못 끼는 나는 그저 부끄러울 따름이었다. 그분들 가운데는 실제 남파되신 분도 있었지만, 자생적인 사회주의자도 계셨고 정권이 만든 조작 간첩도 있었다. 1970년대 박정희의 악랄한 전향 공작으로 끔찍한 고문을 당해 성한 분이 없었다. 험악하고 무섭고 포악한, 말로만 듣던 뿔 달린 빨갱이들의 모습이 아니었다. 어린아이처럼 똥침 놓기를 하며 노는 순수함, 풀 한 포기도 정성스레 돌보고, 자기 수양에 게으름 없는 선하고 곧은 선비들 같았다.

그들은 자신의 사상뿐 아니라 신념, 인간다움, 양심을 지키려고 싸운 분들이었다. 비록 육신을 가둘 수는 있어도 정신마저 지배할 수 없다는 걸, 수십 년 세월 동안 죽음과, 죽음에 이르는 고문을 감내하면서 온몸으로 입증한 그분들을 보면서 나는 노동운동에 대한 내 신념을 돌아보게 되었다. 그리고 전쟁과 분단, 반공 등 우리 현대사를 관통한 아픔들이 노동운동과 무관하지 않다는 사실도 깨닫게 되었다. 10년 후 내가 구청장이 되었을 때 장기수 선생님들을 울산 동구에 모셔 대접했던 것도, 내게 노동운동의 신념을 지키도록 해준 평생의 은인들이었기 때문이다.

대전교도소에는 학생운동 출신들이 많았다. 시간도 많으니 밖에서 궁금하던 NL(민족해방계열)과 PD(민중민주계열)의 차이에 대해 알아보기로 했다. NL 출신들과 NL에 대한 공부를, PD 출신들과 PD에 대한 공부를 한 달 정도 했다. 노동운동을 한 내 경험을 중심으로 토론도 하고 서로 차이점을 찾아보았다. 차이가 있고 서로 벽도 높지만, 투쟁을 해야 하는 것에 동의가 되고, 목표와 지향은 달라도 대중을 상대로 운동하는 것도 같았다. 결론은, PD건 NL이건 말이 아닌 투쟁으로 실천하는 사람이 진짜 운동가라는 거였다.

대전교도소 생활은 싸움의 연속이었다. 시국 사범들 하기에 따라 교도소의 내부 질서가 바뀌기 때문에, 언제나 원칙을 지키며 싸워야 했다. 입방 거부, 단식, 철문 차기, 구호 외치기 등이 우리의 투쟁 방법이다. 그러다 맞고, '통닭구이'로 묶이고, 수갑과 포승줄에 묶인 채 징벌방에 갇히기도 한다. 그러나 우리 뒤엔 언제나 민가협 어머니들이 있어 외롭지 않았다. 민가협 어머니들은 어디선가 누군가에 무슨 일이 생기면 나타나는 홍 반장처럼, 가장 먼저 달려와 싸워주셨다. 어머니들은 교도소 철문을 냄비로 긁어대고, 교도소장 나오라고 고래고래 고함을 지르고, 단식자라도 있으면 교도소를 발칵 뒤집어 놓았다. 징벌 방에 있던 동지가 멀리서 어머니들의 싸우는 소리를 들을 정도였다. 대전뿐 아니라 전국 어느 감옥이라도 어머니들은 한걸음에 달려가 몸을 던져 싸우셨다. 밖엔 어머니들이 있어 외롭지 않았고, 안엔 동지들이 있어 두렵지 않았다.

어느 날 이감 후 처음으로 여동생이 면회를 와 결혼 소식을 알린다. 11인 대책위원이고, 노조 초대 수석 부위원장, 1988년 총선에 옥중 출마했던 김진국 동지와 날을 잡았다는 것이다. 축하보다 걱정이 앞서 어머니가 허락하셨느냐고 먼저 물었다. 가뜩이나 아들의 노동운동 때문에 맘 졸이고 사시는데 사위마저 활동가를 얻는 게 미안했기 때문이다. 자식 이기는 부모 없어 반대도 소용이 없었다고 한다. 김진국 동지는 내가 석방되고 나서 연말 대선에 백기완 후보 지지 홍보물 때문에 선거법 위반으로 구속되어 어머니가 눈물을 흘리기도 했다. 둘밖에 없는 동생들 결혼식에 모두 참석하지 못하고 감옥에서 축하해야 했다. 아버지 환갑, 부모님 장례, 동생들 결혼 모두를 감옥에서 먼 산만 바라보며 축하해야 했으니 내 운명도 참 기구하다. 7월 아버지 장례식에 나를 내보내라고 장기수 선생님과 시국 사범들이 항의하며 입방을 거부하고 싸우는 바람에 절반 정도가 이감을 가게 된다. 석방 한 달을 남긴 나도 춘천 교도소로 이감을 가게 되어 정든 대전교도소 생활을 마감한다. 그리고 춘천교도소에서 드디어 석방을 맞은 것이다.

긴 시간을 달려 울산 동구에 들어섰다. 남목고개를 넘어서는데 처음 보는 아파트 단지들이 보인다. 동부아파트와 서부아파트라고 한다. 2년 6개월 동안 동구가 많이 변해 있었다. 하지만, 그런 풍경들보다 노조가 흔들리는 것이 맘에 걸려 빨리 현장에 가고 싶은 마음뿐이었다.

아침부터 조합원들 만나 인사하느라 정신없는데, 동생이 아버지 묘에 가야 하지 않느냐 한다. 부산에 계신 어머니도 뵈어야 해서 서둘러 부산으로 갔다. 가보니 기가 턱 막혔다. 어머니가 반신불수로 누워계신 것이다. 아버지 병간호를 하다 어머니마저 뇌졸중으로 쓰러지셨다고 한다. 징역살이에 근심만 더할까 싶어 내게 알리지 않았다는데, 이 모든 게 나 때문에 생긴 일이라 뭐라 할 말이 없었다. 차를 한 대 구해 어머니를 모시고 다니며 병간호를 했다. 그래도 호전되지 않았다. 계속 자리에 누워 안타깝게 나를 바라보실 뿐이었다.

단식 후에 마신 석 잔의 맥주

대선이 끝나고 나서 회사는 또다시 일을 벌인다. 수석 부위원장 서의곤은 직권 조인하고 도망간 이원건 대신 직책을 맡아, 직권 조인에 반대한 집행 간부들에게 현장 복귀 명령을 내린다. 그러면서 회사 입맛에 맞는 인물들인 비생산부서 설계와 지원 부문 부위원장들에게는 사퇴하지 말라 지시하고 불신임을 막아준다. 이들은 노동조합의 정상화를 막기 위해 임원 선거와 대의원 선거마저 막는다. 회사가 원하는 걸 충실히 이행한 이들은 40일 휴가와 원하는 부서로 전출되는 보상을 받는다. 조합원 팔아먹은 대가로 휴가와 안락을 얻은 것이다. 서의곤은 자신도 함께 현장에 복귀했다.

그러나 회사와 어용노조가 이렇게 공작을 해도 현장의 노동자들은 민주노조 재건에 나선다. '노조민주화추진위원회' 동지들을 중심으로 분과 대책위를 발족해서 직권 조인 무효화 투쟁을 한다. 그 힘으로 이원건의 사퇴를 받아내기도 했지만, 한계가 있다. 분과 대책위 지도부는 지금 상태로 계속 투쟁하는 건 불가능하니 잠시 숨을 고르고 내년 대의원 선거에 대거 참여해 합법 공간에서 투쟁하자고 한다. 나는 그때 어머니 병 때문에 연말에 합류하기로 한 상태였는데, 회사가 우리를 훤히 읽고 있으니 쉬지 말고 계속 투쟁해야 한다는 의견을 냈지만 받아들여지지 않았다. 그리고 한 해를 넘겨 1993년이 되었다.

해마다 연초에는 진급자와 탈락자 사이에 희비가 엇갈린다. 그해도 진급자를 발표했는데 대선에 동원되어 근무도 하지 않고 휴직이나 퇴사 후 복귀한 자들로 채워졌다. 그뿐 아니라 1987년 노동조합이 생기면서 무력화시킨 차등 지급제를 다시 총액 임금제라는 이름으로 부활시키려 한다. 현장은 분노로 술렁거렸다. 현장을 이렇게 망쳐놓고, 대선 국면에서 노동자 수천 명이 없어도 노동 강도를 높이니 작업엔 지장이 없더라는 걸 증명한 이원건은 누가 뭐래도 대선의 1등 공신이었다. 석방되고 나서 이원건을 만났을 때 아버지 장례도 못 치른 게 바로 당신 때문이다, 다시는 보지 말자고 했다. 얼마전 우연히 상가에서 만났는데 여전히 뻔뻔했다. 자신을 뉴라이트라고 떠들어대며 노동자 임금이 이렇게 높은데 어떻게 외국에서 투자하겠느냐고 헛소리를 한다. 하는 소리가 너무 가관이어서, 그렇게 임금이 높으면 당신 임금부터 기부해보라 하고 자리에서 나왔다. 인면수심이다.

1993년 설을 앞두고 해고자 5명이 모였다. 당시 총각이던 김종철의 집에서 설 지나고 우리 해고자들이 선도 투쟁을 하자고 결의했다. 직무대행 우진범을 몰아내 노동조합을 정상화하는 걸 목표로 하기로 했다. 나는 어떤 방법을 쓸 것인가 고민하다가 점거하고 단식 농성을 하자는 제안을 한다. 단식하면서 현장에서 집회도 시작하고 예전 동지들도 모아내면 충분히 해볼 만하다는 데 다들 동의한다. 현재 조합원 상태로 보면 장기전을 각오해야 하는데, 혹시라도 중간에 멈추면 안 한 것만 못하니 신중하자는 의견에도 동의한다.

단식 경험이 있고 석방된 지 얼마 안 된 '골리앗의 외로운 늑대'인 내가 대표로 단식을 하고, 나머지 해고자들은 현장을 뛰며 조합원을 만나 선전과 조직을 담당하기로 했다. 설 지나고 2월 5일, 나와 이홍섭, 한창수, 천석복, 김종철 해고자 5명은 설 휴가 끝에 어수선한 틈을 타 노조 사무실 한켠 조합원 상담실을 점거한다. 집행 간부들이 안에서 문을 잠그고 못 들어오게 하려는 걸 바로 밑 선체 생산부 조합원들의 도움을 받아 몸싸움 끝에 겨우 확보했다. 농성을 하다 단식에 들어갔다.

점거 후 단식을 시작하면서는 어용 집행부가 접근을 못했다. 해고자들이 번갈아 현장을 돌기 시작했다. 언제든 달려올 수 있는 거리의 선체 생산부는 김남석이란 동지가 조합원들을 장악해서 든든한 사수대가 되어주었다.

열흘쯤 지나니 활동가들이 움직이기 시작했다. 단식을 하면서 해고자들을 규합했다. 그 가운데는 지난 직권 조인 반대 투쟁 때 담당 반장 폭행으로 해고되어 복직을 포기하고 떠난 해고자 3명도 있었다. 이들 중 김병조와 김재양 동지 2명이 노조 정상화 투쟁에 다시 합류했다. 둘은 이후 원직 복직이 합의되어 지금도 잘 다니고 있으니, 그때 이들을 규합하지 않았으면 영원히 돌아오지 못했을 것이다.

보름쯤 되니 조합원들이 움직이면서 부서별로 집회가 잡히기 시작한다. 집회마다 다니며 연설을 하고 투쟁을 독려했다. 자본이 아닌 같은 노동자를 상대로 싸워야 하는 현실이 서글프고, 1987년 노동조합을 만들 때는 하나였던 동지들이 몇 년 사이에 배신하고 돌아선 현실이 우울했다. 하지만, 현장을 살리려 모이는 활동가들과 조합원이 있어 뿌듯했다. 연설을 하며 눈물을 보이니 왜 우느냐 묻기에 이런 마음을 전했더니 자기들도 모두 똑같은 마음이란다. 어용노조는 점점 위축됐다.

단식 23일째 되는 날 우진범이 술을 마시고 단식 농성장을 찾아왔다. 1988년 대의원을 함께했고, 내가 골리앗 투쟁으로 구속됐을 때 사무국장을 대행한 인연이 있는 사이다. 그는 "형님 잘못했습니다. 시키는 대로 하겠습니다. 각서 쓰라면 쓰겠습니다"라고 빌며 싸움을 끝내려 했다. 진심처럼 보였지만 다른 문제를 일으킬까 싶어 각서를 쓰라고 했다. 그런데 그 자리에 함께 있던 설계 부문 조규대 형이 말리고 나섰다. 이만하면 진심이지 않느냐, 사퇴 약속으로 마무리하라고 한다. 찜찜한 채로 받아들이고 본인은 사퇴를 하고 임원 선거와 대의원 선거를 치르기로 약속을 받았다. 그 결정이 또 노동조합을 몇 달 동안 표류시킨 원인이 되고 만다.

다음날인 3월 12일, 임원 선거와 대의원 선거를 한다는 공고를 냈는데 우진범이 위원장 선거는 안 하겠다고 한다. 사퇴하겠다던 약속을 또다시 번복한 것이다. 부위원장을 비롯한 임원 선거를 잘 풀어서 해결하면 된다는 주위 의견을 듣고 23일 동안 이어진 단식을 풀었다. 집에서 3일쯤 쉬고 있는데 조선 부문의 조돈희 동지가 찾아왔다. 조선 부문은 부위원장 후보를 이번 투쟁의 선봉장 역할을 한 김남석으로 하고, 해양 부문은 이정하, 엔진 부문은 구영식으로 정했다는 것이다. 그런데 플랜트의 윤재건을 부위원장으로 당선시켜 직무 대행을 세웠으면 하는데 본인이 동의하지 않으니 같이 가서 설득하자고 한다. 우리 집과 그리 멀지 않고 당연히 해야 할 일이기에 함께 윤재건의 집으로 가 설득했다. 쉽게 수락할 줄 알았는데 예상과 달리 별 이유 없이 거부를 한다. 답답해진 나는 무심코 상 위에 있던 맥주를 한 잔 마셨다. 이야기를 하다

막히면 또 마시고 하는 통에 3잔이나 마셔버렸다. 그때야 내가 단식을 마친 지 3일밖에 안 된다는 걸 깨달았다. 설득도 못하고 돌아온 다음날 아침, 얼굴과 손발은 퉁퉁 붓고 똥구멍이 막혀 화장실에서 몇 시간을 울었다. 윤재건은 기어코 출마를 하지 않았다.

지리산에서 만난 조수원

대의원 선거를 앞두고 내가 대의원 러닝메이트 제안을 했다. 민주파 대의원들이 공동으로 공약을 하고, 홍보물도 공동제작하자는 것이다. 이 작전이 크게 성공해 역대 최강의 대의원이 뽑힌다. 집행부가 실수해도 대의원들이 바로 잡을 수 있는 투쟁의 최고 조건이 만들어진 것이다. 곧이어 치른 부위원장 선거도 민주파 후보가 모두 당선되었다. 노동조합 정상화를 향해 순조롭게 출발하고 있었다.

회사는 조선과 엔진 부문 부위원장을 인정하지 않는다고 했다. 이제 마음에 안 들면 임원도 다시 뽑으라는 억지까지 부리는 것이다. 대의원이 새로 뽑혔는데 소집권자인 우진범은 대의원 대회를 열지 않고 애를 먹인다. 활동가들은 서명을 받아 조선 부문 백형록 동지를 소집권자로 임명하고 대의원 대회를 소집하기로 한다. 나는 대의원 대회 경험이 없는 백형록 동지 지원 임무를 맡았다. 우진범 일당과 회사가 어떻게 나올 것인지 시나리오를 작성하고 예행연습도 한다. 특히 인사에 대한 부분은 규약에 비밀 무기명으로 하게 되어 있으니 조심하라고 수차 당부했다. 그런데 우진범 불신임안을 통과시키고, 새로운 직무 대행으로 김남석 동지가 추대되었는데, 대회 당일 분위기에 휩쓸려 백형록 동지가 그만 거수로 통과시켜버린다.

우진범은 대의원 대회 이후 조합비를 동결하고 노조 위원장 직무 대행 직위 보존 가처분 신청을 법원에 제출한다. 새로운 직무 대행 선출을 비밀 무기명이 아닌 거수로 했기 때문에 무효라는 것이다. 불신임 문제는 소송에 들어갔다. 노조는 새로 꾸려진 민주파 집행 간부들과 우진범 체제로 '한 지붕 두 가족'이 된다. 김남석 직무 대행은 4월 23일 위원장, 수석 부위원장, 사무국장 등 임원 선거를 준비하는 한편 동결된 조합비 때문에 기금 마련을 위한 채권을 발행한다.

우진범 진영도 선거 일정을 발표하며 혼란을 부추겼다. 4월 23일 선거는 회사의 방해로 중단되었고, 기다리던 법원의 판결이 내려진다. 직무 대행 선임은 불법, 우진범에 대한 불신임은 합법, 백형록 소집권자 지명은 합법이란 것이다. 법원의 판결이 난 후 대의원 대회를 다시 소집해 김남석 동지를 직무 대행으로 뽑았다. 길고 긴 싸움은 그렇게 마무리된다.

5월 26일 위원장, 수석 부위원장, 사무국장 선거를 앞두고 민주파 진영에서 위원장 후보를 추대하기 위해 모인다. 소집권자였던 백형록과 부위원장 출마를 거부한 윤재건이 후보로 올라 경합한다. 1표 차이로 윤재건이 후보로 추대되었는데, 개운치 않게 동원된 추대 자리였기에 많은 동지가 불만스러워한다. 윤재건은 단독으로 출마해 당선되어 보궐 기간 위원장을 한다.

새 위원장이 당선되고 일도 하기 전에 벌써 대의원들의 기세로 해고자들이 복직된다. 나도 복직이 되어 현장으로 돌아오게 되었다. 역대 최강의 대의원이었기 때문에 규약 개정도 가능하고, 조합원들의 어떤 의견도 받아들여 적극적으로 싸울 수 있는 상황인데 집행부는 소극적으로 나온다. 현장은 직권 조인과 총선의 후유증을 극복하기 위해 강한 투쟁을 요구했다. 그래서 대의원들도 역대 최강의 진용을 짜준 것이다. 나는 임금 협상을 앞둔 집행부를 돕기 위해 자청해 협상팀에 합류한다.

협상팀에 들어가 보니 우려대로 회사는 배짱만 튕기고 있고 우리는 팀워크가 맞지 않아 삐걱거리고 있었다. 1993년 당시에는 현총련(현대그룹 노동조합 총연합)의 투쟁이 전국의 주목을 받고 있었다. 현총련 결의 대회를 열면 일산해수욕장에 3만 명이 모일 정도였다. 정권을 위협하기에 충분한 세였다. 자본은 현총련의 공동 투쟁을 깨려고 사업장마다 임원 매수공작을 했다. 현대중공업의 이원건이 직권 조인을 하더니, 다음 해에는 현대정공의 위원장을 매수해 직권 조인을 하게 만든다. 내부 문제로 공동 투쟁이 어려운 상태를 계속 만드는 것이다. 정권은 노동부 장관 이인제를 내세워 현총련과 대화하겠다는 언론플레이를 펴 내부를 교란한다.

그러던 중 회사의 부가급여 자료에 이상한 대목이 발견된다. 설날에 서산 간척지 쌀을 2만 2000가마나 가져와 종업원들에게 돌렸는데, 이것을 현물 급여라 한 것이다. 서산미는 질이 형편없었다. 일반미 한 가마니가 11만 5000원 정도였는데, 밥도 못해 먹는 쌀 반 가마니를 6만 100원으로 값을 매겨 현물 급여로 하겠다는 것이다. 달라고 한 적도 없고, 질도 안 좋은 쌀을 이른바 '가족'에게 팔아먹는 걸 보고 조합원들이 또 한 번 분노했다. 선거에 동원하고, 못 먹는 쌀 억지로 팔아먹고, 주식 강제로 떠안기니, 이는 노동자를 정주영의 머슴으로 보지 않고는 할 수 없는 행동이었다. 노조가 항의했지만 회사는 들은 체도 않았고,

이 사안은 임금 협상에 묻혀버리고 만다.

현대중공업은 다른 사업장보다 약간 늦은 7월 23일 파업에 들어갔다. 그런데 협상장에만 들어가면 노동조합에서 우리 협상팀장에게 문자를 보내온다. 회사가 직장 폐쇄를 하려고 한다는 것이다. 우리는 직장 폐쇄면 협상은 무의미하다 판단해 그날 협상을 종결하고 나와버렸다. 협상은 최적의 조건에서 해야 하는데 우리 편을 위축시키는 문자를 보내니 힘이 빠졌다. 확인해보니 노동조합의 기획부장 서필우가 보낸 것이고, 노무 관리부 차장에게 들었다 한다. 회사의 교란 작전에 말려든 것이다.

게다가 노조 집행부가 불안한 기색을 보인다. 안 되겠다 싶어 위원장과 담판을 하러 갔더니 윤재건은 더하다. 회사가 직장 폐쇄를 하기 전에 파업을 끝내야 하는데 당신 때문에 방해가 된다, 실제로 직장 폐쇄를 하면 책임질 거냐며 따지는 것이다. 하도 한심해 나도 소리를 높였다. 직장 폐쇄하고 문제 생기면 모든 책임 내가 지겠다. 각서 쓰라면 쓰겠다. 그러니 똑바로 싸워라. 이 광경을 지켜본 교섭위원들이 내게 동의하고 나서면서, 윤재건은 협상 권한을 교섭위원들에게 주고, 앞으로 교섭에 방해되는 행위를 하지 않기로 약속하고 마무리되었지만 찜찜했다.

특히 휴가가 고비인데 회사가 직장 폐쇄 압력을 세게 하자 집행부는 우왕좌왕한다. 협상팀과 집행부가 이 문제로 싸우는 동안 회사는 잠시 직장 폐쇄를 했다가 몇 시간 만에 취소하는 해프닝도 벌인다. 그리고 휴가가 시작되었다. 집행부는 이 비상시기에 당직자 한 명 없이 모두 휴가를 가버린다. 나는 혼자 사무실에 출근해 대책을 고민했다. 휴가 끝내고 돌아온 집행부에 고민을 많이 했느냐 물었더니, 휴가 땐 쉬어야지 무슨 고민을 하느냐고 핀잔을 준다. 단체로 가족들과 계곡에서 잘 쉬다 왔다고 자랑한다. 기대한 건 아니지만, 간부들의 태도가 실망스러웠다. 8월 19일 윤재건 집행부는 협상안을 투표에 붙여 52% 찬성으로 가결되어 파업이 끝났다. 그러나 직권 조인 사태로 입은 노동조합의 상처는 치유되지 않았다. 조직 안에 집행부에 대한 불신이 생겨나기 시작했다.

임금 협상이 마무리되고 나니 수배 중인 권용목과 이영현이 궁금했다. 지리산 뱀사골 계곡에 텐트를 치고 있다고 한다. 교섭위원이었던 김임식 동지와 함께 나섰다. 지리산 계곡을 거슬러 올라가니 중간쯤에 텐트를 치고 쉬고 있다. 선하게 생긴 젊은이가 인사를 한다. 부산의 대우정밀 노동자 조수원인데 수배 중이라 함께 다닌다 한다. 병역특례병이라 군 문제까지 해결해야 해서 어려운 상황인데 곧 대우정밀 노동자들과 합류할 것이란다.

하룻밤 자고 다음날 동지들을 두고 돌아오려니 발걸음이 안 떨어진다. 그런데 공교롭게도 우리가 돌아온 새벽, 경찰이 덮쳐 둘은 그만 잡히고 만다. 바로 면회를 갔더니 하는 말이 경찰들이 소재를 파악하고 며칠 전부터 지리산에 야영을 하며 찾고 있었다 한다. 지리산에 있는 건 어떻게 알았는지 여전히 의문이었다. 전화를 도청했을 거라 짐작만 할 뿐이었다.

그날 함께 저녁을 먹고 작별한 것이 조수원과 마지막이 되었다. 그후 그의 소식을 듣고 얼마나 후회가 됐는지 모른다. 1995년 대우정밀 노동자들과 민주당 서울 사무소를 점거하고 투쟁하다 목을 매 자살한 것이다. 그때 잡아두었더라면 죽음은 피할 수 있었을 텐데…….

현대중공업 노동조합 8대 위원장이 되다

1993년 말 8대 집행부 임원 선거를 앞두고 10월부터 후보를 준비하기 위해 사람을 꾸리기 시작한다. 내가 위원장, 구영식이 수석 부위원장, 조선 부문의 최종석이 사무국장 후보로 추대되었다.

두 팀이 출마했는데 상대편은 90년 골리앗 때 엔진 부위원장과 이원건 때 조직부장을 했던 서영택이 후보로 나온다. 서영택은 90년 골리앗 때 부위원장이면서 총대를 메지 않았고, 골리앗에 있는 동안 대의원들을 모아 수습 대책위를 꾸려 투쟁을 접었던 당사자였다. 하지만 이원건 집행부에 있을 때 위원장의 직권 조인 반대 투쟁을 조직했고, 김남석 직무 대행 때는 아무도 하지 않으려 했던 집행부에 선뜻 나서서 어려운 때 투쟁을 하기도 했던 사람이다.

18일 동안 선거운동을 마치고 1993년 11월 24일, 나는 현대중공업 노동조합 8대 위원장에 당선된다. 단독 후보가 아닌 선거로는 최다 득표였다. 당선되고 나니 풀어야 할 문제들이 줄을 섰다.

현대그룹 종합기획실에서 전 사업장의 과장급 이상 임금 동결 발표로 현장의 임금 인상을 억제하더니, 1993년 연말에는 소리 소문 없이 과장급 이상 임금만 노사 합의 없이 인상한 문제를 놓고도 싸워야 했다. 현대중전기와 현대중장비가 합병하는 바람에 노동조합을 정비해야 하는 문제도 생겼다. 또 현대자동차 노조는 이영복이 위원장에 당선되면서 실리를 내세우며 현총련을 탈퇴하고, 현총련에 가입하지 않은 현대전자 등과 조직을 규합한다.

안팎으로 문제가 널렸는데 취임하자마자 다른 문제가 또 터진다. 회사는 집행 간부 수를 줄이라고 시비를 걸고, 일부 어용 대의원과 회계 감사는 1993년 윤재건이 위원장을 할 때 노조에서 창립 기념품으로 지급한 지갑과 벨트가 질이 떨어진다며 의혹을 제기한다. 전 집행부에서 일어난 일이지만 그 문제의 책임자인 조직쟁의실장을 현장 복귀시켜 무마했다.

중전기는 합병을 하면서, 남은 조합비로 조합원 선물을 돌리고 한 푼도 남겨오지 않아 중공업 대의원들의 원성을 듣는다. 거기다 해고자의 생계비도 지급하지 않고 있었다. 엔진은 합병 때 조합비를 해고자들에게 나눠주고 빈손이더니, 중장비는 해고자에게 생계비도 안 주면서 빈손으로 온 것이다. 중공업 대의원을 설득해서 해고자의 생계비 지급을 관철하느라 무지 애를 먹었다. 그 해고자는 사범대 출신이었는데 몇 년 전 80년대 학생 운동권들이 민주화운동 경력을 인정받아 복권될 때 교사 발령을 받아 중공업을 떠난다. 해고자이면서 활동가였던 그는 섭섭하게도 교사가 되어 떠날 때 한마디 의논 없이 가버렸다. 2002년에 회사에서 지급한 위로금을 받고 떠날 때도 그랬다. 나처럼 남아 있는 해고자들에게는 힘 빠지는 행동이었다.

새로 부임한 사장은 노동조합과 관계 개선을 위해 노력하기도 했지만, 노조 파괴 전문가로 불렸던 신익현 전무가 회사의 실세여서 별다른 개선이 없었다. 나는 현대중공업 위원장과 현총련 의장, 조선노협 부의장을 겸하게 된다. 그 자격으로 현대자동차 노조를 방문해 공동 투쟁을 제안하는데 일언지하에 거절당한다. 오히려 변화된 노사 관계를 함께 만들어가자며 헛소리를 한다.

회사의 일방적인 임금 동결 선언과 노사 합의 없는 과장급 이상 임금 인상은 그냥 넘길 수 없는 문제라 다시 보충 협약을 하자 제안하며 싸웠다. 그러나 회사는 꿈쩍 않는다. 하지만 다시는 이런 일을 하지 못하게 할 목적으로 계속 쟁점화를 시켰다. 나중에 임금 협상을 통해 현장 노동자들도 쌀과 상품권 등으로 과장급 이상의 인상분만큼 돌려받았다. 그러나 회사는 이런 식의 임금 동결 선언을, 집행부가 바뀌거나 다른 사업장들에서 계속 사용한다. 임금 동결이 곧 경제 살리기와 국가를 위한 결단이라고 대대적으로 언론플레이를 한다. 이런 일은 지금도 계속되고 있다.

협상 도중 산재 사고가 일어난다. 현대중공업은 해마다 20명 넘게 산재로 생명을 잃는다. 임금 협상을 뒤로하고 산재 사고에 총력으로 매달려 분위기를 달구기 시작했다. 그러면서 한편으로 집행 간부들을 훈련시켰다. 다들 현장에서 올라와 미숙하니 뭘 해야 할지 몰라 우왕좌왕한다. 나는 노동조합의 업무는 투쟁이 중심이고, 나머지는 간단하다고 설명했다. 집행 간부의 반 이상을 농성장에 투입하고 나머지 반은 돌아가면서 일상 업무를 보게 해 단련을 시킨다.

산재 투쟁을 열심히 하면서 노조가 회사의 잘못을 하나 둘 밝혀내니 조합원들이 노동조합 투쟁에 관심을 두기 시작했다. 노동조합은 그 열기를 임단협 투쟁으로 끌어 모으기 시작했다. 아무리 어용 대의원이라도 현장 노동자들의 분위기를 무시할 수는 없었다.*

1993년에 최강 대의원이던 것이 1994년에는 대의원들이 파업 철회 서명을 받아올 정도로 분위기가 열악했다. 절반 정도 되는 대의원들이 회사 쪽이었다. 파업을 하려면 대의원보다 조합원을 직접 상대할 수밖에 없었다. 대의원 대회에서 쟁의 발생 결의안을 압도적으로 통과시키지 않으면 안 될 정도의 분위기가 될 때 조합원 투표를 붙이는 것이 중

●

현대중공업 같은 대공장은 산재 사고가 워낙 자주 일어나다 보니 사고에 둔감하다. 옆의 동료가 죽어도 재수 없어 일어난 일이라 생각하고, 내게는 안 일어날 거라고 생각한다. 산재는 사업자들이 두려워한다. 그래서 산재 사고가 생기면 관리자들 진급에 불이익을 줄 정도로 엄중하게 처리한다. 그러나 산재를 예방하기 위해 작업장의 환경을 바꾸는 등 구조적인 문제를 해결하는 대신 노동자 개인의 주의로 해결하려 하니 개선되지 않는다.

생산성 중심의 사고도 산재의 주범이다. 생산성과 산재 사고는 비례한다. 생산성을 높이려 작업을 다그칠수록 산재 사고율도 당연히 높아진다.

2004년 노동부 통계를 보면 파업으로 입은 손실액은 2조 5000억 원이고, 산재로 인한 손실액은 12조 4000억 원이나 된다. 파업 손실액은 노조를 공격하려 부풀린 액수이고, 산재 손실액은 사업장들이 은폐하는 게 보통이니 실제보다 적게 나온 액수일 것이다. 파업이 나라를 망치는 게 아니라 산업 재해를 개선하지 않는 자본들이 나라를 망치고 있는 것이다.

요하다. 그러자면 대의원들이 쟁의 발생 결의를 안 하면 욕먹는 분위기를 만들어야 한다. 회사의 돈과 권력에 포섭된 대의원을 상대할 집행부의 무기는, 위원장의 지략이나 지도력이 아니다. 그저 조합원을 믿고 조합원들이 대의원을 움직이게 하는 것이다. 단, 그런 믿음을 주려면 집행부가 평상시에도 회사와 긴장 관계를 유지하고 있어야 한다.

68일간의 재미있는 파업 투쟁

우리는 때를 기다려 조합원 찬반 투표를 했다. 6월 23일, 72%의 찬성으로 파업을 결정한다.

파업을 시작하면서 대의원 파업을 먼저 지시했다. 분과별 투쟁 지침을 내려 현장의 조직들을 재편했다. 노동자 개인이 현장에서 관리자들을 상대하기는 어렵지만, 집단으로 상대하면 쉽기 때문이다. 우선 회사에서 만든 각종 서클과 연합회를 분과 중심으로 전환했다. 그리고 각종 동문회와 향우회가 노동조합 중심으로 움직이지 않으면 거기에 속한 조합원을 탈퇴시켰다. 그렇게 하니 현장 안에는 노동조합과 분과 동지회만 남게 됐다. 회사가 몇 년 동안 공들인 조직들이 붕괴하고 노동조합 중심으로 재편된 것이다.

현장에서 날마다 마주 보던 관리자와 부딪힐 때는 다른 부서 대의원과 집행부가 나서서 싸워주니 서로 부담이 없어 좋다. 대의원들이 부서별 싸움과 전체 싸움을 함께한 결과였다. 무엇보다 파업 불참자를 엄격하게 처리했다.

파업을 시작하기 전 참여를 독려하기 위해 불참자 처리 규정을 만든다. 노동조합의 파업에 3회 이상 불참하면 명단 공개와 경고, 피선거권을 박탈하여 노조 간부가 될 수 없도록 한다. 그리고 부서별로 일괄 30%씩 총회 투표권을 없앴다. 총회 투표 인원을 30% 줄인 것이다. 대신 분과별 대의원들에게 투표에 참여할 수 있는 조합원 70%를 선정할 권한을 주었다. 회사 쪽 대의원들이 조합원의 투표권을 제한하는 것은 불법이라며 항의를 한다. 나는 위원장 1명이 회사와 합의해서 직권 조인하는 것도 나라 법으로는 합법이다, 그런 법이 중요한 것이 아니라 파업 불참 조합원에게 제재를 가하는 것은 노조의 문제이기 때문에 분명히 하겠다며 물러서지 않았다. 거기에는 다른 계산이 깔려 있었다. 어차피 파업에 참여하지 않거나 반대표를 던질 회사의 고정표들이 있기 때문에 이 기회에 그런 사람들을 합법적으로 걸러내고, 내부 단결력을 높일 수 있다고 판단한 것이다. 작전은 성공해서 마지막 투표를 하는데 부서별로 파업에 불참한 조합원들이 30%에 포함되어 투표권을 가지지 못했다. 항의를 하는 사람도 있었지만, 조합원들의 정서는 '그래도 싸다'

였다. 파업 불참자들에게는 노동조합에서 지급하는 선물도 주지 않고 각종 행사의 참여권도 주지 않았다. 이런 징벌 규정들은 분란의 소지가 있을 것이므로 파업 시작 전 가장 단결력이 좋을 때 만들어 통과시켰다.

1994년 68일 파업은, 교본으로 활용해도 될 만큼 원칙적인 투쟁을 중심으로 때론 묘수와 암수를 적절히 활용해 재미있게 진행한 파업이었다.

처음엔 전체 특근 금지로 시작해 하루 1시간 파업, 오전 파업 등으로 강도를 높여갔다. 회사에 과잉 충성하는 관리자들이 파업을 방해하거나 협조하지 않으면, 악질 관리자 부서에 집중 파업을 때린다. 대의원 전체와 집행부가 몰려가 해당 관리자의 행동을 제압한다.

1994년은 미국 월드컵이 열리는 해였다. 우리는 사전에 한국 팀 경기 시간을 확인해두었다. 대부분 새벽과 오후 시간에 시합이 열렸기 때문에 새벽에 경기한 날은 오전을, 오후에 경기가 있는 날은 오후를 파업 시간으로 정한다. 파업 참가율이 엄청 높아진다. 우습게 생각하는 동지들이 있는데 그렇지 않다. 새벽에 축구를 보고 다음날 피곤해서 움직이기 싫은데 노조가 오전 파업을 해주니 얼마나 고마운가. 파업에 참가하지 않고 축구만 봤다면 찜찜했겠지만, 축구를 보면서도 파업에 참여할 수 있으니 조합원도 기분이 좋은 것이다. 그때 합병되어 처음으로 참여한 중전기 조합원들이 이런 파업을 신기해하면서 열심히 참여해 핵심 대오로 자리 잡기도 했다.*

날마다 전면 파업을 벌이는 것은 조합원의 피로도가 높고 집행부도 힘들다. 우리는 정상 근무, 부문별 파업, 시간대별 파업을 적절히 활용했다. 효과는 훨씬 높고 회사의 타격은 더 크다. 대공장들이 휴가를 한

번에 많이 주는 것도, 노동자들이 집중력이 떨어지면 생산력도 떨어지기 때문이다. 일했다 쉬기를 반복하니 당연히 생산성은 떨어지고 회사는 타격을 입는 것이다.

파업에 들어선 지 25일째 되는 7월 20일, 회사는 직장 폐쇄를 단행한다. 그날 오후 회사는 진수 준비 중이던 LNG선을 빼내 작업하려다 들켜 오히려 노동자들에게 배를 점령당한다. 그날 밤 우리는 82미터 상공의 골리앗도 점거해서 장기전에 대비한다. 직장 폐쇄 기간에 회사의 제안으로 협상도 하지만 별 진전을 보지 못하고 파업은 장기전에 돌입하게 됐다. 우리는 장기 파업에 대비해 다양한 전술을 준비했다.

각종 체육 대회와 장기 자랑, 낚시 대회를 열고 사상 처음으로 야간 파업을 했다. 처음 야간 파업을 제안했을 때 기존 간부들 대부분이 반대했다. 밤에 누가 오겠느냐, 참여율이 저조할 것이다, 사고 위험이 있다는 등 부정적인 의견이 많았다. 나는 반대에도 강행했다. 올 거라는 확신이 있었다. 예상대로 조합원들이 많이 왔다. 우리는 야간 집회를

●

파업을 시작할 때 꼭 사전에 점검해야 할 사항들이 있다.

우선 상급 단체 일정을 확인해야 한다. 민주노총과 지역 본부, 소속 산별 연맹의 일정들을 파악해서 최대한 힘을 집중시킬 수 있도록 해야 한다.

다음으로, 지역을 점검해야 한다. 가까운 곳에서 실질적인 힘을 보탤 수 있는 위원장들과 함께 공동 투쟁을 모아내야 한다. 지역의 행사는 확인해두었다가 파업 일정에 유용하게 활용해야 한다.

일기 예보 확인도 아주 중요하다. 만약 장마가 시작되면 실내 집회를 준비해야 하고, 필요하다면 장마에 대비한 여러 대책도 완비할 정도는 되어야 한다.

마지막으로 월드컵이나 국제 대회 등 국가에서 하는 행사들은 철저히 파악해두는 게 필요하다. 대비 없이 있다가는 피해를 볼 수도 있고, 반대로 준비만 잘하면 유리하게 활용할 수도 있다.

재밌게 꾸렸다. 가족들을 동원해 운동장 밖에서 간단한 술과 안주도 팔게 하고, 여러 프로그램을 배치했다. 그리고 마무리할 때는 82미터 골리앗 상공에서 폭죽을 터뜨렸다. 장관이었다. 처음으로 치른 야간 집회에는 낮보다 훨씬 많은 조합원이 참여했고, 무엇보다 가족들이 참여해서 파업에 대해 이해를 하고 간 성과가 컸다. 그 뒤로 더운 날은 야간 집회를 배치해 조합원과 함께하는 영화 상영 등의 프로그램으로 많은 참여를 이뤄냈다. 집회가 인원수 점검하고, 지루하게 앉아 연설이나 듣는 딱딱한 자리라는 인식을 지우고자 한 노력이 성공한 것이다.

직장 폐쇄가 길어지면서 회사도 가만히 있지 않는다. 대의원을 동원해 집행부를 압박하는데, 조합원을 위한 투쟁이 아닌 정치 투쟁이고, 연대 투쟁이란 허울로 조합원을 선동한다고 주장한다. 그들은 이대로 가면 회사가 망한다며 대의원들이 회사를 살리고자 나선다는 내용의 홍보물을 배포하고 파업 철회 서명 작업을 시작한다. 일부는 삭발도 하면서 스무 명 넘는 대의원들의 서명을 받아 왔다. 나를 협박하려는 것이다. 나는 이들 서명자를 모두 노동조합 반역 행위자로 중징계해 활동을 정지시켰다. 주동자들은 제명 처리했다. 그랬던 것을 1995년 윤재건이 당선되면서 통큰 단결이랍시고 모두 사면해준다. 그때 사면 받은 이들은 대부분 현대중공업 어용노조의 핵심 세력으로 지금도 회사에 충성하고 있다.

최고의 연대는 끝까지 버텨주는 것!

68일 동안의 파업을 마치고 최종안에 대

해 조합원 투표를 하는 날, 처음 약속한 분과별, 대의원별 불참자 규정대로 조합원 30%에 투표권을 주지 않았다. 하지만 투표하러 와서 자신이 투표권이 없는 걸 알고는 불만보다는 부끄러움이 먼저다. 투표 결과 55% 찬성으로 합의안이 통과된다. 언제나 회사의 안대로 움직이며 파업을 반대하는 불참자 30%까지 투표했다면 아마 찬성률은 80% 이상이었을 것이다.

합의안은 우리에게도 아쉬웠다. 직장 폐쇄까지 하고 난 후 인상분이 적었고, 집행부가 의도한 연대 투쟁의 성과를 조합원에게 설명하기 어려운 점도 있었다. 아직 연대 투쟁 의식이 약할 때여서 지하철 노조 파업이나 현총련 공동 투쟁 등에 대해 설득하기가 어려웠다. 지하철 투쟁과 연대하고, 계열사 가운데 높은 인상률을 얻어낸 것으로 자족하며 투표에 부쳤다. 그런데 이전 집행부인 윤재건과 서필우 등이 합의안 부결 투쟁을 하고 다녔다. 윤재건을 불러 속내를 알아보기도 전에 회사가 합의서를 어기기 시작하면서 나는 새로운 싸움을 준비해야 했다.

회사는 투표가 끝나고 노조 탈퇴 공작을 벌인다. 30% 권리를 제한한 집행부에 항의하는 조합원들의 탈퇴를 조직한 것이다. 4000명 정도까지 회사가 작업을 한다. 회사는 관리자들을 시켜 포항제철처럼 만들겠다고 떠들었다. 포항제철 노조가 조합원의 탈퇴로 없어진 걸 두고 하는 소리다. 7000명까지도 탈퇴가 가능하다고 장담하며, 탈퇴자들의 조합비 납부를 금지하겠다는 압력도 넣는다. 그러나 회사의 공작은 4000명을 넘기지 못했다. 조합원들이 호락호락하게 회사의 의도대로 움직이지 않는다는 걸 모른 것이다. 탈퇴자들도 대부분 비생산직과 노조에 비협조적인 부서의 조합원들이라, 이들의 탈퇴는 오히려 노동조합을 강화할 기회였다.

1994년에 노동운동은 여러 면에서 어려웠다. 그때 나는 현총련 의장과 전노대(전국노동조합 대표자회의)의 공동 대표도 맡고 있었다. 전노대는 당시 노동운동을 주도하는 큰 축인 현총련, 대노협(대우그룹 노동조합협의회), 전노협, 업종회의(전국업종 노동조합회의) 네 개 조직의 연합체였다. 업종회의의 권영길, 전노협의 양규헌, 대노협의 최은석, 현총련의 이갑용이 4인 공동 대표를 맡았다. 사무직 노동자들을 대표하는 업종회의, 제조업을 대표하는 전노협, 대기업 노조를 대표하는 대노협과 현총련이 노동자들을 하나로 통합해 민주노총을 만들기 위한 작업에 본격적인 시동을 걸기 시작했다.

전노대 공동 대표 4명 중 양규헌 의장과 권영길 위원장은 1994년 철도와 지하철 파업 배후 조종자로 지목되어 3자 개입 금지법 위반으로 수배령이 떨어졌다. 그리고 대노협의 최은석 위원장은 직권 조인을 해서 대우조선 안에서 신망을 잃은 상태였다. 1994년의 전지협(전국지하철노동조합협의회) 투쟁은 철도와 지하철 노동자들이 사상 처음으로 공동 투쟁을 벌인 큰 사건이었는데 이때 전지협 정책실장이 민주노총의 임성규 위원장이다. 그는 전노대 대표자회의에 참석해 전노대는 우리들(전지협)의 투쟁을 어떻게 도울 것이냐며 다그쳤고, 그 자리의 공동 대표들은 갑작스런 다그침에 모두 공동 투쟁으로 지원하겠다고 돌아가며 결의를 밝혔다. 얼떨결에 약속 아닌 약속을 하게 되었는데 당시 나는 "현총련 의장이지만 현총련 전체의 총파업은 불가능하다. 그러나 한 가지는 약속할 수 있다. 내가 위원장으로 있는 현대중공업만큼은 지하철 파업보다 늦게 끝내겠다"고 나름 실현 가능한 약속을 했다.

그래서 1994년 파업 20일 만에 회사에서 협상안이 거의 다 나오고 다른 현총련 사업장이 하나 둘 투쟁을 마무리 지었는데도, 우리는 계속해서 결국 68일 동안 파업을 벌인 것이다. 사실 50일쯤 나온 안에서 달라진 건 임금 300원 인상이었다. 그러다 보니 현대중공업 조합원들 사이에서 겨우 껌 3통 값 올리려고 파업했느냐는 비난 아닌 비난을 들어야 했다. 나는 조합원들에게 파업을 시작하면서 이렇게 연설했었다.

"현대중공업 파업은 우리 것을 따내기 위한 파업이지만 나는 현총련 의장이기도 합니다. 그래서 전지협 파업을 지원하기로 지하철 동지들에게 약속을 했습니다. 현총련 전체가 도울 수는 없지만, 현대중공업만은 지하철과 기관사 파업이 끝날 때까지 함께해서 하루라도 뒤에 파업을 마무리 짓겠다고 했습니다. 우리가 엄호하고 연대하겠다고 약속한 것을 지키겠습니다."

나는 당시 지하철 노조의 위원장을 만나 연대 투쟁을 의논하지도 못했다. 전노대라는 중앙 연대 조직을 만들었지만, 노동운동 진영이 긴밀하게 투쟁을 연대하고 진행할 만한 주도성과 기획력은 부족했다. 특히 현대중공업은 다른 사업장과 연대하는 방식이 달랐다. 현총련에서 쪽수와 힘이 되는 현대중공업이 파업에 들어가면 다른 사업장들도 함께 임단투를 진행해서 제일 높은 수위로 요구안을 걸고 투쟁한다. 현대중공업은 현총련의 다른 노조들을 엄호하면서 다른 사업장들이 타결하기 전까지는 파업을 끝내지 않고 버티다가 가장 늦게 마무리 짓는 방식이었다. 다른 사업장들은 현대중공업의 요구안을 기준으로 삼기도 하면서 싸움을 함께했다. 현대중공업이 힘이 셌고, 현대라는 같은 기업 소속의 노조들이었기 때문에 가능한 일이었다.

당시 현대중공업 노조가 할 수 있는 최고의 연대는 끝까지 버텨주는 것, 버텨서 전체 노동자들에게 힘이 되어주는 것이었다. 전지협 동지들도 그렇게 생각했다. 조합원들을 완전히 설득하지 못했지만 연대 투쟁의 의미가 컸던 파업이었다.*

그런데 파업이 끝나고 난 후 서로 고소 고발을 취하하기로 했던 합의를 회사가 돌연 깨기 시작했다. 그뿐 아니라 노사가 합의한 연말 성과급까지 못 주겠다고 나온 것이다. 합의를 위반했기 때문에 다시 파업을 벌여야 하는 상황에 처했다. 그런데 68일 파업을 끝낸 지 얼마 안 되어 다시 파업에 들어가기란 몹시 부담스러웠다. 그 대신 위원장인 내가 항의하는 단식 농성을 벌이기로 했다. 회사는 다시 합의를 지키겠다는 약속을 했고 11일 만에 단식을 끝냈는데 뭔가 이상했다. 왜 이런 일이 생겼는지 사측에 따졌더니 우리도 마음대로 할 수 없다, 위에서 지시가 떨어졌다는 이상한 말을 했다. 위라는 게 누구냐 물어도 답해주지 않았다.

●
현총련 의장을 하면서 곧 탄생할 민주노총의 발전을 위해 조직을 어떻게 전환하는 것이 좋은가를 두고 내부에서 토론을 많이 했다. 대부분 의견은 민주노총이 생겨도 연대의 틀이나 지금까지 한 투쟁 경험이 소중하니 현총련을 유지하자는 것이었다. 그러나 나는 그렇게 생각하지 않았다. 민주노총이란 조직으로 단결하는 게 필요했기 때문이다. 대기업 노조는 힘이 있기 때문에 별 아쉬울 게 없을 때가 많다. 그래서 이기주의로 표현되는 행동을 하기도 한다.

이제 막 생겨나는 중앙 조직으로 힘을 모으지 않고 아래에서 단위 사업장이나 조직 연합의 형태를 고집하면 힘이 집중되지 않을 게 뻔하다. 우선 해산을 하고 민주노총 내부에서 다시 논의해 전체 조직 전망과 함께하는 새로운 틀을 만들어야 한다고 주장했다.

의견을 수없이 교환하고서 마지막 내린 결론은 민주노총이 출범하면 해산한다는 결정이었다. 그러나 내가 구속되고 현총련 의장이 바뀌면서 현총련 강화로 방침이 바뀌었다. 민주노총이 출범하고 2년 후에야 현총련은 해산하는데, 그 2년 동안 특별히 한 일은 없다.

감옥에서 맞은 어머니의 죽음

그해 추석이 지나고 어느 날 구속 영장이 떨어졌다. 아침에 집에서 TV를 보다 그 소식을 듣고 바로 문을 잠갔는데 조금 후 경찰이 집을 에워쌌다. 경찰이 철문에 막혀 못 들어오는 사이 전화로 노조에 상황을 전하고 나머지 동지들도 피하라고 했으나 이미 수석 부위원장과 간부들 몇은 잡혀간 상태였다. 나는 집으로 오토바이 부대를 불렀다. 곧 오토바이 300대 정도가 달려왔고 그 조합원들이 집을 에워싼 경찰들을 밀고 올라오면서 혼란한 분위기를 만든 틈을 타 얼른 헬멧을 쓰고 오토바이로 회사에 들어가 버렸다. 2개 중대를 동원해서 잡으러 온 경찰은 속수무책으로 당하고 이 일로 울산 동구 경찰서장이 옷을 벗을 뻔했다고도 한다.

공장으로 피신은 했지만, 수배자인 나 때문에 공장 안으로 경찰이 들어오게 되니 그 안에 계속 있을 수가 없었다. 밖으로 나와 잡히기까지 약 한 달 동안 수배 생활을 했다. 지금 생각하면 무조건 재파업을 했어야 하는 사안인데 위원장 개인의 신변을 지키려고 파업을 하는 것처럼 보이는 것이 조합원에게 미안하고 염치없는 일이라 생각했다. 그래서 파업을 못하고 주뼛거리다 빠져나와서 수배 생활을 시작했다. 그렇게 쉽게 현장을 비우면 안 되는 것이었는데, 돌이켜 보면 큰 실수를 한 것이다. 전면 파업은 아니더라도 점거 농성이라도 벌여서 버틸 수 있을 때까지 버텨야 했다. 그러면서 투쟁할 지도부를 꾸려주고 나오든가 아니면 잡히더라도 현장에서 싸우다 잡혀 나왔어야 노동조합의 혼란도 적었을 것이다. 수배 중에는 할 수 있는 일이 거의 없다.

지금의 나라면 당시 사측의 의도가 노동조합을 깨는 것이고, 이번에 밀리면 아무리 잘해도 구속은 피할 수 없을 것이라는 판단을 했을 것이다. 이를 극복하기 위해서라도 당연히 파업을 했을 테지만, 그 당시는 그런 의도나 정세를 파악할 만큼 단련되지 못하다 보니 소극적인 행동으로 나왔다. 그해 68일 파업 이후 현대중공업 노조는 2009년 오늘까지 15년 무파업이라는 기록 아닌 기록을 세우고 있으니, 참으로 순간의 실수가 현대중공업 노동조합의 오랜 침묵을 낳은 이유 중 하나가 된 셈이다.

1989년 이후 현대중공업 노조의 파업은 해마다 온 국민의 관심사였다. 노조에 편파적이긴 했으나 연일 생중계하듯 보도가 나가다 보니 전 국민이 지켜보는 가운데 파업을 하는 셈이었고 그만큼 우리 파업의 결과가 노동 현장에 미치는 영향도 컸다. 그런 상황에서 고소 고발을 취하하고 성과급 지급도 약속했던 회사가 갑자기 합의를 깨고 위원장을 구속시킨 것은 아무리 생각해도 이해가 되지 않았다. 당시 중공업의 투쟁 동력이나 사회적인 파장을 생각하면 위원장 구속은 회사 입장에서도 무리수였기 때문이다. 나는 사측이 돌연 합의를 파기한 이유를 여러 경로로 확인했다. 여러 경로라고 해봐야 문민정부라 불렸던 김영삼 정부의 청와대 비서관이나 노동부가 전부였다. 당시 노동부는 남재희 장관이 취임하면서 이전 군사 독재 정권과는 달리 노동조합의 활동에 대한 최소한의 보호를 언급하는 상황이었다. 파업 당시에 정치권의 여러 사람이 알게 모르게 노조에 대에 우호적인 태도를 보이기도 했다. 그런데 노동부에서는 알 수 없는 일이라 하고 다른 사람들도 모두 모르는 일이라고 했다. 나중에야 그 이유를 알 수 있었다.

구속 영장이 떨어지기 전 경찰에서 이상한 말이 들려왔다. 위원장이 구속될 것 같다는 얘기였다. 노사 합의로 사측이 고소 고발을 취하한 상태였기에 뭔가 이상해서 당시 남재희 노동부 장관에게 연락해 사실이냐고 물었다. 현대중공업의 투쟁은 울산동부경찰서나 지방 검찰 차원에서 처리하는 문제가 아니었기 때문이다. 남재희 장관은 자기도 모르는 일이라며 청와대의 재야 출신 김○○ 수석에게 연결해주었다. 저녁자리를 만들 테니 직접 만나서 물어보라는 것이었다. 그렇게 약속을 잡아 제도 개선 위원이었던 조맹현 동지와 서울로 가서 김○○ 수석을 만났다. 그 자리에는 예전 민중당 활동을 한 이우재도 함께 있었다. 둘이 따로 얘기하는 자리에서 김○○ 수석은 "정확히 어떤 선까지 가서 결정한 일인지 나도 잘 모르겠다. 내가 어떻게 할 수 있는 상황이 아니다."라는 말을 할 뿐이었다. 나는 그 자리에서 "만약 구속을 시킬 거면 위원장인 나 하나만 구속시켜라"고 말하고 그날 밤에 다시 울산으로 내려왔다.

구속되고 나서 면회 온 회사의 관리자에게 합의를 어긴 것에 대해 항의했을 때도 자기들도 어쩔 수 없다, 우리 선에서 할 수 있는 일이 아니다라는 말만 되풀이할 뿐이었다. 도대체 무슨 이유로 전 국민 앞에서 노사가 합의한 고소 고발 취하 약속을 뒤집고, 검찰은 취하한 소장을 다시 살려 나를 구속시켰는지 궁금했다. 나중에 김○○ 수석을 통해 다시 들은 얘기는 강경파인 내가 민주노총 위원장을 맡는 것을 막으려는 조치였다는 것이다. 다음해인 1995년 민주노총 결성이 기정사실로 된 상황에서 전노대의 공동 대표 가운데 한 사람이 위원장을 맡아야 하는데, 합법 공간에서 움직일 수 있는 사람은 당시 나밖에 없었다. 더구나 나는 공동 대표 4명 가운데 30대 중반으로 나이도 가장 어렸다. 말하자면 공동 대표들의 손발을 모두 묶어놓기 위한 계산이었던 것이다. 우리는 미처 생각하지 못했지만, 권력을 가진 자들은 모든 가능성을 파악해서 노동운동을 교묘하게 탄압하고 있었다. 그러나 어떤 방법을 동원해도 민주노총이라는 흐름은 거스를 수 없는 대세였다. 민주노총 결성 과정에 하나의 비사를 남긴 내 세 번째 감옥살이는 그렇게 시작되었다.

1992년 10월에 석방되고 2년 만에 다시 돌아온 감옥이다. 반신불수인 어머니를 두고 병간호 한 번 제대로 못한 채 또 감옥에 갔다. 그런데 이런 불효자에게 벌을 내리려 그랬는지 울산구치소에 있을 때 어머니가 돌아가신다. 아버지 돌아가실 때도 임종을 못했는데, 어머니마저 하필 감옥에 있을 때 돌아가시니 기가 막혀 뭐라 말도 나오지 않았다. 담당 검사는 나를 안 내보내려 도망가버리고, 변호사가 판사에게 사정해 임시로 5일 동안 석방되었다. 어머니를 아버님 곁에 묻어 드리고 다시 감옥으로 돌아왔다. 가슴속에서 슬픔이 북받쳐 올랐다. 어머니 인생이 너무 가엽고, 내가 저지른 불효가 한이 되었다. 며칠 동안 어머니 생각에 많이 울었다.

실형을 선고받고 순천교도소에 수감됐는데 1996년 4월 어느 날 전국의 시국 사범들이 감옥 안에서 전 · 노 구속 촉구 단식을 하기로 결정한다. 순천교도소에는 시국 사범이 5명 있었는데, 나는 석방을 두 달 정도 남긴 상태였고 나머지는 많이 남아 있어 혼자 단식을 시작하기로 한다.

그런데 금방 구속될 것 같은 둘이 구속은 되지 않고 계속 날짜만 지나간다. 단식이 열흘을 넘기기 시작하자 교도소장이 애가 탄다. 혹시라도 문제가 생기면 책임을 져야 하니 날마다 안부를 물어오고 멈추기를 종용한다. 나도 빨리 풀고 싶은데 전두환 · 노태우가 구속이 안 되니 답답했다. 18일째 되는 날 드디어 전두환과 노태우가 구속된다. 살인마 독재자들의 구속에 나도 일조한 것 같아 흐뭇했지만, 한편으로는 안 그랬으면 단식을 못 풀고 죽었겠다 싶어 기분이 묘했다.

3

투쟁하라! 민주노총

김대중 정권은 IMF 사태를 만든 주범인 재벌은 놔둔 채 '국민'이라고 불리는 노동자들에게 그 책임을 떠넘겼다. 국민은 영문도 모른 체 장롱 속 금붙이를 나라에 바쳤고, 일터에서 무차별적으로 쫓겨나야 했다. 나라가 망하는 판에 그깟 일자리 하나 잃는 것쯤은 악 소리도 못 낼 일이었다.

우리는 정부에서 떠드는 대로 국민들이 허리띠를 졸라매야 나라를 살릴 수 있다고 생각했다. 하지만 그건 새빨간 거짓말이었다. 해고된 남편 대신 생계를 위해 접대부 생활을 해야 했던 어느 여성 가장이 목격한 것은, 고급 술집에서 강남의 부자들이 술잔을 부딪치며 외치는 "이대로"라는 환호였다. 무엇이 잘못된 것인가.

진짜 '우리'의 중앙 조직, 민주노총

1년 6개월 동안 옥살이를 하고 나와 보니 현장은 이전과 달랐다. 예전에는 언제나 나를 기다려주는 가족과 동지가 있었는데 이번에는 가족도 기다려주지 않았고 현장의 상황도 어려웠다. 석방된 후 외로움이 감옥을 갈 때보다 더 컸다. 주변의 동지들은 이혼과 해고를 겪은 내게 외로움과 슬픔을 이겨내기 위해서라도 일을 해야 한다며 1997년 현대중공업 노조 위원장 선거에 해고자인 나를 후보로 추대한다.

현대중공업 선거 패배

1997년 현대중공업 선거는 현장 밖의 정치 판도에 무척 큰 영향을 끼칠 수 있었다. 그 다음 해인 1998년도에 경상남도에서 광역시로 분리된 울산에서 처음으로 구청장을 뽑는 선거가 예정되어 있었기 때문이다. 현대중공업과 현대자동차가 있는 울산의 동구와 북구에서 노동자들의 표심을 잡는 사람이 곧 구청장으로 당선될 수 있었기 때문에 노동조합 집행부 선거는 지역 정치권에도 대단한 관심사였다.

당시 현대중공업에는 활동가 조직이 많지 않았다. 어느 현장이든 활동가 조직이 있기 마련인데 이들은 더 선진적인 노동운동을 하고 현장의 노동자들을 의식화하고 조직화하기 위해 노조와 따로 조직을 만들기도 한다. 이런 현장 조직들과 노동조합이 상호 보완하면서 잘 활동하면 민주노조가 바로 서는 것이고, 둘이 대립하거나 갈등하면 노조 권력을 두고 현장에 계파가 만들어지는 부작용을 낳는다. 아무튼, 당시 현대중공업에서 가장 활발하게 활동한 조직은 전노회(전진하는 노동자회)였고, 다른 조직은 현노회(현대중공업 노동자회), 정나눔 등이 전부였다. 이마저도 일부는 의식 있는 활동보다는 계모임처럼 친목 중심으로 운영되다 보니 실제 선진적인 활동가 조직은 부족한 상황이었다. 회사는 조직을 만들기보다는 대의원들을 관리해서 운영하다가 집행부 선거에 내보내는 정도가 다였다. 하지만, 대의원 2/3 이상을 장악할 정도로 이미 회사는 현장을 갉아먹고 있었다. 활동가들은 의결 기구를 거의 빼앗기는 상황에서 집행 권력마저 빼앗기지 않도록 노력하고 있었고, 조합원들이 그나마 위원장만큼은 회사 쪽 후보를 뽑지 않았기 때문에 이길 가능성도 컸다.

내가 속해 있던 전노회는 골리앗과 68일 LNG 파업을 이끈 나를 위원장 후보로 선출했다. 해고자를 후보로 해서 이번 선거를 돌파하기로 한 것이다. 쉽지 않은 결정이었다. 하지만, 대다수 동지들이 이런 선택을 했던 것은 현장이 계속 회사로 넘어가는 상황에서 골리앗 투쟁을 이끌었던 투사형 위원장인 내가 나서서 현장을 바꿔내야 한다는 절박함 때문이었다.

그러나 선거를 코앞에 두고 전노회 안에서 분열이 생기고 만다. 일부 조직원이 조직의 결정을 무시하고 떨어져 나간 것이다. 지금까지는 좌파 성향이나 우파 성향 모두 한 조직 안에서 함께 투쟁해왔고 집행부 선거를 함께 해왔는데, 바깥 정치가 현장 선거까지 관여하게 된 것이다. 민주노조를 함께 꾸려온 동지들이 자기 혹은 자기 조직의 이익을 좇아 떨어져 나가는 일이 벌어졌다. 개인이 회사의 유혹에 넘어가 떨어져 나가는 경우는 있었지만 이렇게 조직적으로 움직인 것은 처음이었다.

이들은 표면상 해고자로는 못 이기기 때문이라는 이유를 내세웠는데, 나는 조합원 자격을 잃은 것도 아니었고, 더구나 해고자를 후보로 내세운 활동가들의 절박함을 아는 상황에서 그것은 회사의 논리와 다를 바 없는 치졸한 명분이었다. 이는 대의를 위해서도, 민주를 위해서도 아니었고, 오로지 자기 조직의 권력을 위해서라고밖에 볼 수 없었다. 결과에 불복하고, 계파를 만들고, 바깥 정치의 이해관계에 따라 노동자들을 이용하려는 안 좋은 선례들이 이때부터 시작되었다.

그때 위원장 후보로 나선 윤재건은 "명분도 없고 미안하다. 하지만 해고자랑 싸우는 이상 내가 반드시 이긴다. 그래서 출마한다."라는 말을 해서 동지들을 경악시켰다. 오로지 이길 수 있어서 나간다니……. 그렇다면 우리가 그렇게 피땀 흘려 지킨 민주노조는 뭔가. 이길 수 있다는 욕심 하나로 이렇게 쉽게 조직을 깨고 나갈 정도로 의미 없었나. 나는 허탈했고 또 분노했다.

1994년, 내가 68일 파업을 마치고 구속되었을 때도 윤재건은 위원장을 했다. 나는 파업 후 수배 중일 때 위원장 선거를 다시 하라고 지시했다. 직무 대행을 세웠다 복귀할 수도 있었지만, 쉽게 나올 수 없을 게 뻔했고, 부위원장 중에 일을 맡길 만한 사람이 없었다. 결단을 내려 새 집행부를 세우기로 했다. 그런데 분과동지회와 일부 대의원들이 중심이 되어 윤재건을 후보로 세웠다. 그를 추대하는 움직임이 뭔가 심상치 않다고 생각했다. 윤재건은 1993년 내가 벌인 민주노조 재건을 위한 단식 덕에 위원장에 당선되었는데 투쟁을 하지 않았다. 그리고 노동조합이 꼭 필요할 때는 발을 빼는 기회주의적인 모습을 보여 왔기 때문에 그가 후보로 등장할 줄은 몰랐다. 1994년에 현총련 공동 투쟁 기금 마련 티셔츠를 판매했는데, 조합원 1인당 티셔츠를 1장씩 판매하고 수익금을 현총련에 투쟁 기금으로 적립하기로 했다. 그런데 제작 업체에서 원래 약속한 것과 다른 티셔츠를 제작하는 바람에 한 장당 1000원씩의 배상금을 받게 되었다. 이 돈을 현총련 결의로 개별 사업장이 아닌 현총련 기금으로 사용하도록 했는데, 나중에 1994년 투쟁으로 1년 6개월 실형을 살고 돌아오니 내가 공금 횡령으로 감사에 올라 있었다. 불과 1년 6개월 전, 윤재건 전 집행부의 비리 건을 내 일처럼 여기고 해결했는데, 있지도 않은 일을 감옥까지 와서 조사해 가더니 기어이 징계위에 올리고 타협을 하자고 한다. 2300만 원 배상을 정해 놓고 내가 잘못했다고 시인만 하면 없던 일로 하겠다는 것이다. 파업 철회를 선동하다 징계당한 대의원 권숙준이, 위원장이 바뀌니 회계 감사로 복권되어 나를 비리 혐의로 조사하러 온 상황이 기가 막혔다. 타협안을 거부했다. 대의원 대회에 가서 과정을 설명하고 현총련의 기금으로 사용했다는 증거를 제출하니 문제없이 넘어간다. 현총련에 확인하면 간단하게 해결될 일을 굳이 감옥에까지 찾아와 이렇게 만든 윤재건에게 괘씸한 생각이 들었다. 못미더운 인물이지만 현장의 활동가들이 추진하고 있는 일을 수배중인 내가 좌지우지 할 수 없고, 그래서도 안 된다고 생각해 우려하면서도 그냥 지켜볼 뿐이었다. 예상대로 윤재건을 세운 사람들은 밖에서 1998년 지방선거를 준비하던 울산연합(민주주의민족통일 울산연합) 세력과, 1993년 그가 위원장일 때의 집행부가 중심이었다. 윤재건은 위원장에 당선된 후, 68일 투쟁으로 합의된 사항을 회사가 지키지 않는데도 싸우지 않아 원성을 샀다. 현대중공업 역사에서 세 번이나 위원장을 한 윤재건은 1994년 위원장이 되면서 15년 무쟁의의 서막을 연다. 투쟁보다는 권력을 잡기 위해 내부 조직이 본격적으로 이합집산한 것도 이때부터다.

윤재건의 선거 본부에는 '정나눔'이라는 계모임 식의 조직과, 바깥 선거를 준비하고 있던 울산연합 세력이 함께했다. 이들은 전노회의 결정을 뒤엎을 수 없는 상황에서 1998년 지방 선거에서 자신들을 도울 후보로 윤재건의 전노회 탈퇴를 설득했다. 이들은 어느 후보가 민주노조를 지키고 현장의 투쟁을 잘할 것인지보다, 누가 실제 당선되어 자기들의 선거를 도울 것인가가 더 중요했던 것이다.

공개적으로 현장 활동을 해오던 전노회는 처음으로 분화 아닌 분화를 하게 된다. 회사가 낸 후보라면 조합원들이 흔들릴 이유가 없는데, 어제까지 같이 투쟁하던 사람들이 어느 날 선거에서 둘로 갈라져 나오니 조합원들은 혼란스러워했다. 노동운동 하는 놈들도 정치꾼과 똑같다는 비난도 들어야 했다.

결과 먼저 말하자면 1997년 선거에는 전노회, 전노회 탈퇴 팀, 회사 쪽 이렇게 3팀이 출마해서 결국 전노회 탈퇴파인 윤재건, 서필우, 박대용 후보 팀이 당선됐다. 전노회 후보로 나간 이갑용, 홍성률, 서영택 조는 1차 투표에서 1위를 하고도 결선 투표에서 회사와 윤재건 쪽의 표 결집으로 지게 되었다. 투쟁을 통해서만이 사측의 노무 관리를 깨고 조합원들이 노동조합으로 뭉치게 할 수 있다는 걸 경험을 통해서 알고 있었기 때문에 해고자를 내세워 돌파하려던 현장 조직의 계획은 실패로 돌아갔다. 그뿐 아니라 선거를 치르면서 전노회 내부에서는 작은 분열마저 생겨난다. 윤재건처럼 떨어져 나가지는 않았지만, 선거운동에 적극적이지 않은 활동가들이 있었던 것이다. 처음에는 이들의 행동을 개별적인 문제라고 생각했는데 나중에 알고 보니 이 또한 우연한 일이 아니었다. 본격적으로 우파 민족주의에 뿌리를 둔 활동가들이 현장 조직에서 서서히 그 존재를 드러내기 시작한 것이다. 이들은 현대중공업뿐 아니라 민주노총, 결국 한국의 노동운동에까지 영향력을 미치며 그 문제점을 드러내기 시작했다.

해방 이후 가장 큰 총파업

1995년 11월 11일, 연세대 강당에서 꿈에 그리던 민주노총이 세상에 모습을 드러낸다. 권영길 전노대 공동 대표가 위원장을 맡았고, 수석 부위원장에 양규헌, 사무총장에 현대중공업 노조 출신인 권용목으로 지도부가 짜였다. 위원장과 수석 부위원장이 수배자들이었지만 투쟁하는 조직 민주노총에 오히려 더 어울리는 조합이었는지도 모른다. 첫 집행부는 예고된 탄압을 떨치며 힘차게 출범했다. 수십 년 동안 정부와 자본의 들러리 역할을 하면서도 노동자들의 중앙 조직 행세를 해왔던 한국노총이라는 조직 대신, 드디어 민주노조들이 모여 만든 진짜 '우리'의 중앙 조직이 생긴 것이다. 나는 그 자리엔 비록 함께하지 못했지만 감옥 안에서 동지들과 함께 기쁨의 박수를 쳤다.

그러나 예상대로 김영삼 정권은 민주노총의 설립 신고서를 반려하며 존재를 부정했다. 자본들도 민주노총의 실체를 인정하지 않았다. 인정은커녕 곧 위원장을 구속하고 얼마 후 수석 부위원장마저 전지협 파업에 3자 개입 금지 조항을 위반했다는 구실로 구속시키며 탄압하기 시작했다. 하지만 이런 탄압 속에서도 민주노총의 지역 본부들과 각 연맹이 차례차례 출범하고, 대우중공업과 인천제철 노동조합 선거에 민주파가 당선되어 한국노총을 탈퇴하고 민주노총에 합류하면서 민주노총은 부정할 수 없는 사회적 실체가 되었다. 민주노총은 이렇게 아래에서 올라온 투쟁의 기운으로 노동운동의 흐름을 바꾸기 시작한다.

민주노총의 조직 구성은 산별 연맹을 중심으로 꾸려져 있다. 조합원 개인이 민주노총에 가입하는 것이 아니라 산별 연맹들이 연합한 구조이다 보니, 실제 투쟁을 할 수 있는 것은 각 연맹이다. 이는 곧 연맹들이 의지가 없거나 연맹 지도부의 단결을 끌어내지 못하면 아무것도 할 수 없는 구조라는 뜻이기도 하다. 실제로 큰 연맹 몇 군데만 동의해주면 총파업이 가능하지만, 연맹 위원장들이 민주노총 위원장과 맞지 않으면 투쟁은 불가능하다. 이런 문제들 때문에 잘할 수 있었던 투쟁을 못한 경우가 많이 있다.

어떤 사람들은 싸움은 연맹이 하고 민주노총은 중앙 조직으로서 타협과 정치력을 발휘하는 것이 그 임무라고 하기도 하는데 나는 그렇게 생각하지 않는다. 민주노총은 투쟁하고자 만들어졌다. 그 투쟁성이 바탕이 되어야만 타협과 정치력이 발휘되는 것이다. 아무런 힘도 없는 상대와는 절대 타협하지 않는다. 투쟁과 협상은 종이의 앞뒷면 같은 것인데, 요즘은 투쟁과 협상이 아니라 대화와 타협이라는 말만을 모두가 내세우고 있다. 자본과 기득권층이 내세우는 논리가 어느덧 우리에게도 내면화된 것이다. 강경한 것이든 온건한 것이든, 이른바 벼랑 끝 전술이든 내가 가진 것이 있어야 타협과 협상이 가능한 것이다. 아무것도 내줄 것이 없는 상황에서 하는 타협이란 결국 백기 투항이나 굴복의 다른 표현인 경우가 대부분이다. 투쟁을 해야 타협도 가능하다. 투쟁력이 있을 때 정치력은 자연스럽게 따라붙는다.

민주노총의 투쟁력과 정치력 문제는 민주노총이 만들어진 순간부터 오늘날까지 언제나 화두였다. 민주노총은 해방 이후 민주노조 운동 진영이 처음 해보는 큰 실험이었기 때문에 문제들이 끝없이 일어날 수밖에 없었다. 어떤 조직이든 크고 작은 문제는 있기 마련이지만 진짜 문제는 이런 일이 일어났을 때 이를 해결하고 진단하고 재발을 막는 구조를 만들어내지 못하는 것이다. 모두 입으로는 문제라고 얘기하면서 결국 조직의 보위를 위해, 정파의 득세를 위해, 동지를 지키고자 덮고 넘어갔다. 그렇게 덮어둘 때는 언제고 이제 와서 정말 위기네, 걱정할 때

네 하는 뒤늦은 고민을 하고 있다. 더 우스운 것은 혁신의 대상들이 혁신을 말하고, 개혁의 대상들이 개혁을 말한다는 사실이다.

민주노총이 만들어진 지 1년밖에 안 된 1996년 겨울, 누구도 예상하지 못했던, 해방 이후 가장 큰 총파업이 벌어졌다. 1996년 12월 26일 새벽, 신한국당이 국민이 모두 잠든 틈을 타 노동법과 안기부법을 날치기로 통과시킨 것이다. 민주노총은 바로 노동법 · 안기부법 날치기 무효와 정리해고 반대를 외치며 총파업에 들어갔다. 전 국민의 65%가 파업을 지지했고 노동법 날치기 처리에 대해 85%가 잘못한 일이라 응답했다. 전국 곳곳에서 민주노총의 총파업을 지지하는 움직임이 그야말로 들불처럼 일어나기 시작했다. 사회 분위기가 이렇다 보니 노동자 편 들어주는 일이 1년에 한 번도 손에 꼽기 어려운 법원에서도 특별한 일이 벌어졌다. 정치 파업이라며 사업주가 낸 쟁의 행위 금지 가처분 신청에 대해, '파업의 불법을 논하기 전에 노동 관계법과 안기부법의 국회 통과 절차에 대한 위헌 여부가 전제되어야 한다' 며 법원 직권으로 위헌 제청을 하기까지 한다. 민주노총은 건설된 지 불과 1년 만에 이 땅 노동자들의 대변 창구로 자리 매김을 확실히 하게 되었으며, 투쟁하는 조직으로 그 상을 잡아갔다. 그러나 해를 넘겨 완강하게 진행되던 총파업은 1997년 1월 17일 민주노총이 20일 넘게 이어오던 전면 파업을 중단하고 수요 파업으로 전환하면서 내리막길을 걷게 된다. 세계를 놀라게 한 역사적인 파업은 그렇게 끝이 나고 만다.

수요 파업 전환으로 날치기 국면은 투쟁에서 협상으로 그 무게중심이 바뀌게 되었다. 김영삼 정권은 민주노총 출범 초기부터 위원장과 수석부위원장을 구속하는 등 물리력을 동원해 탄압하고, 한편으로는 경제 위기의 원인과 책임을 노동자에게 떠넘기려는 이념 공세를 편다. 김영삼 정권과 기업들은 '세계화'만이 살길이며 한국의 경제 위기를 극복하려면 경쟁력을 갖춰야 하는데 노조가 집단 이기주의로 정부와 기업의 정책을 반대하기 때문에 발전이 안 된다고 주장했다. 정리해고법과 근로자 파견제 도입으로 해고를 자유롭게 하고 노동시장을 유연화하면 경제가 살아난다는 그들의 논리는 신한국당의 날치기로 이어졌다.

1996년 총파업은 대기업 노동자들의 참여가 큰 힘이 됐다. 지금은 노동운동 진영에서도 대기업 노조를 이기주의로 비판하지만, 전국 총파업 국면에서 가장 잘 조직되어 있고 일사불란한 행동이 가능한 곳은 대기업 노동조합이기 때문에, 민주노총으로서는 대기업 노조가 얼마나 오래, 얼마나 깊게 투쟁에 참여하는가가 무척 중요할 수밖에 없다. 특히 현대자동차 노조의 참여는 파업의 중요한 변수였다. 당시 현대자동차 노조의 정갑득 위원장은 조합원들의 현장 동력이 떨어진다는 어려움을 표현했고, 파업이 20일 넘게 진행되면서 이런 어려움은 파업 지도부에게도 부담이 되었다. 1월 17일 민주노총은 전면파업에서 수요 파업으로 전환을 선언한다. 물론 단위 노조의 집행부와 민주노총을 끌어가는 지도부는 그 역할이 다를 수밖에 없다. 조합원들의 의사를 가장 민감하게 고려해야 할 단위 노조 위원장의 처지를 헤아리지 못하는 건 아니지만, 나는 당시의 수요 파업 전환에 대해 혹독하게 비판하는 쪽이다. 연맹과 민주노총이 지도력을 갖추지 못하고 대기업 노조의 요구에 흔들린 경험은 그 뒤로도 많이 있다. 1998년 총파업 때에도 현대자동차 김광식 위원장이 당시 민주노총 위원장이었던 나를 찾아와 현장 투쟁이 어려우니 파업을 멈추라고 요구했다. 1996년 총파업 때와 다르지 않은 상황인 것이다. 왜 이런 일이 반복되는지 정확한 진단과 평가가 필요하다.

국민파의 등장

어떤 상황이 와도 변하지 않는 사실이 있다. 민주노총은 개별 노동자들의 문제를 풀려고 투쟁하는 것이 아니라 사회 전체로 봤을 때 노동자들, 즉 노동자 '계급'을 위해 싸우는 조직이라는 것이다. 개별 사업장의 노조가 어렵다고 해서 전체 노동자 계급을 위한 일을 멈춰서는 안 된다. 민주노총은 조합원 수로 보면 한국 사회 전체 노동자의 1/20도 안 되지만 민주노총이 싸워서 얻은 성과는 한국 사회의 노동자 계급이 공유한다는 사실을 언제나 기억해야 한다.

그런 점에서 투쟁의 대오가 20~30만을 넘나들고 국민의 큰 지지를 받는 파업이 벌어지고 있는데, 신한국당의 법안 철회나 반성도 얻어내지 못한 상태에서 일부 대기업 노조의 요구가 있었다고 해도 민주노총이라는 중앙 조직이 파업의 수위를 낮추고 후퇴한 것은 뼈아픈 실수다. 이것이 실수였음은 이후 상황이 잘 보여준다. 수요 파업 전환 후 곧 영수 회담이 열렸다. 그리고 민주노총 지도부한테 발부된 구속 영장의 집행도 유예된다. 지도부는 명동성당의 천막에서 민주노총 사무실로 돌아오게 된다. 어찌 보면 정말 국민과 함께했던 노동운동을 민주노총만의 싸움으로 축소시킨 이동이라고 나는 생각한다. 투쟁의 거점을 명동성당에서 민주노총으로 옮긴다는 것이 어떤 의미이며, 그 상황에서 민주노총은 무엇을 얻을 수 있었는지 냉정하게 따져보지 못하고 그렇게 투쟁을 접었기 때문에, 이후 1998년 현대자동차 정리해고 사태와 IMF 사태 때의 무차별 대량 해고를 맞은 것이다. 수많은 노동자를 참혹하게 파괴하고 길거리로 내몰 정리해고를 내부의 힘과 외부의 지지가 있을 때 싸워서 막아내지 못한 한이 남아 지금도 아쉽기만 하다.

민주노총을 만들기 전 전노협과 전노대를 거치면서 노동운동은 '노동법 개정 투쟁', 이른바 노개투를 해마다 진행했다. 노동자들의 노동 조건을 더 나쁘게 만드는 법 조항을 바꾸고자 꾸준히 싸워온 것이다. 3자 개입 금지, 필수 공익 사업장 지정 남발, 공무원과 교사 노조 결성 금지, 노조 정치 활동 금지, 직권 중재 등 세계에 유례없는 악법 조항들을 포함한 한국의 노동법은 국제 사회의 비난을 받아왔다. 그리고 노동자들이 싸워서 악법 조항과 독소 조항들이 일부 개선되는 성과를 얻기도 했다. 그러나 1996년 노동법 날치기 국면을 겪으면서 노동자들은 현장의 동력과 정치권력을 함께 가져야 우리가 힘을 가질 수 있다는 것을 깨닫게 된다. 노동자들 자신의 인생에 큰 영향을 끼치는 법안을 두고 아무리 당사자들이 극렬하게 반대해도 통과시켜버리는 정치권력의 힘을 보면서 이제 노동자들 스스로 정치권력을 가져야 한다는 사실을 알게 된 것이다. 1996년 연말 총파업 때 국민의 지지가 높을 때는 야당도 함께하는 듯 보였다. 그러나 이들은 곧 여당과 만나 날치기한 노동법을 약간 개정한 법안에 합의해버렸다. 그런 중요한 결정을 할 때 노동계의 동의를 구하거나 의견을 묻지도 않았다. 1997년은 대통령 선거가 있는 해였고 노동자들은 노동자 지지 후보가 아닌 노동자 후보를 고민하게 되었다.

1997년 8월, 민주노총과 전국연합(민주주의민족통일전국연합)이 공동으로

'국민승리21' 이라는 선거조직을 결성하고 대선 후보 추진을 준비한다. 권영길 위원장은 임기 중 민주노총 위원장을 사퇴하고 국민승리21의 대선 후보로 자리를 옮기게 된다. 이들이 내건 슬로건은 '일어나라 코리아!' 와 '국민과 함께하는 노동운동' 이었다. 특히 '일어나라 코리아' 는 노동자 후보로도, 민주 진영 후보로도 그 정체성을 찾을 수 없는 이상한 애국주의 구호였기 때문에 큰 비판을 받았다. 노동악법과 안기부법 날치기 때 국민이 보여준 관심과 지지를 다시 끌어올려 분위기를 쇄신하고 노동자들의 투쟁에 불을 붙이려는 대선 전술이었다면 이런 구호를 선택하지 않았을 것이다.

결국 국민승리21의 권영길 후보는 30만 표라는 기대 이하의 득표를 했고, 그해 대선에서 야당 후보인 김대중이 대통령에 당선되었다. 그러나 이들은 권력을 잡자마자 신한국당과 별반 다르지 않은 노동정책을 편다. 오히려 외환 위기라는 국가 위기 상황을 이용해 노동자들에 대한 정리해고를 합법화하는 법을 마련하기까지 한다. 야당에 기대서는 안 된다는 것, 어떤 야당도 진정한 노동자 편은 없으며, 자본주의와 시장경제만이 만능으로 통하는 사회에서 결국 누가 권력을 잡든 지배 집단은 이에 저항하는 노동자들을 탄압할 뿐이라는 사실을 확인할 따름이었다. 그런 이유로 해방 이후 최초의 수평적 정권 교체라는 김대중 정권 출범을 나는 기쁘게만 받아들일 수가 없었다.

대선 이후 민주노총은 새로운 국면을 맞이했다. '국민과 함께하는 노동운동' 을 내걸었던 권영길 위원장을 중심으로 한 선거 조직 출신 활동가들과 현장 활동가 일부가 함께 민주노총의 정파로 등극한 것이다. 이후 민주노총의 정파들이 수면 위로 모습을 드러내면서 그들에게 이름이 붙기 시작하는데, 이들은 그 슬로건을 빗대 '국민파'라는 이름으로 불리게 된다. 다른 정파들도 노동운동, 아니 정확히 말하면 민주노총이라는 합법성을 띤 조직의 권력을 잡고자 서서히 움직이기 시작한다.

국민파는 지금 민주노총의 최대 정파다. 이들은 국민에게 다가간다는 명분으로 '온건'한 이미지와 정책을 내세웠다. 노동운동 하면 떠오르는 과격하고 폭력적인 투쟁 일변도의 모습에서 벗어나 사회의 책임 있는 세력으로 보이겠다는 의도였다. 그러나 노동자들이 싸울 수밖에 없는 상황에서 '국민과 함께하겠다'는 선언은 '국민'들이 싫어하는 '투쟁'을 하지 않겠다는 말과 같았다. 연말 총파업을 통해 한국 사회 민주주의와 진보를 위해 투쟁하는 대표 조직으로 자리 잡은 민주노총의 위원장이 갑자기 대선에 출마하면서 그런 슬로건을 내걸었을 때, 투쟁은 어쩌란 말이냐는 탄식이 절로 나올 수밖에 없었다. 그리고 이 대선 전략은 결국 실패하고 말았다.

그러나 민주노총은 대선 실패에 대한 평가를 제대로 하지 못한다. 위원장이었던 사람이 갑자기 대통령 후보로 출마하면서 조직을 비상사태로 만든 것, 민주노총의 대선 참여가 노동운동에 어떤 영향을 미쳤는지, 민주노총의 정치 방침은 어떠해야 하는지, 계급운동은 선거와 어떻게 만나야 하는지 등 중요한 문제에 대해 제대로 말도 해보지 못하고 그냥 선거에 참여한 사람들의 자족적인 평가로 끝나버린 것이다. 참여하지 않은 사람들의 목소리를 반영할 구조는 마련되지 않았다. 제대로 평가하지 않고 좋은 게 좋은 거란 식으로 넘어가고 덮어두는 일이 반복되면서 작은 일들이 점점 큰일로 쌓여가게 되었다.•

정리해고 도입에 합의해 준 지도부

'국민승리21'은 총파업이 한창일 때의 일일 파업 참가자 수보다 적은 30만 6000표라는 초라한 성적의 득표를 했고, 김대중 정권이 들어섰다. 그리고 우리는 호환마마보다도 무섭다는 IMF 사태를 맞아야 했다. IMF 사태가 일어난 건 노동자 때문이 아니었다. 언론에서나 정치인들 누구도 노동자 탓이라고 하지 않았다. 사회적 지탄을 받은 재벌은 분위기 파악하고 납작 엎드려 눈치를 살폈다. 그런데 김대중 정권은 IMF 사태를 만든 주범인 재벌은 놔둔 채 '국민'이라고 불리는 노동자들에게 그 책임을 떠넘겼다. 국민은 영문도 모른 채 장롱 속 금붙이를 나라에 바쳤고, 일터에서 무차별적으로 쫓겨나야 했다. 나라가 망하는 판에 그깟 일자리 하나 잃는 것쯤은 악 소리도 못 낼 일이었다.

우리는 정부에서 떠드는 대로 국민들이 허리띠를 졸라매야 나라를 살릴 수 있다고 생각했다. 하지만 그건 새빨간 거짓말이었다. 해고된

●

나는 이때 첫 단추를 잘못 끼웠기 때문에 재정위원회 비리, 수석 부위원장의 비리, 현대자동차, 기아자동차 등의 집행부 비리, 임원이 저지른 조합원 강간 미수 사건 등 도덕성 관련 문제들과, 정리해고 비정규직 입법 저지 실패, 단위 노조에서 정규직들이 저지르는 비정규직에 대한 횡포 등 투쟁 관련 문제들이 벌어졌다고 생각한다. 민주노총이라는 조직이 문제가 생겼을 때 대응하고 처리하는 방식이 이때 굳어진 것이다. 우리는 어떤 문제를 두고 치열하게 평가하고 반성하는 것이 아니라 약간 자성하는 듯하다가 시간이 지나면 슬그머니 감싸고, 덮어주고, 모른 체하게 됐다. 또한 같은 조직과 정파에 속한 사람의 잘못은 절대 건드리지 않고 보호하기 시작했다. 우리가 욕하는 부류들이 저지르는 행태를 보이게 된 것이다. 10년 넘게 반복된 이 악순환의 고리를 끊어야 한다는 데 공감하지 않는 사람은 없을 것이다. 우리도 이제 진상을 규명하고, 책임자를 처벌해서 재발을 방지할 수 있는 구조를 만들어야 한다.

남편 대신 생계를 위해 접대부 생활을 해야 했던 어느 여성 가장이 목격한 것은, 고급 술집에서 강남의 부자들이 술잔을 부딪치며 외치는 "이대로"라는 환호였다. 무엇이 잘못된 것인가.

김대중 정권은 당선되자마자 민주노총 지도부를 만났다.* 그러나 그 자리는 수구 집단에 당해온 노동자들의 고통을 위로하고 새로운 전망을 제시하는 자리가 아니었다. 김대중은 정리해고의 필요성만을 얘기했다. 노동자들은 실망할 수밖에 없었다. 내 눈물을 닦아줄 줄 알았는데 얘기를 들어보니 오히려 피눈물을 뽑아낼 상황인 것이다. 이때 김대중 정권의 본질을 깨닫고 싸울 자세를 가다듬었어야 했는데 민주노총은 그걸 하지 못했다. 오히려 내홍에 휩싸여버렸다. 당시 민주노총은 권영길 위원장이 중도 사퇴한 자리를 배석범 직무 대행이 맡고 있었다. 그런데 배석범 직무 대행 체제는 노사정위원회에서 정리해고 조기 도입과 근로자 파견제 법제화를 합의해버렸다. 조합원들은 분노했고 1998년 2월 민주노총의 대의원 대회는 지도부를 향해 쇠파이프를 던지는 조합원들과 이에 맞서는 일부 간부들이 뒤엉켜 아수라장이 되었다. 당시 삼호중공업 조합원들은 정리해고를 당하고 있었기 때문에 특히 격렬하게 항의했다. 동지를 향해 쇠파이프를 들었다고 비판하는데, 나는 운동가들이 늘 금과옥조로 여기는 '대중'들이 왜 지도부를 향해 쇠파이프를 들었는지를 헤아리지 않았기 때문에 10년 세월이 지나고 또다시 대의원 대회장의 폭력 사태가 되풀이되었다고 생각한다.

지도부는 반성하거나 참회하지 않았고 끝내 합의안에 대한 표결까지 가게 됐다. 다수의 반대로 이들 지도부는 총사퇴하고 비상 대책위원회가 들어섰지만, 그 앙금과 상처는 아직도 남아 있다. 또한, 사퇴한 지도부

●

나는 노동운동을 하면서 김대중, 노무현 대통령을 몇 번 만났다. 민주노총 위원장 시절 김대중 대통령과 세 번 만났고, 노무현 대통령은 1990년 골리앗에 중재단으로 올라왔을 때 처음 만났고, 그 후 구청장 때도 만났다.

김대중 대통령과 맨 처음 만났을 때는 산별 대표들과 함께였고 민주노총의 투쟁을 달래기 위한 자리였다. 그런데 그는 우리 이야기를 듣기보다는 자기 이야기를 하는 데 시간을 거의 다 보냈다. 모르는 학생들을 가르치려는 선생님의 느낌이 강했다. 두 번째는 노사정 대표들과의 간담회였는데 이때도 주로 혼자 말하다가 끝났다. 세 번째는 조폐공사 파업 유도 사건으로 한국노총 박인상 위원장과 함께 만났는데, 우리 둘이 돌아가며 노동자들의 처지에 대해 말해도 거의 듣지 않았다. 민주화운동의 대부로 인정받고, 혼자 힘으로 그 자리까지 개척했다는 자부심이 커서인지 남의 말을 잘 안 듣는구나 하는 기억이 선명하게 남아 있다. 당시 김대중 대통령은 많은 약속을 했지만 그마저 결국 지켜지지 않았다.

노무현 대통령은 1989년 128일 투쟁 때 처음 봤고 직접 만난 건 골리앗 투쟁에서였다. 올 해 노무현 대통령의 비극적인 죽음 후 한 시사 주간지에 골리앗에서 나와 함께 담배를 피우고 있는 사진이 실렸는데, 사진을 보니 그런 일도 있었구나 싶었다. 그때는 너무나 많은 정치인들이 골리앗에 서로 오려고 할 때여서 그런 정치인들 가운데 한 명으로 대했다. 다만 특이했던 건, 1989년 128일 때는 "악법은 투쟁으로 깨야 한다"는 명연설로 우리 노동자들을 설레게 했던 사람이, 다음해 골리앗에 올라와서는 "그만큼 했으면 됐으니 내려가서 투쟁하자"며 태도가 달라진 것이다. 1998년 민주노총 위원장 때 현대자동차 정리해고 투쟁이 끝난 후 중재단이었던 그와 함께 아침을 먹는 자리가 마련되었는데, 둘이 밥을 먹으면서도 특별한 대화 없이 그냥 끝냈다. 대통령이 된 후에는 구청장으로 세 번을 만났는데, 공무원 노조에 대한 서로의 입장 차이가 극과 극이었고, 나는 정부 정책에 정면으로 반기를 들면서 부끄러운 정부로 기록될 것이라는 말까지 했던 터라 만날 때마다 애써 무시하는 느낌이었다.

민주노총의 위상이 요즘처럼 떨어지지 않았을 때 민주노총 위원장을 상대할 사람은 대통령이었다. 나도 김대중 대통령을 세 번 만났지만, 모두 정중하고 대등하게 만났다. 김대중 정권 시절 정치권의 고위 관료들이 민주노총 위원장을 한 번 만나려고 여러 선을 통해 접근해왔다. 노동부 장관이나 노사정위원장은 물론이고, 다른 부처의 장관이나 국회의원들도 그랬다. 지금 생각해보면 이전 정권과는 달리 민주화운동에 조금이나마 발을 담갔던 이력들이 있어, 민주노총 위원장을 설득해서 김대중 정권에 복무하려는 충성심이 작용했던 것 같다. 그들은 민주노총 위원장에게 깍듯했다. 나는 권위주의는 별로 좋아하지 않았지만, 민주노총 위원장은 노동자들의 대통령이므로 정권의 대통령과 대등하게 대우받아야 한다고 생각했다. 내 권위가 아니라 조직의 권위를 지키는 것은 무척 중요한 일이다. 자기 권위는 자기가 챙겨야지 누가 만들어주지 않는다. 그래서 정부와 상대할 때 적어도 나는 민주노총 위원장으로서 아무나 만나주지 않았다.

가운데 일부가 그 이후 정부 산하 기관들로 자리를 잡아 나가는 걸 보며 역시 자신의 안락을 위해 노동자를 팔아먹었다는 사실에 착잡했다.

1997년 현대중공업 위원장 선거에서 떨어지고 해고자로 복직 투쟁을 하고 있던 나는 현장 동지들의 추천을 받아 민주노총 부위원장에 출마하게 되었다. 그런데 1998년 2월 쇠파이프가 난무한 대의원 대회에서 비대위가 들어서고 지도부 선거가 연기되면서 후보 출마도 무산되었다. 2월에서 4월까지 짧은 기간에 단병호 위원장이 책임을 졌던 비대위는 경제 위기 상황에서 총파업은 여론 때문에 불리하다며 예고했던 총파업을 철회해버렸다. 고통 분담 이데올로기에 민주노총이 무기력하게 휩쓸려버린 것이다. 그러나 비대위의 총파업 철회 방침도 제대로 평가조차 받지 않은 채 또다시 민주노총은 선거 국면에 들어가게 된다. 1997년 수요 파업 전환, 국민승리21 대선 투쟁, 정리해고법 노사정 합의, 비대위의 총파업 철회 등 벌써 몇 개나 되는 굵직한 사안들을 제대로 평가도 안 한 채 넘어간 것이다.

쇠파이프가 날아다니던 그날 대의원 대회장에서 임원 선거 연기가 결정되고 해고자들 몇이 모여 얘기를 하게 됐다. 다들 투쟁을 부담스러워하는 이 상황에서 정파고 뭐고 일단 투쟁할 수 있는 사람이 민주노총을 끌고 가야 하지 않느냐 하는 얘기가 자연스레 나왔다. 모두 끄덕끄덕하다가 내게 "부위원장 하면 뭐 하냐, 총대 메고 위원장을 해야지. 골리앗을 경험한 네가 위원장 해라." 하는 얘기가 농담 반 진담 반 나왔는데, 그 자리에 있던 지하철 동지들 일부와 해고자들 몇 사람이 바로 추천을 해서 얼떨결에 민주노총 위원장에 출마하게 돼버렸다.

그땐 몰랐었다. 내가 위원장에 출마한다는 것은 거의 불가능한 구조였다는 것을. 출마하고 나서야 나는 기성 정치판 못지않게 운동 판에 존재하는 학연, 지연, 정파, 서울 중심주의 등에 의해 굴러가는 복잡한 조직의 구조를 알게 됐다. 서울에 운동의 뿌리도 없고, 지하 조직에서 학습을 시켜준 학생운동 출신 선배도 없고, 내 정책을 만들어줄 연구소니 뭐니 하는 연줄 하나 없이, 아는 사람이라곤 해고자 몇 명이 전부고, 경험이라곤 현대중공업 투쟁이 전부인 나는 전혀 위원장을 할 수 있는 조건이 아니었다. 아무리 현대중공업 위원장이니 현총련 의장이니, 전노대 공동 대표니 해도 서울내기들의 눈에는 그저 무식한 울산 촌놈이었던 것이다.

민주노총의 위원장이라는 게 알 만한 사람들이 모여 작당하고 후보군을 뽑아 품평하고 자기들의 입맛에 맞는 후보를 섭외해서 '세워지는' 것임을, 보이지 않는 손은 운동 판에도 있음을 미처 몰랐다. 좌파든 우파든 서울의 활동가들이 볼 때 민주노총 임원은 연맹과 지역 본부 그리고 서울에서 일정 부분 인정을 받거나, 아니면 정파 조직의 결정에 따라 순서대로 가는 자리이지, 나처럼 어디서 뚝딱 불거져 올라오는 자리가 아니었다. 좌파로 분류되었던 당시 금속연맹의 임원 이○○, 문○○에게 출마 의도를 말하니 한결같이 "아직은 때가 아니다. 그냥 부위원장에 출마하라"고 말했다. 아직은 때가 아니라고? 그 '때'는 누가 결정하는 거지? 정파에 소속된 적도 없고, 어떤 조직에 몸담아본 적도 없는 나는 그런 분위기가 이해되지 않았고 오히려 수상하기만 했다. 묘한 반발심도 일었다. 그래서 그런 경고성 충고를 무시하고 그냥 출마를 강행해버렸다.

나는 그때 이혼하고 혼자 몸이었기 때문에 민주노총 위원장에 출마하는 것이 그다지 부담되지 않았다. 문제는 내 신변 정리가 아니라 위원장과 사무총장으로 러닝메이트를 짜는 거였는데 후보를 꾸리는 과정부터 벽에 부딪히기 시작했다. 좌파라고 불리는 동지들도 갑작스레 출마하는 것에 바로 동의하지 않았다. 앞서 말한 그 '때'에 도달한 여러 예비 후보자들이 있다 보니 그 자리에 '듣보잡(듣도 보도 못한 잡놈의 약어)'인 내가 올라오는 것에 쉽게 동의가 안 되는 것이다. 좌파 진영은 갑자기 등장한 나 때문에 당황해 하고 있었고, 우파 진영은 조직적으로 후보를 준비하고 있었다. 또 한편에서는 양경규(공익노련)·윤성근(현대자동차)조가 팀을 꾸리고 있었다. 다른 사람들은 몰라도 윤성근은 나와 함께 울산에서 투쟁했던 가까운 사람인데 그와 내가 이렇게 각각 후보로 나온다는 사실은 뭔가 잘못된 것으로 생각했다. 노동운동의 중심이라는 울산에서 큰 투쟁을 해본 사람들이 민주노총을 맡아야 한다면 당연히 지역의 동지들이 논의하고 조합원들에게 알리고 추천을 받는 것이 순서일 텐데, 우리는 같은 지역에서 함께 활동하면서도 서울 중심 정파들의 작업에 휘말리고 있었다. 그때 노동운동 판이 이렇구나 하는 걸 깨닫게 되면서 마음이 좋지 않았다. 내가 좋아하는 윤성근과 갑자기 선거에서 적이 될 이유가 없었기 때문이다.

후보 등록을 며칠 앞두고 동대문의 옛 이스턴호텔 커피숍에서 양경규, 윤성근, 나, 윤명선, 정윤광이 함께 만났다. 그 자리에서 나는 윤성근에게 "우리가 이런 자리에서 만날 이유가 없지 않느냐, 울산에서 충분히 얘기할 수 있는 사이인데 도대체 누가 너를 불러올려서 우리끼리 후보를 놓고 이런 싸움을 붙이느냐, 네가 출마하겠다면 나는 안 해도 된다"고 말했다. 윤성근 동지는 "나는 출마하러 온 게 아닙니다. 형님과 싸울 생각도 없습니다. 어쨌든 하나로 단일화한다고 해서 올라왔지 출마하려고 온 게 아닙니다"라고 했다. 그렇다면, 도대체 이런 자리는 누가 만드는 것인가. 그 얘기를 마치고 윤성근 동지는 바로 울산으로 내려갔다. 윤성근 동지와는 그런 얘기를 할 수 있을 정도로 허심한 사이였으나 이런 상황 자체가 마음이 아팠다.

그 자리가 있기 얼마 전에도 정윤광 동지의 연락을 받고 종로성당 옆 중국집에 간 일이 있었다. 가보니 공노대(공공부문 노동자 대표자회의)의 김한상 동지를 중심으로 공익노련의 양경규, 지하철 전 위원장인 김명희, 청계 출신의 윤명선, 시설노조 안중원, 정윤광, 과기노조의 김예준, 건설노조의 장달수 등 동지들 십여 명이 모여 있었다. 그 자리는 이를테면 좌파 진영에서 민주노총 위원장 후보를 논의하기 위한 자리였다. 누구를 정할 것인가를 논의하다가 양경규와 공익노련 동지들이 자리를 빠져나가는 바람에 논의를 마치지 못했다. 결국 정윤광, 이갑용, 윤명선 세 사람에게 후보에 관한 전권을 위임하고 그 자리는 끝이 났다. 뒤에 양경규 동지 쪽에서 따로 후보를 정했다는 연락을 받은 후 우리도 이갑용, 정윤광으로 후보를 정했다. 그렇게 후보가 결정되었지만, 여전히 단일화를 해야 한다는 데에는 이견이 없었다. 정윤광, 윤명선, 나는 위원장 후보를 정한 상태가 아니었기 때문에 양경규 후보 쪽과 단일화를 논의하기 위해 이스턴호텔에서 만난 것이다. 그러나 윤성근 동지가 내게 출마 의사가 없다는 말을 하고 내려가 버리니 정리되지 않은 채로 그 자리는 끝나버렸다.

끈끈했던 동지들의 낯선 얼굴

그렇게 별 진전이 없다가 후보 등록을 하루 앞둔 날, 나, 윤명선, 정윤광 셋이서 건설노조의 장달수 동지를 만나러 대학로 학림다방에 갔다. 그런데 거기에 당시 비대위원장과 노동관련 연구소를 운영하던 민주노총 지도위원이 있었다. 우연히 만나게 되었지만 어쨌든 인사를 했더니 둘은 우리를 보고 당황했다. 그런데 조금 있으니 그 자리에 권용목이 들어와 앉는 것이다. 나는 뭔가 이상해서 권용목을 따로 불러 어찌 된 일이냐고 물었다. 권용목은 낚시하고 있는데 전화가 와 갑자기 민주노총 후보로 출마하라고 했다는 놀라운 이야기를 했다. 내일이 후보 등록인데 그럼 후보로 등록할 거냐 물었더니 오라고 해서 왔지 자기는 영문도 잘 모르고 결정된 건 아직 없다는 것이다. 그 얘기를 듣는 순간 뒤에서 노동자들을 조종하고 주무르는 세력들에게 화가 치밀었다. 나는 권용목과 이런 얘기를 나누고 서로 합의를 했다.

"권용목 동지가 후보로 나오는데 내가 나갈 순 없지 않으냐, 우리끼리 이럴 순 없다."

"나는 지금 얼떨떨하고, 출마할 의사도 없다. 그리고 아무 준비도 안 됐다."

"나는 지금 이미 후보가 됐다. 만약 출마할 거면 지금이라도 내게 얘기해라. 나는 네가 나가면 안 나간다. 우리는 후보 선정에 대한 전권을 받았기 때문에 네가 나간다고 하면 다시 정리할 수 있다. 우리끼리 같이 의논하자. 너와 위원장 자리 놓고 싸울 수는 없다."

아무것도 모른 체 갑자기 출마하라는 연락을 받고 불려 왔다는 권용목의 얘기를 듣고 그 자리에서 난리가 났다. 정윤광과 윤명선은 그들에게 삿대질까지 하며 거세게 나무랐다. "당신들은 노동운동을 망칠 사람들이다. 비대위원장과 지도위원이라는 자리에 있는 사람들이, 공개적으로 후보를 만들어 뛰는 사람들이 있는데 뒤에서 이런 식으로 작당해서 어쩌자는 거냐. 당신들 입에 맞는 사람 내세워서 민주노총을 좌지우지하려고 하느냐. 부끄러운 줄 알아라." 옆에서 볼 때 정말 혹독하다 싶을 정도로 이들의 비판은 셌다. 둘은 거센 비난에도 아무 말 없이 있다가 잠시 후 나가버렸다.

결국 권용목은 다음날 채운석과 조를 짜서 접수했는데 이상한 것은 후보 등록에 필요한 서류 없이 달랑 이력서만 접수한 것이다. 선관위는 어찌 된 일인지 요건에 맞지 않는 이 등록을 정식으로 인정했다. 뒤에 그들 스스로 등록을 취소하지 않았다면 이 사안만으로도 또 다른 시비가 일어났을 것이다. 도대체 왜 이렇게까지 해야 하는가. 나는 노동운동, 특히 서울의 노동운동 판이 참 더럽다는 걸 알아가기 시작했다. 서울의 이런 세력들이 상층 권력을 장악하려 술수들을 쓰면서 아무것도 모르는 조합원들을 가지고 노는구나. 노동운동 판도 힘 있는 사람들이 좌지우지한다는 걸 깨달은 순간 배신감도 들고 화가 치밀어 올랐다. 차라리 단병호 위원장이 출마했다면 나는 그냥 부위원장에 나갔을 텐데 하는 생각이 들었다. 전노협 위원장이었고, 노동자 계급을 대표하는 지도자라는 인식이 있었기 때문에 노선의 차이랄 것도 없는 상황에 내가 출마할 이유가 없었다. 그런데 단 위원장은 그전 집행부가 사퇴하고 나서 비대위를 꾸릴 때에도 두 번이나 비대위 위원장을 거부했다. 지하철 해고자들과 동지들 일부가 세 번째도 거부하면 차라리 나더러 맡으라고 제안했을 정도였다. 사실 내가 제일 잘할 수 있는 것은 투쟁이었기 때문에 나는 망설일 필요가 없었다. 구속이 된다 해도 가족도 없이 홀몸인 상황이었기 때문에 싸우는 것에 대한 부담은 전혀 없었다. 그때 주저하지 않고 싸우겠다고 했던 태도 때문에 뒤에 민주노총 위원장 선거에 나를 지지했다고 말한 동지들이 있을 정도로 나는 거침이 없었다. 역시 골리앗의 투사라는 칭찬도 들었다. 결국, 단 위원장이 세 번째 제안에 비대위원장을 수락하면서 없던 일이 되었지만, 비대위가 총파업을 철회하지 않았다면 나는 어쩌면 위원장에 등록할 일도 없었을지 모른다.

후보 등록 마지막 날 마감을 1시간 남겨두고 양경규 후보 쪽에서 전화가 왔다. 무조건 단일화를 하겠으니 대신 사무총장 후보를 받아달라는 제안이었다. 후보는 고영주 과기노조 위원장이었다. 우리는 이미 단일화에 이견이 없었고, 사무총장 후보로 제안한 고영주 동지 또한 아주 좋았다. 사무총장 후보였던 정윤광 동지는 "우리가 목숨을 걸어야 할 것은 단일화이지 내가 후보가 되는 것이 아니다"며 바로 흔쾌히 후보를 사퇴했다. 나는 정윤광 동지의 그런 모습을 보면서 감동하였다. 어떻게 하면 자리를 차지할까 하는 아귀다툼들만 보다가 대의를 위해 선뜻 자신의 기득권을 포기하는 그 진정성과 결단을 보니 참 좋은 노동운동가구나 하는 생각이 들었다. 지금도 정윤광 동지를 보면 그날 그 모습이 떠오른다. 다만, 선거운동본부 동지들이 사무총장 대신 부위원장으로 내보내야 한다고 해서 부위원장으로 출마했다가 낙선한 게 아쉬울 따름이다.

우여곡절 끝에 세 팀이 출마를 했는데 채운석 · 권용목 조가 바로 사퇴를 하면서 임원 선거는 2파전이 됐다. 현대자동차의 정갑득, 대학노련의 장운 후보가 기호 1번, 현대중공업의 이갑용, 과학기술노조의 고영주 후보가 기호 2번을 받았다. 정갑득 후보는 1990년 골리앗 투쟁을 지원하다가 구속되어 함께 감옥살이를 하기도 했고, 울산이라는 지역에서 같이 노동운동을 하던 사이였으므로 나와는 인연이 있는 사람이었다.

두 팀을 놓고 보니 양쪽 후보 진영 모두 공장 노동자인 블루칼라 출신이 위원장, 화이트칼라 출신이 사무총장으로 러닝을 짠 것도 같았고, 위원장 후보들이 울산 출신에, 단위 노조 위원장 선거에서 떨어진 후 출마한 점도 같았고, 나이까지 똑같았다. 하지만 딱 거기까지만 같을 뿐 우린 처한 조건이 너무나 달랐다. 나는 아무 준비도 없이 서울에 인맥도 없는 상태에서 출마하게 되었지만, 상대 후보는 이미 산별연맹 위원장들과 지역 본부장을 중심으로 선대본을 탄탄하게 꾸린 상태였다. 민주노총의 임원 선거는 대의원이 선출하는 간선제다. 누가 대의원을 더 많이 내 편으로 끌어들이느냐가 당선을 좌우하는 것이다. 범 우파 진영의 후보로 나온 상대방 후보는 조직의 결정에 따라 움직이기에 자금과 간부 동원력이 준비됐지만 우리는 대의원 수에서도 불리했고 조직력이 상대방과 비교도 되지 않았다.

충무로 근처에 다 쓰러져 가는 낡은 사무실을 얻어 겨우 선거 사무실은 마련했는데, 사무실 지킬 사람이 없어 후보가 해고자 2명과 함께 일했다. 전화 받고, 사무실 지키고, 대의원들한테 전화하는 일을 얼마 동안 했는지 모른다. 후보들 수행할 이가 없을 정도로 막막한 상황이다 보니 선거에 이기는 건 고사하고 끝까지 갈 수나 있을까 하는 생각이

들었다. 여러 동지가 모아준 돈만 날리는 건가 싶어 추천한 동지들이 야속하기도 했다. 상대 후보 진영의 선거운동원이었던 현대자동차의 박○○ 동지가 등록을 마치고 나오는 내게 "8대 2로 게임 끝나 있는 선거에 왜 출마를 했느냐. 부위원장에 나갔으면 우리도 도와줄 텐데 아쉽다"며 위로의 말을 던질 정도였다.

엎친 데 덮친다고 도움을 받아야 할 현대중공업의 현장 조직 전노회에서는 의논 없이 출마했으니 도울 수 없다는 말들이 나왔고, 고영주 후보도 마지막 단일화를 하면서 자기가 속해 있는 공익노련의 동의를 받지 못해 한동안 애를 먹었다.

상대 진영이 공약과 세부 실천 사항까지 마무리하고 전국을 순회하는 동안 나는 전노회를 설득하기 위해 울산을 네 번이나 내려가야 했다. 민주노총 대의원들은 만날 여유조차 없었다. 우여곡절 끝에 전노회에서 후보 출마에 대한 동의를 얻고 재정 지원도 받게 되어 한숨 돌렸지만, 당시에는 무척 힘든 과정이었다. 도대체 조직이 무엇이기에 가족보다도 더 끈끈했던 동지들이 이렇게 낯선 얼굴들을 보이는 것일까.

민주노총 위원장이 되다

처음 시작할 때 우리 선거운동본부는 그야말로 외인부대였다. 학생운동을 하다 온 오민규와 정용재, 포철 해고자 남규원, 청계노조 출신 윤명선, 지하철 노조의 김선구, 인천 경동산업 노조 출신 박선태, 그리고 정윤광 동지가 다였다. 정윤광 동지는 본인도 부위원장으로 출마한 상태였고, 오민규와 정용재는 막 대학을 졸업하고 노동운동에 뛰어든 새내기였다. 유명한 노조 위원장이나 연맹 위원장, 본부장은 하나도 없었다. 제일 높은 '급'이 지하철 노조의 김선구 위원장 정도였다.

1년 후에 감옥에 가겠다

이름난 사람들을 위원장, 선대본부장으로 조직해서 세를 과시하는 게 선거인데 우리는 본부장 없으면 어떠냐며 그냥 '고 go' 했다. 물론 의지로 그런 것이 아니라 상황이 그럴 수밖에 없었다. 그래도 적은 인원으로 일당백 역할을 하면서 선거운동을 했다. 집기도 하나 없는 사무실을 보고 정용재 동지가 자기 학교에서 쓰던 사무 집기를 들고 오기도 했고, 박선태 동지는 혼자서 인천 지역 총책으로 임명받아 고군분투했다. 윤명선 선배는 상황실장 겸 선대본부장 역할을 도맡아 했다.●

선거는 투쟁 지향의 강경파인 나와, 온건 성향인 정갑득 후보가 대결하는 양상으로 묘사되었다. 좌파 대 우파, (노동운동 판의)보수와 진보, 투쟁파와 협상파 간의 대결이라는 식으로, 기존 조직들의 지원을 받는 여권이라 할 수 있는 정갑득 후보와 이에 대항해서 나온 야권 후보인 나의 대결에 대해 많은 관심을 보였다. 대부분 조직력에서 우위인 정갑득 후보가 승리할 것을 예상했다. 30일 선거운동 기간에 보름이 지나도록

●
생각해 보면 정말 이런 인연이 있을까 싶은 게, 나는 선거 전에는 위 동지들을 아무도 몰랐다. 나에 대해 그들이 아는 것도 현대중공업 노조 위원장 출신이란 것, 골리앗 투쟁의 주역이라는 것 정도였다. 그래도 우리가 흩어지지 않고 그 선거를 치를 수 있었던 것은 우리가 모두 '투쟁'을 원했기 때문이었다. 어떤 정파의 이익을 좇아 내게 왔던 것이라면 우리 선본은 아마 해체되었을 것이다. 위원장 후보인 나부터 계파 정치를 체질적으로 싫어했고, 고영주 동지 또한 사심이 있는 사람이 아니었기 때문이다. 정윤광 동지는 대의를 위해 자신의 후보직을 바로 사퇴할 정도였으니, 정파적인 움직임이 있었다면 우리는 끝까지 갈 수 없었을 것이다. 투쟁을 통해 노동운동을 바로 세워보고 싶은 열망, 노동운동의 관료들과 관료화에 대한 분노, 그런 의지와 열정이 아무것 아닌 우리를 그 선본으로 모여들게 했다.

8대 2로 시작한 격차는 쉽게 좁혀지지 않았다.

우리는 선거 본부 회의를 잡아나가고 대의원들을 한 명씩 만나기 시작했다. 그리고 우리에게 필요한 게 무엇인지 대책회의를 했다. 정세를 분석하고 우리가 처한 상황을 진단한 결과 후보들과 참모진은 '노동자들을 무차별하게 내모는 시국에 민주노총의 지도부는 감옥을 가는 투쟁을 해야 한다'는 결론을 내렸다. 기호 2번 이갑용·고영주 선본은 이렇게 공약을 내걸었다.

> 1. IMF 사태라는 위기 상황에서 민주노총 지도부가 감옥에 간다는 각오로, 실제로 감옥에 가는 투쟁을 하지 않으면 안 된다. 우리가 당선된다면 1년을 열심히 싸워서 감옥에 가겠다. 만약 가지 않으면 투쟁을 제대로 하지 않은 것으로 알고 1년 후 임원직을 사퇴하겠다.
> 2. 민주노총 위원장 직선제를 하겠다. 지금의 간선제 구도는 현장성과 민주성을 반영하지 못하는 구조다. 직선제로 바꿔내어 투쟁성과 민주성을 살려내겠다.

다른 여러 가지 공약이 있었지만, 우리 선본을 대표하는 것은 임기 1년, 구속 각오, 직선제 추진이었다. 선거운동 도중에 임기 1년 공약을 내걸자 반응이 뜨거웠다. 대의원들이 조금씩 마음을 열어주는 게 느껴졌다. 사람도 하나 둘 붙기 시작했다. 부위원장 후보가 12명이 나왔는데 한국통신 노조의 유덕상, 병원노련의 이상춘 후보가 우리와 함께하겠다고 밝혔다. 처음 시작할 때와 견주면 정말 장족의 발전을 한 셈이다.

지역을 돌면서 유세를 하는데 서로 유세 방식이 달랐다. 정갑득 후보 쪽은 늘 유세문을 써와서 그걸 힘 있게 읽었는데, 우리는 유세문도 따로 없이 그 지역의 현안 문제와 소신을 즉석에서 발표하는 식이었다. 유세 순서를 뽑을 때 상대방이 늘 1번을 뽑는 바람에 우리는 뒤에 유세를 하게 되었는데, 뒤에 하니까 유리한 점이, 상대방이 앞에서 연설한 내용을 비판할 수 있는 것이었다. 그러다 보니 상대방도 유세문 없이 즉석연설을 하는 쪽으로 바뀌었다. 우리는 유세에 성공할 때가 많았고 상대는 조직력에 비해 유세 내용이 약했다. 하지만 유세만 끝나면 우리는 조직이 없다는 것을 절감해야 했다. 상대방은 지역의 본부장이나 위원장들이 사람을 동원해서 유세장을 채워주고, 끝나고 나면 후보들을 모시고 가서 저녁 먹으면서 지역의 대의원들과 자리를 마련해주는데, 우리는 유세가 끝나면 내 차로 쓸쓸하게 서울로 돌아오곤 했다. 8대 2로 지는 싸움에 왜 뛰어들었느냐는 조롱을 들을 만했다.

특히 울산 유세는 후보 둘 다 울산 출신이었으므로 많은 관심을 모았다. 시내 로얄예식장에서 유세를 했는데 특이한 광경이 벌어졌다. 유세장의 앞자리에 아주머니들이 무리 지어 자리를 차지하고 앉아 있는 것이다. 조합원도 아니고 일반 시민도 아닌 그 여성들은 정치판의 유세장에 온 듯 "정갑득"을 연호했다. 거기까진 그나마 괜찮았는데, 우리가 유세할 때 마구 야유를 보내는 것이다.

보다 못한 현대중공업 노동자들이 그 아줌마들에게 큰소리를 쳤다. "이게 무슨 짓이냐. 당신들은 조합원도 아니면서 왜 여기 와서 이런 짓을 하느냐." 그러자 그 여성들은 "남편이 조합원이다"라며 맞섰다. 알고 보니 이들은 정갑득 후보를 지원하러 온 울산연합의 조직원들이었다. '연합' 이라 불리는 이들은 '민주주의민족통일전국연합' 이라는 전국 조직의 울산 지역 조직원들인데, 전국연합은 학생운동 출신들이 만든 통일운동 조직이었다. 이들은 1997년 대선을 기점으로 정치운동에 뛰어들면서 '국민과 함께하는 노동운동' 을 주창한 '국민파' 와 함께 노동운동의 범 우파로 자리 잡게 된다. 하지만 나는 노동운동, 더구나 간선제로 치러지는 민주노총 위원장 선거에 이런 일이 벌어진 것을 보고 깜짝 놀랐다. 여기에 올 정도라면 지역에서 운동에 관심 있는 사람들일 테고 그렇다면 내가 누구인지도 알고 현대중공업의 투쟁에도 어쩌면 연대했을지도 모르는데, 이런 자리에 동원되어 바깥 정치판에서나 하는 짓을 와서 하고 있다는 것이 놀라울 따름이었다. 이들은 내가 무슨 말을 하는지 들어보려고도 하지 않고 앞자리에서 노골적인 야유를 보냈다. 노동운동이 정파 구도에 휘둘리는 것을 보니 또다시 깊은 한숨만 나왔다.

마지막 유세하는 날, 지독한 감기에 걸렸다. 숨이 턱 막히고 눈이 흔들거려 앞도 잘 안 보일 정도로 힘들었다. 고영주 후보가 먼저 유세를 했는데 내가 들어도 정말 유세를 잘했다. 나도 마지막이니 후회 없이 하자는 마음이었다. 온몸을 쥐어짜 내 마지막 연설을 했다. 보는 사람은 몰랐겠지만, 몸에 땀이 비 오듯 흐르고 정말 쓰러질 것 같은 몸을 간신히 붙들고 연설을 해야 했다. 혼신의 힘을 다해 연설을 마치니 원도 한도 없었다. 연설을 마쳤는데 현장에서 느껴지는 반응이 전해오는데 직감적으로 '이겼구나' 하는 생각이 들었다. 투표를 앞두고 저녁을 먹으러 가는데 모두 분위기가 심상치 않음을 느끼고 있었다. 하지만 섣불리 내뱉었다가 오던 복도 달아날까 싶어 조심스러웠다. 고영주 동지는 최선을 다했으니 좋은 결과가 있지 않겠느냐고 했고, 나는 분위기가 이 정도면 이길 것 같다고 말해버렸다.

3월 31일 저녁, 민주노총 10차 대의원 대회의 안건인 2기 임원 선출의 건 개표가 시작됐다. 개표 결과 기호 2번인 우리가 189표 대 176표, 13표 차로 아슬아슬하게 이겼다! 누구도 예상하지 못한 결과였다. 과반을 못 얻은 우리는 2차 찬반 투표에 들어갔고 318명 중 205명 찬성으로 2기 임원으로 당선되었다.

질 거 알면서 왜 나왔느냐는 조롱을 받으며 시작한 선거. 집기도 없는 텅 빈 사무실에 전화 한 통으로 시작해서, 얼굴도 모르는 낯선 아줌마들의 야유를 받으며 분노했던 일, 가는 곳마다 조직력과 세를 자랑하는 상대방에 맞서 우리가 믿을 건 우리 진심밖에 없다고 서로 다잡으면서 버텼던 과정이 주마등처럼 스쳤다. 아직 노동운동에 진심이 통하는구나 생각했다. 포기하지 않고 끝까지 해낸 우리가 자랑스러웠다.

지금 생각해보면 아직 노동운동의 정파가 그렇게 막 나가지 않을 때였기 때문에 우리 당선이 가능했던 것 같다. 정파에서 만든 대의원들은 1차 투표가 끝나고 50명 정도 자리를 빠져나갔다. 2차 찬반 투표에서 우리가 1차 때보다 더 얻은 표는 겨우 16표였다. 부동표를 제외하더라도 마음만 먹었다면 충분히 부결시킬 수 있는 조직력을 상대방은 가지고 있었다. 정파 대 정파로 맞선 구도였다면 상대방도 부담 없이 우리를 떨어뜨렸을 테지만, 우리 선본은 어떤 조직이 들어와서 꾸린 팀이 아니었기 때문에 정파로 인정될 수가 없었다. 이런 상황에서 임원 선거를 부도내는 것은 상대방도 부담스러웠을 것이다. 그리고 그때는 여전히 IMF 경제 위기 상황이었다.

당선되자마자 우리는 용산구민회관 옆 세계일보 조합원들의 투쟁 현장 방문으로 2기 집행부 임기를 시작했다. 당선 축하연도 선거대책본부 해단식도 하지 못했다. 우리는 앞날이 험난할 것을 예상했다. 민주노총의 간부들이나 선관위, 선거 기간에 만났던 활동가들 대부분이 상대 후보 선거운동을 노골적으로 하는 걸 보았기 때문이다. 우리 당선에 당혹스러워하는 모습을 보니 이들과 함께 민주노총을 꾸려갈 일이 고민이 될 수밖에 없었다.

예상은 했지만 현실은 더 험난했다. 우선 임원단 안에서 연맹 위원장과 부위원장을 겸직하는 사람들과 그렇지 않은 임원들 사이에 의사소통이 잘되지 않았다. 연맹 출신 위원장들은 해당 연맹으로 출근했고, 자기 연맹이 우선이지 민주노총 부위원장의 일이 우선이 아니었다. 반면 민주노총에 상근하는 부위원장들은 같은 임원인데도 출근하는 구조가 아니니 의사소통이 힘들었다. 당선되고 나서 이런 겸직이 불합리하다고 문제를 제기했지만, 번번이 구조를 바꾸는 데 실패했다.*

● 부위원장 겸직 제도는 없어져야 한다고 생각한다. 일단 민주노총의 부위원장이라는 임원으로서 정체성이 떨어진다. 또 해당 연맹의 집행부가 민주노총의 집행부와 맞지 않으면 계속 발목을 잡기도 한다. 출마하려면 연맹 위원장 자리를 내놓고 출마하는 것이 책임성이 있지, 떨어지면 다시 소속 연맹 위원장직을 유지하는 이런 제도는 기득권을 더 강화하게 될 뿐이다. 우리가 정치권에 나선 교수들에게 출마하려면 교수직 내놓고 출마하라고 요구하는 이치와 똑같다. 연맹에서 임기가 끝날 때쯤이면 민주노총 부위원장으로 자리를 보전해서 보내주는 이런 행태는 없어져야 한다.

8차선 집회

당시 부위원장에 당선된 사람들은 유덕상(한국통신), 이상춘(병원노련), 허영구(공익노련), 김영대(청계피복노조), 이규재(건설일용노조), 단병호(금속연맹) 등이었는데, 가장 표를 많이 받은 유덕상 부위원장이 수석 부위원장이 되었다. 우리는 진용을 갖추고 이 경제 난국에 민주노총이 위기를 어떻게 돌파할 것인지, 노동운동은 어떻게 해야 하는지 고민하기 시작했다. 우리가 내린 결론은 '현장으로 들어가자' 였다.

나는 한 달 동안 전국의 현장을 찾아다녔다. 5월 1일 노동절을 기점으로 현장의 동력을 살려내기 위해서였다. 경제 위기를 이유로 계속 해고당하는 노동자들에게 투쟁의 돌파구를 민주노총이 찾아주어야 했다. 이는 선거 기간에 우리가 한 약속이기도 했다. 우리는 그 첫 시도로 전국에 있는 노동자들을 설득해 5월 1일 노동절 대회를 서울에서 확실하게 치르자고 했다. 노동절에 결집해서 우리의 힘을 확인하고 반격의 기회로 삼자는 것이다. 한 달 내 잠도 잘 못 자고 시간을 쪼개어 전국을 돌아다녔다. 간부들을 설득하고 조합원들에게 호소했다. 민주노총 위원장이 구속을 두려워하지 않고 싸울 테니 한 번만 더 해보자고 했다. 연맹 위원장들은 정파별 이해관계에 얽혀 있었고, 민주노총 사무총국의 간부들은 인선조차 하지 못했을 때였다. 믿을 건 조합원들밖에 없었다. 조금씩 현장에서 반응이 올라왔다.

노동절을 앞두고 민주노총 대외협력실에 종로 거리 8차선으로 집회 신고를 내라고 지시했다. 그랬더니 돌아온 반응이 기가 막힐 노릇이다. 허가도 아니고 신고만 하면 되는 것을 두고 이런 집회 신고는 낼 수 없다고 반발하고 나온 것이다. 선거 기간에 가졌던 토론회 자리에서 나는 민주노총 사무총국이 관료화되어 있고 위기를 돌파하려면 집행 간부도 함께 쇄신해야 한다고 주장했다. 당선되고 나서 사무총국 전체 성원들과 간담회를 하는데 일부가 이 발언을 문제 삼기 시작했다. 집행 간부를 바꿔야 하는 사유가 뭐냐, 우리가 뭘 잘못했느냐, 한다면 어떤 방식으로 하겠다는 거냐며 항의했다. 당선되고 나서 사무실에 나왔더니 정책실장이 사표를 내놓고 출근하지 않고 있었다. 노사정위원회 문제 등에 대해 핵심 간부로서 나름대로 책임을 지겠다고 나온 것이다. 아마 당선된 집행부와 노선이 맞지 않는다는 판단도 작용했을 것이다. 나는 사표를 수리했다. 잘못된 정책을 입안한 것에 대해 간부로서 책임지는 태도가 옳다고 생각했기 때문이다.

그런데 내가 이 사표를 수리해버리는 바람에 사무총국의 분위기는 더 냉랭해졌다. 위원장이 무슨 말을 하면 콧방귀를 뀌기도 했고, '어디 할 테면 해봐라.' 하는 식으로 노골적인 사보타주를 보였다. 그 간담회에서도 마찬가지였다. 나는 개별 인사들의 문제를 이 자리에서 얘기하는 것은 맞지 않으며 앞으로 일해가면서 문제를 바꿔나가자고 말했는데, 당장 이 자리에서 답을 하라는 등 분위기가 험악했다. 정권은 바뀌어도 관료는 영원하다는 말이 생각났다. 위원장에 대한 경계심으로 똬리를 단단히 틀고 혹시나 자기들에게 불이익이 올까 하여 공격해 오는 모양에 화가 치밀었다. 말이 곱게 나오지 않았다. "지금 위원장에게 항명하는 거냐"며 얼굴 붉히다가 이상한 분위기로 자리가 끝났다. 이후로도 사무총국의 분위기는 똑같았다.

그런 분위기에서 집회 신고를 지시하자 거부하고 나온 것이다. 이전 집행부가 인선한 간부들이라 해도 이건 너무 황당한 반응이었다. 아무리 맘에 안 드는 위원장이라도 위원장 지시를 이렇게 막 어겨도 되나 싶어 왜 그러느냐 했더니, 지금까지 그런 선례가 없고 경찰도 안 들어줄 것이라는 게 이유였다. 차라리 지도부에 대한 반발에서 그랬다면 나았을 텐데, 근본 문제는 내면부터 투쟁과 멀어진 민주노총 간부들의 관료적인 습성 때문이었다.

경찰이 안 내줄 게 뻔하다며 그들은 나를 물정 모르고 덤비는 돈키호테처럼 대했다. 무식한 촌놈이 위원장 되었다고 시국이 어떻게 돌아가는지도 모르고 잘난 척한다는 거였다. 나는 시키는 대로 하라고 재차 지시했다. 표정은 좋지 않았지만 어쨌든 위원장의 지시에 따라 집회 신고를 했다. 그런데 집회를 1주일 정도 남겨 두고 경찰에서 종로 거리 2차선을 주겠다는 통보가 왔다. 신고를 냈던 간부들이 깜짝 놀라 최근 들어 처음 있는 일이라며 경찰서에 갔다 오겠다고 했다.

나는 8차선을 냈으므로 2차선으로는 받을 수 없으니 간부들에게 경찰서에 가지 말라고 했다. 간부들은 또 한 번 나를 황당하게 여겼다. 그런데 며칠 후 경찰에서 다시 연락이 왔다. 4차선을 줄 테니 받으라는 거였다. 나는 다시 거부했다. 신고하고 집회하는 것도 열받는 일인데 사실상 허가받아 하는 꼴이니 내가 받고 말고 할 이유가 없었다. 우리는 종로 8차선 집회를 강행하겠다고 했다. 내게 보고하러 왔던 대외협력실 간부가 돌아서며 한마디 한다. "촌에서 올라와서 ×도 모르면서 까부네." 아예 들으라고 비아냥거리는 것이다. 이런 사람들이 민주노총을 끌고 가고 있었다니……. 1년 전만 해도 수십만 명의 노동자가 길거리로 나와 노동법·안기부법 날치기 반대 투쟁을 했는데, 대통령 선거에 휩쓸리면서 정치판으로 자리 찾아 떠난 자들은 그렇다 치고, 남은 사람들마저 조직에서 자리보전 놀음이나 하고 앉았으니, 투쟁은커녕 이들에게는 민주노총이 싸우는 조직이라는 의식이 없었다. 생긴 지 3년밖에 안 된 민주노총은 벌써 이렇게 관료들로 인해 현장 조합원들과 멀어지고 있었다.

어쨌든 경찰의 4차선 제의를 거부하고 8차선 집회를 강행하게 됐다. 반대했던 간부들도 경찰이 인도가 아닌 차도를 허가해준 것이 처음 있는 일이므로 종로 거리에서 합법적으로 폼 나게 집회를 치르고자 했다. 하지만 나와 사무총장의 생각은 달랐다. 합법이란 틀을 중앙이 고집하면 밑에서 올라온 단위 노동조합은 아무것도 할 수 없다는 것을 몸으로 체험해온 우리다. 중앙 지도부가 정당한 싸움에 '불법'이란 죄를 덮어쓰고 감옥에 가는 것이 옳지, 합법을 고수하기 위해 조합원들의 투쟁의지를 회피하는 것 자체가 현장 노동자들에게 도움이 되지 않는다고 생각했다. 그때 우리 상황이 어땠는가 하면, 집회 한 번을 제대로 하지 못했고 인도로 행진하는 것조차 힘들었다. 김대중 정권은 IMF 경제 위기에 노동자들이 나라를 살리는 데 동참하지 않고 불법 집회나 한다며 이데올로기 공세를 엄청나게 해댔고, 자신들은 민주화 정권이므로 노동자들을 누구보다 이해한다는 듯 행세했다. 국민은 피로했고 노동자들은 어찌할 바를 몰랐다.

마침내 5월 1일 노동절이 왔다. 민주노총의 조합원들은 종로 거리 8차선을 점거했다. 경찰도 막지 못했다. 몇 년 만에 화염병도 등장했다. 종로 대로를 막고 투쟁하는 조합원들의 모습이 방송을 통해 전국에 보도되었다. 김대중 정권이 들어서고 나서 도심에서 일어난 최대의 반정부 시위였다. 우리는 노동자들에게 고통을 전가하는 김대중 정권을 비판하면서 '고용 안정과 생존권 사수'를 외쳤다. 조합원들은 담아두었던 분노를 폭발시켰다. 노동자들이 거리를 점거하고 시위하는 것을 두고 시민의식이 없다, 폭력 행위다라고 비판하는데 이는 오랫동안 권력을 가진 자들이 퍼뜨려온 논리에 우리 자신마저 길들어 있기 때문이다. 파업이란 노동자들이 가진 마지막 무기이다. 노동자들이 파업을 통해 맞서야 할 상대방-권력이든 자본이든-에게 어떤 타격도 입힐 수 없다면 이는 무기라고 할 수가 없다. 그래서 민주주의가 앞선 서구 선진국들에서는 노동자들의 파업에 시민들이 비난 대신 격려와 지원을 하며 기꺼이 불편을 감수한다. 노동자들이 투쟁을 통해 얻어낸 것들이 결국 사회 전체로 볼 때 자신들에게도 이득이 되는 일이며, 지배 계급이 아닌 자신들을 대신해 싸워주고 있다는 사회의식이 있기 때문이다. 틈만 나면 세계화, 선진화를 외치면서 지배자들은 선진국의 이런 사회의식과 계급의식이 들어오는 것만은 철저하게 막아놓고 시민을 '국민화'했다. 자신들의 지배를 무너뜨리는 위험한 의식임을 알기 때문이다. 폭력을 좋아하는 사람은 없다. 다른 사람을 불편하게 만드는 걸 즐기는 사람도 없다. 툭하면 노동자들을 '폭도'로 모는데 노동자들은 그야말로 거리의 '폭도'가 되지 않고자 조직된 파업을 벌이는 것이다.

민주노총 임원이 노동부 4급 서기관으로

우리는 투쟁하는 노동자들의 모습을 보면서 그 자리에 함께하지 못한 단위 노조의 조합원들과 노동조합조차 없는 노동자들이 힘을 받아주길 기대했다. 민주노총이 당신들에게 힘이 되어주겠다는 선언을 한 것이다. 집회 전 나는 전해투(전국 해고자복직투쟁 특별위원회)의 해고자들과 활동가들을 모았다. 전해투는 선봉대 역할을 할 준비가 충만하게 되어 있었다. 나는 이들에게 "현 시국에서 우리는 곱게 집회하고 물러날 생각 없다. 화염병이든 쇠파이프든 타격을 입히는 투쟁을 할 것이다. 동지들이 준비해줄 수 있겠느냐. 사무총장과 나는 구속을 각오하고 있다. 전면전을 벌일 것이다." 전해투 동지들은 두말없이 준비하겠다고 했다. 사무총국의 합법 지향 간부들이 들었다면 난리 났을 일이었다. 그 자리에 온 동지들은 약속대로 학생 동지들과 함께 전면전을 준비해왔다. 그런데 집회에서 보니 우리가 예상치 못했던 조합원들도 쇠파이프를 준비해와 투쟁을 벌이는 것이다. 수만 명이 모인 것도, 도심을 장악한 것도, 전면 투쟁을 준비한 것도 오랜만에 일어난 일이라 정권도 놀랐다. 더구나 당선된 지 한 달 만에 외롭게 뛰어다니며 준비한 결과가 이렇게 나타나니 우리 스스로 뿌듯했다.

여러 번 밝힌 대로 나는 혼자 몸이라 구속에 대한 부담이 적었고, 선거를 하면서 이미 싸우다 구속된다는 결심도 굳힌 상태였다. 그런데 정작 위원장인 나를 빼고 유덕상 수석과 고영주 사무총장에게 구속 영장이 떨어진다. 가뜩이나 사람이 취약한 내 손발을 묶어버린 것이다. 이는 내가 구속된 것보다 더 힘들었으니 정권의 의도가 성공했다고 볼 수 있다.

어떤 명분으로도 당연히 위원장에게 수배령이 떨어져야 하는데, 총책임자인 위원장한테는 아무 조치 없이 수석과 사무총장을 구속하는 것은 이해할 수 없는 일이었다. 내가 원하는 대로 해주지 않겠다는 것인지, 정권의 의도가 무얼까 생각했다. 집회마다 구속되겠다고 공언하고, 동지들과 통화할 때면 내 진심을 전하려고 "나는 정말 구속 각오했다. 타협하지 않고 싸울 것이다. 그러니 믿고 도와달라"고 말해 왔는데, 어쩌면 내 전화를 도청하고, 정말 감옥 갈 것 같으니 영웅 만들어주기 싫어서 안 보낸 것인가 하는 생각도 들었다.

뒤에 김대중 정권 시절 안기부가 사회 주요 인사들을 광범위하게 도청한 사실이 발각되어 곤욕을 치르는 것을 보고, 안기부는 누가 투쟁을 하고, 누가 투쟁을 하지 않으려 하는지 모두 알겠구나, 어떤 사람이 정권의 끄나풀인지, 정권과 연결되어 끊임없이 내부를 교란하는 자가 누구인지도 정확히 알고 있겠구나 싶었다.

어쨌든 수석과 사무총장의 수배는 우리 내부를 흔들었고 동력을 떨어뜨렸다. 무엇보다 김대중 정권에 대한 민주노총 내부의 인식 차이는 노동절 집회와 지도부에 대한 구속 이후에도 계속되어 우리를 힘들게 했다. 나는 이들과 참 많이 싸워야 했다. 이들은 끝없이 김대중을 사랑했고, 김대중 정권이 신자유주의를 신봉하기에 노동자와 화해할 수 없는 정권임을 인정하지 않았다. 더구나 이들은 일반적인 노동자 대중이 아니라 조합원들을 조직하고 교육하는 의식을 가진 활동가들이었다. 이 정권은 절대 노동자 편이 아니다, 이 정권의 노동정책은 노동자들에게 저항을 불러올 것이다라고 해도 이들은, 해방 이후 최초의 민주적인 정권 교체다, 김대중 대통령은 재야 출신이고 그 안의 사람들도 민주화 운동 출신들이 많으니 우리와도 얘기가 통한다, 출범한 지 1년도 안 된 정권에 퇴진하라는 것은 말도 안 된다며 기다려봐야 한다고 주장했다. 우리가 지켜줘야 한다고 말하는 자도 있었다. 쥐가 고양이를 생각하는 형국이랄까.

이들은 5년 후에도 똑같이 노란 풍선을 들고 권영길이 아닌 노무현의 당선을 위해 뛰었다.

김대중 정권에 대한 애정과 무비판적 수용은 노사정위원회에 들어가 정리해고를 받아들인 것에서 절정을 이뤘다. 당시 정리해고와 근로자 파견제를 합의하고 온 지도부가 내건 명분 가운데 하나가 어차피 우리 힘이 약해 막지 못할 거라면 그나마 김대중 정권에서 합의하는 게 낫다는 것이었다.

노동절이 끝나고 난 후 임원 산별 대표자회의를 열었는데 위원장인 내가 노동절 대회사에 '정리해고를 밀어붙이는 김대중 정권 퇴진'을 집어넣은 것 때문에 난리가 났다. 나는 심하게 공격을 받았다. 그때 공격에 앞장선 사람은 민주택시연맹의 위원장이었다. 한국노총 소속이었다가 민주노총으로 넘어왔는데, 2004년 수석 부위원장을 맡았다가 택시운송연합회에서 수천만 원의 뇌물을 받아 구속되어 민주노총 집행부를 총사퇴하게 만든 인물이다.

그는 "적어도 정권을 퇴진시키려면 위원장 개인의 생각이 아니라 조직적으로 논의해서 결정되어야 하며 이는 엄격하게 분석해서 주장해야 하는 것 아니냐"고 나를 다그쳤다. 그 말이 떨어지자 다른 사람들도 기다렸다는 듯이 "출범한 지 1년도 안 된 대통령에게 퇴진하라고 하는 건 안 된다. 더 지켜봐야 한다", "우리가 뽑은 대통령인데 우리가 욕해서 되느냐"라고 생각도 못한 말들을 내뱉기 시작했다. "나는 민주노총 후보인 권영길을 뽑았는데 당신들은 김대중 대통령을 '우리가 뽑았다'라고 말하느냐. 김대중이 정리해고를 밀어붙이고 있고 노동자들이 길거리로 나앉기 시작하는데 이런 사람을 노동자들이 뽑은 대통령으로 인정한다는 건 있을 수 없는 일이다. 나는 그래서 김대중 정권이 퇴진해야 한다고 생각한다." 나와 고영주 총장은 입체적으로 쏟아지는 공격에 맞서 끝까지 뜻을 굽히지 않았다. 하지만 놀라웠다. 임원 · 산별 대표자 회의는 실질적으로 민주노총을 이끌어나가는 간부 중의 간부들이 모인 자리인데, 이 자리에서 이렇게 노골적으로 정권을 두둔하는 발언이 나올 줄은 몰랐다.●

사보이호텔의 비밀 회동

5월 노동절 투쟁 이후 민주노총의 총력 투쟁은 조금씩 불이 붙었다. 금속연맹, 공익노련은 총파업 돌입을 선언하고 투쟁본부를 꾸렸다. 밖으로는 민주노총이 중심이 되어 각 사회단체와 함께 '고용 · 실업 대책, 민중 생존권 보장, 재벌 개혁, IMF 재협상 촉구를 위한 범국민 대책위'를 출범시켰다. 사회여론도 좋았다. 국제 노동 단체와 인권 단체, 사회운동 단체들에서는 IMF를 비난하며 김대중 정부

●

그날 그 자리에서 우리를 공격하고 김대중 정권을 지키고자 했던 사람들은 나중에 모두 정권의 품으로 날아갔다. 언론연맹 위원장은 몇 달 후 자신의 사업장인 KBS 부사장으로, 민주노총의 부위원장과 사무총장을 했던 사람은 민주당의 국회의원으로, 사무금융노련 위원장은 산재의료원 감사와 이사장으로, 화학연맹 위원장은 노동부 4급 서기관으로 화려한 변신들을 한다. 이들이 김대중과 노무현 정권에 협력하지 않았다면 이런 자리들은 없었을 것이다.

민주노총보다 정권을 더 사랑했던, 아니 누구보다 자기 자신을 가장 사랑해서 노동자들의 고통을 팔아 자신의 안락을 채운 이들의 변신은 그래서 무죄가 아닌 유죄다. 문제는 지금도 노동운동 안에는 이런 변신들이 계속되고 있다는 것이다.

에게 노동자 탄압을 중지할 것을 연일 촉구했다. 나는 대정부 직접 교섭과 총파업을 통한 투쟁을 선언했고, 중앙위원회에서는 노사정위 불참을 거듭 확인하면서 정부와 직접 교섭을 결의했다. 현장에서는 속속 총파업 준비가 이뤄졌다.

그러나 임원 · 산별 대표자회의에서는 노사정위원회에 복귀하라는 압력이 거셌다. 국민파가 주를 이뤘던 상층 간부들은 투쟁을 통한 돌파보다는 협상을 원했다. 국민파에 속하지 않은 임원들도 노사정위 불참을 선언한 나를 지지해주지 않았다. 임원 · 산별 대표자회의에서 우리 집행부는 언제나 소수였다.

투쟁의 열기가 오르자 정부는 협상을 제안했다. 그러나 만나보면 노사정위에 들어와서 논의하자는 말만 되풀이할 뿐이었다. 우리는 1차 총파업을 성사시켰고 6월에 2차 총파업을 선언했다. 파업뿐 아니라 전국 동시다발 집회, 단위 노조 대표자 상경 투쟁 등을 이어가며 투쟁 열기를 놓치지 않으려 노력했다. 정부는 2기 노사정위원회를 출범시키겠다고 선언했다. 6월 대의원 대회에서 민주노총은 노사정위 참여를 결정했는데, 노사정위는 지지부진하게 어떤 대안도 내놓지 못했다. 그런 가운데 다시 7월에 총파업 투쟁을 선언했다.

금속과 공공연맹이 주축이 되어 파업에 들어갔다. 민주노총의 지도부는 명동성당에 천막을 치고 농성 중이었다. 어느 날 금속연맹 위원장이 나와 수석 부위원장, 사무총장 세 사람을 명동성당 밖에서 보자 했다. 명동의 사보이호텔에 방을 잡아놓았으니 거기서 만나자는 것이다. 호텔에 가보니 금속연맹의 위원장, 사무처장, 공공연맹 위원장, 그리고 사회보험 노조 위원장 이렇게 네 사람이 기다리고 있었다. 민주노총 임원 세 사람이 이들의 부름에 응한 꼴이 되어 내심 개운치 않았지만, 이들의 역할이 매우 중요하기에 투쟁에 대한 중요한 의논이 있으려니 기대했다. 특히 사회보험 노동조합은 90% 이상이 파업에 참여하며 투쟁을 사수하고 있던 터라 가장 고마운 조직이기도 했다.

그런데 막상 대화를 시작하니 맥이 풀리고 말았다. 투쟁의 결의나 무언가 새로운 전술에 대한 얘기가 나올 줄 알았는데 이들의 입에서 나온 말은 투쟁을 접으라는 것이었다. 이들은 "지금 실제 싸우는 조직은 우리밖에 없지 않으냐. 현실적으로 대오를 이끌기 어려우니 민주노총이 투쟁을 정리하라"고 정중하게 압력을 행사했다.

민주노총에 올라온 지 넉 달도 안 되었는데 막장을 보는 것 같아 씁쓸했다. 불과 넉 달 전만 해도 나는 그들을 믿고 투쟁했던 노동자였다. 그런데 그날 사보이호텔에서 보여준 그들의 모습은 민주노총 위원들을 조용히 불러 협박하는 실세 조직들의 두목 딱 그것이었다. 지금까지 몰랐던 또 다른 세상을 보는 것 같았다.

나는 화가 났다. "당신들 연맹과 단위 노조에서 대의원 대회를 열어서 힘드니 접고 싶다고 말해라. 힘들면 본인들 의사를 회의에서 말할 것이지 왜 위원장인 나한테 멈추라고 협박하느냐. 민주노총 대의원 대회에서 결정된 파업은 1개 조직이라도 있으면 가야 한다."

내 대답을 듣고 그들은 황당해했다. 그렇게 말하고 돌아 나오려는데 여기가 호텔방인 것이 생각났다. 목욕을 못 한지도 오래되었고 해서 이왕 돈 낸 호텔이니 씻기나 하자고 목욕을 하고 나왔다. 내가 씻고 호텔방을 나오고서도 수석과 사무총장은 그 자리에 남아 나 대신 이야기 듣느라 한참을 고생했다.

어이없고 화났던 그날 얘기를 현장의 동지들에게 전했더니 설마 하며 믿지 않는다. 나 역시도 믿기지 않는 광경이었기 때문에 그런 반응이 이해되고도 남았다. 민주노총 초기에는 투쟁 중심의 현장파와 중도 성향의 활동가들이 이른바 범좌파로 묶여 서로 협력하며 투쟁도 함께 했었다. 그러다 단병호 비대위로 전환하고 나서 총파업 투쟁을 철회하면서 강경한 좌파 동지들이 떨어져 나가고 금속연맹 중심으로 중앙파라는 새로운 정파가 만들어진다.

중앙파는 그 대표 성원들이 중앙의 간부를 주로 맡았다 하여 붙여진 이름이다. 선을 그어서 설명하자면 가장 오른쪽에 국민파가 있고, 가운데에서 약간 왼쪽에 중앙파가 있으며, 가장 왼쪽에 현장파가 있는 형국이다. 그러나 좌파는 단일하게 세력을 형성한 게 아니라 여러 갈래로 나누어져 있어 취약했다. 민주노총에 이런 정파 구도가 굳어지면서 나처럼 정파에 속해 있지 않은 사람은 일하기가 어려웠다.•

정파의 수장들은 각 단위 노조 위원장들을 자기 세력으로 조직해서 줄을 세우기 시작했다. 사보이호텔에서 총파업을 철회하라는 협박을 당하고 나서 얼마 후 또 일이 벌어진다. 민주노총의 단위 노조 가운데

•
민주노총의 취약점은 직접 조합원이 없다는 것이다. 연맹들의 연합체이다 보니 실무자들 50명 정도 외에는 직접 사람을 동원할 수가 없다. 집회 한 번을 하려 해도 지역 본부나 연맹에서 사람이 동원되지 않으면 할 수가 없는 것이다. 노동조합들의 중앙 조직으로서 민주노총이 정부를 상대로 최대한 협상력을 높이는 방법은 현장 투쟁이 뒷받침되는 것밖에 없다. 그런데 현장 투쟁이란 게 각자의 조건에 맞게 하다 보니 똑같이 맞추기가 어렵다. 민주노총이 힘을 가지려면 조직을 서로 뭉치게 해야 하는데, 정파들이 택한 방법은 어려운 결합 대신 자기 조직 챙기기였다. 조직을 갖지 못한 사람, 즉 정파에 소속되지 않은 사람은 점점 조직 밖으로 밀려났다.

규모나 조직력에서 가장 큰 사업장인 현대자동차 노동조합의 위원장이 명동성당에 와서 나를 보자고 한 것이다. 현대자동차 노조는 그때 사측에서 발표한 정리해고를 받아들일 수 없어 무기한 파업에 돌입해 있던 중이었다. 그런 중에 서울 명동성당에 나타나 나를 보자고 하니 나는 무슨 일인가 싶었다. 울산에서 함께 투쟁하던 후배 위원장이 서울에 와서 만나자 하니 반갑고 격려하고픈 마음에 한걸음에 내려갔다. 마침 함께 있던 이규재 부위원장에게 소개도 시킬 겸 자랑도 하려고 같이 약속 장소인 성당 밑 로얄호텔 커피숍에 들어갔다.

그런데 만나서 서로 안부를 묻고 바로 꺼내는 말이 또 뒤통수를 친다. "투쟁 대오가 현대자동차 노동조합을 빼고 나면 없지 않으냐. 그러니 민주노총 파업은 접어라. 파업은 우리가 알아서 할 것이다." 사보이 호텔 2탄이었다. 나는 맥이 탁 풀렸다. 현장의 노동자는 안 그럴 줄 알았는데……. 말할 수 없는 배신감이 올라왔다. "파업 철회가 너의 생각이냐, 금속연맹 위원장 지시냐?" 나는 물었고, 현대자동차 위원장은 "제 생각이나 위원장 생각이 똑같습니다"라고 대답했다. 나는 "실망스럽다. 하지만, 접고 싶으면 네가 접어라. 현대자동차 싸움이 더 힘들어서 안 된다고 생각하면 위원장인 네가 판단해서 접어라. 이렇게 민주노총에 와서 공갈치듯이 말하지 마라. 민주노총은 사회적으로 싸워야 하기 때문에 지금 접을 수 없다. 오판하지 마라." 하고 자리에서 일어섰다.

함께 있던 이규재 부위원장이 현대자동차 위원장을 호되게 나무랐다. "내가 60이 넘도록 운동을 하고 있지만 이건 잘못됐다. 민주노총의 투쟁은 단위 사업장을 위해 하는 것이 아닌데 젊은 사람이 원칙을 지키지 않고 투쟁을 할 시기에 투쟁을 접으라고 하면 되느냐. 지금 민주노총이 투쟁할 때지 접을 때냐." 나는 이규재 부위원장의 꾸지람 소리를 들으며 돌아서 나와버렸다. 농성장으로 오는 발걸음이 너무나 무거웠다.

국가안전기획부장과의 만남

1998년 7월 12일, 무차별한 정리해고 상황에서 노동자들이 뭉쳐서 생존권을 지켜야 한다는 분위기가 높아지자 한국노총과 민주노총은 여의도에서 10만 노동자 궐기 대회를 열었다. 한국노총의 박인상 위원장은 작은 차이를 극복하고 전국 노동자가 공동 투쟁할 것을 선언했다. 민주노총이 만들어지고 나서 한국노총과 이렇게 대규모로 함께 집회를 연 건 처음이었다. 한국노총은 '고용 안정, 생존권 사수'에 동의하며 민주노총의 공동 투쟁 요구를 받아들였다. 수십 년 어용의 역사. 노동자들의 조직이면서 노동자의 이익보다는 정권의 이익에 더 민감했던 한국노총이, 민주노총과 함께 싸운다는 사실 자체가 사회 상황이 얼마나 노동자들에게 힘겨웠는지를 보여주는 것이었지만, 과연 한국노총이 끝까지 이 싸움을 할 것인가 불안했다.

혹시나 하는 마음은 역시나로 끝났다. 한국노총의 박인상 위원장은 국민회의의 비례대표로 국회의원이 되었고, 신한국당, 국민회의, 민주당, 한나라당으로 이어지는 정권의 부침에도 한국노총의 위원장들은 꾸준히 집권 여당의 국회의원들이 되었다. 한국노총 조합원들 뜻은 알 길이 없었으나 상층에서 선언한 공동 투쟁은 끝나고 만다. 지금은 한국노총도 조합원들이 아래에서부터 개혁을 원하는 상황이라 나름대로 개혁 집행부가 들어서기도 한다. 그러나 창립 초기부터 상층부가 정권과 워낙 밀착됐던 관행은 여전히 뿌리 뽑히지 않고 있다. 정권도 그렇게 개혁되도록 가만있지는 않기 때문이다.

민주노총이나 한국노총이나 정권의 사람 빼가기와 '알 박기'는 똑같았다. 위원장이 되었을 때 민주노총 안에 노동부와 청와대, 경찰과 통하는 사람이 있을 거라고 예상은 했다. 중공업 노조에서 하도 많이 겪은 일이라 조직 내 연결선이 기본적으로 있다는 것쯤은 알고 있었다. 그러나 정확히 누구인지는 알 수 없었는데 때로는 회의를 하다가 자기도 모르게 정부의 동향을 아는 것처럼 말하는 사람이 있어, 정부 측 누구와 만나는구나 하고 짐작만 할 뿐이었다. 위원장인 내게도 정부가 여러 선을 대서 작업을 했을 텐데, 다른 위원장들에겐 어떻게 접근했는지 모르지만 아마 내게 접근하기는 굉장히 어려웠을 것이다. 나는 연고가 서울이 아닌 울산과 부산이고, 초등학교는 워낙 학생 수가 많아 같은 반 친구도 모르는 만큼 선후배 찾기도 어렵고, 중학교는 신생 학교여서 선배가 거의 없고, 고등학교는 직업훈련원에 다녀 햇수도 짧은 데다 대학을 나온 것도 아니니, 학연으로도 지연으로도 연줄을 찾기가 어려웠을 것이다. 더구나 부모님이 일찍 돌아가셨고, 아버지가 외동아들에 할아버지도 달랑 형제만 두 분이어서 제일 가까운 친척이 6촌이었다. 증조할아버지부터 위로 7대까지 독자 집안이었으니 일가친척을 뒤져봐야 나올 만한 사람도 없었다. 내가 아는 사람들이라곤 고향 친구들과 울산에서 노동운동하는 동지들밖에 없었으니 선을 대려야 대기가 어려웠을 것이다.

그해 여름 총파업 중일 때 권용목 동지가 전화를 했다. 관계가 잘 풀리지 않던 민주노총과 정부를 연결해주는 고리 역할을 하려고 전화를 했던 것이다. 권용목은 서울에서 생활하고 있었는데 선거 직전에 보고 몇 달 동안 연락이 되지 않은 상황이어서 반가운 마음에 만나자 했더니, 자기보다 정부 쪽에서 나를 만나고 싶어 한다는 것이다. 정부 누가 보자고 하느냐, 어떤 경로로 연락한 것이냐 물었더니, 자기도 잘 모르고 짐작으로 대통령의 아들인 것 같다고 한다. 그 소리를 듣고 나는 그동안 정부와 선이 닿은 것으로 추측되는 임원들을 제외한 나머지 임원, 실장들과 의논을 했다. 결론은 누구인지 만나보라고 결정이 났다. 박표균 조직쟁의실장과 함께 권용목이 말해준 을지로 롯데호텔의 방-사보이호텔도 그렇고 왜 이렇게 호텔방들을 좋아하는지 모르겠다-으로 갔다.

약속 장소에는 뜻밖에도 당시 안기부장인 이종찬이 나타났다. 왜 나를 만나자고 했는지 물었더니 그는 "국가가 대단한 위기다. 대통령이 정말 열심히 하려고 하는데 위원장이 대통령을 좀 도와줘야 하지 않느냐"고 말을 꺼냈다. 나는 "안 도우려고 한 적 없다. 재벌을 개혁하고 노동자를 위한 사회로 가야 하는데, 대통령은 반대로 가고 있다. 옳은 방향으로 개혁한다면 우리는 언제든 도울 준비가 되어 있다"고 했다. 그는 "어쨌든 도와달라"고 같은 말을 반복했고, 나는 "대통령이 혹시 모르고 있을지 모르니 가서 잘 전해라. 정책 방향을 바꿔야 한다. 안기부장이면 그 정도 역할을 해야 하는 것 아니냐. 노동자들에게만 고통을 전가하는 이런 정책은 안 된다." 서로 평행선을 달리다 별다른 말 없이 싱겁게 헤어졌다.

이 정도 말을 하려고 안기부장이 민주노총 위원장을 만나는 것일까. 안기부 독단의 행동인지 정권 차원의 행동인지 더는 생각하지 않기로 했다. 정부의 안을 가지고 나온 것도 아니고, 뭔가 있는 것처럼 보인다고 혹했다가 괜히 정부의 작전에 말려들기 십상이다. 그리고 뭐가 됐든 비공개 만남은 좋지 않으며 더구나 위원장의 비공개 행보는 조직에 좋지 않은 영향을 끼치게 마련이다.

다음날이 되자 아주 우스운 일이 벌어졌다. 당시 민주택시연맹 위원장이 민주노총에 와서 난리를 치는 것이다. 안 그래도 안기부장 만나고 온 얘기를 임원회의에서 보고하는 중인데 그가 갑자기 들어와 "민주노총 위원장이 안기부장을 비밀리에 만났다는데, 해서는 안 되는 행동을 했으니 빨리 해명하라"고 떠들었다. 아직 임원회의에 보고도 안 돼 아무도 모르는 일을 당신은 어떻게 아느냐고 물으니 허를 찔린 듯 당황했다. 그는 어디서 들었는지 끝까지 출처를 밝히지 않았고, 어제 임원과 실장들 회의에서 결정해서 만나고 왔고 보고 중이란 말에 조용히 입을 다물었다.●

'민주정부'의 가혹했던 노동자 탄압

그해 여름은 노동자들에게 시련의 연속이었다. 노동자에 대한 정리해고는 여전했고, 현대자동차는 수만 명의

● 중공업에서 워낙 회사가 공작하는 것을 자주 봐온 터라 혼자 누구를 만나고 다니는 일은 절대 없지만, 만일 그때 내가 혼자서 움직였다면 아마 그들은 나를 사퇴하라고 했을 것이다. 정부는 위원장을 은밀히 유혹하고, 내부의 연결 선에게 이 사실을 흘려서 곤경에 빠트리려는 시나리오는 실패했지만, 외부의 적보다 내부의 적이 더 무섭다는 것을 새삼 실감했다. 민주노총의 위원장을 비롯한 간부들은 누구든 비밀이 없다는 전제를 두고 모든 움직임을 공개적으로 해야 한다는 것을 보여준 사례다.

정리해고를 막기 위해 광주 항쟁에 비견될 만큼 처참하게 싸우고 있었다. 노동자만 힘들고, 노동자만 죽어났다. 고통을 분담하자던 정권은 노동자 말고는 어떤 세력에게도 고통을 분담시키지 않았다. 자영업자들이 힘들었다고 하는데, 노동자들의 구매력이 있어야 생존이 가능한 영세 자영업자들은 사회 기득권인 자본가가 아니다. 재벌은 손 안 대고 코 풀기로 눈엣가시 같았던 노동조합을 '위기'라는 이름으로 말살했고, 정리해고를 당연한 듯 저질렀다. 재벌의 곳간은 이전보다 더 풍요해졌다. 재벌 총수들의 주식과 부동산 소유는 IMF 사태 때 오히려 늘어났고, 천문학적인 돈을 횡령해 검은돈을 만들고 결국은 자기 주머니에 집어넣었다. 나는 IMF 사태 때 광경을 보면 해방 정국이 떠오른다. 영원할 것 같았던 일제가 떠나고 해방이 되니 친일파들은 죽었구나 하고 벌벌 떨었다. 납작 몸을 엎드리고 그저 목숨만이라도 건지길 바랐을 것이다. 그런데 웬걸, 일제보다 더 고마운 미군정이 들어서서 자신들을 다시 요직에 기용해준 것이다. 그 덕에 일제 강점기부터 오늘날에 이르기까지 친일파와 그 후손들은 떵떵거리며 잘살고 있다. '친일 불패' 신화는 그렇게 만들어졌다.

세계에서 유독 한국 사회에만 있는 '재벌 불패' 신화가 나는 IMF 사태 때 만들어졌다고 생각한다. '재벌'이라는 기형적인 집단을 온 국민의 성원 속에 개혁할 수 있었던 기회가 바로 IMF 사태 때였다. 부당 상속, 불법 비자금 조성, 뇌물, 공무원 청탁, 문어발 확장, 국민 세금을 이용한 과도한 차입 경영, 국가 부도 위협 등 재벌은 경제는 물론 정치와 사회까지 온 나라를 어지럽힌 주범이었다. IMF 사태 초기에 재벌은 이런 국민의 정서를 읽고 납작 엎드렸다. 아무리 양보하고 또 양보한다 해도 IMF 사태의 가장 보편적인 현상이었던 '고용 불안, 양극화, 대량 실업'에서 재벌 일가와 우리 사회 상위 20% 부자들이 겪어야 했던 불이익은 없었다. 그래서 재벌은 본심은 아니었을지언정 언론을 통해서 사과하는 시늉이라도 한 것이다. 그런데 재벌을 개혁하고 경제 질서와 정치권 개혁까지 이룰 수 있었던 이런 절호의 기회를 김대중 정권은 내던지고 말았다. 국민은 해방 정국의 '반민특위' 구실을 해달라고 김대중 정권을 뽑아줬는데 이들은 '미군정'의 역할을 해버렸다. 부도덕한 기득권층과 손을 잡고 다시 약한 백성을 고통의 늪으로 떨어뜨린 것이다.

나는 IMF보다 김대중 정권이 더 미웠다. 민주노총 위원장 때 캉드시 IMF 총재를 만났다. 우리는 IMF에 대해 강력하게 비판했다. "너희가 뭔데 한국의 노동자들에게 '노동시장의 유연화'를 강요하며 구조조정과 정리해고의 고통으로 몰아넣느냐"는 항의였다. 캉드시는 민주노총에 "그건 너희 정부에 가서 따지라"고 했다. IMF는 재벌 개혁을 요구했다는 것이다. 실제 IMF가 요구한 구제 방안에는 재벌 개혁이 있었다. 재벌이란 집단은 자본주의의 앞잡이인 IMF가 보기에도 자유주의적 시장 질서에 맞지 않는 문제 집단이었기 때문이다. 물론 노동시장의 유연화는 IMF의 요구 사항에도 있었다. 그러나 그건 가장 강도 높게 주문한 주요 요구 사항이 아니었다.

김대중 정권이 IMF의 요구를 무조건 수용하는 굴욕적인 태도를 보인 것에 대한 비판이 있었듯, 한국 정부는 위기를 넘기는 것에 급급해 IMF가 어떤 집단인지, 이 국난의 원인이 무엇인지를 헤아리지 않았다. 오히려 기득권층을 건드리지 않고 약자들의 희생을 이용해, 정리해고와 같은 강제 구조조정을 통해서 위기를 돌파하고자 했다. 한편으로는 '나라 살리기' 이데올로기 공세를 펴서 '금 모으기'로 애국 열풍을 동원하기도 했다. 때리는 시어머니보다 말리는 시누이가 밉고, 점령군이었던 일제보다 거기에 부역한 친일파가 더 밉듯, IMF라는 점령군을 내세워 자신들의 계급적 본질을 드러낸 김대중 정권이 나는 더 미울 수밖에 없었다. 더구나 그는 5 · 18 때 광주에서 죽어간, 독재 정권의 직접 폭력으로 살해당한 인민들의 피 값으로 대통령이 된 사람이었기 때문에 그 미움은 더 컸다.●

김대중 정권은 노동자에게 끝까지 가혹했다. 심지어 8월 15일 특별사면복권 대상자 7000명 가운데 노동운동으로 구속된 노동자는 1명도 포함시키지 않았다. 우리는 더는 물러날 곳이 없었다.

●
우리가 어떤 정권이 민주적이냐 아니냐를 가늠할 때 그 정권이 과거 어떤 일을 했느냐도 물론 중요하지만, 현재 그 정권이 어느 계급의 이익에 기반을 두고 있느냐를 봐야 한다. 국민회의 또는 민주당은 중산층과 서민의 당임을 자처했지만, 그들의 정책이란 것은 아무리 급진적으로 해석해도 중도우파, 자본주의 시장경제를 넘어서지 못한다. 때론 시장경제조차 억압하는 독재 정권과 만났을 때 이들이 일시적으로 민주의 모습을 띠기도 하지만, 자본주의와 시장경제를 금과옥조로 여기는 한 이들은 노동자의 편일 수 없다. 지금처럼 경찰력을 동원한 아류 독재 정권이 집권한 상황에서 노동자들이 이들과 연대할 수 있는 지점들이 상황에 따라 얼마든지 있을 수 있다. 하지만, 우리는 기억해야 한다. 용산의 재개발이 시작된 건 현 정권 때가 아니었고, 기륭이나 이랜드 투쟁은 지난 10년 동안에 일어난 투쟁이란 것을. 개발 자본, 건설 자본, 재벌 자본들은 자유당, 공화당, 민정당, 민자당, 신한국당, 국민회의, 민주당, 한나라당 역대 어느 정권과도 변함없이 동거를 했다. 다만, 편안한 동거였느냐, 조금 불편한 동거였느냐 하는 작은 차이가 있었을 뿐이다.

재정위원회 비리사건

그런데 연맹별 간담회를 조직하고 하반기 투쟁을 준비하는 상황에서 또 엄청난 문제가 터진다. 1997년 추석 특판 문제가 다시 불거진 것이다. 예전에 민주노총과 재정 사업으로 특판을 함께했던 아남전자가 채무 관계가 해결되지 않았다며 문제 제기를 했었는데, 당사자들 간에 해결한다기에 그러라고 맡겨둔 사건이었다. 연맹과 순회 간담회를 마친 후 뒤풀이 자리에서 연맹의 한 간부가 내게 실수로 엄청난 말을 해버렸다. 내가 이미 다 아는 내용인 줄 알고 "재정위원장이 잘하려다 실수해서 5억을 날린 것이지 고의는 없었다. 주식이란 게 원래 그런 것 아니냐"고 말한 것이다. 얘기인즉 민주노총의 재정위원장 채○○이 특판 사업으로 벌어들인 돈을 주식에 투자했다가 5억을 날렸다는 것이다.

나는 경악할 수밖에 없었다. 바로 진상조사 위원회를 꾸려 조사를 시작했다. 그런데 일부 연맹과 지역 본부에서 또 난리가 났다. 투쟁하라고 뽑아줬더니 투쟁은 안 하고 분란만 만든다는 것이다.

그렇게 나오는 데는 이유가 있었다. 조사를 해보니 일부 연맹과 지역 본부가 재정위원회의 수익금으로 힘든 재정을 해결하는 데 도움을 받았고, 1997년 대선 자금으로도 활용했다는 것이다. 정확히 재정 사업으로 얼마를 남겨 조직에 얼마씩 주었다는 것인지도 명확하지 않았다. 주식 투자로 날린 5억 말고도 특판 이후 다른 사업에 손을 대다 실패를 했는데 그 금액도 2억이라 한다. 실패한 사업이 무슨 사업인지, 누가 했는지도 아는 사람이 없다. 계속 조사해보니 특판 담당이 의류 사업을 하다 실패해 팔지 못한 옷들이 창고에 처박혀 있다는 것이다.

재정위원회 실무자 민○○을 불러 조사를 하니 자료가 없다고 잡아뗐다. 통장을 다 가져오라고 하니 불태우고 없다고 한다. 대선 후보에게 자금이 간 것인지, 국민승리21의 누구에게 간 것인지, 총 얼마를 잃었다는 것인지, 관련 당사자를 불러 몇 번을 면담하고 구슬려도 답변하지 않았다. 할 수 없이 임원 산별 대표자회의에 이 문제를 올렸다. 또 놀라운 일이 벌어졌다. 조사는커녕 없던 일로 하자는 것이다. 더는 이 문제에 대한 해결을 진행할 수가 없어 중앙위원회 안건으로 올리겠다고 했다. 중앙위원회에 이 사안이 보고되자 난리가 났다. 당장 진상을 조사해서 처벌해야 한다는 중앙위원들과 조직의 보호를 위해 덮어두자는 중앙위원들이 서로 논란을 벌였다. 논란 끝에 관련자들이 물어내고 대의원 대회에 보고하는 것으로 마무리하게 됐다.

나는 검찰에 고발해서 조사하고자 했다. 그런데 유독 이때만큼은 좌우도 중도도, 노선과 상관없이 모두가 일치단결해서 막는 것이다. 평소에 앙숙이던 이들이 이렇게 단결하는 모습을 처음 보았다. 나만 몰랐을 뿐 이들은 이미 다 알고 있었다. 누군가 말실수만 하지 않았다면 그들은 영원히 이 사실을 덮었을 것이다.

재정위 사건은 밝혀진 것만 수억 원인 어마어마한 사건이었다. 민주노총이 총체적인 비리 집단으로 불려도 할 말이 없을 정도로 조직의 돈 수억 원이 흔적도 없이 사라졌는데 아무도 책임지지 않으려 했다. 대의원 대회에서도 마찬가지였다. 이미 연맹별로 대의원들에게 입막음해둔 탓에 이 문제는 조용히 넘어갔다. 조직의 돈을 개인이 마음대로 주식에 투기하고 사업에 손을 대서 날렸는데도 조직을 위한 충정으로 이해해 달라고 한다. 그러면서 한편에서는 내게 화살을 돌렸다. 위원장은 어떤 입장이었느냐고 따지는 것이다. 내가 위원장에서 물러나고 나서 단병호 위원장이 3대 위원장을 할 때, 대의원 대회에서 재정위 사건의 조사에 대한 보고가 있었다. 그런데 엉뚱하게 이미 물러난 내게 화살이 돌아왔다. 이 위원장이 얼렁뚱땅 이 문제를 넘기려 해서 이렇게 된 것 아니냐는 공격이었다. 한 대의원이 따지고 드는 것을 시작으로 위원장은 어떤 태도를 보였는지 공개하라는 문제 제기가 이어졌다.

결국, 당시 중앙위원회 회의록에 '위원장은 원칙적으로 검찰에 고발해서 정리해야 한다'고 주장한 기록을 확인하고 나서야 공격은 수그러들었다. 통장을 불태워버리고, 서로 쉬쉬하며 덮어두고, 터지고 나니 조직 보위를 내세우던 자들이 이제 와서 사건을 반대파 위원장에 대한 공격 수단으로 이용하려는 태도에 말할 수 없는 분노와 서글픔을 느꼈다.

재정위원회의 비리는 또 있었다. 이 사건은 대의원 대회에 보고조차 되지 않고 넘어갔다. 재정위 사건이 막 터졌을 때가 아니라 나중에 드러났기 때문이다. 1997년 당시 민주노총 사무총장 직무 대행이 재정위원회를 총괄하고 있었다. 1998년 임원 선거에 선거인 명부를 작성하기 위해 각 연맹별로 대의원 수를 확정해야 하는데, 당시 민주택시연맹 위원장 강○○이 재정위원장에게 재정위의 돈을 빌려달라 요청한 것이다. 평상시 납부해야 할 연맹비를 선거를 눈앞에 두고 납부하려니 돈이 필요했고, 재정위원장은 재정위원회의 공금 500만 원을 민주택시연맹 위원장에게 빌려주어 연맹비를 납부하게 한 것이다. 민주택시연맹 위원장은 그렇게 납부한 연맹비로 대의원 수를 배정받았다.

일이 터지자 그들은 황급히 500만 원을 재정위로 입금했다. 그러나 이 사건이 대의원 대회에 보고된 사실이 없다. 돈을 물어냈으니 된 것인가? 나는 이미 위원장에서 물러나고 울산에서 활동하고 있었기 때문에 전임 위원장의 처지에서 이 문제를 다시 거론하는 게 부담스러웠다. 조직의 치부를 자꾸 드러내는 것 같았고, 집행부에 '딴지'를 거는 모양새가 될 것 같아서였다. 결국 예상대로 사건은 지지부진하게 끝났다. 누굴 나무랄 것도 없이 내 책임이 가장 크다.

자본이 돈으로 민주노총의 대의원을 사서 자기가 원하는 위원장을 뽑는다면 우리는 아마 발끈해서 싸울 것이다. 그런데 우리 안에서 이런 일이 버젓이 일어나는데 우리는 이를 처리하지 못했다. 이를 막지 못하니 지금도 연맹 선거를 보면 연맹비는 적게 내고 대의원 수나 조합원 수는 늘리려고 수를 쓰고, 치열한 대립을 하고 있다.

결국, 내 잘못이다. 아무리 조직도 없고 혼자인 위원장이었어도 그때 그냥 관련자들을 검찰에 고발했어야 했다. 원칙을 지키고 조직 보위론자들에게 욕을 얻어먹는 게 차라리 낫다. 그때 검찰 고발로 국민의 뭇매를 맞았다면 지금쯤 민주노총은 제2, 제3의 비리 문제로 곤욕을 치르지 않아도 됐을 것이다. 원칙을 지키려는 노력보다 원칙을 지킨 결과적인 행위가 조직을 바꾸고, 조직을 지키는 일임을 뒤에서야 더 뼈저리게 깨달았다.●

노사정위원회의 탈퇴

임기 1년을 공언한 위원장이다 보니 힘을 가진 연맹의 위원장들은 내가 내려갈 날만 기다리고 있었다. 위원장은 노사정위원회 불참을 주장해도 대의원 대회는 노사정위 참여를 결정하고, 총파업

●

민주노총의 중앙 권력을 차지한 정파들은 문제가 생기면 어떤 형태로든 지도부를 장악하고 대의원을 조직하여 무마하거나 그 기록을 남기지 않으려 해왔다. 문제는 해결되지 않고 더 커지게 되었고 조직이 받은 상처는 치유되기보다는 임시 봉합으로 인해 되려 퇴보했다. 내가 만나는 노동운동가 대부분이 이런 사실을 잘 알고 있고 또 바꿔내야 한다고 말한다. 그런데 왜 바뀌지 않는 것일까. 나는 일단 드러내는 것에서부터 문제를 해결해야 한다고 생각한다. 모두가 알면서도 이런저런 음흉한 이유로 감춰왔던 사실들에 대해 세상에 드러내는 것이 필요하다. 물론 내가 모르는 일들이 더 많을 테지만 일단은 누구라도 먼저 드러내기를 시작한다면 최소한 그 문제라도 해결을 위한 첫발을 뗄 수 있을 것이다. 재정위 문제를 다시 거론한 것은 이 부분이 민주노총의 역사에서 아예 없었던 일로 되어버릴 우려 때문이다. 얼마 전 죽은 권용목도 죽기 전 재정위원회 비리 문제를 쓰려고 했다고 한다. 우리가 밝혀두지 않으면 결국은 그것들이 우리 발등을 찍는 날이 언제든 올 것이다. 역사란 그런 것 아닌가. 그래서 역사가 무서운 것이고.

을 선언하면 위원장에게 철회하라고 조용히 협박하는 식이었다. 지금의 나라면 더 노련하게 그런 상황을 헤쳐나갔을 것이다. 겉으로는 아무렇지 않은 척했지만 나는 역시 촌놈이었나 보다. 내가 울산에서 현대중공업 투쟁을 할 때 바라봤던 서울의 그 유수한 노동운동가들의 실체를 확인한 충격이 가시지 않았다. 관료 그 이상의 관료, 권력욕, 노회함, 능구렁이……. 그들을 보면 그런 단어들이 떠올랐다. 대의원 대회에서 그들의 수족인 대의원들이 발언하는 것을 보면 정말 욕지기가 나오려고 했다. 짜고 치는 고스톱. 각본대로 보스의 지시에 그들은 충실했고, 자신들이 하는 말이 어떤 의미인지도 모르는 듯했다. 자기편 대의원이 나와서 발언하면 무조건 박수 치고, 상대편의 발언에는 야유를 보내고, 민주라는 이름을 단 조직의 대의원 대회라는 게 부끄러울 정도로 민주노총은 점점 조합원들 보기에 염치없는 조직이 되어갔다.

연맹의 위원장들은 어차피 곧 내려갈 위원장인 내게 힘을 실어줄 생각이 전혀 없었다. 자기 연맹 소속 사업장들의 투쟁에 대응하느라 정신 없었다. 나는 자기 정파 조직원이 아니라 해도 위원장을 무기력하게 만드는 것이 곧 민주노총을 무기력하게 만드는 것임을 그들이 알아주었으면 했지만 그건 그야말로 바람일 뿐이었다.

청계노조 출신 부위원장은 자꾸 일을 만들지 말고 1년 공약 지키고 조용히 임기나 마치라고 노골적으로 얘기했다. 이들이 노동자를 위해서 무슨 일을 할 수 있을까. 사무총장도 구속되고 어차피 누구의 도움도 받지 못할 처지인 나는 혼자 싸울 준비를 한다. 현대중공업에서도 많이 경험해 보았기 때문에 내겐 익숙한 일이었다. 물론 그리 즐거운 일은 아니었다.

1기 노사정위원회 합의파들이 그나마 정리해고를 받아들인 대신 얻어낸 성과로 내세웠던 전교조 합법화가 합의 1년이 다 되어가도록 진척이 없었다. 오히려 정리해고와 구속자 수만 늘어갔다. 김대중 정권은 집권한 지 몇 달 안 되었는데도 역대 어느 정권보다 노동자를 많이 구속시켰다. 이대로 한 해를 보낼 수 없었다.

1998년 12월, '정리해고 즉각 중단 및 노동 시간 단축을 통한 고용안정 보장', '교원 노조 법제화 보장', '재벌 총수 · 정치인 · 관료 처벌과 부정축재 재산 환수', '구속 노동자 석방 및 수배 조치 즉각 해제' 등을 요구하며 국회 앞에서 혼자 농성을 시작한다. 천막을 치려는데 경찰이 뜯어가는 바람에 천막도 못 치고 그냥 시멘트 바닥에 혼자 앉아 농성을 시작했다. 위원장의 농성을 내부에서는 반기지 않았다. 일 만들지 말고 조용히 임기 지키고 내려가라는 판이었으니 반가울 리가 없었다. 어쨌든 위원장이 농성을 시작하자 전국 단위 노조 대표자들이 국회

앞에서 결의 대회를 한다.

나는 그 결의 대회 때 단식을 시작했다. 천막을 못 치니 작은 트럭을 한 대 구해 짐칸에 구조물을 만들어 단식 농성장을 꾸렸다. 연맹의 상층부는 관심이 없었고 귀찮아하는 기색이 역력했지만, 연맹들 가운데 투쟁하는 사업장을 중심으로 위원장의 단식 농성장에 모이기 시작했다. 조합원들이 모이는 데 지도부가 안 올 수 없으니 연맹들도 투쟁할 수밖에 없었다. 수도권 민중대회와 전국 동시다발 집회도 하면서 슬슬 투쟁 분위기가 고조되었다. 단식 열흘째 되던 날, 산별연맹 대표자들이 국회의사당 앞에서 기자 회견을 하게 된다. 민주노총 5대 요구안을 수용하지 않으면 1기 노사정위 합의 사항을 전면 백지화하겠다고 선언했다. 대통령과 민주노총 위원장 면담도 촉구했다. 단식 보름째 산별연맹 대표자들과 인원들이 위원장의 단식 농성에 합류했다. 여의도에는 굶는 지도부를 보겠다고 조합원들이 계속 찾아왔다.

그때 여의도에는 '민족민주유가족협의회' 부모님들이 군사 독재 정권에 희생당한 자식들의 진상 규명과 보상을 위해 1년 넘게 천막 농성 중이셨다. 내 농성 차 바로 곁에 있어 유가협 부모님들이 찾아와 얘기도 해주고 격려도 해주시곤 했다. 전태일 열사의 엄마인 이소선 어머니는 지금도 그때 얘기를 하신다. 죽는 순간에 "배가 고프다"는 말을 남기고 간 아들 태일이 때문인지, 유난히 밥 굶는 노동자들을 못 보셨다. 잠이 살풋 들어 있으면 조용히 와서 내 발을 쓰다듬어보다 가시곤 했는데, 왜 그랬냐고 하니까 위원장이 숨을 쉬는지, 안 쉬는지 체온이 정상으로 있는지 걱정이 되어 살피고 간 것이라 한다. 단식만은 절대 하지 말라고 하시는데 굶고 싶어 굶는 노동자들이 어디 있으랴. 이웃에 계신

유가협 부모님들 덕에 그나마 빌딩 숲과 대로만 휑했던 여의도의 단식 농성장이 외롭지 않았다.

산별연맹 위원장들과 민주노총 임원들이 모두 단식에 들어가니 민주노총 내부에서 단식을 풀기 위해 제안이 들어오기 시작했다. 산별 대표자들이 볼 때 대정부 5대 요구안은 1년을 굶어도 해결할 수 없는 사안들이었다. 위원장 때문에 어쩔 수 없이 하는 단식이었기 때문에 그들은 단식을 멈출 수 있는 진짜 내 요구 사항이 뭔지 궁금해했다. 그들은 위원장이 적당히 타협점을 찾아주길 원했다. 그때의 단식을 대정부 투쟁만을 위한 것이라 하면 거짓말이다. 나는 민주노총 내부와 정권에 대한 싸움을 함께 하고 있었다. 나는 내가 원하는 투쟁을 하고 싶었던 것이다.

나는 노사정위원회 탈퇴를 제안했다. 실제 제 역할을 하지도 못하고 노동자 희생만 강요하는 노사정위원회를 각 연맹이 결의해서 만장일치로 탈퇴하게 해달라고 요구했다. 그러면 단식을 풀겠다고 했다. 대외적으로는 1기 노사정위에서 합의한 전교조 합법화를 이끌어내는 것을 목표로 삼았다. 노동자에게 불리한 정리해고만 지켜지고, 전교조 합법화처럼 노동자에게 필요한 합의 사항은 하나도 지켜지지 않고 있었기 때문에 노사정위원회를 압박할 충분한 명분이 있는 싸움이었다.

산별 대표들은 대의원 대회를 긴급히 소집해서 결정을 내렸다. 노사정위원장에게 합의했던 전교조 합법화 문제를 해결하라고 촉구한다. 그러자 노사정위원회에서는 전교조 합법화를 노동조합법이 아닌 특별법과, 노동3권(단결권, 단체교섭권, 단체행동권)이 아닌 '1.5권'(단체행동권은 인정하지 않고 단결권의 범위는 축소하는 형태)으로 합의하자는 안을 제안한다. 노사정위원회에서 그 이야기를 들은 전교조 출신 민주노총 회계 감사는 이제 전교조 문제는 다 합의됐다고 말하고 다니며 일부 간부들과 함께 민주노총이 이 안을 받아들여야 한다고 주장했다. 나는 전교조 김귀식 위원장을 불러서 얘기했다.

"이렇게 하면 민주노총의 단식에서 전교조 부분을 빼고 갈 것이다. 민주노총은 특별법과 '1.5권' 을 받을 수 없다. 하려면 전교조가 단독으로 합의해라. 나는 받아들이지 못한다. 그리고 민주노총과 논의도 없이 합의되었다고 떠들고 다니는 사람들 노사정위에서 철수시켜달라." 김귀식 위원장은 긴급히 회의를 열어 민주노총에 전권을 위임하고 전교조 누구도 허락 없이 노사정위원회 출입을 통제한다는 결정을 해왔다. 사선을 통해 정부와 만나는 것을 막기 위함이었다.

김귀식 위원장은 내가 무슨 말을 하는지 바로 이해해주었다. 그해 연말 협상을 통해 전교조를 노동2권(단체교섭권과 단결권만 인정)에 노동조합법으로 합의하게 되었고, 또한 민주노총은 1999년 연초 대의원 대회에서 만장일치로 노사정위원회 탈퇴를 결정한다. 나는 26일 만에 단식을 풀었고 병원에 입원해 앓던 이를 4개나 뽑았다.

지하철 노조를 향한 짝사랑

1999년이 왔다. 연초부터 노동자 진보 정당 창당 문제와 노동자 통일 방북단 문제 등 현안 투쟁 말고도 여러 사안이 겹쳐 바쁘게 돌아갔다. 2기 집행부 출범 후 역사 인식, 투쟁 방향에 중심을 잘 잡아가던 고영주 사무총장이 6개월 만에 석방되어 업무에 복귀한다. 내 러닝메이트인 사무총장과 오랜만에 손발을 맞추게 되었는데, 임원 · 산별 대표자회의에서는 임기 1년 공약을 이행하라고 닦달을 한다. 성품이 온순한 고영주 동지는 그들에게 시달려 일을 제대로 할 수 없었다. 임원 산별 대표자회의는 엄밀히 말하면 공식 기구가 아니었다. 하지만 그들은 비공식 기구인 임원 산별 대표자회의를 고집했다. 중요한 결정을 내려야 할 때마다 회의 소집을 요구했다. 실질적으로 우리가 결정할 수밖에 없는 것 아니냐고 하는데 일리 있는 말이기도 했다. 어떨 땐 나도 이 구조를 이용하기도 했으니 필요악으로 여긴 셈이다. 어쨌든 비공식 기구에서 중요한 결정을 내리는 것은 비공식 권력을 더 공고하게 하는 것이라 지양해야 할 행동인데 내 잘못이 크다.

2월 말 열린 대의원 대회에 1999년 투쟁 방침과 예산안, 지난번 약속한 노사정위원회 탈퇴 건과 위원장 사퇴 건도 함께 안건으로 올렸다. 일부 임원과 산별 대표자는 예산안과 사업 계획서를 왜 현 집행부에서

●

노사정위원회 탈퇴는 10년이 지난 지금도 민주노총의 공식 결정 사항이다. 그해 연말, 전교조 합법화에 대해 노동조합법에 2권으로 합의하고 단식을 풀었는데, 정부는 시간이 한참 지나고 나서 약속을 어기고 1.5권에 특별법으로 만들어버린다. 노사 간 합의도, 노정 간 합의도 밥 먹듯이 어기는 그들과 어떤 신뢰를 가지고 협상을 할 수 있는지 회의가 들 수밖에 없다.

노사정위원회에 참여해서 책임 있는 사회 세력이 되어야 한다고 주장하는 사람들이 있는데, 민주노총은 노사정위에 참여하지 못해 사회적 힘이 없는 것이 아니라, 조직이 힘을 잃다 보니 노사정위 참여가 사회 참여의 전부인 양 내부 투쟁에 목숨을 거는 것이다. 민주노총이 힘이 있다면 노사정위 참여 같은 건 이토록 목숨을 걸 만한 사안이 되지도 못한다. 그 기구에 참여하지 않아도 얼마든지 사회적 영향력을 행사할 수 있는데 들러리 소리를 들어가면서 굳이 참여할 필요가 없는 것이다. 힘이 있으면 대정권 직접 교섭이 얼마든지 가능하다. 민주노총의 노사정위 참여파들은 지금 우리가 왜 힘이 없게 되었느냐는 근본 질문을 던지지 않고, 노사정위에 들어가야 사회적 시민권을 획득한다는 주장을 펴고 있다. 노사정위원회는 참여 안 하지만 노사정 대표자 위원회는 참석한다는 궁색한 행동들을 보면, 왜 저렇게 체력을 키울 생각은 하지 않고 겉으로 보이는 근육만 키우려고 하는지 이해할 수가 없다.

짜느냐며 차기 집행부에서 짜야 한다고 주장했다. 대의원 대회에 의무적으로 올려야 할 연차 예산안과 사업 계획서조차 올리지 말라는 것이다. 기가 막혔지만 어쨌든 우리가 해야 할 일에 최선을 다했다.

대의원 대회 날 그토록 문제 제기했던 사업과 예산 안들은 일사천리로 통과된다. 노선이 다르면 사업 계획을 꼼꼼하게 보고 문제 제기를 해야 할 텐데 그런 것엔 별 관심도 없었다. 안건들을 통과시키고 약속대로 임기 1년을 마쳤으니 위원장을 사퇴하겠다고 공식적으로 밝혔다. 그런데 물러나려 하니 반대 의견들이 많이 나왔다. 지하철의 일부 대의원들이 중심이 되어 상반기 투쟁을 책임진 후에 내려가라 했다.

결국 임원 사퇴의 건은 표결까지 가게 되었고 결과는 대의원 60% 정도가 중도 사퇴를 반대해 상반기 투쟁 마무리까지 임기를 연장하라는 결정이 내려졌다. 우리는 임기 1년 공약도 지켰고, 고영주 사무총장이 감옥을 갔으니 지도부가 구속되는 싸움을 하겠다는 약속도 지킨 셈이다. 직선제 공약은 혁신 팀에서 직선제 실시를 위한 제도 개선안을 마련하고 우선 단계별로 대의원과 중앙위원 수를 2배 가까이 늘렸다.

짧은 시간에 숨차게 달렸지만, 혈혈단신으로 입성해서 이 정도면 열심히 했다고 자부할 만큼 뛴 결과였다. 우리에게 주어진 6개월 정도의 시간을 어떻게 쓸 것인가가 새롭게 던져진 숙제였다.

우리를 마음에 들어 하지 않는 정파들도 우리가 정파의 이익을 위해 싸웠다고는 아무도 말하지 않았다. 자기들의 정파 소속이 아니어서 돕지 않았을 뿐, 우리가 열심히 싸운 것에 대해서는 인정해줬다. 그래서 우리에게 상반기 투쟁을 책임지라고 다시 짐을 떠넘긴 것이다. 자기들이 권력을 잡아서 획기적으로 싸울 수 있었다면 아마 당장 우리에게 물러나라 했을 것이다. 우리를 더 두고볼 이유가 없었기 때문이다.

임기가 연장되고 나서 우리 마음은 복잡했다. 특히 6달 동안 감옥살이를 하고 돌아온 고영주 사무총장은 일부 임원들과 산별 대표들을 보고 이들과 함께 일하는 것을 싫어했다. 그동안 그들에게 시달릴 대로 시달리고 막장까지 다 들여다본 나는 충분히 이해가 됐다. 현장에서 노동운동을 하던 우리들의 눈에 그들은 자신들의 권력을 유지하기 위해 무슨 짓이든 하는 야수로 보였다. 이들과 함께 6개월을 더 일한다는 것도 문제이지만, 우리가 이 구조를 6개월 안에 깰 수 없다는 사실이 더 힘들었다.

민주노총 안에 굳건히 자리 잡은 권력. 현장에서 열심히 투쟁하는 동지들은 이들의 실체를 모르고 오히려 그들의 지시만 따르고 있으니 이 구도를 어떻게 깰 수 있을까. 그들이 알아서 노동운동을 떠나주거나 현장의 노동자들에게 혜안이 생겨 가려진 진실을 바로 볼 수 있으면 좋으련만……. 우리는 어쩔 수 없는 현실에 막막했다. 어쨌든 알리는 수밖에 없었다.

임기가 연장되고 나서도 여전히 그 세력들은 변함없이 활약한다. 임기 연장이 결정될 때 사실 그냥 내려갈까 고민도 많이 했다. 하지만 1년을 겪으면서 대충 누가 어떤 식으로 방해하는지 알 수 있었기 때문에, 대처 요령도 생기고 자신감도 슬슬 생겼다.

나는 도전 과제가 생기면 에너지가 솟는 편이다. 어떤 일이 생기면 끙끙 앓거나 싸매고 고생하는 것보다 짧고 깊게 고민하되 결단은 빨리 내린다. 그리고 결정이 되면 행동하는 데 주저하지 않는다. 조합원들 데리고 장난만 치지 않으면 정파 관료들과 맞서는 것도 자신 있었다.

무엇보다 당시 우리 퇴진을 말렸던 지하철 동지들의 설득이 가장 컸다. 현장에서 투쟁이 많이 벌어지고 있고, 특히 파업을 앞둔 지하철 투쟁을 책임져달라는 것이다. 싸우는 위원장으로 인정해준 것이 고마워서 나는 최선을 다해 싸우겠다고 동지들에게 약속했다.

하지만, 그건 그 현장 동지들의 바람이었을 뿐 지하철 지도부의 생각은 달랐다. 정작 지하철 노조의 파업이 시작되고 나는 그 투쟁에서 철저하게 배제되었다. 지하철 노조의 파업을 민주노총의 투쟁으로 받아안고 싸우겠다고 선언하고서 우리는 명동성당 안에 지하철, 공공연맹, 민주노총의 투쟁 천막을 함께 쳤다.

그러나 지하철 노조 위원장과 집행부는 민주노총과 지하철 투쟁을 논의할 태도가 아니었다. 공공연맹 위원장과 지하철의 지도부가 함께 투쟁을 논의하는 모습이 분명히 보이는데도 민주노총에 와서 투쟁 상황을 설명해주거나, 교섭안을 의논하거나, 투쟁 전술을 묻지도 않았다. 심지어 지하철 조합원들을 서울대로 모두 모이게 한 날도 민주노총은 알지 못했다. 아무리 물러날 위원장이라 해도 상급 단체 위원장이 함께 싸우겠다고 옆에 천막을 치고 있는데, 이렇게 철저히 배제하는 것에 화가 났다.

하지만 짝사랑하는 상대를 쫓아다니듯 어쨌든 나는 지하철 동지들의 파업 투쟁을 찾아다녔다. 내게 한마디도 없이 서울대로 집결했을 때도 서울대에 찾아갔다. 민주노총 위원장이 파업 집회에 왔는데도 그들은 마이크 한 번 주지 않았다. 자신들의 정파가 아닌 세력을 철저하게 배제하는 정파 관료들의 행태가 조합원과 민주노총의 결합을 막고 있었다. 거기에 모인 조합원들이 민주노총의 위원장이 함께하고 있다는 것을 알면 참 좋아했을 텐데, 그게 그들 지도부에게도 해로운 일이 아닐 텐데……. 왜 그렇게까지 해야 했을까.

지하철 노조와 한국통신 등의 파업으로 이른바 춘투는 민주노총의 투쟁으로 전환되었다. 1999년 5월 1일, 서울역에서 열린 세계 노동절 기념행사에서 민주노총은 대정부 투쟁을 선언하고 싸우게 된다.

하늘이 주신 기회를 놓쳤다

5월 투쟁이 마무리될 즈음 6월 초에 스위스에서 ILO 총회가 열렸다. 임원 회의에서 ILO 대표로 위원장 파견을 결정한다. 내려갈 때가 되었으니 외국 가서 구경도 하고 견문도 넓히라며 듣기 좋은 말들도 해준다. 나와, 허영구 부위원장, 윤영모 국제부장이 대표단으로 결정되었다. ILO 총회는 각국 정부와 노동자 대표들이 참여하는데 노동부가 정부 대표를 맡고, 한국노총과 민주노총이 번갈아 가며 노동계 대표를 맡았다. 그전엔 한국노총만이 노동계 대표 행사를 했으나 민주노총이 생긴 후 둘이 번갈아 하게 되었다. ILO 총회는 나라별로 공식 대표단이 방문하는 것이고 우리나라도 회원국이기 때문에 국가 차원의 참여이다. 그래서 공식 대표단의 여비도 정부에서 지급한다. 스위스에 가기 전 노동부와 협의를 하는데 한국노총은 합법 조직이니 4명분 여비를 지급하고, 민주노총은 합법화가 안 되었으니 2명분만 주겠다고 한다. 노동부와 싸운 끝에 2.5명분 여비를 받아 3명이 가게 되었다. 스위스 가는 비행기에 정부 대표로 노동부 차관이 탔는데 국장에서 금방 진급한 사람이었다. 자기는 일등석에 타고 내가 삼등석에 있는 게 마음에 걸렸는지 자리를 바꾸자 한다.

그렇게 바꿔 앉고 가는 자리가 더 불편할 뿐 아니라, 평생 일등석을 타본 적도 없는 우리 노동자들을 잘 모르는 것 같다고 말하며 삼등석으로 스위스에 도착했다. 거기서 우리와 다른 비행기를 타고온 한국노총 대표단을 만났는데 4명이 아닌 8명이나 되었다. 그들은 수석 부위원장이 노동부 차관을 벗겨 먹잔 소리를 쉽게 한다거나, 회의 후 관광 일정이 따로 잡혀 있다고 자랑하는 등 역시 우리와는 사뭇 다른 모습이었다. 여비가 모자란 우리는 호텔에 묵을 수가 없어 팬션에서 세 사람이 함께 묵었다.

도착하고 둘째 날, 한국 대표단의 공식 일정으로 대사관저에서 스위스 대사가 준비한 만찬에 참석한다고 했다. 넓은 정원과 그림 같은 호수가 내려다보이는 관저에서 기막힌 경치를 구경하며 저녁을 먹었다. 돌아오는 길에 노동부의 젊은 사무관이 우리를 숙소까지 배웅해준다며 함께 탔다.

그런데 차 안에서 허영구 부위원장에게 봉투를 건네는 것이다. 전별금이라고 써진 봉투였다. 돌려주니 막무가내로 받지 않으려 한다. 뒤에 구청장을 하면서 공무원 조직의 직급과 서열에 대해 알게 되었는데, 그 어려운 행정고시를 패스한 정부 부처의 5급 공무원이면 대한민국 최고의 엘리트다. 그런 엘리트들을 뽑아 겨우 이런 돈 봉투 심부름이나 시키는 이 사회가 기가 막힌다.

그는 거의 울상이 되어 호소했다. 이걸 전달하지 못하면 자기는 능력 없는 사람으로 찍히니 자기 체면을 봐서 받아달라고 사정하는 것이다. 우리가 봐줄 사정이 아니었기 때문에 억지로 돌려보내고 방안에 돌아와 생각하니 정부 하는 짓이 괘씸하기 짝이 없다.

뒷구멍으로 줄 돈 있으면 공식 여비로 줄 것이지, 3명 오는데 2명 여비밖에 못 준다 해놓고 이런 돈이나 줘서 비리를 만들어내는 게 얼마나 부도덕한 짓인가. 노동부 말로는 그동안 계속된 관행이었다는데 한국노총 대표단에도 민주노총 대표단에도 계속 줘왔단 말인가. 그래 놓고 나중에 뒤통수 치는 일이 없다고 누가 장담할 것인가. 뒤에 한국에 돌아와 그 얘기를 기자들에게 지나가듯 했는데 다음날 신문의 가십난에 기사가 실렸다.

마침 장관이었던 연극배우 출신 손숙 씨가 러시아 방문길에 공연을 한 후 재벌들이 준 2만 달러짜리 봉투를 받았다 물러나게 된 사건이 있었다. 이 사건을 크게 쓴 기사 밑에 우리 사건을 빗대어 두 '봉투' 사건을 가십처럼 기술하고 있었다. 나는 돈 받은 장관은 사퇴해도 돈 준 재벌은 영원한, 우리 사회의 무한한 재벌 사랑이 씁쓸할 따름이었다.

그나저나 노동부에서 주었던 그 봉투에는 과연 얼마가 들어 있었을까? 한국노총과 민주노총을 똑같이 주었을까? 한국노총 대표단은 그 돈을 받았을까? 그럼 우리 앞에 갔던 민주노총의 대표단은? 우리 뒤에 간 민주노총 대표단은? 언젠가 밝혀질 날이 있으려나…….

ILO 총회에 참여하고 있는데 한국에 대형 사고가 터졌다. 마치 내가 스위스에 있는 걸 알고 그런 것처럼 하고많은 날 중에 그때 터진 것이다. 사안이 컸다. 이른바 '조폐공사 파업 유도 사건'.

진형구 대검 공안부장이 대낮에 기자들과 폭탄주를 마시다 "조폐공사 파업은 사실 우리가 유도했다"라고 불어버린 것이다. 세상이 발칵 뒤집혔다. 노동자들이 복귀하겠다고 했는데도 끝내 직장 폐쇄를 풀지 않고 파업에 해고까지, 결국 구조조정을 당해 쫓겨났던 조폐공사 투쟁.

그게 바로 검찰 공안부가 유도한 작품이었다니! 이 정권의 바닥을 보는 듯했다. 스위스에서 그 소식을 듣자마자 나는 윤영모 부장에게 남은 일정 취소하고 당장 한국으로 돌아갈 비행기 표를 구하라고 지시했다. 민주노총에는 바로 돌아가겠다고 말해둔 터라 속은 타는데 표가 구해지지 않는다는 것이다. 어떻게든 구해보라 했는데 일이 안되려고 그랬는지 끝내 구하지 못하고 이틀 뒤 예정된 일정대로 귀국하게 된다.

무조건 총파업이다 생각하고 부랴부랴 도착했더니 임원과 산별 대표자들이 곱게(?) 한복을 차려입고 명동성당에서 단식을 하고 있다. 위원장과 의논도 하지 않고, 지역별 단식 농성과 릴레이 단식을 하는 것으로 이미 투쟁 전술이 정리되어 있었다.

더 기가 막힌 것은 민주택시연맹 강○○ 위원장이 말하기를 "위원장 내려갈 때 다 됐는데 또 투쟁한다고 방방 뜰 것 같아서 우리가 먼저 자리 잡았다"는 것이다. 내가 총파업 선언을 할까 싶어 얼른 지도부 단식으로 판을 만든 것이다. 다른 임원과 산별 위원장들에게도 같은 생각이냐고 물었더니 "단식도 투쟁이니 위원장도 그냥 함께하자"고 타이르듯 말하는 것이다. 물러날 때가 얼마 안 남았으니 나서지 말고 조용히 시늉만 하다 가란다.

민주노총은, 그리고 나는 어리석었다. 당시 한겨레 조준상 기자가 비판했듯 하늘이 주신 기회를 놓친 것이다. 무슨 수를 써도 이기는 카드, 손에 꽃놀이패를 쥐고도 제대로 싸우지 못했다. 그것도 다른 누구도 아닌 우리 스스로 때문에.

정부는 바짝 긴장했었다. 공안검찰의 노조 탄압으로 민주정부라는 김대중 정권의 도덕성은 큰 타격을 입었고, 이를 수습하고자 검찰 조직의 권력 구조를 흔들 수 있는 특검에 청문회까지 열릴 정도였다. 민주노총이 요구한 대통령 면담도 선뜻 응해주었다.* 다른 선진국 같았으면 노동부, 법무부, 검찰총장이 줄줄이 옷을 벗고, 정권 퇴진도 가능했을 일이다. 연말에 혼자 단식 농성으로 투쟁을 만들어냈듯, 누가 뭐라 해도 내 방식대로 투쟁을 밀어붙였어야 했는데 그걸 하지 못한 게 지금까지 가슴에 한으로 남아 있다.

그때 나는 이미 임기가 끝나 있는 상태였다. 차기 임원 선거를 위해 선관위를 꾸리는 마당에 물러나는 위원장이 임원들과 산별 대표들의 의견을 어기고 고집을 부리긴 부담스러웠다. 내가 치고 나가기 어려운 형편이니 현장에서 누구라도 단식이나 하고 앉아 있는 지도부를 따끔하게 나무라고 총파업을 독려했다면, 지도부도 그 기세에 눌려 투쟁에 나섰을 것인데, 이럴 땐 조용한 현장이 야속하기도 했다. 명분이 있고, 투쟁할 대상이 명확하고, 일파만파로 영향을 끼칠 수 있는 확실한 증거까지 있었던 사건을 그렇게 허무하게 끝내는 것이 너무나 안타까웠다.

● 사실 대통령 면담은 별로 중요한 게 아니다. 임원과 산별 대표들이 총파업을 막기 위한 단식을 정한 마당이니, 빨리 대통령이 사과하고 이 문제를 해결하는 모습을 보여서 우리가 명분을 가지고 단식을 풀게 해달라는 요청을 한 것이나 다름없었기 때문이다. 투쟁에 불을 붙이기 위한 단식과, 투쟁의 불을 끄기 위한 단식은 다르다. 이 만남에서 뭔가를 내놔야 저 단식이 파업으로 불붙지 않겠구나 하는 생각이 들도록 해야 대통령이 뾰족한 수를 내놓을 텐데, 우리 수는 상대방에게 이미 읽혔고, 현장의 힘이 뒷받침되지 않는 상황에서 벌어진 면담은 별다른 수가 나올 리 없다. 대통령이 최선을 다하겠다는 약속을 했어도 결국 특검까지 갔던 이 사건에서 진형구와 조폐공사 사장은 무죄를 받는다. 진형구는 제3자 개입 금지 조항으로 일부 유죄를 선고받았지만, 변호사 개업해서 잘살고 있다. 조폐공사 파업 유도 사건의 해결 변수는 특검도, 청문회도 아닌 민주노총의 '투쟁'이었다. 이 '변수'를 언제 어떤 문제에서든 '상수'로 여겨야 우리는 이길 수 있다.

우리는 남쪽의 노동자 대표단

정리해고를 입법화하고 구속자가 늘어나면서 김대중 정권은 노동자들과 소원해졌다. 우리들의 눈물을 닦아줄 거라 기대했던 노동자들은 그 기대만큼 실망해야 했다. 김대중 정권은 경제 회복과 남북관계 개선을 정권의 주요 과제로 삼았다. 특히 햇볕 정책으로 표현되는 대북 정책은 정권의 가장 중요한 과업이었다. 그런데 제2 연평해전이 터지면서 남북 관계가 급속히 냉각되었다. 당선 후 꾸준히 추진해온 대북 정책이 어려움에 부닥치자 돌파구가 필요했다. 결론적으로 보자면 민주노총의 노동자 통일축구단은 남북 관계 개선을 위한 정권의 특사 역할을 한 셈이었다.

남북노동자 통일축구대회

우리 2기 집행부에는 오랫동안 통일운동을 한 이규재 부위원장이 있었다. 그는 부위원장에 당선되자 통일위원장을 맡아 민주노총과 북의 교류 사업을 추진했다. 금속연맹 통일위원장인 조준호 동지는 이규재 부위원장과 함께 개인과 조직의 인맥들을 동원해 민주노총 통일 사업의 그림을 그려나갔다. 조준호 동지는 재야운동을 오랫동안 하신 부친이 계셔서 집권당의 정책에 영향을 끼칠 수 있는 사람들을 사업에 필요한 인맥으로 활용하기도 했다.

노동자들의 노력과 정부의 협조로 1999년 3월 3일, 중국에서 남북의 노동자 대표들이 만났다. 양 대표들이 직접 만나 최초로 노동자 교류 사업에 대해 협의를 하고 4월 26일 평양에서 2차 실무 회담을 여는 것까지 약속하고 돌아온다. 그리고 4월 26일, 남쪽의 노동자 대표로 이규재 부위원장과 조준호 동지가 분단 이후 처음으로 평양을 방문한다. 북에서는 이들을 극진하게 대접했고, 교류 사업도 대부분 합의를 하고 돌아오게 된다. 북에서는 이들 손에 김정일 국방위원장의 선물을 한가득 들려 보냈다. 위원장인 내게는 '국방위원장 보증' 산삼 세 뿌리와 여러 색의 옷감들을 챙겨 보냈다. 상자를 여는 순간 산삼의 향에 모두 감탄을 한다. 당시 비밀 연애를 하고 있던 나는 선물을 보는 순간 꼭 내 결혼 선물 같은 느낌이 들었다. 지금의 아내에게 산삼을 달여 먹이고, 옷감은 석 달 후 결혼식에 아내의 피로연 옷으로 만들었다. 결혼식에 오신 장기수 선생님들이 '꽃 파는 처녀' 같은 아내를 보고 그 옷에 담긴 사연을 들으시더니 박수를 치며 좋아하셨다.

분단 이후 처음으로 남북노동자 통일축구대회 성사가 합의되고, 실무 협의까지 마친 후 우리는 대표단 선발을 위해 지역 본부별 축구 예선에 들어간다. 지역별 예선 행사 자체가 그해 민주노총의 통일 사업이었다. 일은 잘 진행되고 있었지만 나는 통일운동가들의 이중적인 모습을 보면서 실망해야 했다.

1996년에 감옥에서 석방되고 나서 지켜본 통일운동은 너무 형편없었다. 대전교도소에서 장기수 선생님들의 통일운동 열정과 투쟁을 경험한 내게 감옥 밖 통일운동가들의 모습은 실망 그 자체였다. 통일운동의 중심은 8월의 범민족대회였고, 나는 해마다 국가보안법의 부당함에 몸으로 저항하다 구속되는 범민련과 한총련 학생들을 보면서 직접 함께하진 못했어도 마음으로 존경을 해왔다. 그런데 1996년 8 · 15 대회는 2개로 나뉘어서 열렸다. 범민련은 연세대에서 경찰의 무자비한 폭력에 2000명이 구속되는 대대적인 탄압을 당했고, 다른 한쪽은 장충공원에서 행사를 한 후 경찰의 호위를 받고 안전히 귀가하는 것이다.

탄압과 보호의 차이는 대회 기조의 차이였다. 전국연합이 중심이 된 장충공원 통일 행사는 국가보안법 철폐, 연방제 통일, 주한 미군 철수, 3자 연대 등의 내용이 없거나 축소된 말 그대로 '행사'였다. 반면 연세대의 범민족대회는 위 내용을 대회 전면에 내걸었다. 그 결과 사상 최대의 단일 구속자를 낸 1986년 건대 사태와 같은 무참한 폭력을 당해야 했다. 통일운동의 초보인 나도 전국연합의 행사 기조를 보고는 통일운동의 대중화보다는 구속되지 않으려는 비겁한 변명으로 느껴졌는데, 일평생 통일운동에 목숨을 거신 범민련의 어른들은 오죽했을 것인가. 아마도 그분들은 그런 투쟁을 뺀 통일 행사를 함께할 수 없었을 것이다. 세상물정 모르는 고루한 노인들이라고 비난하는 소리도 들었으나,

지금 우리 운동 진영에서 국가보안법 철폐, 주한 미군 철수, 연방제 통일 중 하나라도 주장하지 않는 것이 있는가. 칠순 팔순의 노인들이 그런 구호를 외치며 집단으로 구속되는데, 이를 외면하는 일부 통일운동가들의 행태에 화가 났다.

전국연합에서 이런 대회 기조를 강하게 주장한 지역이 울산연합, 인천연합, 경기동부연합 등이었다. 이를 봐온 나는 울산의 통일운동에 감정이 좋을 수 없었다. 노선으로 본다면 민족주의도 아니지만 나는 원칙을 지키다 구속된 분들이 있는 한 이들과 함께하지 않고 합법 공간의 활동만을 지향하는 사람들을 용납할 수 없었다. 그런데 이들이 1998년 이른바 '영남위 사건'으로 갑자기 구속되면서 국가보안법 철폐를 외치며 통일운동의 투사로 등장하는 것이다. 국가보안법 철폐를 내걸지 못하도록 한 사람들이 자신들이 희생자가 되자 다시 철폐를 외치는 것을 보니 함께할 맘이 생기지 않았다. 이런 잘못에 대해 토론이나 반성, 성찰이 없는 통일운동이 마음에 들지 않았다. 그런 과정들이 있다 보니 통일운동에 시큰둥했고, 방북 대표단에도 굳이 내가 가지 않고 부위원장을 단장으로 해서 보내기로 했다.

무엇보다 북이 이 행사를 성의 있게 대하지 않은 것 때문에 약간 심사가 틀어져 있었다. 실무 협상을 하는 과정에서 이런저런 이유로 상황이 매끄럽게 진행되지 않았다. 하나하나 말할 순 없지만, 행사를 그만둘까도 생각했었다. 그러나 이 교류가 노동운동의 역사나 통일운동의 역사에 너무나 큰 의의가 있는 것이고, 실무 협상을 진행한 이규재 부위원장이 성심성의껏 준비한 걸 알기 때문에 될 수 있는 한 성사되도록 노력했다. 대회는 성사시키되 내가 직접 가지는 않기로 마음을 굳히고 방북 대표단 구성까지 마무리를 지었다.

지역별로 예선전을 마치고 잠실종합운동장에서 축제처럼 최종 경기를 했다. 예선을 거쳐 뽑힌 축구단과, 민주노총 대표진으로 방북단을 구성하고서 나는 여름휴가를 떠났다. 위원장 당선 후 처음이자 마지막으로 떠난 휴가다. 연애중이던 지금의 아내와 현대중공업 동료들과 전화도 잘 터지지 않는 깊은 계곡에 가서 쉬고 있는데, 드문드문 걸려오는 전화를 받아보니 난리가 났다. 위원장인 내가 방북하지 않으면 북에서 대회를 안 하겠다고 한다는 것이다. 나도 그럼 그만두라고 했다. 자꾸 대회의 성사를 가지고 주도권을 쥐려는 태도가 마음에 들지 않았다. 방북 날짜를 불과 1주일 정도 앞두고 북에서는 위원장의 방북을 강력하게 요청해왔다. 위협이 아니라 간곡한 요청이었다. 북에서 뒤틀린 내 심사를 눈치 챈 것인지, 위원장 없는 행사는 모양이 빠진다(?)고 생각했는지, 어쨌든 우여곡절 끝에 결국 서울로 부랴부랴 올라가 북한행을 결정했다. 말도 많고 탈도 많았던 남북(북남)노동자 통일축구대회는 그렇게 성사되었다.

"이렇게 몰아붙이면 어디 통일이 되겠습니까?"

1999년 8월 10일, 드디어 북으로 향하는 날이 되었다. 막상 출발을 하려니 여간해선 긴장 같은 걸 안 하는 나도 긴장이 된다. 같은 땅인데도 중국을 통해야 갈 수 있는 곳, 수십 년 동안 받은 반공과 반북 교육 탓에 눈 빨간 괴물이 살고 있을 것만 같았던 곳. 그 가깝고도 먼 땅에 분단 이후 처음으로 방북단 37명을 끌고 노동자 대표로 간다니 얼마나 긴장되고 설레었는지 모른다.

출발 성명을 발표하고 북경에 도착했는데, 문제는 축구 선수들이었다. 당시 방북단에 가고 싶어 하는 사람이 너무나 많아 이런저런 인맥을 동원해 부탁을 해오는 상황이었다. 그런 잡음을 없애려고 공정하게 경기를 통해 선발된 사람을 데려간다는 원칙을 세울 수밖에 없었다. 방북단은 지역별 예선을 통과한 선수들 22명과 민주노총 대표단 15명으로 구성되었는데, 선수들은 조합원이긴 했지만, 축구 실력으로 뽑힌 사람들이라 노동가를 모르는 사람들도 많았다. 명색이 분단 후 첫 노동자 공식 교류의 대표단인데 망신이라도 당할까 싶어 사전에 북경에서 점검을 했다. 축구단에게 단기 속성으로 의식화를 시켰다.

북에서는 방북 후 일정을 결정하기 위해 우리 의사를 타진해왔다. 김일성 주석의 동상 참배와 만수대 궁전 방문 등을 하겠느냐는 것이다. 모두 국가보안법에 걸릴 수 있는 일이었다. 회의를 하는데 모두 조심스러워서 결론이 나지 않았다. 이런 결단이 필요한 문제 때문에 북이 나를 오라고 한 것으로 생각하고 정리를 했다. 선수들은 무조건 집행부가 시키는 대로 했을 뿐 모른다고 할 것을 지시하고 북에는 이렇게 제안했다.

"우리는 남쪽의 노동자 대표단이다. 그러니 외국의 사절단이 왔을 때 하는 모든 행사를 다 하라. 그리고 최고의 대접을 해달라. 그러면 우리도 북에서 마련한 일정대로 예의를 갖춰 움직이겠다." 이왕 가는 거 서로 최고의 예우를 주고받자는 뜻이었다. 우리는 소중한 노동자 대표였으니까.

북경에서 하루를 보내고 8월 11일 평양행 비행기를 탔는데 발아래 압록강이 흐른다는 안내 방송이 들린다. 벌써 발아래는 북녘 땅이었다.

순식간에 평양 순안공항에 도착했다. 인민들이 공항에서부터 우리를 맞아주었다. 내리자마자 바로 도착 성명을 발표했다. 성명서를 읽어 내리는데 국가보안법이 엄존하는 상황에서 해방 후 처음으로 역사적인 남북 노동자들의 교류를 성사시킨 감격과 동시에 막중한 책임감이 느껴졌다. 이제 정말 북한 땅이구나, 그제야 실감이 났다.

북의 인민들은 너무도 뜨겁게 우리를 환영해주었다. 꽃다발을 목에 걸고 통일을 연호하는 인민들에게 우리는 너나없이 손을 흔들고 맞잡아 주었다. 환영 인파는 우리 동선을 따라 내내 이어졌다. 북에서 마련한 첫 일정이 시작되었다.

제일 먼저 김일성탑 헌화다. 탑에 도착하니 미리 우리가 헌화할 화환이 준비되어 있었다. 주는 대로 헌화를 했다. 그런데 우리 화환의 앞쪽에 달린 리본에 '김일성 장군님 영생불멸하십시오' 하는 문구가 찍혀 있었다고 한다. 남쪽의 방송에 고스란히 보도되었다는데 우리는 그 사실을 까맣게 몰랐다. 헌화를 마치고 가는데 공항부터 시작된 환영 인파가 숙소인 평양 시내의 고려호텔 앞에서 절정을 이룬다.

고려호텔에서 우리는 북의 기자단과 외신 앞에서 기자 회견을 했다. 취재 열기가 뜨거웠다. 사상 처음으로 북한 땅을 밟은 심정이 어떤지, 남한의 노동자들 상황은 어떤지, 대표단은 어떻게 뽑아 왔는지 여러 가지 질문들이 이어졌다. 북의 대표단이 우리를 영접하는데 책임자라며 김령성이란 분이 인사를 했다. 직책도 말해주지 않아 몰랐는데 가장 중요한 일들은 그 사람이 결정한다는 걸 알 수 있었다. 몇 년 후 김대중 대통령이 남북 정상회담을 한 후, 북에서 대표단을 끌고 남쪽을 방문했는데 그때 그 양반이 북쪽 방문단의 대표로 왔다. 김령성 참사라 한다. 나름 대남 라인에서 고위급이었던 걸 보면 노동자들에 대한 접대를 잘해 주었던 것 같다.

다음날인 8월 12일부터 평양의 김일성종합경기장에서 남북노동자 축구대회가 열리기로 되어 있었다. 그런데 11일 밤에 새로운 문제가 터졌다. 북쪽에서 8·15 범민족대회에 참석해달라고 강하게 요구하고 나선 것이다. 갑작스런 제안에 당황했다. 우리는 약속한 14일에 돌아가야 한다고 거절했는데 너무나 집요하게 요청하더니 나중엔 은근한 협박까지 동원했다. 물난리가 나서 판문점으로 가는 다리가 하나 떠내려가 못 돌아간다는 것이다.

나는 협상 대표로 팀장인 이규재 부위원장을 포함해 정성희, 이수희, 이홍우, 4명을 보냈는데 가장 연장자이고 통일운동가였던 이 부위원장은 특히 곤혹스러워했다. 이미 두 번째 방문이고 북쪽의 협상팀들과도 안면이 있는데다, 북의 어려움을 이해하려는 마음이 누구보다 컸기 때문이다. 이 부위원장은 서로 협상이 안 되어 일정을 망치느니 되도록 북쪽의 요청을 들어주고 돌아가서 감옥을 간다는 생각이었다. 그렇다 보니 나머지 3명은 곤란해하며 내게 해결을 요구했다. 이규재 부위원장을 따로 불러서 몇 번을 설명하고 자제를 부탁했다. 마음은 흔쾌하지 않지만, 위원장의 부탁인지라 알았다고 대답을 한다.

8월 12일 밤부터 시작된 협상이 13일 새벽이 되어도 해결의 기미가 보이지 않는다. 그런 가운데 통일축구대회는 예정대로 진행되었다. 나름대로 전국 예선을 거쳐 뽑아온 대표들이었는데 경기에 나선 우리 축구단은 북의 대표팀에게 맥을 못 추었다. 젊고 단단해 보이는 선수들로 구성된 북의 대표단은 뛰어난 실력으로 전반을 5대 0으로 만들었다. 평소 축구를 좋아하고 잘 뛰기도 했던 나는 북에 번번이 골을 먹는 경기를 보다가 속이 터져 직접 뛰어들고 싶기도 했다. 전반이 끝나고 내가 우스갯 소리로 함께 관람하고 있던 북의 직총(조선노동자 직업총동맹) 위원장 렴순길, 부위원장 이진수 동지에게 엄포를 놓았다. 안 그래도 우리가 계속 골을 먹으니 얼굴이 어두워지고 어쩔 줄 몰라 하던 터였다. “우리는 노동자 중에 뽑아왔는데 북은 전문 선수들을 뽑아오면 어떻게 합니까? 통일 안 하고 싶으신가 봅니다. 이렇게 몰아붙이면 어디 통일이 되겠습니까?” 우스개로 한 소리였는데 그들은 잠시만 기다려달라고 하더니 북의 선수들에게 달려갔다. 그러더니 후반 시작되기 전에 “이제 모든 것이 다 해결되었으니 잠시만 기다려 달라”는 것이다.

잠시 후 아주 우스운 일들이 벌어졌다. 후반 시작하자마자 반칙도 안 했는데 심판이 우리에게 페널티 킥을 주는 것이다. 그뿐 아니었다. 잘 하던 선수들을 교체시키고 새로운 선수들이 투입된 북쪽은 괜히 뛰다가 넘어지며 알을 까기도 하고, 심판은 아예 노골적으로 우리 편을 들어주었다. 통일을 향한 그들의 노력이 정말 눈물겨울 정도였다. 북의 선수들이 그렇게 할 때마다 렴순길, 이진수 동지들은 이제 됐느냐는 얼굴로 나를 쳐다보았다. 어찌 보면 굴욕인데, 참 정겹고 재미있는 상황이었다. 통일하기 싫으냐는 우스개 한마디에 그렇게까지 우리를 배려해주는 북의 노력이 고마울 따름이었다. 결국 경기는 5대 5로 비긴 채 끝이 났다. 다음날엔 아예 실력이 현저하게 차이 나는 남북 대결 대신 둘을 반반씩 섞어 ‘통일’ 팀과 ‘단결’ 팀으로 나눠 경기를 벌였다. 감상적이라 할지 몰라도 약간의 노력과 진심만 있다면 통일도 그렇게 쉬운 것 아닐까 하는 생각이 들었다.

돌아갈 것인가 남을 것인가

그러나 밤이 되면 사정은 달라졌다. 13일 새벽 협상팀이 철수했다. 결렬을 하고 돌아온 사정을 들어보니 14일 귀향은 불가능했다. 북에서 통보하기를, "(범민족대회에 참석하지 않으면) 14일 판문점 귀향은 불가능하다. 돌아가려면 중국으로 돌아가라"고 했다는 것이다. 그러면 우리도 판문점 귀환을 포기하고 중국을 통해서 돌아가겠다고 하니, 지금까지 체류한 비용과 항공료를 내놓으라 한다. 나는 그 보고를 받고 협상팀에게 지시를 내렸다. 협상은 결렬되었으니 단원들을 깨워 13일 아침 일정부터 취소되었음을 통보하고, 각자 가진 달러를 모두 모으라고 했다.

다들 긴장된 모습으로 지시에 따르는데 이규재 부위원장이 내 방을 찾아왔다. 두 눈에 눈물이 그득해서 이대로 돌아가면 어떻게 하느냐고 하소연을 하신다. 맥주를 한잔 따라 건네며 위로의 말을 드렸다. "아무 걱정 마세요. 푹 주무시고 나면 해결해 놓겠으니 안심하십시오." 몇 차례나 "믿어도 됩니까?"를 연발하다 못 미더운 얼굴로 돌아갔다. 나는 단원들이 가진 달러를 모으고 짐을 싸고 있다는 보고를 받은 후 잠자리에 누웠다. 새벽 4시경, 문을 두드리는 소리에 일어나 보니 김령성 대표가 나를 찾아왔다. 위원장의 의견을 듣고 싶다는 것이다.

"우리는 분단 이후 처음으로 남에서 온 노동자 사절단이다. 여러분의 대접에 충분히 만족하고, 북녘의 통일 열기를 보면서 우리가 해야 할 역할을 다시 한 번 통감한 일정이었다. 그러나 우리는 단순한 개인들이 아니며 남쪽에는 국가보안법이 존재하고 있다. 애초에 우리가 약속한 일정에는 8 · 15 범민족 대회 참가가 없었다. 8월 14일까지가 우리에게 주어진 체류 기간이고 이를 지키지 않으면 돌아가서 단원들의 구속을 피할 수 없다. 우리는 북에 와서 남쪽에서 하면 안 된다고 한 것들을 다 어겼다. 우리는 민주노총이고 노동자 대표였기 때문이다. 우리가 깨지 못하면 아무도 깨지 못할 것으로 생각하고 국가보안법 어기기를 실천하고 있다. 지금까지 한 것만으로도 국가보안법에 저촉되는 부분이 많지만 우리는 노동자 대표이고 이런 분위기와 노동자의 힘으로 여기까지는 막을 수 있으리라 생각한다. 그러나 8 · 15 행사 참석과 일정의 연기는 막 피기 시작한 민주노총과 남한 노동자들의 통일운동을 막는 일이 될 것이다. 그래서 우리는 돌아간다. 이런 우리를 이해하지 못하는 북의 통일운동 방식은 우리도 동의할 수 없다."

얘기를 듣고 난 김령성 대표가 범민족대회 참석은 안 하더라도, 8월 15일에 돌아가는 것은 가능한지 의사를 타진해왔다. 사정하는 그에게는 매정하게 들렸겠지만 그럴 수 없다고 돌려보냈다. 1시간 후, 다시 문을 두드리고 들어온 그는 "우리도 위원장의 뜻을 충분히 이해했다. 남쪽 대표단 속에도 안기부의 흔적이 있는지, 위원장의 진심이 무엇인지 확인하는 데 시간이 필요했다. 8월 14일 판문점을 통해 돌아갈 수 있도록 준비할 것이니 남은 일정은 예정대로 치르자"고 제안을 한다.

반대할 이유가 없는지라 고맙다고 전하고 새벽에 집행부를 소집했다. 간밤의 상황을 전하니 교섭팀들이 가장 먼저 안도의 숨을 쉰다. 이규재 부위원장은 활짝 핀 얼굴로 아이처럼 좋아하시면서 "위원장 수고했다!"를 연발한다. 1년 6개월 동안 함께한 임기 동안 이 부위원장은 이때의 일이 가장 기억에 남았다고 한다. 나는 북을 상대로 나름대로 '벼랑 끝 전술'을 편 것이다. 만일 끝까지 북이 범민족대회 참가를 종용하면서 우리를 난처하게 했다면 나는 중국을 통해 들어올 참이었다. 여차하면 그럴 생각이었기 때문에 무리해서 양보할 생각은 없었고, 노동운동에서 협상을 많이 해본 터라 북이 결국 받아들일 것을 예상하고 있었다. 타결 소식을 들은 선수단은 어리둥절해하며 잘 풀렸다는 말에 안심들을 한다. 그 후엔 일사천리로 일이 진행되었다. 북은 미안해서 그랬는지 결정된 일에 대해 확실히 진행을 해주었다. 다음번은 남에서 행사를 치르기로 합의하고 공동 합의서도 작성했다.

이제 편한 마음으로 북의 인민들을 만나고 다녔다. 북에서 만난 동포들은 눈물들이 많았다. 누군가는 가식이라 하는데 내 눈에는 여린 마음을 가진 사람들로 보였다. 1960년대 남쪽 사람들의 때 묻지 않은 모습을 보는 듯했다. 어디를 가도 뜨겁게 환영해주고, 언제나 헤어질 때면 눈물을 보였다. 농촌의 모습도 어릴 적 보던 시골 풍경 그대로였다. 단고기와 냉면 등 음식도 아주 맛있었고, 특히 만수대 궁전에서 열린 만찬은 북의 축구 선수들과 어울려 공연도 보고 통일 노래도 함께 부르면서 서로 하나임을 확인한 자리였다.

평양의 조선노동자 직총(직업총동맹) 사무실을 방문했을 때였다. 간담회를 한 후 강당으로 가니 북의 노동자 1500명 정도가 모여 있다. 렴순길 직총 위원장이 내게 즉석연설을 제안하며 "김정일 국방위원장에게 고맙다는 인사를 한 번 해주면 이 사람들 모두 고마워할 것이다. 여기는 우리 노동자 외에는 아무도 없으니 마음대로 말해도 절대 안전하다"고 한다. 나는 부탁을 받아들여 즉석연설을 했다. 연설 가운데 "국방위원장님의 도움으로 오게 되었고, 고맙다"는 인사도 덧붙였다. 우리를 초청해준 상대방 국가의 원수인 만큼 외교적인 수사를 동원해 고무찬양(?)을 한 것이다. 그러면 어떠랴, 아무도 없고 절대 안전하다는데…….

그런데 내가 순진했던 것인지 멍청했던 것인지, 나중에 남쪽에 돌아와 경찰 조사를 받는데 그때 내가 한 발언이 토씨 하나 안 틀리고 그대로 정부에 들어간 것이다! 고무찬양을 유발하는 북의 작전은 또 있었다. 우리와 동행하고 다닌 북의 안내원들이 집요하게 나를 쫓아다니며 '국방위원장에게 감사의 편지 한 통만 써달라' 고 사정을 하는 것이다. 한두 번 거절해도 집요하게 붙어 아무도 모른다며 부탁을 하는데 정말 난감했다. 어떤 날은 술에 취한 척하며 거절하기도 하고, 못 들은 척하기도 하면서 요리조리 피했다. 부탁한 안내원에게 미안한 생각도 들었지만, 위원장의 '충성 편지' 가 존재했다가는 우리 민주노총이 살아남을 수 없기 때문에 그건 안 될 일이었다. 장군님에게 충성을 하기 위한 관료들의 노력이겠지만, 이런 행동은 서로에게 도움이 되지 않는 일이다.

그런데 그때 편지를 써달라 부탁한 사람이 과연 나밖에 없었을까 하는 의문이 든다. 아마도 단원들 여럿에게 이런 작전을 폈을 것이다. 혹시 어느 날 갑자기 '충성 편지' 다발이 죽 나올지도 모르는 일이다.

6·15 정상회담의 숨은 공로자

3만 명이 모인 김일성종합운동장에서 범민족대회 사전 행사가 열렸다. 내가 연설을 하게 되었기 때문에 집행 간부들이 모여 함께 연설문을 작성했다. 논란의 소지를 줄이기 위해서였다. 노동자의 역할과 통일의 중요성, 반미 문제들을 얘기하고 연설을 마쳤다. 통일을 열망하는 수많은 동포 앞에서 남쪽의 노동자 대표로 속 시원하게 하고 싶은 말을 다 못하니 너무 아쉬웠지만, 북의 노동자들에게는 열렬한 박수를 받았다.

모든 일정이 끝나고 떠날 준비를 하는데 언제 또 만날 수 있느냐며 우는 북의 노동자와 인민들의 모습에 모두 눈물을 흘린다. 실제로 언제 다시 만날 수 있을지 아무런 기약도 없고, 내년 재회 약속도 불투명하니 우리도 마지막인가 싶어 함께 눈물로 이별을 한다.

판문점 귀환 약속을 지키기 위해 평양에서 개성을 거쳐 판문점으로 가는데 길 주변으로 보이는 산에 나무들이 없었다. 들은 논이 없고 모두가 밭인데 대부분 옥수수가 심어져 있다. 개성의 도로는 2차선에 거의 직선이고 다니는 차는 우리가 탄 호송 차량밖에 안 보였다. 에너지 부족과 식량 부족이 눈에 보였지만 북의 자존심이 다칠까 봐 그런 민감한 문제는 안내원에게 묻지 않았다.

드디어 판문점에 도착했다. 처음 와보는 곳인데도 어디서 많이 본 듯 낯설지가 않다. 영화 속 장면처럼 남과 북의 공동경비구역 군인들이 벽돌을 경계로 마주 보고 있다. 우리는 경계의 북쪽 '금단의 땅'에 서 있는데, 여기가 북이라는 느낌도 없다. 다만, 헤어지는 슬픔만 느껴질 뿐이다. 이제 정말 다시는 못 올지도 모른다는 생각으로 인사를 나누기 시작했다. 나흘 동안 우리를 수행했던 북의 안내원들과 환송 인파에 둘러싸여 마지막 작별을 나누는데 우리 모두 눈물이 났다. 노동가도 잘 모르고 통일에 별반 관심도 없던 남쪽의 축구 선수들도 북의 사람들과 서로 끌어안고 눈물을 흘리기 시작했다.

귀환 성명을 발표하고 나서 '우리의 소원은 통일'을 부르며 남북을 갈라놓은 낮은 벽돌담을 넘으니 바로 남한이다. 이게 도대체 무어란 말인가. 이 낮은 벽돌 몇 쪼가리가 반세기 동안 우리를 갈라놓은 실체라니……. 이렇게 허무하고 슬픈 일이 또 있는가 싶다. 판문점에 도착해 귀환 행사를 진행하는 동안 북은 범민족대회 현수막을 하얀 천으로 덮어주었다. 우리 대표단이 범민족대회에 참석하지 않았음을 입증해주기 위해서다. 북의 대표 김령성 씨는 내게 말했다. "만일 돌아가서 남쪽 당국이 부당하게 시비를 걸면 모든 책임을 우리에게 넘기십시오. 우리가 억지를 부려 어쩔 수 없었다고 하십시오. 저희가 책임지고 지켜드리겠습니다." 협상 과정에서 애먹일 때 섭섭했던 마음은 온데간데없이, 그 마음이 너무나 고마워 얼싸안고 울었다. 고마웠다. 그리고 아쉬웠다. 왜 서로 갈라져서 이런 슬픔을 겪어야 하는지, 우리가 처한 현실이 그저 슬프고 화가 날 따름이었다.

남쪽으로 넘어오니 육군 중령이 우리를 기다리고 있다. 미군이 운전하는 버스에 태우더니 어딘가에 내려 우리 물건들을 조사한 후, 통일각에 마중 나온 사람들과 간단히 행사를 하고 8 · 15 통일 행사 전야제 장소로 향했다. 나는 경희대에서 열리고 있는 8 · 15 통일 행사장으로, 이규재 부위원장은 범민족대회가 열리는 한양대로 가서 각각 나누어 방북 보고를 했다. 늦은 밤이 돼서야 민주노총 사무실로 들어갔는데 움직이는 내내 경찰이 따라온다. 구속을 할 것인지 말 것인지 고민 중이란다. 만일 이때 정부가 북과 정상회담을 준비하는 단계가 아니었다면 분명히 구속되었을 것이다.

나는 임기도 거의 끝난 시점이었기 때문에 마지막에 국가보안법으로 구속된다 해도 겁나지 않았다. 단원들을 구속시킬까 봐 조심했을 뿐 예정대로 끝내고 돌아온 마당에 대표로 나를 구속시킨다 한들 겁날 것도 없었고, 오히려 민주노총 위원장의 이름으로 국가보안법을 당당히 위반했음을 자랑으로 여기리라 생각했다. 그런데 내게 자랑거리를 만들어주기 싫었는지, 나는 기어이 구속이 되지 않았다. 강정구 교수가 뒤에 방명록 한 번 썼다 큰 곤욕을 치른 것에 견주면 우리는 그 열 배는 넘는 강도로 '고무찬양'을 했는데도 결국 구속시키지 못한 것을 보면, 귀에 걸면 귀걸이, 코에 걸면 코걸이인 국가보안법의 본질이 그대로 드러난다. 경찰의 소환 조사에도 응하지 않고 버티니 방북 후 1년 6개월이나 지난 후에야 형식적인 방문 조사를 받고 결국 기소 유예 처분을 받았다.

어쨌거나 꽉 막혔던 남북의 관계는 1999년 평양에서 치러진 남북노동자 축구대회로 노동자들이 교류의 물꼬를 트면서 정상회담까지 이어질 수 있었다. 6 · 15 정상회담의 숨은 공로자는 바로 민주노총이다.

4

해고자 구청장

구청장 때도 마찬가지였다. 특별히 양복을 입을 일도 없고, 불편하기도 해서 집에 있는 잠바에 구청 마크를 박아서 입었다. 그랬더니 아주 편하고 좋았다. 사람들은 구청장이 되었으니 이제 양복을 입어야 하지 않느냐고 했지만, 나는 왜 양복을 입어야만 격이 맞는다고 생각하는지 의문이다. 노동자가 노동자의 옷을 입는 게 예의에 어긋난 것인가? 오히려 어설프게 정치인 흉내를 내면서 노동자처럼 보이지 않으려고 양복 입는 노동자 출신 정치인들이 더 우스운 것 아닌가?

나를 고발하라!•

34년 전인 1970년, 평화시장 시다들의 열악한 현실을 개선해달라는 요구를 하기 위해 노동청(당시 노동부)을 찾은 청년 전태일을 맞은 노동청의 공무원(근로 감독관)은, 노동운동을 그만두라고 오히려 전태일을 협박했다. 노동청이 노동자를 위하는 곳인 줄 알고, 근로 감독관이 잘못한 업주를 감독하는 근로자의 편인 줄 알았던 전태일은 큰 충격을 받았다.

'대통령님도, 노동청도, 근로 감독관도 모두 노동자의 편이 아님'을 깨달은 전태일은 결국 제 몸을 불살라 그들에게 저항한다.

전태일 열사가 분신한 지 34년째 되는 2004년 11월 13일, 전국공무원노동조합의 김영길 위원장은 '공무원 노동자 총파업'을 선언하였다. 전태일을 미행하고, 전태일의 친구들을 협박하고, 노동운동만 그만두면 선처해주겠다고 회유했던 부끄러운 과거…….

'공무원도 노동자'라는 선언으로 이제야 공무원 노동자들은 열사에게 진 빚을 갚았다.

더 이상 노동자에게 저항의 대상이었던 공무원, 국민의 심부름꾼이 아닌 정권의 심부름꾼인 공무원은 없다. 공무원 노동조합이 그렇게 만들 것이다. 사회의 약자에 대한 보호, 공직자 부정부패 척결, 관료들의 전횡에 대한 감시와 견제…….

참여정부가 내세운 개혁 정책, 이런 것들이 아니었는가? 어째서 그들을 탄압하는가? 참으로 어리석다. 정의롭지 못한 정권이 어리석기까지 하다.

공무원 노조는 반드시 합법화될 것이다. 지금 정권에서 되지 않는다면 다음 정권이든 그 다음 정권이든 그들이 노동자란 사실이 변하지 않는 한, 그건 당연한 귀결이다.

노동자들에게 '단결권, 단체교섭권, 단체행동권' 이라는 3대 기본권이 있듯, 자치단체장인 나에게는 '공무원을 징계할 권리, 징계하지 않을 권리' 가 있으며, 풀뿌리 민주주의를 이뤄내야 하는 지자체 일꾼으로서의 '의무' 가 있다.

또한, 나에게는 같은 노동자로서 노동3권을 보장하라는 지극히 당연하고 정당한 투쟁을 하는 공무원들을 지지하고 엄호할 권리가 있으며, 단체장으로서, 예산이나 형사고발을 무기로 주민에게 뽑힌 단체장을 협박하는 천박한 중앙 정부에 맞서 지방자치제를 수호할 의무가 있다. 나는 내 권리와 의무를 당당하고 성실하게 이행할 것이며 나의 권리를 지키기 위해 부당한 횡포에 맞서 싸울 것이다.

그러니 노무현 정부여, 나를 고발하라!

누가 부끄러운 역사로 기록되는지 두고볼 일이다.

2004년 11월 19일

민주노동당 울산 동구청장 이갑용

● 2004년 공무원 노조 파업 때 파업 참가 공무원들에 대한 징계를 거부하며 쓴 글.

새로운 생활의 시작

북한 방문을 끝으로 민주노총 임기도 끝이 났다. 1999년 9월 17일, 단병호 위원장과 이수호 사무총장이 새 집행부에 당선되면서 나는 1년 6개월간의 임기를 마치고 중요한 일을 치르게 된다. 1999년 11월 13일, 40년간 기다려온 짝을 만나 결혼을 한 것이다. KBS홀에서 치른 결혼식에는 돌아가신 김진균 선생님이 주례를 서주셨다.

노동자 후보로 구청장에 당선되다

아내는 내가 갓 민주노총 위원장을 맡았을 때 만났다. 중공업의 후배가 울산에서 나를 취재하기 위해 왔는데, 후배를 따라 위원장실을 방문했다. 나는 아내를 본 순간 내 나이도 잊고 흑심을 품었다. 그날 밤늦게까지 여럿이 어울리다 헤어지기가 아쉬워 다음날 속리산 수련회까지 함께 가자고 꼬였다. 위원장이 젊은 여성을 데리고 간부 수련회에 가는 것은 위험한 일이었는데 그땐 그냥 보내서는 안 된다는 생각밖에 없었다. 과감하게 아내와 동행을 했다. 아내는 선뜻 함께 나서주었고, 민주노총의 간부와 함께 셋이서 수련회장에 갔는데 누구도 별다른 의심을 하지 않았다. 아내 또한 노동운동을 하던 사람이어서 아는 사람들이 많기도 했고, 또 같이 온 것을 대부분 몰랐기 때문이다.

나는 아내의 마음을 훔치는 데 성공했고, 위원장 시절 그 바쁜 가운데도 짬을 내서 몰래 데이트를 했다. 당시 나는 조직강화위원장인 이성도와 대구에서 올라온 조직실 심동진과 함께 숙소를 얻어 살고 있었는데, 일정을 마치면 밤마다 사라지는 걸 수상하게 여긴 이성도가 어느 날 나를 불렀다. 이성도는 나를 보자마자 "위원장 혹시 안기부 만나고 다니느냐?"라고 물었다. 수행 없이 혼자 자꾸 사라지니 불안했던 것이다. 나는 이성도와 심동진에게 연애 중이란 사실을 밝혔다. 그 뒤로 1년 6개월 동안 사랑을 키웠고 드디어 결혼까지 성공해서 지금 10년 넘게 잘살고 있다.

우리는 노동자 대회 때 결혼하자고 했고, 마치 운명처럼 그해 노동자 대회가 있던 11월 13일이 토요일이었다. 전태일 열사의 기일인 11월

13일에 우리는 많은 사람들의 축하를 받으며 결혼식을 올렸고, 식이 끝난 그날 저녁 신혼여행 대신 노동자 대회 전야제로 달려갔다.

가진 것 하나 없이 반지하 방을 전세로 얻어 살림을 차렸다. 우선 마이너스 대출을 받은 후 결혼식 때 들어온 축의금으로 갚았다. 마침 IMF 사태로 전세금이 뚝 떨어진 터라 그나마 우리가 가진 돈으로 얻을 수 있었다. 다행히 현대중공업 노동조합 해고자 신분이라 노조에서 생계비를 받을 때여서 생활비 걱정은 없었다.

위원장 임기를 마치고 결혼도 하고, 서울에서 집을 구했으니 서울에서 뭔가 할 일을 찾아야 했다. 그런데 일을 시작하려던 2000년 초, 현대중공업 노동조합 위원장과 임원들이 연락도 없이 찾아왔다. 4월에 있을 국회의원 선거에 울산 동구 후보로 출마하라는 것이다. 노동조합 생계비를 받고 있으니 노조 이름으로 소환하러 왔다며 위원장이 농담을 했다. 울산행을 요구하는 지도부를 내려 보내고 고민에 빠졌다. 울산 동구는 정몽준이 현대중공업을 등에 업고 내리 4선을 한 지역구라 당선은 힘든 곳이다. 그러나 당선을 떠나 자본가 대표인 정몽준의 아성인 이곳에, 노동자 대표인 내가 나서서 반드시 노자勞資간 투쟁을 벌여야 한다는 게 집행부의 결정이었다.

어쨌든 노조의 생계비를 받는 해고자로서 그 명령을 따르는 것은 당연했다. 부랴부랴 울산에 내려가 선거운동에 들어갔다. 처음 인지도 조사를 했을 때 나는 62%, 정몽준은 96%였다. 인지도가 62%면 다른 지역은 당선권이란다. 그러나 동구는 현대중공업이라는 힘이 너무나 크게 작용하는 곳이었다. 비록 당선보다는 노자간 대결이 목표였지만, 선거운동 기간에 정말 많은 동지들이 힘을 모아 선거를 치렀다. 표도 3만

표가 나왔다. 3만 표면 다른 지역에선 당선권이다. 아쉬움은 있지만, 후회 없이 선전했던 선거였다.

민주노동당 동구지구당 위원장을 1년 정도 하다가 다시 해고자 생활로 복귀했다. 당 운동이 내겐 잘 맞지 않았다. 정치운동보다는 노동운동을 하고 싶었던 나는 해고자로 돌아와 현대중공업 정문에 텐트를 치고 해고자들과 복직 투쟁을 시작했다. 천막 농성을 벌이는데 중공업은 경비들을 동원해 천막을 찢고 출퇴근 투쟁 때마다 폭력을 저질렀다. 치졸하게 새벽 2시 넘어 곤히 자고 있는 천막 옆에서 깡통을 차대며 신경을 자극하기도 했다. 복직 투쟁으로 2년을 보내고 2002년이 되자 노조는 다시 출마를 요청한다. 이번엔 지방 선거의 구청장이었다. 고민 끝에 출마를 결정했다. 민주노총 조합원 투표로 노동자 후보가 되었고, 이번에는 당선이 되었다. 내 인생의 소중한 경험인 구청장 생활이 시작된 것이다.

선거 기간에 이런 일도 있었다. 어느 날 동구의 한 공무원이 밤에 선거 사무실을 찾아와 선거운동에 쓰라며 200만 원을 내놓는다. 한푼이 아쉬운 게 선거이지만 당황스러웠다. 구청장 선거에 나온 터라 공무원의 후원금을 순수하게만 볼 수 없었다. 당시 내가 거의 모든 언론에 당선이 확실하다고 나올 때여서 미리 줄 서기를 하는 것으로 생각했다. 당선도 되기 전에 이렇게 돈을 가지고 오다니, 그것도 민주노동당 후보에게. 이런 게 먹힐 거라고 생각한 것인지, 아니면 일단 시도를 해본 것인지 모르겠지만 설득해서 돌려보내느라 무척 애를 먹었다.

'노동자다운' 행정을 위한 몇 가지 원칙들

당선이 되어 2002년 7월 1일부터 출근을 했다. 집에서 구청이 가까워 걷거나 오토바이를 타고 다녔다. 간부 공무원들은 날마다 8시 30분에 아침 회의를 시작한다. 출근 시간인 9시에 하자고 해도 모범을 보여야 한다며 완강하다. 살살 조율을 했다. 점점 10분씩 시간을 늦추다 출근 4달 만에 9시에 회의를 시작했다. 아무 문제 없었다. 간부들이 8시 30분에 회의를 하려면 그 아래 직원들이 7시 30분부터 나와서 회의 자료를 준비해야 한다. 그날 신문들을 보며 구청에서 챙겨야 할 기사들을 스크랩하고 보고하는 것이다. 나는 당직 근무자가 꼭 필요한 부분만 보고하고, 간부들은 전날 퇴근 전에 부서별로 간단히 회의를 소집해서 보고하는 것으로 바꿨다. 나는 노동자였기 때문이다. 9시부터가 정해진 노동 시간인데 윗사람을 위해 아침 일찍 수당도 없는 가외 노동을 하는 것은 안 맞을 뿐 아니라, 딱히 효율성이 입증된 것도 아닌 관행이었다. 노동 시간을 준수하라고 노동운동을 한 내가 그런 관행을 답습할 수는 없었다.

나는 취임하면서 노동자 정치와 노동자 행정을 하겠다고 했다. 노동자 정치와 노동자 행정이 무엇인지 사실 명확한 상은 없었다. 누가 알려주는 사람도 없었고, 당은 국회의원 10석에 흥분해 지역의 단체장에게는 아무 관심도 없었다. 혼자서 헤쳐나가야 했다. 내 성격 탓인지 두려움보다는 도전 의식이 생겼다. 노동운동을 해온 것처럼, 노동자 의식만 잃지 않는다면 두려울 게 없을 거라고 생각했다. 지금부터가 그 도전의 흔적들이다.

1) 선물에 대한 원칙

얼마 전 한 언론에 어느 단체장이 명절에 들어오는 선물을 지역의 사회복지기관에 모두 기부해서 모범이 되고 있다는 기사가 실렸다. 단체장들이 각종 비리에 연루되는 때 훈훈한 모범 사례이며, 직원들도 자랑스러워한다는 것이다. 제법 비중 있게 실린 그 기사를 보고 기분이 안 좋았다. 나는 7년 전에 이미 한 일인데, 민주노동당 단체장이 할 때는 칭찬도 안 해주다가 다른 사람이 하니 별것 아닌 일을 이렇게 대단한 것인 양 추켜세우는 데 심사가 뒤틀렸기 때문이다. 취임하자마자 나는 선물에 대한 원칙을 정했다. '모든 선물은 주지도 받지도 않음.'

민주노총 위원장을 할 때, 사무실에 선물이 오는데 민주노총답게 처리하는 원칙이 있어야 한다고 생각했다. 당시 부위원장이던 허영구 동지가 안을 내어 선물에 대한 원칙을 내부 규칙으로 정했다. 우선 민주노총은 어떤 선물이든 받지 않는다는 원칙에 따라, 배달되어 온 선물 가운데 빨리 처리해야 할 생물(돌려주다가 상할 위험이 있는 것들)은 가까운 고아원이나 양로원 등의 시설에 보내준 사람 이름으로 기탁한 후 기탁 증서를 보내주고, 나머지는 모두 반납하도록 했다. 이 원칙에 따라 김대중 대통령이 보낸 완도 김 등이 모두 기탁되었다. 그 후부터 민주노총에는 선물이 오지 않았다. 지금도 이 원칙이 지켜지고 있는지는 알 수 없지만 잘한 일이라고 생각한다.

구청장 때도 마찬가지였다. 2002년 당선되고 처음 맞이한 명절이 추석이었는데, 추석 1주일 전부터 집과 사무실에 배달되기 시작한 선물이 50개가 넘었다. 모두 구청 사회복지과에 보내 어려운 가정과 사회복지시설에 기탁시키고 보낸 사람에게 통보해주도록 했다. 갑자기 선물이 확 줄었다. 눈치를 보고 있던 직원들도 처리하는 것을 보고는 보내지 않았다. 고용 불안에 시달리는 일용직이나, 산불 감시 요원이 되고 싶어 하는 사람들, 혹은 일반 직원들이 인사 청탁 등을 목적으로 보내기 때문에 일단 받으면 청탁을 거절할 수가 없게 된다. 명절마다 서너 번 꾸준히 반복했더니 2005년 추석에는 선물이 4개로 줄었다.

또 단체장 이름으로 보내던 선물도 중단시켰다. 대신 직원들에게 내부 메일을 통해 마음을 담은 편지를 보냈더니, 반응이 좋아 역시 노동자 구청장은 다르다는 말을 들었다. 울산의 다른 단체장들이 따라하기도 했다.

구청의 공무원 노조도 자극을 받아 노조 차원에서 선물에 대한 원칙을 정했다. 2004년 추석에는 자체 고발센터를 만들어 3만 원 이상 선물에 대한 신고를 접수했다. 공직 사회의 자정 노력은 이런 작은 원칙에서 시작되고 실천된다는 것을 구청과 노조가 함께 보여준 것이다. 당에 보고해서 선거에 나가는 모든 후보가 이런 활동을 공약으로 했으면 좋겠다고 했는데 별 반응은 없었다.

나는 지역 여론에 중요한 역할을 하는 사람들이 언제나 주의 깊게 지켜보고 있기 때문에 이런 작은 일들이 입소문을 타고 주민들에게 전달된다고 생각했다. 그리고 작지만, 마음에 다가가는 실천들이 중요하다고 여겼다.

내가 구청장을 하면서도 받은 유일한 선물은 민주노총의 명절 선물이었다. 보낸 건 김진균 선생님과 이소선 어머니께 보낸 선물이 유일하다. 김진균 선생님이 처음 선물을 받으시고는 "순정한 노동자 부부에게 많은 유혹이 있을 것"이라고 하시며 조심을 당부하셨다. 혹여 여기저기서 선물 받은 걸 보냈나 염려한 것이다. 그래서 선물은 이렇게 처리하고 있고 개인적인 선물은 제가 마련해서 보낸다고 말씀드렸더니 그제야 안심하시던 기억이 난다.

2) 인사에 대한 원칙

구청장에 당선되고 나서 바로 민주노동당 당선자 교육을 받는데 나보다 먼저 잠깐 구청장을 했던 인사가 "구청장이 되면 인사권을 쥘 수 있어서 직원들을 잡을 수 있고, 예산 편성권을 가지고 있으니 지역 주민들을 우리 편으로 만들 수 있다"는 말을 한다. 그때도 갸우뚱하고 지나갔지만, 진보 정당으로서 행정을 하면서 그게 얼마나 심각하고 위험한 생각인지를 느꼈다. '예산'과 '인사'는 구청장의 무기가 아니라 주민과 직원들에게 돌려줘야 할 권한이다. 이런 인식이 없는 정치는 진보정치가 될 수 없다.

진보 정당은 주민들을 표로 보거나, 직원들을 수단으로 생각해서는 안 된다. 우리가 늘 주술처럼 읊어대는 '민중 권력'은 활자 속의 개념이 아니다. 나는 모든 공직 사회 비리의 원인인 인사 문제를 민주적인 제도로 풀기로 했다. '다면평가제'를 도입했다. 다면평가제란 상급자가 하급자에 대한 평점을 매겨 결정하던 기존 인사 제도를, 동료와 하급자까지 평가하게 하는 것으로 여러 방면에서 공정하고 객관적인 평가를 하는 제도다. 우리나라 공직 사회는 비리를 저지르라고 유도하는 구조다. 5급 이상은 정년이 60세인데, 5급 아래는 57세다. 공무원 생활 3년을 더 하는 것은 엄청난 차이이기 때문에 6급은 5급을 달려고 사활을 건다. 이 과정에서 주로 뇌물과 각종 인사 비리가 생겨나는 것이다.

또한, 상급자가 평점을 잘 주어야 진급을 할 수 있으니 내부 줄 서기, 눈치 보기, 뇌물 등으로 공직 사회 부정이 생겨나는 원인이 되어 왔다.

마침 2002년 당시 행정자치부가 다면평가제에 대한 지침을 내렸다. 아마도 노무현 대통령이 해양수산부 장관 시절 다면평가제를 도입해서 좋은 평가를 받은 일이 있는데 그 영향인 것 같았다. 그러나 행정자치부 지침은 강제 규정이 아니고, 인사권은 단체장들의 기득권이기 때문에 실제 실시하는 곳은 많지 않았다. 나는 동구 나름의 평가서와 평가위원, 평가 방식 등을 만들어서 다면평가제를 실시했다.

우선 노동조합을 공식 파트너로 인정했다. 다면평가제를 제대로 시행하려면 노조를 파트너로 인정하지 않고는 불가능하다. 평가 위원회의 구성은 물론 운영까지 노조와 동등하게 했다. 준비 기간을 거쳐 공식으로 시행한 2004년 1월 1일부터 2005년 직무 정지될 때까지 총 9회, 146명을 다면평가로 승진 인사했다. 최종 승진 결정자에 대한 마지막 인사 위원회의 승인 과정이 있는데 이 과정에서도 문제 제기 없이 말끔하게 진행되었다.

진급뿐 아니라 어느 부서에 배치하는가도 민감한 문제다. 누구나 인사권자 가까이 있고 싶어 하기 때문이다. 특히 총무, 기획 등의 부서는 선호 1순위다. 나는 이 문제도 노조와 협의해서 처리했다. 그랬더니 인사에 대한 불만이 없어졌다.

재직하는 동안 집에 찾아왔던 유일한 직원은 징계 회부자였다. 징계를 피해보고자 왔지만 돌려보냈다. 구청 가까이 살아도 집에 찾아오는 직원은 없었다. 인사철 되면 문지방이 닳는 폐단을 없앤 자부심이 생겼다. 나는 노동자끼리 서로 적으로 여기며 경쟁하다 1987년 노동조합이 생긴 후 바뀐 경험을 했기 때문에, 공정한 평가를, 노조의 힘으로 하고자 노력했다. 한 가지 우려되었던 것은 노동조합이 인사의 권한을 절반이나 가지게 되니 또 다른 인사 비리의 당사자가 될 수 있는 위험이었다. 하지만, 이는 공직 사회 개혁을 업으로 삼는 공무원 노조가 민주적이고 합리적으로 해결해야 할 과제이기 때문에 그들을 믿었다.

2013년부터 6급 이하 공무원의 정년도 60세로 바뀌게 된다. 공무원 노조가 생기면서 고질적인 인사비리를 없애기 위해 개혁 투쟁을 벌인 결과다. 다만 노동조합이 이런 중요한 역할을 하고 있는데도 알려지지 않는 것이 아쉽다.

3) 비정규직 인사에 대한 원칙

구청의 비정규직으로는 상용직과 일용직이 있고, 그밖에도 산불 감시 요원 등 기타 인력이 있다. 연간 280일 이상 근로하는 사람을 상용직이라 하는데, 이들에게는 퇴직금, 각종 수당, 보너스가 지급되며 노동조합도 결성되어 있다. 280일 이하는 일용직인데 같은 비정규직이라도 퇴직금, 각종 수당, 보너스가 없다. 이들은 '자치단체 비정규직 노동조합' 을 결성해 활동한다.

동구청에는 상용직으로 수로원(도로 보수 정비), 환경 미화원, 구청 청소원, 비서실 직원, 부서 보조원 등을 포함 총 120여 명, 일용직은 주민자치센터 보조 요원 10명이 있었다. 상용직은 행정자치부가 채용할 인원을 지침으로 내려 보내는데, 단체장은 늘릴 수는 없고 줄이는 것만 가능하다. 이 밖에도 해마다 11월부터 5월 말까지 7개월 동안 일하는 산불 감시 요원 30명과, 3개월 동안 채용할 수 있는 보조 요원(출산, 휴가)이나, 정부 지침에 의해 채용할 수 있는 호적 전산팀 등 기타 인원 채용이 있다. 이들이 모두 동구청에서 일하는 비정규직 노동자들이다. 구청의 비정규직 노동자들은 시험에 합격해야 하는 공무원 임용 과정 때문에 정규직 전환은 불가능하다. 최대한 이들의 고용을 보장하고, 노동 조건을 향상시키며, 노동조합 활동을 지원하는 것을 목표로 삼았다.

상용직 가운데 환경 미화원은 민간 업체에 위탁할 것을 자꾸 강요하고 있는데, 자치단체들이 위탁을 주려는 과정에서 갈등이 많이 일어난다. 민간 업체는 이윤이 우선이기 때문에 고용과 노동 조건에서 노동자들에게 불리할 뿐 아니라, 공공 서비스의 질도 떨어지게 된다. 동구는 위탁을 하지 않았다.

동구는 비정규직에 대한 채용이 있을 경우 인사에 대한 원칙을 정했다. 생활이 가장 어려운 사람부터 채용하고 투명하게 과정을 공개한다. 예를 들면, 비서실 직원을 뽑을 때 사회복지과에 의뢰해 가정 형편이 어려운 사람 가운데 뽑았고, 어린이집 조리사나 환경 미화원 보조직은 한부모 가정의 엄마들 가운데 채용했다.

산불 감시 요원들 대부분 그 지역의 의원, 국장, 과장들이 청탁한 사람들이 일하고 있다. 동네에서는 그런 자리가 구청에 아는 사람이라도 있어야 들어갈 수 있는 기득권이다. 나는 공개 채용 방식으로 바꿨다. 지원서 접수를 하고 공개 면접을 하는데, 면접관은 지원자들이 모르도록 당일 아침에 무작위로 명단을 뽑고 나서 간부들이 직급별 2명을 추첨했다. 청탁은 불가능할 수밖에 없다. 이렇게 해도 계속 뒤로 청탁하는 사람이 있긴 했지만, 한번 실행하고 나서는 제도가 정착돼서 모두 만족했다. 그간 청탁을 받아야 했던 사람도 부담이 없어져서 좋아했다.

공립 어린이집 원장과 교사 역시 위와 같은 방법으로 뽑았다.

자치단체의 일용직들은 단체장 측근이나 그를 도울 선거용으로 많이 뽑는 것이 현실이다. 한번은 울산의 다른 구에서 상용직으로 일하는 당원이 나를 돕겠다고 동구로 오게 해달라 했다. 서로 잘 아는 사이이고 노동자 구청장을 돕고 싶은 마음에 그런 건 알지만 그래서는 안 된다고 거절했다. 처음엔 섭섭해했지만, 이유를 설명하니 충분히 이해한다고 오히려 자기 생각이 부족했다고 얘기해 주었다.

내가 하면 로맨스고 남이 하면 불륜이 된다고, 활동가와 당 차원에서 우리 당원이 공직에 있다고 해서 혹 어떤 자리라도 들어갈 수 있다고 생각한다면 그건 아주 잘못된 생각이다. 지금도 어느 지역에선가 그런 일이 있을 수 있다. 그건 진보 정당을 욕되게 하는 일이라고 생각한다. 주민들이 다 지켜보고 있기 때문에 사람을 쓰는 일이야말로 내 측근, 내 당원, 내 인척을 배제하고 공정하고 투명하게 해야 한다. 앞으로 진보 정당에서 지방의원이든 단체장이든 계속 나올 텐데, 인사에서 잡음이 없도록 진보 정당다운 원칙을 반드시 마련해야 할 것이다. 민주노동당의 국회의원 보좌관 임명에 잡음이 이는 것도 이런 원칙을 마련하지 않고 그냥 선거만 치렀기 때문이다. 진보 정당이 아직 집권할 준비가 안 되었다는 반증이기도 하다.

4) 예산에 대한 원칙: 주민참여 예산제

주민참여 예산제에 대해 아는 사람은 많지 않을 것이다. 나 역시도 당선되기 전 스치듯 브라질의 사례를 들은 게 다여서 이 제도를 시행해야겠다고 생각하고 실천하기까지 시간이 걸렸다. 주민참여 예산제는 세계사회포럼을 개최하는 브라질의 포르투알레그레 시에서 모범으로 운영하는 제도이고, 브라질 노동자당의 지역 정치 대표 제도이다.

당선되고 나서 알아보니 우리나라에는 광주광역시 북구가 실시하고 있었는데, 온전한 주민참여 예산제라기보다는 예산에 대한 건의 정도에 머무른 수준이었다. 그래도 그 제도를 유일하게 실시하는 지역이라 직접 자문도 구하고 내 나름대로도 연구를 많이 했다. 생각이 정리되자 우선 울산대학교의 진보적 교수들과, 울산참여연대, 울산경실련 등 시민사회 단체에 의견을 전달하고 지역 연구진을 꾸렸다. 나는 이 제도를 시행하면서 세 가지 기준을 두고 물었다.

1. 노동자다운 행정은 무엇인가?
2. 진보적인 정치와 행정을 지역에서 어떻게 실천할 수 있을 것인가?
3. 보수 정당이 집권해도 바꿀 수 없을 만큼 제도적인 정착이 임기 안에 가능한가?

결론은 '올바르고 가능한 제도' 라는 답이었다.

현재 울산 동구는 '주민참여 예산제' 가 조례로 통과되어 있다. 뒤에 어느 사람이 구청장이 되어도 이 제도를 바꾸기는 어려울 것이다. 물론 퇴보시키거나 없앨 가능성이 아주 없는 것은 아니다. 하지만, 그러면 주민들의 저항이 따를 테니 부담을 느낄 수밖에 없다.

나는 '주민참여 예산제' 를 지방자치 시대에 꼭 필요한 '참여 민주주의의 꽃' 이라고 불렀다. 흔히 주민참여 예산제에 대해 '참여' 부분을 많이 강조한다. 주민이 예산 결정 과정에 참여하는 자체가 민주주의의 진전인 것은 맞다. 그러나 나는 한 발 더 나아가 단체장이 가진 가장 큰 권력인 예산권에 대한 견제가 아닌 '이관' 이란 점에서 이 제도를 중요하게 생각했다. 예산의 집행에서 가장 중요한 것은 편성권이다. 주민 복지에 우선을 둘 것인가, 골프장을 지어 세수를 늘릴 것인가, 혹은 대규모 개발 사업으로 확실한 치적을 쌓을 것인가 등등 단체장의 생각에 따라 예산 편성이 좌우된다. 그러나 참여 예산제 아래서는 단체장이 골프장을 짓고 싶어도 편성권을 가진 주민들이 예산 편성을 하지 않으면 지을 수 없다. 즉, 행정의 실질적인 권한을 주민이 갖게 되는 것이다.

노동자가 집권하면서 동구는 '예산권' 과 '인사권' 이라는 두 가지 기득권을 버렸다. 인사는 다면평가제를 통해 투명하고 공정하게 제도화시켰고, 예산은 심의권뿐 아니라 편성권까지 주민참여 예산위원들에게 넘김으로써 단체장이 가지는 막대한 권력을 주민과 구성원들에게 돌려주고 제도로서 정착시켰다. 이는 우리나라 지방자치의 역사에 의미 있는 일로 기록될 것이라고 감히 자부한다.

그런데 이상한 것은 시민단체에서 전국을 다니며 지방자치에 대한 모범 사례들을 조사하면서 이 참여 예산제의 모범은 다른 지역을 예로 드는 것이다. 자부하건대 울산 동구의 참여 예산제는 다른 지역보다 더 민주적인 시스템이었다. '개혁 성향' 의 단체장과, '노동자' 단체장의 의식이 어떻게 다른지를 보여줄 좋은 사례라고 생각했는데, 시민단체에서 노동자 행정에 대한 관심이 없었던 것 같다.

이 제도를 시행하면서 재미있는 일들이 많았다. 특히 공무원들의 의식을 바꾸기가 어려웠다. 참여 예산위원에 청소년 대표로 학생들을 포함시켜야 한다고 했더니, 일단 유권자도 아니고, 애들이 뭘 안다고 참여를 시키느냐며 반대했다. 나는 '집에서 아이들을 대할 때 일방적으로 지시만 하지 않고 대화를 해야 하는 것과 같은 이치' 라고 설득했다. 그래도 납득하려 하지 않았다. 울산 동구에 있는 중 · 고등학교 학생회장 30여 명과 간담회를 하면서 취지를 설명하고 참여를 독려했다. 나중에 보니 1년에 한 번씩 열리는 동아리 행사에 구청의 예산을 1000만 원 지원받아 이를 직접 편성하고 집행한 후 감사까지 훌륭하게 해내어 우려를 불식시켰다.

주민참여 예산제를 시행하는데 가장 힘든 게 공무원과 의회의 설득인데, 의회는 구청장의 권한을 줄인다는 것에 혹해서 통과를 시켜주고서 후회를 했고, 공무원들은 당시 총무국장이었고 나중에 부구청장을 지낸 서통학 부구청장이 앞장서서 설득해주었다. 노동 열사의 형이기도 한 이분은 고위 관료이면서도 노동자 구청장인 내 뜻을 이해해주고 많이 도와주었다. 고마운 분이다.

아쉬운 점은 시행 중 문제로 드러난 것들을 계속 개선해야 하는데, 지금 한나라당 단체장이 그럴 의지가 없다는 것이다. 시행은 어쩔 수 없이 하고 있지만 계속 축소시키고 있어 걱정이다.

5) 판공비에 대한 원칙

많은 사람이 판공비(업무 추진비)를 구청장의 쌈짓돈으로 이해하고 있다. 판공비는 두 가지로 나뉘어 있는데 기관운영 업무추진비와, 시책추진 업무추진비다. 흔히 판공비는 구청장만 쓸 수 있다고 생각하지만, 사실은 부구청장과 실 국장, 과장 등 부서별로도 사용이 가능하다. 기관운영 업무추진비는 단체장의 통상 업무, 조직 운영과 홍보, 대민 활동, 유관 기관과 협조 및 직책 수행 등 직무 수행 경비이고, 시책추진 업무추진비는 자치단체가 시행하는 주요 행사, 대단위 시책 추진 사업, 주요 투자 사업의 원활한 추진을 위한 경비이다.

판공비는 해마다 행정자치부가 정한 지침이 있는데, 동구의 경우 2005년 기준 총 2억 3500만 원이다. 동구는 4000여만 원을 줄여 1억 9350만 원으로 편성했다. 대부분 늘이려고 하지 줄이지는 않는다. 나는 구청장 개인의 할당액을 되도록 줄였고, 부서별로 나누어 책정해서 직원들에게 재량을 주었다.

판공비는 총액 기준으로 70%는 카드로 써야 하고, 30%는 현금을 쓸 수 있는데 현금 사용은 불우 이웃 돕기, 각종 격려금(체육 대회, 구청과 관련된 격려) 등으로 용도가 정해져 있다. 이런 용도가 구청장 개인의 조직 관리용으로 쓰일 수 있기 때문에 엄격하게 제한을 하는 것이고, 시민단체들도 개인 돈처럼 쓰는 것을 막도록 투명하게 공개하라고 요구하는 것이다. 나는 판공비 카드를 총무과와 비서실에 맡겨두고 되도록 가지고 다니지 않았다.

국실별 사용 내역은 구청장에게 따로 보고하지 않고 판공비 사용 내역에 구청장 명의로 공개했다. 나는 선거 때 공약으로 판공비 공개를 약속했고 당연히 해야 할 일이라고 생각했다. 그러나 당선되고 보니 전임 구청장인 민주노동당의 이영순 청장도 공개하지 않았고, 당에서 지침도 방식도 내려오지 않았다. 어떤 방식으로 해야 가장 나을 것인지 파악해야 했다. 그런 과정을 거쳐 취임 후 두 달째부터 공개를 시작했다. 넉 달 동안은 한 달에 한 번씩 내역을 공개하다가, 6개월부터는 인터넷에 판공비 공개 난을 만들어 날마다 공개하였다.

주민들에게 투명하게 공개(되도록 자세히)하고 보고를 의무화하는 것도 필요하지만, 중요한 것은 공개 지침이 정해져야 한다는 것이다. 특히 선거를 앞두고는 판공비 사용 내역이 선거법에 저촉되는 일도 많고 상대 후보의 공격 빌미가 될 수도 있기 때문에, 원천적으로 이런 시비가 없도록 지침을 하루빨리 정해야 한다.

6) 월급에 대한 원칙

구청장 월급은 무척 많다. 대신 상여금이나 퇴직금이 없고, 고위 공무원이라 인상이 거의 없다. 내 월급은 2005년에 연봉으로 6900만 원이었다. 총액을 열두 달로 나누어서 한 달에 570만 원을 받았다. 10%는 세금으로 떼고, 공무원 연금, 의료 보험료 등으로 60만 원 정도를 더 제해 실수령액은 480만 원이었다. 여기에 월 초에 받는 각종 수당 143만 원을 합하면 한 달에 620만 원 정도를 받았다.

무척 큰돈인데 이를 두고 어떻게 하는 것이 노동자 구청장답게 쓰는 것인지 많이 고민했다. 처음 아내와 정한 기준은 '해고자 생활할 때 기준으로 살자' 였다. 결혼 직전 받던 해고자 생계비가 연봉으로 따져보니 약 3500만 원 정도였다. 아이가 생겼으니 4000만 원 정도를 기준으로 하자고 정했다.

우선 달 초에 받는 143만 원은 해고자들의 투쟁비, 노동자 행사 지원비, 어려운 단체 후원비, 당 선거 때 특별 당비, 노동자 후보 지원금, 비정규직 투쟁 지원비 등으로 사용했다.

480만 원 월급 가운데 200만 원은 다달이 고정으로 '사회복지공동모금회' 를 통해 기부했다. 대신 지정 기탁제를 이용해 100만 원은 현대중공업 해고자 후원금으로, 100만 원은 장기수 선생님들께 돌아가면서 지정 기탁했다. 처음 몇 달은 사회복지과에서 뽑아준 분들에게 직접 송금을 하다가, 선거법에 걸릴 수도 있다 하고 이왕이면 세액공제도 받고 사회적으로 노동자 구청장이 이런 기부를 한다는 것을 알리고자 '사회복지공동모금회'를 이용했다. 그렇게 했어도 제법 저축도 많이 했고, 구청장을 하면서는 크게 돈 쓸 일이 없어 별 어려움 없이 살았다.

사실 당시 내가 속해 있던 민주노동당에서 월급에 대한 원칙을 정해줬더라면 좋았을 텐데, 국회의원들은 도시 노동자 평균 임금만 받겠다고 선언하는 등 언론플레이를 했지만, 구청장 2명은 천덕꾸러기여서 아무런 관심도 없었다. 그러다 어느 날 일부 당원들이 구청장 월급이 그렇게 많은데 그동안 혼자 다 해먹었느냐 하면서 공격을 하는 바람에, 아내가 민주노동당 게시판에 월급을 이렇게 쓰고 있다며 공개를 하게 되었다. 나는 월급은 가능하면 진보 정당의 의원단과 공직자 모두 일괄 일정액을 적립하여 비정규직 후원 재단 같은 재단 형태로 만들었으면 한다. 그전까진 일정액에 대한 기부를 강제하여 공개적으로 사회 환원을 하면 좋겠다.

7) 쓰레기봉투에 대한 원칙

아내가 울산에 내려와서 제일 처음 했던 말이 쓰레기봉투 값이 너무 비싸다는 거였다. 서울에서 2500원 할 때 울산은 3500원 정도로 차이가 많이 났다. 쓰레기봉투는 청소 대행 업체들이 지역을 나누어 공급하는 체제였고 지금도 대부분 이렇게 운영한다.

어느 날 위탁 업체들이 노동자들 임금이 월 240만 원씩 나가서 부담이 크니 쓰레기봉투 값을 인상해달라고 동구청에 요구해왔다. 나는 사장들에게 올려줄 수는 있는데 대신 노동자들에게 그만큼 임금을 주고 있다는 사실을 확인해오라고 했다. 구청의 환경 미화원보다 하청 업체 노동자들 임금이 턱없이 낮다는 걸 이미 알고 있기 때문이었다. 업체들은 다음날로 인상 요구를 철회했다. 동구는 내 임기 동안 쓰레기봉투 값을 못 올렸다. 사실 이런 거 몇십 원씩 올리면서 주민들에게 부담을 전가하고 업주의 배만 불리는 일이 허다하다. 동구는 억울하면 그만두라 했다.

울산지역연대 노동조합은 각 시군구의 위탁을 받아 청소 대행을 하는 하청 업체 노동자들이 만든 노조다. 2002년 결성했는데 2004년 임금 인상과 단체 협약 체결을 요구하며 13개 업체, 94명이 파업에 들어갔다. 파업 과정에서 지역연대노조가 몇 차례 면담을 요청했는데, 구군별 집단 협상이 어려우니, 동구가 먼저 업체들과 협상을 시작하도록 노동자 출신인 내가 도와달라는 것이다. 노조는 내게 업체를 압박해 협상에 나오도록만 해주고 그 뒤는 지켜봐 달라고 했다. 업체 측이 무성의하게 나오고 협상 진전이 없자, 나는 노조에 청소 업체를 조합원들이 운영할 수 있겠느냐고 물었다. 자신 있다는 대답이었다. 나는 자주관리 형태로 노동자들이 직접 운영하고 동구청에서 위탁을 줄 계획으로 동구 업체들에 위탁 업체를 바꾸겠다고 통보했다. 그랬더니 사장들이 바로 노조의 요구를 수용하겠다고 나와 협상이 타결되었다.

그러나 다른 구군들 때문에 타결이 지연되었는데, 남구는 협상 중 대체 인력을 투입해 충돌이 일어났다. 노조는 구청 소속의 직영 노동자들이 청소하는 것은 용인했지만, 위탁 업체들이 인력을 사서 청소하는 것은 막았다. 충돌이 일어나자 검찰에서 남구청장에게 노동자를 고발하라고 해, 해당 국장이 노동자 3명을 고발해 바로 잡혀갔다. 고발 사실을 보고하던 자리에 우연히 함께 있던 내게 그 구청장이 조언을 요청했다. 나는 이렇게 조언을 했다. "당신은 표를 받는 구청장이고 국장은 공무원일 뿐 책임질 사람이 아니다. 국장이 고발했어도 구청장인 당신이 민주노총과 노동자들과 등 돌리고 싸워야 한다. 그 싸움을 하고 싶으냐. 신중하게 생각해라." 수긍을 한 그는 바로 검사와 4시간 동안이나 통화해서 노동자들이 풀려나도록 했다. 3명은 결국 풀려났다. 그는 노동자 출신인 내게 이 파업 사태를 어떻게 풀어야 할지 물었다. 나는 "노동자 편을 들어야 한다고는 하지 않겠다. 다만, 업체와 노동자 사이에서 단체장이 공정하게만 해달라"고 했더니, 나름대로 여름휴가도 반납해가면서 문제 해결을 위해 뛰어다녔다.

최소한 자치단체와 관련된 일을 하는 업체의 노동자들만이라도, 단체장의 권한으로 고용 보장과 노동3권을 최대한 확보하도록 할 수 있다. 업체 측이 성실 교섭 안 하면 노동자의 노동3권 확실하게 보장하는 업체에 위탁 주겠다 하고, 심의 내용에 이런 사항을 집어넣어 악덕 업체가 발을 못 붙이게 할 수도 있다. 위탁 업체의 노동자들과는 그런 방법으로 연대 · 지원하고, 구청에서 직접 운영하는 상용직 환경 미화원들은 행정자치부의 지침대로 위탁으로 돌릴 게 아니라 공공성과 노동자 권리를 우선에 두고 고용 보장을 해야 한다. 동구는 고용을 보장하겠다고 약속했고 실제로 위탁을 주지 않았다.

8) 연말 보도블록 교체에 대한 원칙

해마다 연말이면 멀쩡한 도로의 보도블록을 파헤치고 새로 덮는 걸

볼 수 있다. 각 지자체들이 쓸데없이 예산을 낭비하는 사례로 가장 많이 제기되는 부분이다. 구청의 예산 가운데에는 특히 건설과의 예산이 많다. 건설과는 크고 작은 일들이 많은지라 예산이 정확하게 짜여 있지 않은 부분이 있다. 이를 포괄사업이라 하는데, 보도블록 교체 등도 이 포괄사업 예산에 포함된다. 그런데 사업비를 쓰고 남은 돈은 반납을 해야 하는데, 그러면 다음 연도 예산을 짤 때 그만큼 삭감될 가능성이 높아진다. 그래서 단체장들은 되도록 예산을 다 소진하기 위해 보도블록 교체 공사를 하는 것이다.

나는 임기 중 보도블록 교체를 포괄사업 예산으로 편성하지 않고 계획을 잡아 정확하게 집행하도록 했다. 계획에 따라 교체를 하되 특히 연말에는 교체 작업을 하지 않도록 지시를 했다. 동구는 적어도 연말에 남은 돈 쓰느라 보도블록을 교체하는 일은 없었다.

9) 비정규직과 단체장의 관계에 대한 원칙

구청장이 되고 비정규직에 대한 여러 문제를 겪으면서 어떻게 이들의 권리를 제도적으로 보장할 수 있을까가 큰 고민 중 하나였다. 지자체와 관련이 되는 비정규직들은, 앞에서 말한 대로 위탁 업체를 선정할 때 노동자들에 대한 고용 보장 여부를 선정 기준에 넣는 것, 노동자가 직접 경영하는 사업체에 위탁을 주는 것, 성실하게 단체 협약을 체결해주는 것, 그리고 상용직을 위탁으로 돌리라는 지침을 따르지 않는 것 등으로 어느 정도 보장해줄 수 있다. 실제로 울산에서는 동구와 북구가 위탁을 안 하니 다른 구군도 위탁으로 돌리지 못했다.

그러나 현대중공업이나 현대자동차 같은 사업장 내의 문제는 단체장이 어떻게 손을 쓸 수 있는 문제가 아니기 때문에 어렵다. 지원자는 될 수 있지만, 당사자가 될 수는 없다. 비정규직의 차별 철폐 문제는 민주노총에서 의원들과 힘을 발휘해서 풀고 단체장은 지역에서 잘 집행되도록 손발을 맞춰야 할 것이다.

공무원 노조 전주 지부에 교육을 갔더니 상용직과 일용직이 노조를 함께하다가 상용직이 떨어져 나갔다고 했다. 비정규직 안에서도 또 사정이 다른 여러 층위의 비정규직 노동자들이 존재하는데 이들 사이의 분열은 결국 모든 노동자의 분열과 실패로 돌아온다. 이는 공무원 노조에서 끌어안아서 해결해야 하고, 그 임무를 민주노총과 진보 정당이 해야 한다.

한 예로 행정자치부가 총액 임금제(각 자치단체에 예산을 줄 때, 예를 들어 500명이면 490명분만 주고 알아서 임금을 해결하라고 하는 제도)를 실시하면, 비정규직들은 가장 먼저 피해를 본다. 이는 공무원 노조를 분열시키고 노동자들의 노동 조건을 개악하려는 작태이다. 자기 코가 석 자인 정규직 공무원들이 비정규직 문제에 함께할 수 있겠는가?

미리미리 이 문제에 대해 의논하고 교육하고 대책을 마련해서 총액임금제를 어떤 수를 써서라도 막아야 한다. 민주노총과 진보 정당이 그 일만 제대로 한다면 공무원 노조뿐 아니라 비정규직 노동자들에게 큰 희망이 될 수 있다. 또한, 민주노총에서 동구청과 자치단체 비정규직 노조가 맺은 단체 협약안을 참고해서 모범 시안을 마련하고, 위탁 방지 공약, 업체 선정 기준 등을 정해주는 것도 필요하다.

공무원 노조

민주노총 위원장 때도 임기를 못 채웠고, 현대중공업 위원장 때도 임기를 못 채웠는데 선거로 뽑힌 단체장 임기는 채우지 않을까 생각했다. 그런데 팔자인지 구청장 임기 4년도 결국 채우지 못했다. 공무원 노조에 대한 징계를 거부한 탓이다.

2002년 11월 공무원 노조가 연가 투쟁을 벌였다. 시에서는 연가를 허가하지 말라고 지침을 내렸으나 나는 결재 서류에 '막지 말 것'이라고 적었다. 공무원 노동자들의 정당한 권리를 내가 막을 이유가 없었을 뿐 아니라 오히려 노동자 출신 구청장으로서 엄호해야 할 처지였기 때문이다. 행정자치부는 예산으로 불이익을 주겠다고 난리를 쳤고, 경찰은 지방공무원법 58조(공무원 집단 행위 금지) 위반 혐의로 출석 요구서를 보내왔다. 나는 그냥 무시했다. 그랬더니 검찰이 고발을 해 벌금형을 내리는 것이다. 벌금도 안 내고 버텼는데 공무원 노조가 자신들 때문에 입은 피해라며 대신 벌금을 납부했다. 경찰이 연행해가겠다고 협박할 때는 조합원 20여 명이 아침이면 집 앞에서 기다렸다가 출근길에 동행을 해주기도 했다. 구청장을 지키겠다며 말도 없이 온 것이다. 이만하면 참 행복한 구청장이었다고 생각한다.

공무원 노조와의 인연은 연가 투쟁으로 끝나지 않았다. 2004년 공무원 노조가 노동3권 보장과 공무원 노조 인정을 외치며 총파업에 들어갔다. 동구는 기초자치단체 중 가장 많은 308명이 파업에 참가했다. 나는 여전히 징계를 거부했다. 나는 공무원 노조의 파업을 엄호하기 위해 단체장으로서 할 일을 찾았다. 예산을 투입해 왜 공무원 노조가 필요한지, 1989년 노무현 대통령이 공무원 노조를 인정하고 노동3권을 주어야 한다고 입법 발의했던 모습, 예전 정치인들의 약속, 노동조합의 필요성 등을 홍보하는 영상물을 만들었다. 이 영상물을 통반장 간담회에서 틀도록 하고 민방위 교육과 관변 단체 간담회에서도 상영하며 홍보를 했다. 그래서인지, 동구가 노동자 밀집 지역이라 노조에 대한 주민들의 반감이 적은 탓인지, 지역에서는 공무원 노조의 투쟁에 반대하는 목소리가 거의 들리지 않았다.

한편으로는 파업 참가 공무원들을 징계할 의사가 없음을 밝히는 글을 당의 기관지에 기고했다. 나는 이 일로 구청장직을 잃을지도 모른다는 생각을 했지만, 그 자리를 지키기 위해 15년 노동운동의 신념을 꺾을 생각은 전혀 없었다. 흔들릴 것도 없이 단호했고, 노조 생계비도 잘린 마당에 바로 무일푼 해고자로 되는 상황이었지만 아내 역시 나보다 더 단호했다.

결국, 나는 행정자치부의 대리인인 울산시의 부시장에게 고발을 당했고 1년 넘게 직무 정지되었다가 유죄를 선고받고 임기를 채우지 못했다. 구청장 자리마저…….

하지만 나는 내 행동이 큰 의미가 있었다고 생각한다. 징계를 거부한 동구와 북구청장 때문에 당시 파면, 해임 중징계를 외쳐대던 행정자치부의 공갈이 먹히지 않았다. 울산만 해도 다른 구군이 동 · 북구와의 형평성 때문에 징계를 못하거나 그 수위가 대폭 낮아졌다. 나와 북구청장은 행정자치부를 고발했고, 헌법재판소까지 가서 공무원 징계 사항은 단체장의 권한이라는 판결까지 받았다. 정부와 노동자 출신 단체장이 '맞장'을 떴는데 결코 밀리지 않았다. 단체장이 10명만 있었더라면, 정말 해볼 만한 싸움이었다. 나는 늘 국회의원 10석보다 자치단체장 10곳을 잡는 것이 더 싸움에 유리하다고 말한다. 그런데 모두 중앙 정치에만 관심을 기울일 뿐, 지역의 운동에 대해 관심이 부족하다.

지금 공무원 노조는 갈라졌다가 다시 통합을 했는데 정권의 탄압이 거세다. 하지만, 김대중, 노무현 정권에서도 공무원 노조에 대한 탄압은 똑같았다. 힘을 내서 기댈 것은 우리 자신뿐이란 생각으로 꼭 튼튼한 노동조합으로 섰으면 하는 바람이다.

해고자 구청장으로 산다는 것

나는 구청장 임기를 시작하면서 현대중공업 노조에서 주는 생계비 수령을 잠시 중단했다. 나를 노조에서 파견한 상황이었기 때문에 이중 월급은 받지 않는 게 당연했다. 대신 월급이 많아졌기 때문에 조합비는 올려서 냈다. 그런데 2002년 11월 현대중공업 노조 최윤석 집행부가 해고자들에게 일괄 위로금을 주고 청산하는 방안을 투표에 부쳤다. 해고자들과 한마디 상의도 없이 노조가 일방으로 해고자들을 '해고'한 것이다. 우리는 반발했고 위로금을 받고 나간 해고자들을 제외한 4명이 끝까지 위로금 수령을 거부하고 지금까지 '해고자'로 살고 있다. 민주노조의 역사를 전면으로 부정하는 짓을 노조의 이름으로 저지른 것이 용서가 되지 않았다. 노조가 어용으로 넘어가니 회사와 노조가 함께 나를 공격하는 바람에 구청장 임무를 수행하는 데도 어려움이 많았다.

울산은 도통 눈이 없는 도시인데 내가 구청장을 할 때는 유난히 눈이 많이 내렸다. 나는 구청장을 하면서 해고자들의 출근 투쟁에도 함께했는데, 눈이 엄청 많이 내린 날에도 새벽 6시 반부터 7시 40분까지 예정되어 있던 출근 투쟁을 했다. 그리고 구청에 출근해 제설 작업에 나섰는데, 현대중공업이 대주주인 지역의 방송사가 '눈 오는 날 구청장이 구정을 팽개치고 출근 투쟁을 해서 큰 문제가 되었다'라며 보도했다. 그러더니 회사는 동구 주민이라는 명분으로 현대중공업 종업원 3000명의 서명을 받아 나를 직무 유기로 고발한 것이다. 눈 오는 날 사고가 난 것도 아니고, 출근을 안 한 것도 아니고, 평소보다 일찍 출근해 한 일인데도 이런 악의적인 보도를 하는 것은, 나는 노동자이고 상대는 내가 맞서 싸우던 자본이었기 때문이다. 그들은 틈만 나면 노동자 구청장을 흔들었다. 직무 유기는 무죄 판결을 받았지만, 언론에 의해 이미 훼손된 명예는 회복하기 어려웠다. 그들이 노리는 것도 그것이었다. 끊임없이 흠집 내고, 문제로 삼아서 노동자가 구청장을 하면 안 된다는 논리를 펴고 싶어 했다.

회사가 얼마나 치졸한 행동을 하느냐 하면, 태풍 매미 때 방파제가 유실되고 크레인도 넘어지는 손실이 있었다. 관내 피해 상황을 점검하기 위해 중공업 현장을 방문하려 해도 피해가 적으니 올 필요가 없다며 구청장을 못 들어가게 했다. 정당한 공무 집행도 방해하는 것이다. 그러더니 피해액이 100억이 넘어 정부 지원이 필요하다고 시에 보고한다. 구청에서 조사를 해야 하는 상황인데, 나와는 엮이고 싶지 않으니 철저히 무시하고 구청 모르게 시에 보고했다가 결국 행정을 엉망으로 만들었다.

또 대한민국 최초의 잠수함을 만들어 진수식을 하는 날, 대통령 부부가 오고 시장부터 지역의 각 단체장이 모두 참석하는 자리에, 관할 구청장인 나는 초청을 하지 않았다. 가고 싶지도 않지만 하는 짓이 얼마나 치졸하고 우스운지……. 한때 자신의 종업원이었던 자를 구청장으로 인정하지 않겠다는 '세계 일류 기업' 현대중공업의 부끄러운 모습이다. 북구에 있는 현대자동차도 이런 식으로 치졸하게 구청장을 대하지는 않았다. 사주가 직접 선거에 나가는 것과 안 나가는 것이 아마 가장 큰 차이였을 것이다.

노조는 한 술 더 떠 노동조합 창립 행사에 전직 위원장이면서 현직 구청장인 나를 부르지 않았다. 시장이며 온갖 사람들을 초청하면서 정작 자기 노조의 위원장인 나를 안 부르는 것은 회사와 마찬가지로 정당성 없는 자들이 보이는 치졸함이다. 지금도 현대중공업 노동조합은 해고자의 존재를 부정하며 이런 행동을 계속하고 있다.

나를 명예 훼손으로 고소하고, 또 고소하고 괴롭힌다. 무죄를 받긴 해도 조직적으로 개인을 괴롭히니 힘겹다. 하지만, 나는 포기하지 않을 것이다. 해고자 생활 열심히 할 것이고 다시 조합원들과도 만날 것이다. 내가 노동자임을 절대 잊지 않으며 살 것이다.

나의 실수

이제 내 실수에 대해 말할 차례다. 물론 수많은 시행착오를 거치며 실수도 많이 하고, 후회도 했지만, 구청장 시절에 저지른 실수는 민주노총이나 노동조합 때 일과는 사뭇 다르다. 운동의 원칙보다는 행정에 대한 이해가 부족하고, 공무원 사회에 대한 파악이 부족했던 게 문제였다. 구속이나, 기소, 재판 등 나는 별로 두려워하지 않는 일들이,

공무원들에게는 엄청나게 두렵고, 중요한 일이라는 걸 제대로 이해하지 못했던 것이다.

구청장에 당선된 후 노인들을 보면 부모님 생각이 났다. 감옥에 계실 때 돌아가셔서 임종도 못한 죄에다가, 살아계셨으면 아들이 '출세' 했다며 얼마나 좋아하셨을까 생각하면 하늘이 원망스럽기도 했다. 내 부모에게 못했던 효도를 한다는 마음으로 동구의 노인 분들을 잘 모셔야지 생각했다. 관내 50개가 되는 경로당을 찾아다녔다. 해마다 두 번씩은 꼭 방문하겠다고 마음먹었다. 모두 반갑게 맞아주시는 것이 고마워 거의 거르지 않고 방문을 했고, TV, 냉장고, 정수기 등 경로당에 필요한 물건들을 배치해 드리니 너무 좋아하셨다. 그리고 경로당의 운영비도 5만 원에서 15만 원으로 올려 드렸다.

그렇게 방문 다니던 게 화근이었다. 나를 수행하던 사회복지과에서 업무 추진비로 과일을 200만 원어치 사서 50군데에 나누어 드렸는데, 이것을 선관위가 선거법 위반으로 기소한 것이다. 그때 정면으로 맞서 시비를 가렸어야 하는데, 그걸 하지 못했다. 비켜갈 수 있다면 그러고 싶었던 것이다. 선거법 위반 소리에 놀란 직원들이 그만 실수를 했다. 자신들 때문에 자칫 구청장이 날아갈 수도 있다고 생각한 것이다. 나도 무척 화를 냈다. 과일을 산 공무원들은 사회복지과에서 카드를 사용했고, 내가 지시한 것이 아니므로 자신들이 해결하도록 맡겨달라고 했다. 그러면서 방문 날짜를 하루 고친 공문을 만든 것이다. 내가 방문한 날 과일이 전달되지 않았다고 하기 위해서였다.

오히려 이게 더 문제가 됐다. 선거법 위반 부분은 구청장의 통상 업무라며 무혐의 처리 되었는데, 구청장이 지시해 공문서를 위조했다며 나를 또 기소하더니 이번엔 전혀 다른 건인 공무원 노조 재판 건과 합해버렸다. 검찰은 '공문서 위조'라는 더러운 죄목을 달아 수사도 하기 전에 평소 하지 않던 사건 브리핑을 하는 등 수선을 떨었다. 공문을 만든 당사자인 계장들은 기소도 하지 않고, 과장과 비서실장, 국장과 나를 기소하면서 공무원 노조 파업을 지지한 직무 유기 혐의와 함께 죄목을 공문서 위조로 몰아갔다.

누구를 탓할 수도 없이 명백하게 내 실수다. 차라리 선거법 위반으로 걸었을 때 구청장의 통상적인 업무를 시비 거는 것은 노동자 구청장에 대한 탄압이라며 싸웠어야 했는데, 그 순간의 실수가 이렇게 안 좋은 결과를 가져온 것이다. 살자고 하면 죽고, 죽을 각오로 싸우면 산다. 내 인생에 다시는 이런 실수를 하지 않으리라, 두고두고 나에게 뼈아픈 교훈을 준 사건이다.

구청에서 만난 사람들

구청장 시절 얘기에 장기수 선생님들 초청을 빼놓을 수 없다. 골리앗 투쟁으로 들어간 징역살이에서 만난 장기수 선생님들 덕에 인생에서 정말 타협하지 말아야 할 가치, 신념, 태도를 배웠고, 운동하는 삶, 삶으로서 운동에 대해 나 자신을 깊게 성찰하는 계기가 되었다. 내 인생을 다시 되돌아보게 해준 그분들에게 은혜를 갚아야 하는데, 마땅한 방법이 없었다.

장기수 선생님들과 나

2000년 장기수 선생님들의 1차 송환 때, 마침 아이를 낳아 몸조리하느라고 가깝게 지내던 선생님들이 가시는 걸 보지 못한 아내가 많이 울었다. 구청장이 되고서 아내와 의논해서 임기 안에 장기수 선생님들을 꼭 울산에 모시고자 돈을 조금씩 모았다. 마침 비전향 장기수들을 다룬 김동원 감독의 영화 '송환'이 개봉되어 화제였다. '이거다!' 싶었다. 나는 동구청 공무원들의 직원 교육 시간을 이용해 송환을 상영하고 그 주인공들인 선생님들과 대화하는 시간을 만들기로 했다. 민가협과 의논해 '원로 통일운동가 울산 동구 방문'이라는 타이틀로 2005년 2월, 선생님들을 초청했다.

구청 강당에서 상영한 영화가 끝나고 직원들이 충격과 감동으로 눈물을 훔칠 때 단상 가득 선생님들 50여 분이 앉으셨고, 김동원 감독의 사회로 주연배우와 감독과의 대화가 열렸다. 김동원 감독은 " '송환'이 관청의 초대로 상영되는 일은 대한민국 역사상 처음일 것이고, 선생님들이 이렇게 대규모로 구청의 초대를 받으시는 일도 대한민국에서 처음 있는 일이다. 울산 동구에서 너무나 신선한 충격을 받았다"고 말했다. 선생님들은 공무원들의 질문에 진지하고 성의 있게 답변하면서 의미 있는 시간을 가졌다. 공무원들의 환대를 받으며 1박 2일 일정으로 동구 여러 곳을 둘러보셨고 구청 안 곳곳과 내 집무실도 구경하셨다. 정말 모두 기뻐하셔서 나도 무척 기뻤다.

장기수 선생님들은 동구에 오셔서 한결같이 하시는 말씀이 "평생 국가 권력에 고통받고 쫓겨 다니기만 하다가, 행정관청이 우리를 초청해서 이토록 환대를 해주니 정말 꿈만 같다" 하셨다. 그러면서도 행여 내가 국가보안법에 걸리지나 않을까 걱정이 끊이지 않았다. 나는 국가보안법 때문에 선생님들을 '공식' 초청했다고 말씀드렸다. 구청장과 국가보안법, 과연 행정으로 이 악법을 무력화시킬 방법은 무엇인가. '간첩(?)' 들을 동구에 모셔서 행사를 하는 것이다. 그걸 이유로 단체장을 잡아넣는다면 오히려 싸울 거리가 충분하다고 생각했다. 울산경찰청과 서울의 담당 형사들도 난리가 났다는데 결국 그 일로 아무런 시비도 없었다. 마음만 먹는다면 '국가보안법 어기기' 아무것도 아니라는 것, 자꾸자꾸 어겨서 무력화시켜야 한다는 것, 내가 생각하는 국가보안법 투쟁 전술은 이런 것이었다.

1998년 민주노총 위원장 때도 국가보안법상 '이적 단체' 로 규정되어 탄압받던 한총련, 범민련과 함께 싸웠다. 민주노총 안에서도 괜한 불똥 튄다고 반대하는 동지들이 많았다. 그러나 '이적 단체를 이롭게' 하여 국가보안법과 싸우는 것이 나의 목표였다. 1999년 노동자 축구단과 역사상 처음으로 '남북 노동자 교류' 를 위해 방북했을 때도, 국가보안법 두려워하지 않고 모든 것을 북의 의전대로 맞추기로 했다. 남쪽에서 부당하게 걸면 당당하게 민주노총 이름으로 싸우기로 모두 의기투합하여, 그 어려운 시기에도 만수대 궁전, 동상 참배, 생가 방문 다 했다. 남쪽에 돌아오니 경찰에서 조사받으러 오라는데 거부했다. 그랬더니 자기들이 와서 연설, 참배 내용 등을 가지고 조사를 했지만 결국 기소 유예로 끝이 났다. 국가보안법, 마음만 먹고 어긴다면 아무것도 아니다. 요즘은 더더욱 그렇다.

나는 진보 정당의 의원들이 단체로 '이적 표현물' 을 손에 들고 국회에 가서 국가보안법을 어겼으니 잡아가라고 싸워서, 결국 그게 얼마나 우스운 법인지 알리는 싸움이 필요하다고 생각한다. 어느 때에 집중해서 올인하는 것도 필요하겠지만, 일상에서 다양하게 '국가보안법 어기기' 투쟁을 실천하면 좋겠다.

내가 '국가보안법 어기기'를 주장하는 것은 꼭 통일운동을 위해서만은 아니다. 나는 사실 지향으로 보자면 통일운동보다는 계급운동에 더 매진하고 있고, 어떤 면에서는 민족주의와 국가주의의 위험성이 있는 통일운동에 대해 비판적이기도 하다. 특별히 조직에 가입된 건 아니어도 이런 성향 때문인지 통일운동을 하는 동지들이 나를 데면데면하게 여기는 경우가 많다.

장기수 선생님들이 통일운동 하는 동지들과 사이좋게 지내라고 말씀을 하셨는데 나는 이렇게 대답했다.

"통일운동이 제대로 되려면 운동의 어른인 선생님들이 아무나 오냐 오냐하고 다 받아주시면 안 된다. 예를 들어 통일운동 열심히 하겠다고 오는 노동운동가가 현장에서는 자본과 싸우지 않는 사람일 수 있다. 적당히 타협하고 세를 얻으려고 통일운동에 기웃거릴 수 있다. 그런 사람에게 너는 우리에게 인사할 자격 없다고 단호하게 말씀하셔야 운동의 원칙이 선다. 무원칙한 통일운동이 되지 않도록 선생님들이 역할을 해 주셔야 한다." 내가 그런 얘기를 했던 건 장기수 선생님이 나더러 민주노총의 비리 주범인 한 사람의 이름을 거론하며 그와 친하게 지내라는 말을 하셨기 때문이다.

1990년대 중후반에 '국가보안법 철폐, 주한 미군 철수, 연방제 통일, 북미 간 평화 협정 체결'이라는 말을 쓰면 안 된다고 주장하던 통일운동가들이 많이 있었다. 이들은 범민련의 어른들을 배척했고, 칠팔순 노인들이 그렇게 주장하다 감옥에 갈 때 국가보안법을 안 어겨가며 통일 운동을 했다. 그랬던 사람들이 갑자기 6·15 선언 후에 연방제 통일, 국가보안법 철폐, 미군 철수를 소리 높여 외치고 있다. '이적 단체'가 되고 탄압받을 때는 몸 사리고, 세상 바뀌니 통일운동을 가장 앞장서서 한 것처럼 치적을 자랑한다. 행사에도 가보면 통일운동 어른들을 모시는 게 아니라 늘 자기들이 앞자리를 차지한다. 나는 그런 통일운동이 되어서는 안 된다고 생각한다.

하청 노조 활동가의 엄마

울산광역시 자치단체 비정규직 노동조합은 2004년 10월에 각 자치단체의 수로원, 주차 단속 요원, 사무 보조원, 비서실 직원, 식당 종업원 등 상용직과 일용직들을 포함해서 설립된 노동조합이다. 울산시 차원에서 설립되었고 동구는 조합원이 47명이었다. 각 자치단체가 교섭 상대인데 노조 결성 후 8개월 동안 단체 협약 체결에 진전이 없었다. 노조에서 또 지원 요청이 왔다. 동구 먼저 해서 다른 구군에 압박을 해달라는 것이다. 동구는 협상을 해서 타결을 진행했는데 다른 구군들이 문제였다. 일용직들이 대부분 단체장의 선거운동용이나 측근들로 뽑아놓은 사람들이다 보니, 단체장의 편을 들기도 하고, 재료비로 책정된 일용직들의 임금을 높이면 예산 부담이 생기기 때문이다.

동구는 일용직이 10명밖에 없고, 그도 전임 때부터 있던 사람들이라 전혀 부담이 없어 원하는 조건에 타결이 가능했는데, 다른 구군이 동구의 수준을 못 따라오는 것이 문제가 되어 항의를 받게 되었다. 어쨌든 동구에서 체결한 단체 협약이지만 각 구군의 이름을 집어넣어 조인했다. 협상안에 유니온숍도 넣었다. 유니온숍은 취업과 동시에 자동으로 조합에 가입되는 것으로 조합에서 제명되면 자동으로 해고가 된다. 옛날에는 노조의 힘을 키우기 위해 유니온숍을 따내려 애를 썼는데, 동전의 양면처럼 구청장이 바뀌면 상황이 반대가 될 수도 있기 때문에 그 점을 설명했더니 노조가 그래도 원한다 해서 합의했다. 이를 다른 구에서 언론에 흘려 동구청이 '헌법 불일치' 한 행위를 했다고 뉴스에서 한참 씹어댔지만 결국 합헌이라고 판결이 났다.

재미있는 일화가 하나 있는데, 노조가 결성되고 동구청의 가입 현황을 알아보니 한 명이 가입하지 않고 있다는 것이다. 이분은 하청 노조 활동가의 엄마인데, 아들이 좋아하는 구청장한테 대적하는 노조에 가입할 수는 없다고 한다. 그 아들은 나도 잘 아는 동지여서 엄마를 가입 안 시키면 해고당한다고 협박(?)해 바로 가입시켰다. 동구는 가입 대상 모두가 가입해서 잘 활동하고 있다.

이들 비정규직 노동자들은 모두 노조를 처음 만들다 보니 협상하는 방법도 모르고 아무 경험이 없었다. 간부들도 마찬가지였다. 나는 개별로 불러서 교섭하는 방법에 대해 노동운동 선배로서 조언해주기도 했다. 이제 막 시작하는 후배 노동자들에게 내가 힘이 되어줄 수 있는 것은 그것이다.

울산문화예술회관 노동조합 이야기

울산문화예술회관 노조는 예술회관에서

일하는 비정규직 공연예술 노동자들이 2002년에 만든 노조다. 시가 책임자인데 1년 단위로 재계약을 해오던 기간 만료 노동자 5명을 부당 해고해서 파업이 시작되었다. 2003년 노조 인정과 해고자 복직을 요구하며 벌인 투쟁이 12월 말까지 1년 동안 진행되었다.

이 파업에는 민주노총의 공공연맹과 각 공연예술 노동조합, 지역의 노동자들이 연대 투쟁을 많이 하였는데, 1인 시위, 시청 앞 텐트 농성, 공연 투쟁 등 많은 투쟁을 하여도 해결할 돌파구가 마련되지 않았다. 민주노총에서도 울산시와 면담을 하기도 하고 노동자들이 함께 결합하였지만 큰 성과를 내지는 못하였다.

동구에서는 예술 공연을 요청해 구청에서 공연하게 하였고, 후원금을 만들어주는 일과, 노동 상담소를 통해 노조의 간부들에게 늘 지원할 수 있도록 하였다. 또한, 시청의 동향을 파악하여 노조에 알려주고 대응책을 마련하도록 도왔는데, 이렇게 주변을 돕는 것으로는 타결 실마리가 되지 못했고, 공공연맹까지 내려왔는데도 해결 기미가 없었다.

나는 뭔가 다른 방법을 찾아야겠다고 생각했다. 실질적인 책임자인 울산시장을 만나는 것으로 내 역할을 정했다. 시장을 만나보니 예상과 달리 노조 파괴 음모가 있었다기보다는 투쟁 과정에서 감정적으로 격해 있는 상태였다. 출퇴근하는데 시장에게 욕을 한다든가, 격한 말이 써진 피켓을 사용해서 감정이 상할 대로 상해 있었기 때문에, 자기한테 함부로 대하는 노조원들을 결코 복직시키지 않으려는 생각이었다. 나는 이런 상태라면 오히려 문제를 풀 수 있겠다고 생각해서 시장을 설득했다.

"선출직인 당신이 현명하게 아랫사람이 해결할 수 있도록 여지를 남겨둬야 한다. 윗사람인 당신이 무조건 안 된다고 하면 아랫사람이 해결할 통로가 없다."

그리고 노조에는 "시장의 꼬인 감정이 문제이니 태도를 유연하게 해서 다시 접근을 시작해보자. 우선 욕하지 말고 이름 먼저 부르자." 했다. 그날부터 노조는 출근할 때 "시장님, 저희 복직시켜주세요." 하면서 존칭도 써주고 완곡한 표현으로 방향을 바꿨다. 감정이 누그러진 시장은 이틀 만에 마음을 바꿔 대화를 시작했고, 1주일 안에 협상이 타결되었다. 해고자 원상 복직, 단체 협상, 노조 인정으로 마무리되었고, 일상적인 투쟁은 지금도 진행 중이다.

이 과정에서 진보적인 정치인과 민주노총도 울산시장을 만났지만, 원칙적인 항의를 할 뿐 실제 해결보다는 오히려 골만 깊어졌다. 행정의 영역에서 또 다른 방법을 찾을 수 있는 것이 바로 단체장의 지위인 것이다. 시장을 언제라도 독대할 수 있다는 이점 등을 활용해(물론 악용하면 절대 안 되지만), 늘 반대 세력에게 둘러싸여 노동자의 목소리를 들을 기회가 없는 관료들에게 비정규직 노동자의 투쟁을 엄호할 사람이 필요하다.

울산플랜트 노조의 파업 투쟁

2005년 울산플랜트 노조의 파업은 전국의 이슈였다. 모래 씹히는 밥 안 먹게 지붕 덮인 공간 좀 달라는 최소한의 요구도 묵살당한 건설 일용 노동자들의 절박한 투쟁이었는데, 공장 굴뚝을 점거하고 거세게 투쟁하자 경찰 병력이 2만 명이나 들어왔다.

경찰 측에서 동구에도 병력 수천 명의 숙소를 요구했다. 노동자 때려 잡으러 온 경찰에게 잠자리를 제공한다는 것은 말이 되지 않았기 때문에 이를 거부했다. 그래서 울산 동구에는 병력이 못 들어왔다. 만일 동구 관내에서만 파업이 벌어졌어도 절대 못 들어왔을 것이다.

내가 현대중공업 노조 때부터 느낀 것이지만 일방적으로 사측의 편만 들어주는 경찰만 없다면 노동자들이 교섭에서든 파업에서든 밀릴 이유 전혀 없다. 파업의 힘이 부족해서가 아니라 노동자들만 잡으러 무장하고 쳐들어오는 경찰 때문에 내부는 불안에 흔들리고 혼란스러워지면서 결국 분열이 일어난다. 나도 지금껏 파업 때문에 구속되었지만, 구속 사유가 노동조합법 위반인 적은 없다. 다 폭력 혐의로 구속되었다.

정부는 엄연히 노동자 편이 아니며 앞으로도 그럴 것이다. 순천의 하이스코 투쟁이나, 엘지정유 파업 등이 만일 동구 관내에, 내 임기 중에 일어났다면 절대 지지 않을 수 있었다. 공무원 노조처럼 관내 싸움만 된다면 이길 수 있는데 안타까울 뿐이다. 그래서 더더욱 노동자 정치 세력화를 이뤄야 하고, 건강한 노동자들이 단체장에 많이 진출해야 한다.

박일수 열사 투쟁과 현대자동차 비정규직 동지들

박일수 열사는 현대중공업의 하청 노동자인데 유서를 남기고 목숨을 끊었다. 현대중공업 하청 노조는 결성한 지 얼마 되지 않아 아직 조직력이 약했고, 또 투쟁 과정에서 해고와 위협을 많이 당해 지역의 연대가 절실했다. 현대중공업의 원청 조합원들과 지역의 원하청 노동자들이 장례를 거부한 가족들과 뜻을 맞춰 영안실을 지키며 투쟁했는데, 현대중공업의 어용노조는 열사로 인정할 수 없다며 영안실에 와서 행패를 부리기도 하고 정말 못된 짓을 많이 하다가 결국 금속연맹에서 제명을 당했다.

그때는 총선 시기였는데, 지역에서 민주노동당은 박일수 열사 투쟁을 제대로 하지 못하였다. 김석진 당시 비례 대표 후보만이 박일수 열사 투쟁을 전면에 걸고 함께 투쟁하여 그나마 당의 체면을 살린 정도였다.

당의 깃발은 언제부턴가 일제히 내려졌고, 현대중공업 정문에서 경비대와 노동자들이 심하게 충돌해 노동자들이 다치고 병원에 입원하는 사태가 벌어지는 날에도 당의 후보는 시내에서 열리는 '탄핵반대 민주수호' 집회에서 촛불을 들고 있었다. 비정규직 노동자들에게 민주노동당이 희망이 되지 못한 것은 투쟁에 함께하지 않은 업보이다.

박일수 열사 투쟁 때 구청의 노동 상담소는 나름대로 역할을 하였다. 노동자들이 모여 대책 회의를 수시로 열었고, 나 또한 영안실에 자주 들러 유족들과 만났다. 대책위에서 회사와 중재를 서달라고 요청해와 대책위의 내용을 가지고 함께 만나기로 했는데, 이후 장례 문제가 정리되면서 없던 일이 되었다. 박일수 열사 투쟁은 비록 나 개인으로 노동자들의 집회에 함께하고 끈을 놓지 않고는 있었지만, 구청장으로서 되돌아볼 때 많이 부족했다고 생각한다. 더 확실한 무언가를 해야 하지 않았을까 그런 후회가 남는다.

현대자동차 비정규직 노조는 2000년 총선부터 나와 궂은 일 함께하던 동지들이 뛰고 있는 노조이다. 노조가 투쟁할 때 지원 방문하고, 지원금 내고, 구속자들 면회 가는 등 측면 지원을 주로 했다. 구청장 시절 노동자 대회에 참석하고 내려오는 길에 우연히 휴게소에서 조합원들을 만났는데, 밥값을 걷어 저녁을 해결하고 있었다. 대한민국에서 최고로 부자이고 강한 노조가 함께 노동자 대회에 참가한 비정규직 노동자들의 밥도 해결해주지 않는 것이 화가 났다. 예전에 현대중공업에서 노동자 대회 갈 때는 버스를 수십 대씩 빌려서 지역의 동지들 모두 함께 갔다. 밥값을 내라고 카드를 주었더니 겨우 몇만 원 쓰고는 돌려주었다. 작은 연대부터 서로 벽을 허무는 노력이 필요한데도, 옛날에는 조합원이 아닌 사람들과도 했던 연대가 오히려 같은 노동자들끼리 이뤄지지 않는다는 사실이 슬프고 화가 났다.

나중에 현대자동차 하청 노동조합은 북구청에, 현대중공업 하청 노조는 동구청에 설립 신고를 해서 바로 설립 필증을 발부해주었다. 이는 너무도 당연한 일이라 따로 얘기할 만한 것도 아니다. 북구청장도 그런 점에서는 마찬가지여서 알리지도 않고 지나갔는데, 지나고 보니 그때 언론에도 많이 알리고 할 걸 하는 후회가 된다. 노동자 출신이 노조 설립증 내준 걸 자랑한다는 게 우스워 지나쳤지만, 다른 지역에서 이런 사례들을 알게 될수록 노동자들에게는 도움이 되기 때문이다.

조선일보의 유혹과 양복 안 입는 구청장

구청장 당선이 거의 확실시되던 후보 시절, 〈조선일보〉에서 제의가 왔다. 지방 선거에서 당선이 확실한 후보들 가운데 특이한 이력을 가진 사람들을 뽑아 특집 기사로 실으려고 하는데, 응해달라는 거였다. 선거 사무실에 있던 아내가 전화를 받았는데 〈조선일보〉와는 인터뷰하지 않겠다며 끊었다고 한다. 그런데 내게 다시 연락이 왔다. 나도 같은 이유로 거절했다. 임기 중에도 〈조선일보〉

와는 따로 인터뷰를 하지 않았다. 처음 거절했을 때, 지면도 제법 크고, 위원장님의 인생을 잘 써주겠다며 자기들은 〈조선일보〉임을 은근히 과시하더니, 단번에 거절하자 기분이 안 좋은지 확 끊어버렸다. 뭐 그래도 상관없었다. 〈조선일보〉와 인터뷰 안 했어도 별일 없었으니…….

민주노총 위원장 때 나는 양복을 거의 입지 않았다. 특별히 싫어서라기보다 민주노총의 잠바를 입는 것이 조직의 대표로서 마땅히 해야 할 일이라고 생각했기 때문이다. 한 번이라도 더 언론에 민주노총을 노출시켜야 하고, 민주노총 옷을 자랑스럽게 입고 다녀야 조합원이나 다른 간부들도 그럴 거라고 생각했다. 그러다 청와대에서 대통령 만날 때 양복 입고 오라는 소리에 빈정이 상해 더 입지 않았다. 아니, 자기 조직의 옷을 입고 가는 게 상대방에 대한 예의이지, 양복을 입어야만 예의인가? 오히려 민주노총 위원장이 이를 당당하게 여겨야 할 일이 아닌가? 구청장 때도 마찬가지였다. 특별히 양복을 입을 일도 없고, 불편하기도 해서 집에 있는 잠바에 구청 마크를 박아서 입었다. 그랬더니 아주 편하고 좋았다. 사람들은 구청장이 되었으니 이제 양복을 입어야 하지 않느냐고 했지만, 나는 왜 양복을 입어야만 격이 맞는다고 생각하는지 의문이다. 노동자가 노동자의 옷을 입는 게 예의에 어긋난 것인가? 오히려 어설프게 정치인 흉내를 내면서 노동자처럼 보이지 않으려고 양복 입는 노동자 출신 정치인들이 더 우스운 것 아닌가?

양복에 금배지가 그렇게 좋은지……. 나는 민주노총의, 또는 노동자의 잠바가 좋다. 그리고 자랑스럽다. 어설프게 사회가 강요하는 '노동자 색깔 죽이기'에 동의하고 싶지 않다. 그래서 계속 당당한 노동자의 옷을 입을 것이다.

민방위 훈련을 비정규직 교육 시간으로

모든 자치단체에서 민방위 교육을 한다. 참석자는 대부분 직장 민방위대에 속하지 못한 비정규직 노동자들이다. 나는 이 시간에 구청장 교육을 1시간씩 집어넣었는데 노동조합의 필요성, 비정규직에 대한 부당한 처우, 구청 안의 노동 상담소 활용 등에 대해 얘기했다. 단체장이 없는 지역이라도 민방위 교육 시간에 강사로 들어가서 노동3권이라든지, 노동자의 기본적인 권리에 대해 설명해 주는 것도 훌륭한 주민운동이 될 것이다.

내가 교육을 하지 못할 때는 노동 상담소장이 대신 진행했는데, 개별로 상담소를 찾아와 도움을 받은 주민들이 꽤 된다.

나는 노동 상담소 설치를 공약으로 내걸었는데 시작부터 관료 사회의 저항이 만만치 않았다. 초기에는 상담소의 간판을 구청의 공무원이 떼가기도 했고, 채용한 소장에게 임금을 못 줘 내 돈으로 월급을 주기도 했다. 구청 안에 노동 상담소를 둔 사례는 내가 알기로 지금까지 동구청이 유일하다. 밖에 있는 노동 상담소를 지원하는 것도 방법이지만 구청 안에 상담소를 둔 것은 그 상징성과 책임감, 차별성을 위해서였다.

노동 민원 상담 전문가를 채용해서 구청이 이를 운영하도록 했다. 구청 안에 노동 상담소가 있으니 노동자와 주민들이 눈치 보지 않고 안심하고 드나들 수 있어 반응이 무척 좋았다. 노동자 밀집 지역에 노동 문제만큼 필요한 민원 상담이 어디 있겠는가. 상담소는 주민들과 노동자들이 억울한 일을 당했을 때 많은 도움을 주었다. 지금은 구청장이 한나라당으로 바뀌어 사라지고 없다.

5

분배를 바꿔야 성장이 따라온다

노동자들이 노동조합을 만들면서 이 사회의 왜곡된 분배 구조를 바꿔낸 것은 민주화 투쟁을 통해 독재 정권을 몰아낸 것만큼, 혹은 그 이상으로 우리 사회의 민주주의와 경제 발전에 기여한 것이다. 모두가 정치권력의 문제에만 집중하고 있을 때 석 달 동안 들불처럼 타올랐던 87년 7·8·9 노동자 대투쟁의 역사적인 의의를 이제 더 넓고 큰 틀에서 새롭게 정립해야 한다.

노동자 투쟁이 이끈 '삶의 민주화'

박정희 정권 시절 새마을운동이 한창일 때 새벽마다 동네에 울려 퍼진 노래는 "잘살아보세, 잘살아보세, 우리도 한번 잘살아보세~"였다. "초가집도 없애고, 마을 길도 넓히고" 노랫말처럼 독재 정권은 국민을 국책 노동에 동원했다. 어떻게 사는 것이 잘사는 것인지 몰랐다. 그저 초가집 대신 슬레이트 지붕을 얹고, 실개천을 시멘트로 덮어 길을 내면 잘사는 것으로 알고 시키는 대로 죽어라 일만 했다. 북에서 집단으로 강제 노동을 시킨다고 욕하는데 우리도 박정희 시절에 마을별로 그런 집단 노동에 동원되었다.

87년 이전과 이후

국가는 남의 나라 전쟁인 월남전에 용병을 보내 그 목숨값으로 돈을 벌었고, 국민은 머리카락을 팔아 끼니를 이었다. 국민도, 국가도 모두 가난했던 그 시절, 군인, 간호사, 광부, 건설 노동자들은 외화벌이를 위해 독일로, 중동으로 보내졌다. '잘살아보세' 는 아무 생각 없이 죽도록 일하는 걸 받아들이게 하는 마법의 주문이었다.

언제까지만 참으면 좋은 세상이 온다는 약속도 없이 죽어라 일해서 이제 세계 11위 경제 대국이 되었는데, 우리는 지금 잘살고 있는 것일까? 우리 부모 세대와 우리 세대가 죽도록 일한 결실이 눈에 보이고 몸으로 느껴져야 할 텐데, 오히려 사오정, 오륙도, 88만 원 세대와 같은 우울한 신조어만 생겨나는 건 무엇 때문인가? 세계 최장 노동 시간을 자랑하는 나라인데, 이쯤 일했으면 이제 집 걱정, 교육 걱정 안 하고 주말이면 피곤한 몸을 쉬러 여행도 다니고 해야 하지 않은가? 직장에서는 잘릴까 걱정, 집에서는 아이들 학비 걱정, 자고 나면 뛰는 집값으로 걱정, 왜 늘 이렇게 하루하루를 노심초사하며 살아가야 하는 것일까?

나는 성장과 분배에 그 답이 들어 있다고 생각한다. 오로지 '성장' 을 향해서만 달려왔던 것이 오늘 이 상황을 가져왔고, 그 해결책은 분배의 정의를 세우는 것이며, 주체는 노동자들이 되어야 한다는 게 내가 내린 결론이다. 1987년 노동자 대투쟁을 통해 나는 그걸 깨달았다.

87년의 가장 큰 사회 변화는 정치적으로 군사 독재가 없어진 것이고, 사회경제적으로 보면 노동조합들이 엄청나게 많이 생긴 것이다.

1987년 민주화의 바람을 타고 노동조합들이 들불처럼 생겨났다. 87년 들어 발생한 노동 쟁의만 해도 3749건이고, 신규 노조 수는 1300여

개(노동부 통계)에 이르렀으니, 이는 해방 이후 30년 동안 결성된 노조 총수 1700여 개의 76%나 되는 숫자였다. 30년 세월을 뛰어넘은 석 달, 87년 7·8·9노동자 대투쟁은 세상을 깜짝 놀라게 했다.

내 경험을 예로 들면, 그때 시급이 670원이었다. 한 달 240시간이 기본이니 수당 없이 계산하면 16만 800원이다. 나는 현대중공업의 노동자 평균보다 약간 떨어지는 수준이었는데 살기가 어려웠다. 좀 더 받는다 해도 홑몸이 아닌 가장들은 쌀값, 전기, 수도, 차비 등 생활비를 충당하려면 이 정도 봉급으로는 살아갈 수 없었다. 특별한 수당도 없던 때라 무조건 특근으로 기본급의 배 이상을 가져왔다. 죽어라 일해서 받는 돈이 30만 원에서 40만 원 사이였다. 노동자들은 그 돈으로 생계를 꾸렸다. 정주영 일가도 그때 우리 노동자들처럼 살았을까? 누구나 알듯 천만의 말씀이다. 정주영은 그렇게 가난한 우리의 땀을 더 독하게 쥐어짰다.

1985년 이른바 '평화의 댐' 사건이 터졌다. 나중에서야 전두환 정권의 비자금을 만들기 위한 것으로 드러났지만, 그때는 북한이 댐을 만들어 남한을 물에 잠기게 한다고 겁을 줬다. 63빌딩이 물에 잠기고 서울은 물바다가 된다고 그림까지 그려가며 유명한 교수들이 나와 공포의 상황을 설명했다. 그리곤 곧 전 국민 모금이 시작되었다. 북한의 댐에 맞서 우리를 지켜줄 '평화의 댐', 참 정말 코미디도 이런 코미디가 없지 않은가.

평화의 댐 모금에는 아이들의 코 묻은 돈뿐 아니라 기업들도 동원되었다. 정주영 현대그룹 회장은 자기 돈 5억에 노동자들이 모은 5억을 보태 10억을 성금으로 낸다고 했다. 우리도 모르게 그달치 봉급에서

●

우리는 친일파 부역자를 처벌하자고 하면서 박정희나 5·6공 군사 독재 정권에 부역한 자들에 대해 너무나 조용하다. 아직도 그 뿌리들이 권력을 잡고 이 사회를 장악한 현실에서 어려운 일이긴 하지만, 이들을 처벌하지 않는 화해는 진정한 화해일 수 없다. 가해자를 정확하게 규정하지 않고, 두루뭉술하게 피해를 인정하고 보상하는 방법으로는 사회의 민주화를 이룰 수 없다. 김대중·노무현 정권 때 이런 시도가 있다가 번번이 좌절되었는데, 언젠가는 독재 정권에 부역해서 인권을 탄압하고, 부귀영화를 누리고 혹세무민했던 자들을 밝혀내어 행적에 걸맞은 단죄를 해야 한다. 전 국민이 보는 방송에 나와 교수라는 직책을 내세워 엉터리 그림으로 국민을 협박하고 독재에 부역한 그런 지식인들, 지금 다 어디에서 무얼 하고 있을까. 아마 지금도 잘살고 있을 것이다. 그게 씁쓸한 우리 현실이다.

5000원이 떨어져 나갔다. 5000원이면 시급 670원인 내게 하루 치 임금이다. 노동자의 임금을 회장 마음대로 떼가는 것은 노동자들을 자기가 부리는 종으로 생각하지 않는다면 있을 수 없는 일이었다. 그런 걸 보면서도 항의 한마디 할 수 없던 우리는 실제 종으로 산 것이다.

그 당시 현대중공업 노동자들의 가장 큰 소원은 회사에서 운영하는 사택에 들어가는 것이었다. 11평부터 17평까지 있었는데 관리비도 싸고, 다른 혜택들이 있어 몇 년씩 대기해야 들어갈 수 있었다. 당연히 회사 근무 평가도 잘 받아야 했다. 부지런히 모아야 전세금 맞추기도 어려웠고, 노조가 있어 학자금을 대주는 것도 아니었기 때문에 자식들 공부시키는 게 힘들었다.

그 종처럼 산 세월을 깬 것이 87년 대투쟁이었고, 그 투쟁을 통해 노동자들은 우리 민주주의 역사에 엄청나게 큰 기여를 했다. 자신들이 의도하지 않았던 결과였기에 면밀한 연구와 입증 노력이 없어, 실제 정당한 대접을 받지 못하고 있지만, 엄연한 사실이다.

노동자들이 노동조합을 만들면서 이 사회의 왜곡된 분배 구조를 바꿔낸 것은 민주화 투쟁을 통해 독재 정권을 몰아낸 것만큼, 혹은 그 이상으로 우리 사회의 민주주의와 경제 발전에 기여한 것이다. 모두가 정치권력의 문제에만 집중하고 있을 때 석 달 동안 들불처럼 타올랐던 87년 7·8·9 노동자 대투쟁의 역사적인 의의를 이제 더 넓고 큰 틀에서 새롭게 정립해야 한다는 게 내 생각이다.

지금도 그렇듯 7·8·9 노동자 대투쟁은 우리 현대사에서 6월 항쟁의 끝 자락에 잠시 언급하고 지나가는 정도의 비중이다. 6 · 10 항쟁은 정권 차원의 기념식을 할 정도로 제도권 안의 역사로 자리 잡았지만, 노동자 대투쟁은 노동운동 진영 안에서도 별다른 기념이나 정신 계승 사업이 없을 정도로 차츰 기억에서 사라져간다. 잠시 민주화 바람의 끝에 얹혀졌던 '사건', 이게 역사 속 노동자 대투쟁의 위상이다.

87년 노동자들의 투쟁으로 임금 체계에 큰 변화가 생겼다. 특근처럼 시간 외에 일을 해야 받을 수 있는 수당 중심에서 기본급 중심으로 바뀐다. 우리 요구가 모두 관철된 건 아니지만, 일단 기본 생활이 될 정도의 기본급을 확보하는 것은 무척 중요한 일이었다. 독재 정권에 빌붙어 노동자들을 탄압하던 자본은 87년 민주화 투쟁을 거치면서 정권이 타격을 받으니 자연히 같이 위축되었다. 무조건 받아왔던 비호를 받지 못한 것이다. 이런 사회 분위기는 노동자들의 임금 인상에 영향을 미쳤다.

시급 670원, 그것마저도 마음대로 회사가 떼어가던 때 노동조합이 생겼다. 일방적으로 회사가 제시한 안에 노사 협의회가 합의해주던 구조가 없어지고, 노조가 요구한 금액으로 협상하게 된다. 내 임금을 예로 들면, 1984년 입사 당시 시급 630원이던 것이 1987년 8월 기준으로 670원이었으니 3년 동안 겨우 시급 40원이 올랐다.

그런데 노조가 임금 협상을 한 첫해 1987년은 지도부가 파업으로 구속되는 투쟁 끝에 현대엔진 수준인 14%로 타결되었다. 다음 해인 1988년은 128일 투쟁으로 해를 넘겨 1989년에 타결되었는데, 주 46시간, 9만 3000원 인상, 보너스 500%에 성과급을 추가하는 것으로 합의한다.

1990년은 골리앗 투쟁으로 해를 넘겨 1991년에 타결하게 되는데 7만 8000원 인상에 상여금 600% 주 44시간 근무를 합의한다.

1987년 파업 전에는 시급 670원, 한 달 16만 800원이 기본급이다. 그런데 협상이 타결되고 나서 시급 764원, 한 달 18만 3360원이 기본급이 되었다. 입사 후 4년 동안 시급 40원이 올랐는데 파업 후에는 무려 124원이 오른 것이다. 1년에 10원씩 오른 걸 견주면 거의 10년치가 넘는 금액이다. 아무리 적게 오른 경우도 최소 3배 이상은 올랐다.

내 임금은 1989년에 27만 6400원이었고, 2년 후인 1991년엔 36만원에 상여금 600%까지 고정되었다. 1987년을 기준으로 보면 18만 6000원 이상이 인상되었으니 배가 넘었다. 상여금도 300%에서 600%로 올랐으니 배로 올랐고, 차등 지급을 노조가 없애버리니 불필요한 경쟁이 없어졌다.

분배를 바꿔야 성장이 따라온다

막연하게 생각했던 '민주화'는 사실 별것 아니었다. 1987년 이전에는 7시였던 출근 시간을 노동조합이 생긴 후에 8시로 바꿨다. 기본급만 받아도 5년 전 특근한 임금보다 많으니 노동자들의 생활과 의식에 엄청난 변화가 오게 된다. 그중 가장 컸던 것은 바로 착취당해온 자신들에 대한 깨달음이었다. 어떤 교과서나 언론에서도 알려주지 않았던 '임금 착취'라는 말의 뜻을 몸소 깨닫게 된 것이다.

1987년부터 1990년까지 물가는 폭락이나 폭등 없이 명목상 한자릿수 상승률이었다. 노동자들은 늘 하던 대로 제품을 생산했지만, 노동강도는 낮아졌다. 출퇴근 시간, 차등 지급 등이 바뀌었기 때문이다.•

파업 후 임금이 적게는 3년치에서 많게는 10년치 수준까지, 상상을 초월할 정도로 계속 오르니 노동자들이 오히려 회사를 걱정하게 된다. 현대중공업 조합원들도 이러다 회사가 망하는 게 아닌가 공공연하게 걱정을 하기 시작했다. 왜냐하면, 나만 아니라 수만 명 임금을 이렇게 다 올려줘야 하는데, 그 돈이 다 어디서 날까 걱정됐기 때문이다. 순진한 것인지, 모자란 것인지……. 그때 우리는 그랬다.

그런데 회사는 오히려 흑자를 발표한다. 노동자들은 그제야 자본, 특히 재벌이 어떻게 자신의 부를 축적해왔는지 처음으로 알게 되었다. 노동자들의 임금으로 마땅히 지급되었어야 할 돈이 모두 재벌의 주머니로 들어갔던 것이다. 자본은 자신을 희생해서 우리의 임금을 지불한 게 아니라 엄청나게 착취해서 쌓아두었던 초과 이윤 가운데 자신들이 위

● 차등 지급은 다른 대목에서도 언급했지만 아주 비인간적인 제도이다. 동료끼리 경쟁시키고 불신하게 만들어 결국 생산성을 위해 인간을 파괴하는 게 바로 차등 지급제다. 그런데 그렇게 힘든 싸움을 통해 없앴던 제도를 요즘 슬그머니 부활시키려 한다. 공무원과 교사들에게 성과급이란 이름으로 차등 지급을 하는 것이다. 이는 공무원들에게 먼저 적용시켜서 노동자 전체에게 예전처럼 도입하려는 시도이다. 전교조에서 차등 지급을 거부하고 일괄 반납해서 공동 처리하는 식의 대응을 하고 있긴 하지만, 이를 막아내지 못하면 현장은 다시 서로 죽이고 밟아야 살아남는 비인간적인 곳이 될 것이다. 20년 전 그 비참했던 시절이 떠올라 몹시 우려스럽다.

험하지 않을 만큼만, 조금 내놓았던 것뿐이다. 그것도 억지로 말이다. 수만 명이 그토록 비참하게 살고 있을 때, 나라 전체로 보면 수백만 명이 비참하게 허리띠를 졸라매고 살고 있을 때 소수 가진 자들은 주체 못 할 정도로 부를 쌓아가고 있었으니, 성장이 전부가 아니구나, 성장의 결과를 누가 누리느냐가 중요하구나 하는 걸 알게 된 것이다. 그제야 우리는 분배의 개념뿐 아니라 '정의로운 분배'에 대해 깨달았다. 깨달음은 실천으로 이어졌다.

노동자가 죽도록 일해서 재벌 주머니만 불려주는 구조, 회사는 커지고 회장 재산은 늘어나는데 노동자 삶은 그대로인 왜곡된 분배 구조를 우리는 바꿔냈다. 무엇을 통해? 바로 노동조합을 통해서다.

민주주의는 멀리 있지 않았다. 노동자 대투쟁을 통해 노동자들은 경제 민주화와 사회 민주화를 이뤄냈다. 민주노조 운동이 곧 노동운동이었으며 노동운동은 곧 민주화운동이었다. 그 둘은 따로 떨어진 개념이 아니었다.

노동조합의 투쟁으로 임금과 노동 조건이 개선되자 생활에 여유가 생겼다. 경쟁적인 새벽 출근이 없어지니 아침이 덜 피곤해졌다. 늦은 밤 퇴근과 주말 잔업, 철야, 특근이 없어지니 몸과 마음에 여유가 많아졌다. 시간 내어 운동도 하고, 주말엔 등산이나 여행을 할 수도 있게 됐다. 이는 노동자들이 몸에 변화를 가져왔다.

노동 시간이 줄어드니 일을 적게 하고, 일을 적게 하니 혹사당했던 몸이 훨씬 좋아졌다. 과로와 스트레스로 찌들었던 몸이 자고 일어나면 개운해졌다. 특근과 철야를 억지로 했던 때와, 기본 생활이 유지되는 상황에서 선택해서 할 수 있는 것 사이에는 엄청난 차이가 있다. 정신

건강 측면에서도 경쟁이 사라진 일터는 그전과는 너무나 다르게 다가왔다.

나는 사람들의 평균 수명이 1980년대 65세에서 지금 거의 80세로 늘어난 것이 꼭 의술의 발달 때문만은 아니라고 생각한다. 국민의 대다수인 노동자들의 건강에 가장 직접적인 영향을 끼치는 일터의 환경 변화가 노동자들의 건강에 큰 변화를 가져왔기 때문이다. 이 상관관계에 대해 실증적인 연구가 있었으면 좋겠다.

임금 인상은 노동자들의 생활에도 변화를 가져왔다. 박정희 시대에는 국민소득 1만 달러만 되면 자가용과 자기 집을 가질 수 있다고 선전했다. 그 '잘살아보세' 정신은 전두환 정권까지 이어졌다. 1만 달러만 되면 고생 끝이라고 해서 가족끼리 변변한 외식 한 번 못 했고, 어쩌다 일이 있어도 그저 중국집의 자장면이 최고였다.

그런데 노동자들의 임금이 오르면서 외식 문화가 확 달라졌다. 일부 사람들만의 전유물이던 외식이 노동자들의 보편 문화로 자리 잡게 된 것이다. 노동자들에게 소비 능력, 즉 구매력이 생기다 보니 음식점을 비롯한 자영업이 발달하게 되었다. 건강을 챙기니 레저 산업이 발달하고, 음식 문화와 여가 문화가 달라지니 각종 서비스업이 발달하였다. 이는 많은 사람에게 일자리를 주는 효과를 가져왔다.

1988년의 가계 저축률이 25%로 역대 1위였다는 통계가 있다. 그전까지는 한자릿수에 머물던 것이 87년을 거치면서 엄청나게 뛴 것이다. 경제 성장률도 11%로 두자릿수를 기록했다. 1980년대 중후반 경제 성장을 3저 호황과 올림픽 특수 때문이라고 흔히 얘기하지만, 수출이 그런 경쟁력을 가졌던 것은 노동자들의 비참하리만치 열악한 저임금이

유지되었기 때문이다. 그러나 노조가 생겨 임금이 높아진 상황에서도 경제는 성장했다. 이는 사회 전반의 분배가 달라져 여기에서 파생된 소비 환경의 변화, 내수 시장의 활성화 등이 생겼기 때문이라고 나는 생각한다.

저축을 할 수 있는 생활의 여유가 생기니 노동자들은 내 집 마련에 몰두하기 시작한다. 물론 1980년대에도 자기 집을 가지는 게 불가능한 일만은 아니었지만 죽도록 일해 오른 전세금 메우는 데 쓰고 나면 내 집 마련은 힘들기만 했다. '내 집 마련'은 현대중공업 노동조합의 주된 구호였다. 87년 투쟁 이후 노조들은 사택 입주 같은 집 문제 해결에 노력을 기울였다. 노동자들은 주택조합을 만들었다. 수많은 노동자가 내 집을 가지려고 돈을 모으기 시작하니 자연히 건설 경기가 살아났다. 이는 또 건설 자재 생산에 관련된 중소기업과 건설 부문 노동자들의 고용으로 이어졌다.

내가 말하고 싶은 건 분배를 바꿔야 성장이 따라온다는 것이다. 이명박 정권이 건설 경기를 살려 경제를 성장시키겠다고 나랏돈 수조 원을 건설 회사에 지원하고 댐 건설과 운하 건설에 매진하는데, 1조 원이면 연봉 5000만 원 받는 노동자 2만 명의 1년치 월급이고, 4인 가족 132만 가구가 1년을 살 수 있는 돈이다. 이 돈이 노동자들에게 분배된다면 상황은 달라질 것이다. 경제를 모르는 순진한 생각이라고? 그렇지 않다. 나는 1987년도에 이를 경험했다.

확보된 구매력으로 자가용을 구입하고, 생활의 질이 높아지니 문화와 여가에 대한 수요가 생겨났다. 잔업, 특근을 하지 않아도 살 수가 있으니 퇴근 후에 가족과 보내는 시간이 늘어났다. 함께 TV를 시청하고,

영화를 보러 가고, 음악도 듣는 여유가 생겼고, 백화점 이용자가 소수 부자들에서 노동자들 일반 가정으로 확대되었다. TV, 냉장고 등 가전제품에 대한 수요는 이 분야의 산업을 발전시켰다.

지금 모든 아이들이 선망하는 직업인 연예인은 사실 노동자들이 구매력이 생기면서 혜택을 본 대표적인 사례다. 외모가 곧 상품인 연예인들이 TV 보급도 안 된 사회에서 어떻게 얼굴을 알리고, CF로 돈을 벌 수 있겠는가. 밤낮없이 일만 하고 돈 없는 노동자가 어떻게 영화를 보러 가고 콘서트에 가겠는가. 저임금 시절에는 상상도 할 수 없던 일이었다. 자본주의적인 소비문화를 찬양하고자 하는 게 아니라 노동자들이 투쟁으로 가져온 사회적 변화가 있었기에 가능했다는 말을 하고자 한 것이다.

임금 인상보다 두발 자유화

대기업의 임금은 사회 전반의 임금 인상에 영향을 끼쳤다. 대표적인 예가 공무원이다. 지금도 공무원들은 박봉이다. 2007년 정부가 발표한 공무원과 민간 기업의 보수 격차를 보더라도 공무원의 임금은 민간 기업의 89.7%에 그쳤다. 공무원들은 늘 상징적으로 임금 인상의 통제를 받아왔다. 노동자들의 임금 인상을 막기 위해 정부가 앞장서서 공무원의 임금 인상을 먼저 억제한 것이다. 상대적인 안정성으로 선호하는 직장이긴 하지만, 지금은 평가와 퇴출, 총액 임금제 등 공무원의 장점이었던 안정성도 위협받는 게 현실이다. 공무원 노조는 그래서 꼭 필요하다.

공무원의 임금이 낮았던 사실은 대선 공약을 통해서도 알 수 있다. 1992년 대선 당시 공무원 임금을 대기업 평균 임금의 70%까지 보장하겠다는 공약이 나올 정도였다. 일각에서는 대기업의 임금이 높아진 것이 중소기업의 노동자들에게 상대적인 박탈을 가져왔다고 하는데, 그건 노동자들의 잘못이 아니다. 자본이 그런 핑계를 대는 것이다. 임금의 하향 평준화는 옳지 않은 것이며, 이런 논리는 자칫 대기업 정규직 노동자들의 이기주의 운운하는 공격에 이용되기도 하므로 주의해서 할 말이다.

분배의 정의는 의식의 전환이 있었기에 가능한 일이었다. 1987년도에 처음 투쟁이 시작되었을 때 조합원 수만 명이 운동장에 모였다. 지금처럼 복사기가 있는 것도 아니고 인쇄를 자유롭게 하지 못할 때여서 대의원들이 직접 다니며 조합원의 불만과 요구 사항을 조사해 적었다. 우리는 당연히 '임금 인상'이나 '차등 지급 철폐' 등이 가장 큰 불만이요 요구일 거라고 생각했다. 그런데 예상을 뒤엎고 뜻밖에도 '두발 자유화' 요구가 튀어나왔다. 그 다음으로는 '복장 자유화'였고, 그 다음에야 '임금 인상', '차등 지급 철폐', '폭력 금지' 등등이 이어졌다.

이는 설문을 준비한 지도부나 대의원들도 예상하지 못한 일이었다. 적은 임금보다 신체를 통제당한 것에 대한 불만이 더 높은 것을 보고 많은 걸 깨달을 수 있었다. 노동자들에게 머리카락은 단순한 머리카락이 아니었던 것이다. 굴종, 체념, 부끄러움, 억울함, 그런 것들의 상징이었고, 민주노조가 생겨 두발 자유화를 쟁취하면서 우리는 머리를 기를 권리가 아니라 '인간답게 살 권리, 내 몸을 내 마음대로 결정할 권리'를 되찾았던 것이다. 노조는 우리가 '인간'임을 되찾게 해준 존재였다.

차등 지급제가 없어지니 우리끼리 죽어라 했던 경쟁 또한 없어져 서로 적대시하지 않게 되었고, 자연히 일터가 즐거워졌다. 아, 이게 노조의 힘이고 민주화의 힘이구나. 1987년은 이렇게 나와 동료 노동자들에게 큰 깨달음을 주었다.

이런 의식의 전환이 있었기에 우리는 인간다움을 빼앗아가는 자본의 정체를 알게 되었고, 우리가 인간답게 살기 위해서는 자본이 만들어놓은 분배 구조를 바꿔내야 한다는 것을 깨달았던 것이다.●

●
한 가지 아쉬운 점은 구매력이 생긴 노동자들을 대상으로 한 서비스업과 소매업의 발달로 자영업자가 늘어나게 되었고, 이는 노동자들의 투쟁으로 가능해진 일이었는데, 이들이 오히려 노동자가 아닌 한나라당을 지지하는 계층으로 자리 잡고 있는 현실이다. 어떤 사회학자는 한국의 노동조합운동이 잘 안 되는 이유가 자영업자의 비율이 높아서라고 하는데, 일리 있는 주장이다.

근본적으로 임금 노동자보다 소자본가의 속성에 더 가까운 계층이라 해도 이들을 설득하고 우리의 우군으로 만드는 노력이 필요하다. 실제 1998년 현대자동차 대량 정리해고 사태 때 주변의 자영업자들이 줄줄이 망해 동네가 텅 비었고, 2009년 쌍용차 대량해고 사태 때도 주변 상인들의 우려가 깊었다. 대공장 노조들은 지역 사회와 함께하는 활동에 더 매진해서 이들을 노조 편으로 만들어야 한다. 또한, 사회 전반적으로는 노동자들과 자영업자들이 적대적인 관계가 아님을 설득해야 한다. 민주노동당에서 상가임대차보호법과 같은 이슈를 들고 싸운 것도 그런 면에서 중요한 일이다.

사회가 온통 '기업하고 싶은 도시', '기업 친화 도시'만을 외치는 상황에서, '노동하고 싶은 도시(지역)', '노동 친화 도시(지역)'를 만들어야 하는 것 또한 우리 노동자들이 해야 할 일이다. 20년 전의 경험을 통해 지금 우리가 해야 할 일들을 정리하는 게 절실하다.

비정규직 문제도 노동자의 눈으로

요즘 우리 사회에서 가장 큰 이슈인 비정규직 문제도 노동자 대투쟁의 경험에서 교훈을 찾을 수 있다. 1987년 당시 현대중공업을 비롯한 대규모 제조업 사업장의 정규직 노동자는 비정규직 노동자보다 특별히 임금이 높지 않았다. 정규직 노동자들 가운데 능력 있고 통제를 싫어하는 사람들은 따로 그룹을 만들어 울산의 현대나 거제의 대우, 삼성 등으로 다니며 일을 했다. 지금으로 보면 모두 비정규직이다. 이들은 안정보다는 임금이 더 높은 하청을 선호했고, 현대와 삼성, 대우 등 대기업은 이들을 잡아두기 위해 일정 부분 임금도 높여주고 자유를 보장해주는 정도로 타협했다.

그런데 이들이 1987년 노동조합이 생기면서 조합원들에 대한 대우가 달라지는 것을 보고 노동조합에 적극적으로 동참하게 된다. 잘 알려지지 않았지만 1987년 노동조합이 만들어지면서 가장 강력한 투쟁 동력은 이들 외주 노동자들이었다. 이들은 '외주 직영화'를 외치며 열심히 투쟁했다. 그 성과로 87년 투쟁이 마무리되면서 외주 노동자 만여 명이 정규직으로 전환되었다. 하청 노동자들은 직영 노동자보다 임금이 상대적으로 높았는데, 이들은 임금 30%가량 동결 또는 삭감을 감내하면서도 정규직으로 전환한다. 눈앞의 임금보다 차별도 없고 노동자를 보호해주는 노동조합에 소속되는 것이 더 안전했기 때문이다. 비정규직을 정규직으로 전환시킨 큰 투쟁인데 제대로 기록되어 있지 않아 아쉬운 부분이다. 그때는 비정규직 문제가 사회적 이슈가 아니었기 때문에 조용히 지나갔지만, 현대중공업 역사에 엄연히 존재하는 투쟁이다.

비정규직 문제는 우선 비정규직 노동자들을 노조로 조직하는 것이 가장 필요하다. 이들이 조직된 힘을 발휘할 때만이 차별을 없앨 수 있다. 또한, 민주노총이 앞장서서 선진국과 같은 비정규직 형태로 사회구조를 만들어야 한다. 비정규직이 천형이 아닌 노동자의 조건에 따라 선택 가능한 고용 형태가 되어야 한다.●

그런데 노동조합이 생기고 20년이 흐른 지금은 전체 노동자의 반 이상이 비정규직이고, 이도 모자라 비정규직법까지 만들어 모든 노동자를 비정규직화하려 한다. 대표적인 노동 악법인 '정리해고법'과 '비정규직법'은 아이러니하게도 국민의정부, 참여정부라는 이름을 가진 김대중 정권과 노무현 정권에서 만들어졌다.

이 두 법 때문에 노동자들은 정리해고되고, 해고된 자리는 비정규직으로 채워지고 있다. 고용은 악화되고 조직된 힘은 약해졌는데, 정권은 오히려 보수로 회귀한 상황이 노동자들이 지금 맞닥뜨린 현실이다.

이 최악의 상황을 뚫고 나갈 길은 결국 노동조합에 있다. 그런데 노동운동의 활동가들이나 민주노총의 간부들마저도 노동조합의 사회적 역할에 대한 확신 없이, 임금 동결이나 고통 분담을 외치는 게 현실이다. 투쟁만이 살 길이라고 말하면 무슨 좌익 소아병자 대하듯 공격하고 강

●

선진국은 비정규직의 임금이 더 높다고 한다. 고용의 안정성을 포기하는 대신 임금을 많이 주는 것이다. 예를 들어 아이가 어려 육아에 시간을 더 많이 쓰고 싶은 여성들은 정규직 대신 비정규직인 시간제(파트타임) 같은 일에 종사하는 식이다. 정규직으로 일하기 어려운 조건의 노동자들이 선택할 수 있도록 하되 고용 형태 이외의 다른 차별을 두지 않는다. 이런 것이 제대로 된 비정규직인데, 우리나라는 마치 해고가 자유롭고 모든 조건에서 차별을 받는 형태의 비정규직이 당연한 듯 일반화되어 있다. 말로만 '글로벌 스탠더드'를 외칠 뿐 선진국의 장점들은 하나도 들여오지 않고, 노동자들만 윽박지르고 있는 것이다.

경파니, 좌파니 매도한다. 비타협적인 투쟁을 주장하는 것은 좌익 소아병이 아니다. 역사 속에서도 늘 비타협적인 주장을 하는 사람들은 그런 식의 조롱을 받았다. 정세도 모르고, 자기 고집만 세며, 세상을 보는 눈은 떨어지면서 헛된 구호만 남발하는 몽상가 취급을 받아왔다. 이는 지금도 마찬가지다. 비타협적인 투쟁을 주장한다고 해서 협상이나 대화 자체를 거부하지 않는데도, 이런 식의 공격은 광범위하게 동의를 받는다. 비타협적인 투쟁에 나서기 싫은 사람들이 그런 사람들에 대한 비판을 통해 자신의 정당성을 인정받으려 하기 때문이다. 고통 분담이라는 이데올로기가 무엇을 의미하는지도 모르고, 노동자가 자본가와 왜 싸우는지 이해하려 하지 않는 관료화된 노동자들이 지도급의 간부로 앉아 있으니 자본가들은 점점 약해지는 우리를 보며 비웃을 수밖에 없다.

서로 공정하고 동등한 관계에서 주고받는 고통 분담이라면 꼭 못할 말은 아니다. 그러나 노동자들이 처한 상황과 사회의 근본적인 구조를 외면한 채, 우리가 임금 동결을 하겠으니 너희도 양보하라는 식의 고통 분담 발언은 자본과 정권에 노동자를 팔아 넘기는 행위이다.

자본은 노동자를 어떻게 길들이는가?

87년부터 회사에서는 노동조합의 대의원이나 집행 간부들을 조합원과 분리시키기 위해 모든 수단을 동원한다. 만일 노동자들이 회사가 동원했던 포섭 수단들과 사례들을 기록해두었다면 아마 자본의 탄압 방식을 막을 기본 지침서가 몇 권은 나왔을 것이다. 하지만, 우리는 20년이 지난 지금도 반복되고 있는 자본의 공격에 대해 제대로 대응하지 못하고 있다. 노동조합의 간부나 활동가들이 '누가 나에게 이런 걸 가르쳐줬더라면…….' 하는 탄식을 들을 때마다 미안함과 책임감에 몸 둘 바를 모르겠다.

다른 활동가들도 마찬가지일 것이다. 우리는 너무 급하게, 정신없이 앞만 보고 달려왔다. 한 번쯤 숨도 쉬고, 뒤도 돌아보고, 옆도 살펴보았어야 하는데, 그걸 하지 못했다. 조금만 둘러보면 우리보다 먼저 노동운동을 해왔고 탄압을 받아왔던 여러 나라의 사례들도 많다. 그런데 우리는 이런 사례를 거울삼거나, 혹은 나침반 삼으려고 노력하지 못했다. 가까운 일본의 조선소 노동자들이 40년 전에 당했던 탄압 사례만 봐도 지금의 우리 상황과 너무나 비슷하다.

유구한 이념 공세의 역사

자본은 국경도 없이 날마다 더 진화된 방법을 연구해 더 세련되게, 더 표나지 않게, 더 감쪽같이 노동자들 회유하고 탄압하는데, 우리는 이에 대한 대비가 부족하다. 답답하고 안타까운 상황이다. 노동자들의 지침서가 절실하게 필요한 때다.

우리는 '노사 상생' 이니 '노사 자율' 이니 하는 말을 흔히 듣는다. 주로 언론이나 기업에서 많이 하는 말이다. 하지만, 과연 그럴까? 세계 일류라고 자부하는 삼성은 왜 그렇게 잔인하리만큼 무노조 원칙을 고수하고, 왜 현대중공업의 정주영은 "내 눈에 흙이 들어가기 전에 노조는 안 된다"고 했던 것일까? 언론과 기업, 정부까지 노사 상생이나, 화합, 자율 등을 공공연하게 얘기하는 상황이라면 사회적으로 노조의 존재 자체를 부정하는 것은 지탄받아야 하는 게 아닐까? 그런데 현실은 정반대다. 무노조 삼성에 대한 비난보다, 파업하는 노동자나, 노동조합에 대한 비난이 훨씬 거세다. 정주영과 이건희처럼 자본가들은 대부분 노동조합에 대해 적대적이다. 노조를 전쟁의 적으로 생각하지 않는다면 할 수 없는 행동들을 서슴없이 하는 것만 봐도 그렇다. 특히 삼성처럼, 노조만 막을 수 있다면 어떤 짓이든 하는 악랄한 자본도 수없이 많다.

노동자들은 자본이 선전하는 대등한 파트너, 한가족, 한마음과 같은 단어에 쉽게 속는다, 적어도 노조를 만들기까지는. 일터 안에서 촘촘하게 연결된 인간적인 그물망을 통해, '적어도 저 사람이 내게 그러진 못할 거야' 라고 생각했던 순진한 믿음은 노조를 만들고서 여지없이 깨지고 만다. 연이어 터지는 경영진의 악랄한 행동에 처음에는 당황하고, 자기 눈을 의심하다가, 인간적으로 다가오는 중간관리자의 호소에 마음이 흔들리다가, 결국 악랄한 경영진의 탄압으로 노조를 탈퇴하거나, 혹은 투쟁하거나 두 가지 길에서 고뇌한다. 이는 노조 활동을 해본 사람이라면 누구나 공감할 수 있는 대한민국 노동조합 99%의 현실이다. 나는 지금껏 노조를 반기는 자본가를 본 적이 없다. 이는 진보적인 인사가 경영을 하는 사업장도 마찬가지다. 노조를 정말로 상생을 위한 파트너로, 동등한 협력자로 인정하는 자본가를 찾아볼 수가 없다. 전태일이 꿈꿨던 그런 공장은 그야말로 '꿈의 공장' 일 뿐이다.

한국 사회 전체가 노동조합을 파괴하는 데 입체적인 도움을 받을 수 있는 환경이 갖춰진 곳이다. 한국은 민주노조를 파괴하거나 탄압하는 데 도움받을 곳이 수없이 많다. 노동부, 검찰, 경찰, 국정원(안기부) 등은 한 번도 노동자 편인 적이 없고, 변호사, 검사, 판사, 심지어 전직 노동운동가들까지, 우리 사회 전반엔 노조에 우호적이지 않은 사람들이 다양하게 포진되어 있다. 현대중공업이 고용한 노조 파괴 전문가 제임스 리 같은 사람은 지금도 이런 일을 하고 있다고 한다. 노조에서 사측의 구사대나 경비들의 폭행 때문에 경찰을 불러본들 경찰은 오지 않는다. 온다 해도 결국 잡혀가는 건 노동자들이다.

경찰과 검찰이 알아서 다 잡아다 가두고, 고문하고, 벌주고, 벌금 내리고, 가압류하고, 월급 차압하도록 도와주고, 사법부는 '합법' 적인 법의 판결을 통해 이를 용인하는 세상이다. 한 달 월급 100만 원인 노동자들에게 수십억을 손해 배상으로 때리고, 그 알량한 월급마저 차압해 버린다. 모두가 '합법' 의 이름이다. 이 모든 과정을 언론에서는 친절하게 보도한다. 물론 파업으로 인한 매출 손실과 시민 불편에만 초점을 맞춰서. 그리고 잠잠할 때쯤 한 번씩 뉴라이트와 같은 단체에서 활동하는 전직 노동운동가들이 노동조합을 성토하는 발언을 하면 그 또한 대서특필해서 실어준다. 이 나라에서 노조가 설 땅은 정말 바늘 끝만큼밖에 없다.

이에 견줘 노동조합을 도와줄 곳은 과연 어디일까? 가까이는 민주노총의 지역 본부가 있고, 지역의 활동가와 운동 단체, 그리고 해당 사업장의 상급 단체인 연맹을 꼽을 수 있다. 그러나 연맹과 민주노총은 투쟁하는 노동조합마다 모든 힘을 쏟아부을 수 없는 상황이고, 지역의 활동가와 운동 단체들은 해당 조직의 일이 우선이지 지역의 노동조합과 관련된 일이 주가 아니다. 노동조합을 만들었을 때 노동자들이 도움을 받기란 참 어렵다. 이처럼 노동조합은 안팎으로 그 지원이 미약한 반면, 자본의 대응은 너무나 구체적이고 다양하다.

예를 들어보자. 자본이 노동자를 공격할 때 가장 먼저 사용하는 방법은 이데올로기 공세다. 1987년 노동조합이 생기자 언론은 대대적으로 이념 공세를 폈다. 순수한 노동자들이 노조를 만든 것이 아니라 '좌경 용공인 불순한 외부 세력'이 조종한다는 것이다. 이는 교묘한 이데올로기를 담은 말이다. 좌익이 불순한 사상이라는 전제에 대한 물음을 근본부터 차단하고, 노동자는 순수하고 배후 세력들은 불순하다는 전제를 강요하는 것이다. 여기에는 노동조합의 역할은 사업장의 임금이나 복지, 근무 조건 같은 것으로만 한정해야 한다는 강요까지 깔려 있다. 그래야만 '순수한' 노조로 인정받을 수 있기 때문이다. 중공업의 젊은 활동가가 "양키 고 홈"을 외쳤을 때 그 구호를 낯설어하고 경계했던 것처럼, 실제로 반공 체제에서 수십 년을 산 조합원들은 이런 말을 들으면 불안해지기 마련이다. 회사 관리자들은 언론이 떠들어대는 이념 공세를 그대로 조합원들에게 전하며 불안감을 조장한다. 마치 '순수한' 조합원을 지키기 위한 것처럼 위장하고 이런 논리를 조합원들에게 꾸준히 주입시킨다.

실제 1987년을 전후한 때는 노동운동을 지원하기 위해 활동한 학생운동 출신들이 굉장히 많았다. 자본은 꼭 그 학생운동 세력만을 '외부세력'이라 지칭하지 않고 지능적으로 북한을 언급하며 은근히 협박을 해왔다. 반공과 반북이 지배하는 땅에서 공산주의와 북한을 추종한다는 것은 그 자체로 범죄였기 때문에 노동자들은 그런 공세에 위축되었다. 그때 회사에서 우리에게 했던 말은 '누구는 어떤 대학 출신이고 가명은 무엇을 쓴다'까지 아주 구체적이었다. 상황을 잘 모르는 우리는 진짜 그럴 수도 있겠다 싶어 별다른 대응을 할 수 없었다. 아직 '반공주의자'였던 우리는 실제 의심을 하기도 했다. 저것들이 정말 빨갱이가 아닐까, 우리까지 빨갱이 물을 들이면 어떡하지 하면서.

1987년 운동장에 수만 명이 모이니 그 가운데는 정말 숨은 인재들이 많았다. 즉석에서 사회자도 나오고, 만담꾼에, 가수 뺨치는 가수에, 밴드까지 결성되는데 처음 파업을 이끄는 지도부가 놀랄 정도였다. 이 가운데 날마다 마이크를 잡았던 노동자가 있었다. 달변인데다 정치에 대한 지식까지 해박해 요즘 정세 분석가처럼 날마다 언론 보도에 대해 날카로운 비평을 했다. 그런데 인기를 한몸에 받았던 이 사람이 갑자기 사라졌다. 파업 지도부가 너무나 말을 잘하고 똑똑한 걸 보니 단순한 노동자가 아닐 거라 판단한 것이다. 발언 가운데 북한을 나쁘게 말하지 않은 것을 빌미로 진행팀은 파업에 누가 될지 모른다며 경찰에 간첩 신고를 했다. 그 후로 그 사람은 다시 마이크를 잡지 못했다. 우습게도 그를 간첩으로 경찰에 넘긴 노동자들은 얼마 안 가 회사의 충실한 마름으로 변절했다. 1990년에 일본의 민단에서 투쟁 지원금을 보냈을 때도 지도부가 경찰에 수사를 의뢰했다.

지금은 이 정도로 노조의 의식이 떨어지진 않지만 이념 공세는 어떻게든 지금도 써먹는 수법이다. 시대가 변해 어느 정도 사회가 민주화되자 학생운동 출신 활동가들도 대부분 민주화운동 유공자가 되었고 심지어 한나라당 국회의원이 된 사람도 있다. 이들 '외부 세력' 은 실제 우리에게 많은 도움이 되었고 그 지원은 너무도 당연한 일이었다.

지금도 노동조합은 새롭게 만들어지고 있고, 이 가운데는 순수(?)하게 조합원 권익을 위한 투쟁만을 하겠다는 노동조합이 있다. 그러나 외부와 연대하거나 주변의 도움을 거부하는 노동조합의 간부가 있다면 눈여겨보아야 한다. 정말 단련이 되지 않아 그럴 수도 있지만, 대부분은 이런 이념 공세를 악용해 노조를 자신의 권력으로 이용하려는 사람일 가능성이 크다. 반공과 반북이 여전히 위세를 떨치는 분단국가, '빨갱이' 라는 단어가 아직도 힘을 발휘하는 사회이므로 이념 공세는 멈추지 않을 것이다. 안에서는 조합원들이 언론이나 외부의 이념 공세에 휘둘리지 않도록 교육하고, 밖으로는 시대착오적인 이념 공세에 맞서 싸우려는 자세가 필요하다.

또한 자본이 가장 손쉽게 쓰는 탄압 방법은 정리해고다. 2009년 쌍용자동차 노동자들은 매각과 구조조정으로 인해 대량 정리해고를 당했고, 1998년 현대자동차, 2001년 대우자동차까지 대기업 노동자들은 배수진을 치고 싸웠으나 결국 정리해고를 막아내지 못했다. 투쟁 자금과 조직력, 기본 조합원 수에서 어느 정도 기반이 되는 대기업 노동자들이지만 정리해고 싸움을 하기란 쉽지 않다. 하물며 중소기업이나 소규모 노동조합들이 버티기란 너무 어렵다. 2009년 쌍용자동차 노동자들이 수천 명에 대한 정리해고에 맞서 투쟁할 때도 마찬가지였다. '해고는 살인이다' 라는 상징적인 구호를 들고 싸웠지만 결국 노동조합이 제안한 어떤 협상안도 회사는 받아들이지 않았다. 안타까웠던 것은 자동차 대기업만 벌써 세 번째 당하는 대량 해고 사태이고, 자본의 해고 방식에 일관성이 있는데도 노동자들의 대응은 10년 전이나 지금이나 별로 다를 바가 없다는 것이다.

중공업이라는 대공장 제조업체에서 싸운 경험을 통해 깨달은 것이 있다면 바로 이런 정리해고 싸움에 어떻게 대응하느냐이다.

우선 회사가 정리해고자 명단을 발표하기 전 최후의 순간에 노조는 조합원들이 결의하도록 해야 한다. 이른바 '산자(비해고자)' 와 '죽은 자(해고자)' 가 발표되기 이전 조합원들의 대응을 마련해두어야 한다는 것이다. 모든 조합원이 모인 자리에서 노조의 대표자가 말해야 한다. "우리는 모두 함께 움직인다. 비해고자는 일하고 해고자는 투쟁을 하게 될 것이다. 그때 비해고자는 구사대로 동원되는 것만은 절대 거부해야 한다. 그리고 매달 받는 돈의 일부를 투쟁하는 해고자들의 생계비로 지급하도록 결의해야 한다." 조합원 총회를 조직해서 조합원들 개인 서명을 받는다면, 최소한 구사대로 넘어갈 확률은 적어진다. 이는 또 다른 싸움을 준비하기 위해 마음을 하나로 묶을 수 있는 방법이기도 하다. 만일 이런 결의의 장을 마련하고, 실제 생계비까지 조직할 수 있다면 투쟁은 쉽게 멈추지 않는다.

대우자동차가 노동자들을 대거 정리해고했다가 3~4년이 지난 후 다시 복직시킨 것처럼, 결국 정리해고는 자본이 저지른 잘못을 노동자에게 덮어씌우는 것이다. 해고 앞에 속수무책으로 당할 수밖에 없는 우리 노동자들이 버틸 수 있는 길은 결국 단결과 연대뿐이다.

개별적 포섭 및 물량 공세 대처 매뉴얼

한편, 자본이 노동조합을 깨려고 가장 많이 이용하는 방법은 사람을 포섭하는 것이다. 노동조합의 집행 간부가 되면 사측은 담당자를 붙여 감시와 포섭을 한다. 대의원이 되면 부서장에게 책임을 맡겨 동향을 파악하고 설득하는 한편, 각종 특혜 등으로 유혹한다.* 회사의 포섭 방법과 시스템은 이렇다.

현대중공업의 경우이지만 자본의 포섭과 회유 방식은 대부분 비슷하다. 그 물량 공세가 자본의 규모에 따라 다를 뿐이다.

1) 승진과 전직

자본이 가장 설득하기 편한 부류가 진급에 불만을 품은 노조 간부다. 지금과는 약간 다르지만 1980년대에는 이런 사람들이 많았다. 대학 졸업자가 별로 없을 때라 야간대학이나 방송통신대, 전문대 졸업자나, 재학생들이 뭉쳐 대의원을 통해 자신들의 진급을 관철하려 했다. 이들이 노조 대의원이 된 목적은 노동조합이 아니라 자신들의 진급 때문이었다. 자본은 이를 빠르게 간파하고 작업에 들어갔다. 진급 누락이나 차별 대우에 대한 불만이 가장 높았는데, 이들의 불만을 해결하기 시작한 것이다. 평조합원에서 노조 간부나 대의원으로 나선 이들이 가장 크게

●

과장급 이상 관리자가 되면 그 부서 대의원의 활동에 따라 진급이 결정된다고 해도 과언이 아니다. 부서장은 진급을 위해 자신의 권한을 대의원에게 할애한다. 부서 안에서 덜 힘든 곳으로 전환 배치해서 환심을 사고, 부서원들의 불만 사항을 해결해주며 부서 대의원이 자리 잡을 수 있도록 도와주기까지 한다. 대신 원칙을 지키는 대의원에게는 잠시만 자리를 비워도 시간을 까고, 화장실도 함부로 못 가게 감시한다.

노동조합이 힘이 있으면 조합원인 반장도 노동자 편을 들지만, 힘이 없으면 반장은 노동자 편을 들 수가 없다. 회사가 움직이는 조직 구조상 버틸 수가 없기 때문이다. 이를 막기 위해 조직 편재를 꼭 회사가 해야 한다는 고정관념을 바꿔야 한다. 노동조합이 만들어질 때나 힘이 있을 때, 회사가 관리하기 편한 대로만 짜인 구조를 노동자가 편한 대로 바꿔야 한다. 회사가 관리를 어렵게 만들면 된다. 사업장마다 노조가 있다면 회사가 어떤 식으로 현장 관리를 하는지가 보인다. 이 틀을 깨면 되는 것이다. 파업이 이를 실천할 수 있는 가장 좋은 환경이다.

또한, 대의원의 수는 많을수록 좋다. 한 사람보다는 둘이, 둘보다는 열이 훨씬 강하다. 어용노조의 경우 운영의 합리화를 거론하면서 대의원 수를 줄이려고 하는데 내 경험으로 보면 대의원은 다다익선이라 생각한다.

1987년 처음 대의원 대회를 하던 때는 회의를 진행하는 순서나 방식을 몰라도 아무 문제가 없었다. 다른 사람이 발언하고 있어도 손을 들기 일쑤였고, 표결에 들어가 투표가 진행되는데도 할 말은 꼭 했다. 대의원 대회 결과는 언제나 원칙적인 발언과 강하게 싸우자는 내용으로 결정되었다. 그 싸움을 하는 지도부가 감옥 가면 다음 지도부가 또 투쟁하면 되기 때문이었다.

"임금 인상안 만드는 데 회사의 경영 성과가 왜 필요한가. 지금까지 우리 안 주고 제 배만 채웠으니 게워내라. 무조건 50% 인상 요구해라." 하는 주장이 나오면, 그건 너무 과한 것 같으니 30% 안으로 결정하게 되는 식이다.

노조 만든 첫해 대의원 대회 풍속도는 요즘 민주노총 조직들의 각종 대의원 대회 모습과 전혀 다르다. 거의 '짐승들의 집합소' 수준이었다. 서로 많이 발언하기 위해 남이 말할 때 발언권도 얻지 않고 말하고, 규칙도 없었고 사회자의 통제도 먹히지 않았다. 비록 대회의 진행에는 걸림돌이지만 이들은 회사에 대한 정당한 분노와 함께, 오로지 노동자 편에서 싸우겠다는 정의로운 열정들로 가득 차 있었다. 그러나 이들은 회사에 대한 분노만으로 대의원이 된 노동자들이었기에 노동운동의 필요성이나 노동조합의 필요성을 몰랐다.

지금은 이런 광경을 거의 볼 수가 없다. 집행부가 파업하고 감옥 가도, 다음 집행부가 또 싸우면 되고, 감옥 가 있는 동안 가족 챙겨주면 되고, 나오면 복직 투쟁해서 복직하면 된다고 결의하는 대의원 대회가 되어야 하는데 왜 그렇지 못할까? 지금처럼 살기 어려운 때, 재벌들은 부정하게 모은 돈 숨기기에 정신이 없는 이때에, 노동자들이 분배의 정의를 이루어내야 하는데, 노동자를 대변하는 대의원들은 다 어디 갔는지 모르겠다. 발언은 세련되고 노련해졌고, 회의의 규칙이나 진행 모두 어느 조직 못지않게 잘 짜인 요즘 대의원 대회를 보면서, 나는 예전의 그 '짐승들의 집합소' 같았던 대의원 대회가 그립기만 하다.

내세운 명분은 조합원을 위하고 노동운동을 위한다는 것이었지만, 회사의 작업이 시작된 후로는 조합원이나 노동운동보다는 자기 자신을 위한 대의원들이 늘어나기 시작했다.

목적을 달성한 이들이 노동조합을 고마워하는 관리자로 살아준다면 얼마나 좋을까. 하지만, 이는 너무나 순진한 생각이다. 자본은 관리자 한 사람이 아닌 이윤을 위해 존재한다. 진급 한 번으로 그 이용을 끝내지 않는다는 것이다. 대의원을 한 번 더 시켜서 활용할 수도 있고, 중견 간부가 되면 대의원이나 활동가들을 포섭하는 역할로도 이용 가능하다.

어느 회사나 노동조합을 상대하는 부서는 있다. 그런 부서는 권력도 세다. 직장 생활하면서 남을 호령하고 높은 지위에서 부하 직원을 거느리고 싶은 욕망은 누구에게나 있을 것이다. 회사는 이런 욕망을 자극한다. 그러나 노동조합과 문제를 풀지 못하는 간부는 살아남을 수가 없다. 다른 모든 면이 뛰어나도 노동조합 간부나 활동가를 잘 다룰 수 없으면 그는 경쟁에서 탈락한다. 모든 평가 항목 중 높은 점수를 차지하는 대목이 노동조합 관리를 어떻게 하느냐이기 때문이다.

자본이 다음으로 설득하기 좋은 부류는 일이 힘든 부서의 대의원이다. 특히 조선소는 도장부, 족장반, 그라인더, 용접사 등 어느 하나 힘들지 않은 부서가 없지만, 좀 더 편한 부서로 옮겨준다는 것은 대단한 유혹이다. 초기에 생산 부서에서 비생산 부서로 이동해서 더는 노동운동을 하지 않는 사람들이 있었다. 이들은 지금도 만나면 노동조합에 대한 애정도 많고 걱정도 남다르다. 그렇지만, 다시 현장으로 돌아오지는 않는다. 엄청난 불이익과 힘든 노동을 각오해야 하는 길에 다시 올 이유가 없다. 만일 그런 사람이 있다면 오히려 회사가 활용하기 위해 보낸 것이 아닌가 의심하고 봐야 한다.

2) 인사권과 뇌물

다음은 현대자동차나 기아자동차 간부들이 넘어간 '입사 권한' 문제다. 대기업 노조는 회사와 인사권 협상을 시도하지만, 대부분은 인사권은 회사의 고유 권한이므로 줄 수 없다고 한다. 그러나 자본은 비공개로 활동가와 그 조직에 권한을 일부 준다. 그러면 노조 간부는 인사권 일부를 받은 것으로 착각한다. 회사는 비공개로 준 인사권을 노동조합 내부를 흔드는 무기로 사용하면서 조직 사이에 알력 싸움도 일으킨다.

활동가들은 궁색한 논리를 내세우기 시작한다. 우리가 안 해도 어차피 회사에서 집어넣을 것이니 차라리 우리 인맥을 확보해서 노동조합을 강하게 만들자는 것이다. 자본은 이런 반응을 예상치 못해 그런 미끼를 던졌을까? 천만의 말씀이다. 공개적인 단체 협상으로 풀지 않고 비공개로 하는 이유가 있다. 노동조합 내부에 불신을 키워 힘을 분산하고, 권력 싸움을 일으켜 결국 돈 안 들이고 노동조합을 분열시키자는 것이다.

현대자동차 노조 위원장의 비리 사건처럼 자본은 대부분 이런 협의를 하면서 "이 일은 하늘도 모르고 우리끼리만 아는 비밀"이라고 철석같이 약속한다. 어리석은 노동자는 회사도 구린 데가 있으니 말하지 않을 거라고 생각하고 속아 넘어간다. 지금도 어디에선가 이런 일이 벌어지고 있을 것이다. 그러나 절대 명심해야 한다. 이 모든 행위는 사측의 데이터로 저장되고, 우리보다 훨씬 정보력이 뛰어난 검찰, 경찰, 국정원 등도 알고 있다. 잠잠하게 있다가 한방 터뜨릴 필요가 있을 때마다 적재적소에서 폭로할 것이다.

현대자동차, 기아자동차가 그랬고 현대자동차 출신 민주노총 울산지역 본부장 이○○도 그랬다. 울산본부가 총력 투쟁을 선언하자, 그가 현대자동차 위원장 시절 회사로부터 파업을 끝내는 조건으로 2억 원을 받았다는 말이 회사 간부 입에서 튀어나왔다. 그 간부는 2억 원을 전액 현금으로 전달하면서 "우리 둘이 무덤까지 가져갈 비밀"이라고 했다. "현금이라 추적도 되지 않으니 안심하라"는 말도 덧붙였다. 본부장은 위원장 시절 회사를 도운 일이 없으니 대가성이 아니라고 스스로 합리화했고 회사 간부도 그렇게 말했다. 그러나 막상 정권과 투쟁을 선언하자 생각지도 못한 비리 사건이 터진 것이다. 정권을 상대로 투쟁하려는데 왜 자본이 노동자를 고발했을까? 뇌물은 준 사람도 처벌받는데 그 회사 간부는 왜 이를 갑자기 시인했을까?

기가 막히게도, 뇌물을 준 사람의 공소 시효는 5년이고 받은 사람은 7년이다. 그는 뇌물을 건넨 지 5년이 지난 시점에 이를 터트려 처벌도 피하고 노동조합을 전국에서 가장 부도덕한 집단으로 만들어버렸다. 정권과 싸움은커녕 칼도 뽑아보지 못하고 오히려 칼을 맞아 쓰러진 것이다. 돈을 받은 노동자는 실형 2년에 추징금 2억으로 돈도 다 게워내고 감옥살이 후 인생이 엉망이 되어버렸지만, 돈을 준 간부는 지금도 계열사 사장으로 잘살고 있다. 어느 간부가 회사의 지시 없이 2억 원을 마음대로 쓸 수 있겠는가. 현대중공업의 초기 위원장 중 한 사람은 회사 간부가 밤에 집으로 와서 007가방 가득 돈을 주기에, 사람들에게 회사에서 준 격려금이라 말하고 조합원들과 똑같이 나누겠다고 하니 도로 가져간 일도 있다. 회사가 왜 공개적으로 협상을 통해 돈을 주지 않고 뒤로 검은돈을 만들겠는가? 그 돈 받은 1명이 자본의 편을 들어 임금을 1%만 줄여줘도 몇천 배 이익이기 때문이다. 거기에 노조 간부까지 포섭해 약점을 쥐니 회사는 '꿩 먹고 알 먹고' 인 것이다. 2002년 민주노조였던 현대중공업 노동조합 사무국장의 차 안에서 현금 수천만 원이 발견되었다. 회사 쪽에 가까운 노조 감사가 경찰을 대동하고 현장을 잡은 바람에, 노조 간부의 뇌물 수수 사건으로 언론을 탔다. 도덕성이 생명인 민주노조 집행부는 총사퇴하고 말았다. 현대중공업은 그 이후 지금까지 민주노조가 들어서지 못하고 있다. 부도덕한 돈을 받으며 아무도 모를 거라고 생각하는 것 자체가 어리석은 것이다. 자본에 약점이 잡히는 순간 평생을 그 손아귀에서 벗어날 수 없다. 또한, 노동자로 살아갈 수도 없다. 분명하게 알아야 한다. 세상에 '누구도 모르는 비밀' 이란 없다. 특히 회사와 관계에서 '누구도 모르는 비밀' 을 만드는 일은 절대 없어야 한다. 우리가 모를 거라고 생각하는 모든 것을 자본은 물론 우리 상대 진영에선 모두 알고 있다고 생각하며 긴장해야 한다. 긴장하고 조심하고 공개하고, 그 방법밖에는 없다.

3) 각종 유혹

다음으로는 술이나, 도박, 여자 문제 같은 유혹이다. 중공업은 특히 술에 익숙하고 관대한 남성 사업장이었기 때문에 술에 얽힌 유혹들이 많았다. 우리는 초창기에 이에 대한 대응 지침이 없었기 때문에 간부들이 모여 나름대로 대책을 세웠다. 우선 회사 관련된 간부들과는 술을 마시지 않기로 결정했다. 꼭 마실 일이 있는 사람은 사전에 공지하고 결과를 보고하기로 했다.

술자리에 가면 여러 가지 깽판을 치기로 했다. 술상을 엎어버리고 나온다거나, 술버릇이 더러워 도저히 상대할 수 없을 정도로 망나니 행동을 하는 것이다. 몇몇이 이런 작전을 짜고 실행도 해보았지만 결국 노동자들이 졌다. 관리자들은 어떤 경우에도 임무를 완수하러 그 자리에 나왔기 때문이다.

회사는 정기적인 술자리를 통해 동향 파악을 하라고 지시한다. 이를 수행하지 못하는 관리자는 진급에서 멀어지고 신분 상승의 꿈을 포기해야 하기 때문에 사활을 건다. 반면 노동자는 평소에 얼굴도 알고 부서 상급자인 관리자가 인간적으로 술 한잔하자는데 이마저 거절하면 너무 심한 것 같다고 생각한다. 노동운동을 평생 할지, 아직 확신도 없는 단련이 덜 된 노동자는 사활을 건 관리자의 상대가 되지 않는다. 회사는 관리자들에게 사전 교육을 시킨다.

"절대 노조 문제를 화제로 꺼내지 마라. 자주 만나다 보면 말 안 해도 스스로 입을 연다. 세상에 공짜는 없다. 소금 먹으면 당연히 물 찾으니 기다려라. 그리고 한편이 되어라. 꾸준히 노조가 잘하고 있다 칭찬하고 나도 노동조합이 있으니 임금도 인상되고 고용도 보장되어 좋다, 당신은 진짜 훌륭한 일을 하고 있다, 존경한다, 그러면서 대신, 너무 과격해도 안 되고 극단적이어도 안 된다고 타일러라. 아끼는 당신이 다쳐서는 더더욱 안 된다며 걱정하는 모습을 보여라. 인간적인 관계가 정착되고 서서히 말이 통하기 시작하면 회사가 살아야 노동조합이 산다, 회사 망하고 나면 노동조합은 어떻게 할 것이냐 등의 말로 잘 설득한다."

노동자는 점점 인간적인 관리자를 신뢰하게 되고 그가 사주는 양주도 좋아지기 시작한다. 술자리는 2차로 넘어가고 이제 용돈도 살짝 찔

러주는 사이로 발전한다. 더 나아가 연락이 안 오면 기다리게 된다. 이런 작전을 사전에 파악하고 대응하기란 어렵다. 표나지 않게 서서히 오랜 기간을 두고 이루어지는 작업이라 식별하기도 어렵다. 그래서 내린 결론이 바로 어떤 경우든 술자리를 함께하지 않는 것만이 우리가 이기는 방법이라는 것이다.

술집에서 접대부를 붙여 2차를 보낸다거나, 도박을 좋아하는 간부에게 뒷돈을 대주어 결국 폐인을 만드는 것까지 회사는 활동가와 노조 간부 개인의 성향을 파악해 가능한 수단을 모두 동원한다. 현대중공업에서는 실제 이런 일들이 부지기수로 일어났다. 노조의 부위원장까지 했던 어느 노동자의 예를 들면, 원래 술은 한 잔도 못 마시고 회사에 대해 원칙적으로 싸우는 강성이었던 그가, 어느 날부터 도박을 하기 시작했다. 회사 쪽에 붙어 있는 노동자가 그와 친하게 지내면서 도박의 세계로 이끌었다. 그는 도박에 빠졌고, 도박에서 진 빚을 회사 쪽 사람이 대신 갚아주면서 점점 더 깊게 빠져들었다. 그러다 보니 술 한 잔도 못 먹던 사람이 술로 몸을 망치고, 빚도 늘어나 결국 노동조합을 떠나게 되었다. 깨닫고 난 후에는 이미 되돌릴 수 없는 지경이었다. 가정은 엉망이 되고 빚 때문에 회사까지 사표를 내고 나갔으니, 한 사람의 인생은 물론, 노동조합도 타격을 입게 된 것이다. 그런 시도들이 계속되면서 노조는 차츰 무너져갔다.

4) 직권 조인

지금까지가 음성적인 시도라면 직권 조인은 합법적으로 들어오는 파괴 시도이다. 자본은 위원장 개인을 상대로 끊임없이 직권 조인을 회유

한다. 적절한 보상도 제시한다. 노동조합의 자주적인 운영은 법으로도 보장되어 있는데, 노조의 규약이 사법부에 의해 무력화되는 경우가 바로 직권 조인이다.

법원은 위원장의 직권 조인을 합법으로 인정해주었다. 노조의 규약에 조합원 전체 총회를 통해 통과시키게 되어 있고, 이는 민주주의에서 너무나 당연한데도, 법원은 오히려 조합원 총회를 거친 것은 불법이라 하고, 어용위원장의 직권 조인은 합법이라며 이를 인정해줬다. 이 판결 이후 직권 조인 무효화 투쟁과 규약을 지키지 않은 위원장을 불신임하는 투쟁 자체가 불법이 되어버렸다. 법은 늘 지배자의 편이지 노동자의 편이 아니다. 법에 호소하고, 법으로 싸우는 것을 투쟁 방법의 하나로 삼는 것은 필요하지만, 법이 모든 걸 해결해줄 거라 믿어서는 안 된다. 한 번이라도 노동조합 활동을 해보았거나, 그 활동으로 사법부를 만난 경험이 있는 노동자라면 뼈저리게 느낄 것이다.

5) 사내 조직을 이용한 노동자 테러

자본의 탄압 방식에는 테러도 포함된다. 테러하면 이슬람 근본주의자들을 떠올리기 쉽다. 그러나 그런 테러는 그들의 처지에서 볼 때 순교이기도 한 정치적 행위이지만, 자본가가 노동자를 향해 벌이는 테러는 그냥 폭력 그 자체이며 범죄이고 잔인한 살인 행위다.

현대중공업에는 유명한 1·8 테러 사건이 있다. 1987년 7월에 노동조합이 생기고 1989년 1월 8일에 테러가 일어났으니 회사는 이를 1년 넘게 준비한 것이다. 이는 전혀 우발적인 사건이 아니라 사전에 치밀하게 계획하고 공조된 것이었다.

테러범들은 한 번도 경찰의 검문을 받지 않고 시내를 통과했다. 곳곳에 검문소가 설치되어 있었으나 무기를 가득 실은 그들의 차는 모두 무사통과였다. 사건이 터지자 검찰은 파업에 분노한 노동자들의 노-노 싸움이라 발표했지만, 한 경찰관의 폭로로 그것이 조직된 테러임이 밝혀졌다. 그 내용은 축소하고 은폐하고 최대한 줄여서 발표했음에도 충분히 경악할 만한 것이었다.

현대그룹의 전무와 상무가 개입해 외부에서 노조 파괴 전문가인 미국 국적의 제임스 리(본명 이윤섭)까지 고용했다는 사실이 드러났다. 행동 대원들 대부분은 회사가 관리하는 축구 동호회 회원들이었다. 이 사건으로 1심에서 5명이 실형을 받고 나머지 20여 명은 집행 유예 등으로 항소심에서 전원 석방된다. 파업을 주도한 집행부는 실형으로 감옥에 가두고 테러범들은 풀어준 것이다. 이들은 석방과 동시에 복직되어 본인이 원하는 부서로 이동해서 진급도 하고 잘살고 있다. 회사가 고용한 제임스 리는 이후 전국을 다니며 노조 파괴에 전문가로 활동하고 있다.*

그 강도만 조금씩 다를 뿐 노동조합 활동가들은 지금도 전국에서 크고 작은 테러를 겪고 있다. 1988년도에 현대건설 노조 위원장을 회사가 납치했는데 아무리 언론에 제보해도 축소되고, 경찰은 전혀 움직이지 않았다. 최근까지 삼성의 노동자들이 당한 테러, 감시, 미행, 납치, 휴대폰 복제 등의 사례를 보라. 어떤 정권이든 겉으로는 폭력은 용납할 수 없다고 떠들지만, 자본이 노동자에 대해 저지르는 테러를 단죄한 경우는 거의 없다. 국회의원, 검사, 판사, 정부 관료 모두가 '삼성 장학생' 소리를 듣는 마당이니 오죽하겠는가.

회사의 테러에 동원되었던 축구 동호회처럼 자본은 노동조합을 견제

●

우리도 자본가들처럼 '블랙리스트'를 만들어 이런 자를 응징해야 하는데, 자기 사업장에 떨어진 발등의 불 끄기에 급급하다 보니 이런 자가 또 다른 사업장에 해를 끼치고 다니는 것이다. 이런 일을 막기 위해 나는 이제라도 웹상에서 노동자에게 해를 끼친 인간들, 테러에 동원된 사람, 정치적으로 탄압한 경찰과 검찰 그리고 정치 판사 리스트를 계속 공개 업데이트했으면 한다. 전국적으로 노동자들이 공유할 수 있도록 말이다. 특히 사법 권력은 아주 중요하다. 보통 공직에 나올 때나 예전에 했던 판결이 문제가 되지 평소에는 사회적 견제 장치가 전혀 없다. 정치인은 언론에나 나오지만, 이들은 판결로 말한다며 판결문 뒤로 숨는다. 현대중공업 노조가 싸울 때 우리를 폭도로 몰고, 테러범으로 몰았던 경찰 간부, 검사, 판사 등이 지금도 모두 현역에 있다. 나는 민주화운동 유공자로 인정받았다. 그럼 나를 폭도로 감옥에 가둔 자들이 단죄받는 게 정당하지 않은가? 그것이 개인적 보복이 아닌 사회적 정의를 확립하는 순서가 아닐까? 전교조 교사들이 대량 해직되었다가 또다시 대량 민주화 유공자가 되었는데 이들을 빨갱이로, 좌경용공으로 몰아 해직시킨 자들은 지금도 교육부와 사법부의 고위 관료로 있다.

노동자들이 이런 자들의 리스트를 공개하고 공유해서 끝까지 싸워야 세상이 조금씩 나아질 것이다. 선거에 나오면 떨어뜨리고, 진급하게 되면 과거의 행적들을 공개 청원해서 막아야 한다. 실제 이런 일이 벌어진다면 이는 당사자를 위축시키는 것은 물론, 사회적으로도 반향을 일으킬 수 있다. 기록이 남는다는 것은 역사에 남는다는 것이고, 이는 두고두고 무서운 일이다. 요즘 같은 정보화 시대에 효과도 있고, 충분히 할 수 있는 일이다. 그리고 노동자가 아니면 할 수 없는 일이다. 한 예로 총선연대의 낙천낙선운동이 큰 반향을 일으켰지만 나는 시민운동 진영이 승인한 후보가 노동운동 진영이 승인할 수 없는 후보일 수 있다고 생각한다. 그래서 우리 노동자들이 해야 한다. 하나하나, 또박또박, 꾸준히 해서 자본이 가진 무기 하나라도 손상을 입히는 것이 필요하다.

하고 자신들을 위해 움직일 조직들을 꾸준히 관리한다. 이런 조직의 특징은 질서가 잘 잡혀 있고 의리가 강하다. 물론 정의로운 의리를 말하는 것이 아니라 무조건 복종하고 개인의 존엄성이 없는 의리를 말한다. 회사가 관리하는 조직은 여러 부류가 있는데, 대놓고 구사대 역할을 하고 소속 구성원들도 노골적으로 회사의 편임을 드러내는 조직이 있는가 하면, 조합원들이 자유롭게 운영하는 것처럼 보이고, 또 소속된 사람들도 그렇게 생각하는 조직도 있다. 동창회, 향우회 등은 활용 가치가 높지만, 회사의 통제력이 떨어지는 약점이 있어 드러내놓고 관리하기보다는 주로 간부진들을 회사 충성 관리자들로 세우는 방식을 쓴다. 바깥 선거에도 활용하고, 노조 선거에도 활용하며, 노동조합의 지원 세력이 되지 않도록 한다. 특히 간부진이 노동조합으로 방향을 틀지 못하도록 철저하게 관리한다. 이런 조직들은 혈연과 지연으로 묶여 있을 뿐 성향이 고르지 않다. 자칫 회사 편을 노골적으로 들거나 하면 오히려 반감을 불러올 수 있기 때문에 티 나지 않게 관리한다.

축구 동호회처럼 운동 중심의 조직들이 있는데, 이들은 회사 대표로 각종 시합에 출전하기 때문에 재정과 시간을 제공해주며 관리한다. 회사가 프로 선수를 키우지 않고 전문 선수가 아닌 이들을 돈을 들여 관리하는 것은 필요할 때 이용하기 위해서다. 그래서 뛰어난 실력을 갖춘 사람보다 목적에 맞는 사람이 필요하다. 이들 중에는 운동을 특별히 잘하는 것도 아닌데 늘 끼어 있는 사람이 있다. 직급이 낮은 관리자는 물론 모임의 회장이나 고문, 감사 등에는 직급이 높고 권한을 가진 관리자가 있다.

이들 조직은 그 구성원에게 노동조합이 사회에 얼마나 악영향을 미치는가에 대해 교육한다. 그러면서 성향을 분석하고 회사에 대한 충성도도 확인해 그 활용 방법을 다양하게 구상해둔다. 현대중공업 축구 동호회는 회원 전체를 대상으로 노동조합이 문제가 많고 이대로 두면 회사가 망한다는 내용의 교육을 했다. 그리고 그들 중 정예 요원을 뽑아 출동 준비를 시킨 것이다. 출동은 하지 않더라도 언제든 동원 가능하도록 관리한다. 물론 1·8 테러 때 직접 테러인지 모른 체 동원된 회원도 있었고, 사건 당시 모두가 출동한 건 아니었지만, 이런 조직의 구성원들은 대부분 위와 같은 교육과 관리 과정을 거쳐 노조에 대한 증오를 품고 출동하게 된다. 파업 이야기 때 잠깐 언급했던 것처럼 1989년 현대그룹 본사에서 북한 출신 자녀를 구사대로 편성한 예도 있다. '빨갱이' 를 소탕하고 정규직으로 채용될 꿈을 안은 이들의 조직은 결국 그냥 해산되었다.

6) 은밀하게 진행되는 개별 포섭

지금까지는 회사 측의 물질적인 유혹이나 폭력을 이용한 탄압에 대한 것이었다. 이제부터는 그런 방법을 동원해도 넘어가지 않는 사람에 대한 '인간적인 관리' 와, '장기 투자 작전' 에 대해서다.

회사의 여러 회유책에도 넘어오지 않는 노동자에게는 '맞춤형 투자' 를 한다. 우선 완강한 노조 활동가의 고향이나 학교 등을 파악해 출세하고 싶어 하는 과장급 정도 중간 관리자 가운데 그와 관련이 있는 사람을 찾아낸다. 물론 사람이 많은 대기업에서 사용하는 방법이지만, 다른 기업도 대부분 이런 식으로 사람을 고른다.

뽑힌 관리자에게 회사를 도와달라 부탁을 한다. 노동자 아무개를 아느냐 묻고 모를 경우 정보를 준다. 그러고 나서 작업에 쓸 지원금도 주고 작업 방법도 가르쳐준다. 물론 안 한다고 할 수도 있지만, 관리자들 대부분은 할 수밖에 없다. 내가 안 해도 어차피 누군가는 할 것이고, 또 노동운동에 미쳐 세상 물정 모르고 날뛰다 감옥에 갈 순진한 동네 후배를 구한다는 생각도 든다. 회사에 잘 보여 진급도 하고 인간적으로 후배도 구할 수 있으니 부도덕한 일도 아니라고 생각하게 된다.

어느 날 관리자 하나가 노조 활동가인 아무개를 찾아와 고향 이야기를 한다. 언뜻 유명 대학에 합격했다는, 플래카드에서 이름을 본 것도 같은 '고향 선배'가 자기를 알아보고 찾아온 것이다. 무슨 일인가 싶은데 그 선배는 뜻밖의 얘기를 한다.

"노동조합이 싸워준 덕분에 임금도 많이 오르고 근무 환경도 많이 좋아졌다. 나는 못하지만, 후배가 이런 일을 한다는 것이 너무 반갑고 자랑스러워 술 한잔 사주러 왔다."

그렇게 시작된 술자리에서 고향 이야기로 시작해 노동조합 이야기까지 자연스럽게 대화가 이어진다. 집에 돌아온 활동가는 아내에게 자랑을 한다. 좋은 대학도 가고 똑똑해 유명한 고향 선배가 찾아왔는데 말도 잘 통하고 다른 관리자와 달리 노동조합도 잘 이해해주더라는 내용이다.

술자리는 잦아지고 이들은 누구보다도 친한 사이가 된다. 포장마차에서 시작된 술자리는 회를 거듭하다 룸살롱으로 이어진다. 회사 측 사람으로 만나는 것도 아니니 경계심도 없고 편안한 인간관계로만 생각하게 되는 것이다. 오히려 안 부르면 기다려지기까지 한다. 가랑비에 옷 젖듯 천천히 일이 진행되는 사이 노동자는 어느덧 대의원에서 운영위원, 교섭위원, 임원 등 노조의 주요 간부가 된다.

그런데 어느 날 평소에는 상대도 하지 않던 회사의 노무 관리 담당자가 그 선배와 함께 술자리에 나와 있다. 자리를 피하려 하자 선배는 자기가 약속을 잘못 잡아 벌어진 일이라 사과한다. 선배는 잠시 기다려주면 따로 이야기 끝내고 보내겠다고 했지만, 어찌어찌 하다 함께 자리를 하게 되고 만다. 찜찜하지만, 선배를 봐서 참는다. 회사 측 사람과는 절대 술자리를 하지 않는다는 원칙이 깨진 것이라 주변에 말하기도 찜찜해진다.

첫 만남 뒤 노무 관리 담당자로부터 연락이 온다. 몇 번 신경전을 벌인 후 어렵게 만남이 이루어진다. 물론 활동가로서 자세는 변함이 없다. 나는 노동운동 하는 사람이니 회사 쪽에 붙으라고 설득할 생각도 하지 말고 노동조합 이야기도 하지 말라 못을 박는다. 그런데 문제는 상대의 태도다. 노무 관리 담당자는 "당신 선배를 통해서 이야기 들어 잘 알고 있다. 당신이 얼마나 노동운동의 원칙을 지키고 노동조합을 사랑하는지 알기 때문에 꼭 만나고 싶었다. 내 업무가 노무 관리라 나도 많은 활동가를 만나지만, 진짜 노동자를 위해 활동하는 사람은 없다. 그래서 당신을 존경한다. 내가 봐도 사측이 노동조합과 관계를 잘못 풀고 있다. 세상이 변했는데 노무 관리는 변하지 않았다. 회사에서 봉급을 받는 사람이지만 나는 노동자 편이다. 회사의 정보도 알려줄 테니 우리 노동자로 만나자"고 진심을 담아 말한다.

고향 선배는 이 단계에서 빠지고 이제부터는 노무 관리 부서에서 챙기게 된다. 노무 관리 담당자는 수시로 연락을 한다. 처음에는 회사에서 진행하는 일 등을 하루 먼저 알려주며 선심을 쓴다. 심지어 '동지'라는 말까지 스스럼없이 하는데, 맨 처음의 긴장감은 거의 풀어졌다. 노조 일도 상의하고, 서로의 일에 대해 허심탄회하게 충고도 하는 사이가 된다. 관리자는 노동운동 오래 해야 할 분인데 다치기라도 하면 큰일이니 조심하라 한다. 활동가는 그 관리자가 정말 동지들만큼 자기를 걱정해주는 좋은 사람으로 착각하게 된다.

이 활동가가 교섭위원이 되어 교섭을 하고 있을 때, 노무 담당자가 연락을 해온다. 회사에서 노조 집행부를 고발하려 한다, 직장 폐쇄도

검토 중이고 고발자 명단은 누구다 하며 고급 정보를 알려준다. 너무 구체적인 정보를 듣고 고민하다 집행부 임원과 의논을 한다. 뾰족한 답은 없고 닥친 문제를 고민하다 협상에 들어가니 쫓기는 마음에 초조해진다. 결국, 교섭팀이 내부의 유언비어로 혼란을 겪으면서 협상에서 유리한 고지를 확보하지 못하게 되었다.

어느 날 돌아보니 예전에 함께했던 동지들은 멀어져 있고 회사 관리자와 따로 만나지 않는다는 원칙도 지키지 못하고 있다. 나는 변한 게 없는데 동지들이 몰라주니 섭섭하다. 회사가 어떤 대응을 생각하는지도 모르고 무조건 투쟁만 하는 게 얼마나 무의미한가를 동지들은 아직도 모르고 있다는 생각에 그들을 가르치려 한다. 이젠 너무 멀리 와서 돌아갈 수도 없는 상황에 이르니, 회사는 은밀하게 치명적인 유혹을 한다. "이제 노동운동을 이만큼 하셨으니 위원장 한번 하셔야 하지 않습니까? 그리고 중앙에 진출도 하고 해서 더 높은 자리에 가셔야지요. 우리가 적극적으로 지원하겠습니다."

결국, 그는 파업이나 큰 투쟁 없이 적당히 싸우고, 조합원 눈 속이고, 회사 이익 챙겨주고 산별로, 지역으로 떠난다. 물론 민주노조 진영에서 그는 아직 어용이 아니다. 하지만, 이런 활동가가 상급 단체 간부가 되면 어떤 일이 벌어질까? 바로 지금의 민주노총과 대기업 노조가 위기를 맞고 있는 상황처럼 된다. 닳고 단 노동운동 관료들의 모습. 회사와 적당히 타협하고, 뒷돈도 받아가며 노조 밖 활동까지 협조받으며 노동운동가 행세를 하고 다니는 사람들. 비타협적으로 싸우는 사람은 그렇게 살 수가 없다. 파업하면 감옥 가고 해고되는 것은 당연하고, 노조가 힘이 없으면 조합원 자격마저 박탈시키는 게 현실이다. 안에서 정당하게 투쟁하는 노동자는 밖으로 진출하기도 어렵고, 회사에서도 상급 단체 상근자로 동의해주지 않는다. 위협이 되는 자와 그렇지 않은 자, 자본과 정권이 노동운동가를 가름하는 기준이다.

다음으로, 자본이 쓰는 유화 정책 가운데 '형제 맺어주기' 라는 게 있다. 현대중공업에서 붙인 이름이다. 관리자와 활동가를 '형과 동생' 으로 맺어주어, 관리자는 노동운동을 배우고 노동자는 회사 사정을 들어준다며 회사 측에서 장난스럽게 시도한 방법이다. 노동자들도 긴장감 없이 넘겼는데, 알고 보니 장난으로 볼 게 아니었다. 회사는 집단적 노사 관계를 개별로 풀어가는 방법으로 이를 활용했다.

노동조합이 힘이 있을 때는 활동가들이 집단으로 움직인다. 일치단결해서 한뜻으로 뭉쳐 있으니 회사를 편들거나 호의적인 발언을 하면 당연히 욕을 먹는 분위기다. 회사가 관리하기 갑갑해진다. 이럴 때 회사는 장기 포석으로 이런 방법을 동원한다. 실제 분위기가 노동조합으로 쏠릴 때는 관리자가 활동가들과 술자리 한번 만들기도 쉽지 않다.

그런 분위기에서 일방적으로 '형제' 를 맺어놓고 '형제' 끼리 술이나 한잔하자며 장난스럽게 접근을 한다. 술이 안 되면 차라도 한잔하자며, 거절하면 형이 회사에 찍히니 인간적으로 웃으며 차나 한잔하자며 거절하기 어렵게 만든다. 만남을 거듭할수록 관리자는 노하우가 생기고, 회사는 이들의 모든 이야기를 모니터해둔다. 장난처럼 맺어진 형제 맺기의 효과는 10년 뒤에 나타나기도 한다. 어느새 형이나 아우를 따라 회사 편을 드는 활동가를 보게 되기 때문이다.

사람을 특수한 관계로 엮어 관리하는 방법에는 1990년대 이후 입사자들에게 적용한 '입사 보증인 제도' 가 있다. 입사할 때 노동조합 활동을 하지 않겠다는 약속을 회사의 관리자급에서 보증하는 것이다. 이런 고리를 만들어 입사 때부터 관리가 가능하게 한다. 보증인 제도가 없었던 나도 내 취업을 도와준 선배에게 미안했는데, 보증까지 하고 들어온 노동자의 경우 어려운 취업을 도와준 사람의 은혜를 배신하기란 어려운 일이다.

현대중공업이 정말 공을 들여 활동가를 노조에서 떼어낸 사례가 하나 있다. 1987년부터 함께 노동운동을 하던 친구가 있었는데, 술도 잘 안 먹고 노동조합 활동을 자기 인생의 자랑으로 여기는 동지였다. 앞에 나열한 자본의 어떤 공세에도 흔들리지 않았다. 그런데 그의 아내가 몸이 계속 아팠다. 동지들에게 알리지 않고 아내의 병을 고치기 위해 온갖 방법을 다 써보긴 했지만 별 차도가 없다. 어느 날 퇴근 후 집에 돌아와 보니 아내는 보이지 않고 회사에서 연락이 왔다. 부인의 병이 위중해서 서울의 전문병원에 입원을 시켰으니 안심하라는 것이다. 노발대발한 그는 누구 허락받고 마음대로 내 아내를 데려갔느냐 화를 내고, 아침에 아내를 데리러 서울의 병원으로 올라갔다. 병원에 가보니 노무관리자가 아내의 보호자 역할을 하고 있다. 병실에는 아내가 환자복을 입고 누워 있다. 좋은 시설의 병원에서 치료받고 있는 아내를 보니 마음이 흔들린다. 차마 데려가지 못하고 발길을 돌렸다. 밖에서 기다리던 관리자는 사람 먼저 살리고 봐야 하지 않겠느냐고 그를 설득한다. 한숨만 쉬다 결국 그냥 내려오고 말았다.

그는 우리를 불러 모아 이런 과정을 설명하며 더는 노조 활동을 할 수 없다며 떠났다. 회사의 수작인 줄 알지만, 아내의 치료를 위해 이미 회사와 타협하고 온 마당에 어쩔 수 없다고 한다. 부서도 옮기고 열심히 일해 돈을 벌어야 하니 이해해달라고, 동지들 미안하다고 말하고 떠났다. 우리는 아무 말도 할 수 없었다. 서로 얼굴만 쳐다보다 그 자리를 떠났다. 도와주지 못하는 우리 처지를 한탄하며 밤새 술로 답답함을 달랬다. 그렇게 떠난 동지는 한 번도 노동조합 근처에 모습을 보이지 않았다.

지금까지 1987년도에 잠시 주춤했던 자본이 어떻게 만회해왔는지 그 방법에 대해 적어보았다. 현대중공업의 사례가 중심이지만 그 형태만 다를 뿐 자본의 수법은 비슷하다. 또한, 갈수록 더 세련되어지기 때문에 우리가 긴장하지 않으면 넘어간 줄도 모르게 넘어가기가 쉽다.

자본의 반격●은 성공을 거둬 지금은 수조 원짜리 비리를 저지른 재벌 총수들보다 노조 간부의 비리가 훨씬 더 욕을 먹는 사회가 되었다. 대기업 노동자들이 처음부터 욕을 먹었던 것은 아니다. 1987년 투쟁 때 대기업 노동자들의 막강한 힘은 우리만 경험한 게 아니라 자본도 경험했다. 이들의 투쟁이 단순히 자신들의 임금을 올리고 개인적인 이득만 취하고 끝나는 것이 아니라, 사회를 변화시키는 걸 본 것이다. 특히 이런 힘을 가진 대기업 노동조합들이 건강한 정신으로 힘을 모으는 것은 기득권층에게는 두려운 일이다. 이를 두려워한 지배 권력들은 폭력과 부패로 노동조합 내부를 꾸준히 공략해왔다.

●
그럼 자본은 이런 반격을 통해 무엇을 얻었을까? 현대중공업의 경우 2008년 한 해에 2조 2000억을 벌었다. 2008년 한 해만이 아니라 10년 이상을 이렇게 벌어 왔다. 그러나 그 성과는 정규직들에게만 일부 돌아갔을 뿐, 비정규직에게는 한 푼도 돌아가지 않았다. 일시금으로 정규직 1인당 600만 원씩 3만 명에게 1800억 원을 지급하고 남은 돈이 2조 200억인데, 노동조합은 비정규직의 성과급은커녕 기업의 사회적 책임조차도 말하지 않는다.

존경받던 한 노동운동가의 가혹한 운명●●

재야 운동권에서 한나라당으로 극과 극의 변신을 했던 이재오나 김문수처럼 노동운동을 하다가 정치권이나 떡고물이 있는 권력 주변으로 떠난 사람들이 제법 있다. 김대중과 노무현 정권 때는 변신한 노동운동가들의 행보가 별다른 뉴스도 되지 못할 정도로 많았다. 이재오, 김문수는 한나라당을 택했기 때문에 많은 비난을 받았지만, 지난 10년 동안은 이른바 개혁 정권이라는 겉모습 때문인지 민주당이나 열린우리당 정도의 '전향'은 슬쩍 눈감아주거나, 때로는 들어가서 잘 해보라는 격려까지 받으며 떳떳하게 옮겨가는 상황까지 벌어졌다.

많은 사람들이 알고 있듯 권용목도 그런 사람들 가운데 하나다. 1987년 노동자 대투쟁을 이끌었던 걸출한 노동운동가에서 민주당, 정몽준의 국민통합 21, 이인제 캠프, 결국 뉴라이트로 끝을 맺기까지 극단의 변절 행보를 보인 권용목. 그런 권용목이 지난 2월 13일 죽었다.

2005년 현대중공업 노조 위원장이었던 윤재건의 상가에서 데면데면하다 말 한마디 없이 헤어진 게 내가 본 그의 마지막 모습이다. 그러나 한때 노동운동의 동지이자 친구였던 권용목의 죽음은 내게 남다를 수밖에 없다.

변절한 노동운동가의 상징으로 회자되던 권용목. 그는 1987년 이후 10년은 뛰어난 노동운동가로 살았고, 10년은 언저리 정치인과 사업가로 떠돌다, 결국 뉴라이트의 배웅을 받고 눈을 감았다. 노동자를 배신

●● 권용목의 죽음을 접하고 '권용목, 그의 운명이 참으로 가혹하다'라는 제목으로 2009년 3월 29일 〈오마이뉴스〉에 기고한 글.

하고 권력의 품을 좇아간 변절자라고 욕하기는 쉽지만, 김대중과 노무현 정권 10년 동안 부침 많은 인생을 살았던 권용목의 경우 여느 변절자들과 같으면서도 다른 점이 있다. 왜 권용목과 같은 뛰어난 노동운동가가 뉴라이트로 생을 마감할 수밖에 없었을까?

권용목은 울산에서 노동운동을 시작할 때부터 많은 사람들에게 존경받을 만큼 신중하고 착한 노동자였다. 현대중공업과 현대엔진이 합병되기 전인 1988년 현대중공업 노동조합 교섭위원을 맡았을 때, 현대엔진 노조 전 위원장이었던 권용목을 처음 만났다.

당시 권용목은 현대엔진 노조의 파업 투쟁으로 구속되었다가 석방된 후 해고자로 지내고 있었다. 1987년에 바닷가 끝쪽에 있던 현대엔진에서 노조를 만들면서 공장 안쪽으로 투쟁의 기운이 파도처럼 밀려왔다. 현대중공업의 많은 조합원들이 현대엔진 노동자들의 투쟁을 지켜보며 술렁거렸다. 공장 안에 불어닥친 민주화 바람은 현대엔진 노조의 선도투쟁으로 물꼬를 텄고 결국 현대중공업도 민주노조를 만들 수 있었다. 그리고 그 한가운데 권용목이 있었다.

당시 권용목은 현대엔진 투쟁을 밖에서 지휘하고 있었는데, 현대중공업 교섭위원들과 간담회 자리에서 현대엔진의 투쟁 상황을 설명하고 교섭 방법이나 회사 상대하는 법도 가르쳐주면서 처음 시작하는 우리에게 많은 도움을 주었다. 이것이 인연이 돼서 1988년 시작된 128일 파업도 함께하게 되었다.

128일 파업 도중에 1 · 8 테러 사건이 일어난 날, 권용목은 현총련(현대그룹 노동조합 총연합) 사무실에서 구사대에게 테러를 당하기도 했고, 현대엔진 노조와 현대중공업 노조에 대해 3자 개입 금지법으로 3번이나 구속을 당했다. 그러다가 1990년 골리앗 투쟁이 있기 직전 현대엔진과 현대중공업이 합병되었고 노조도 통합됐다. 나는 이때 현대중공업 노조 사무국장으로 당선되었는데, 당시 현대엔진 노조는 남은 조합비를 해고자였던 오종쇄(현 현중노조 위원장), 권용목, 사영운 세 사람에게 위로금으로 지급하고 노조비를 한 푼도 가지고 오지 않았다.

당시 현대중공업 노조에서는 논의 없이 조합비를 청산하고 온 현대엔진 노조에 대해 비판이 있었다. 위원장과 수석 부위원장이 각각 구속,수배 상태여서 사무국장인 내가 대의원 대회를 진행하게 되었는데, 해고자들의 생계비 지원과 관련해 현대엔진 노조 해고자들 문제가 논의되었다. 나는 "해고자들에게 준 것은 뭐라 할 수 없다, 이미 준 것은 문제 삼지 않지만, 앞으로 현대중공업 노조의 해고자로 정식 인정하고 생계비를 지급하는 것이 당연하다"고 주장했고 이를 통과시키기 위해 반대하는 대의원들과 4시간이나 논쟁을 벌여 결국 설득했다. 당시 나에겐 사명감이 있었다. 해고자에 대한 지원이 없다면 노동조합 일에 나섰다 구속되고 해고되는 일을 감수할 사람은 없을 것이기 때문에 중요한 문제였다.

1993년 연말 현대중공업 8대 위원장 선거 당시, 위원장 출마가 결정된 후 권용목과 단둘이 자리를 한 적이 있었다. 나는 몇 년 동안 해고자 생활을 하고 있던 권용목에게 뭔가 할 일이 주어져야 한다고 생각했고, 현대중공업의 활동가들도 그렇게 생각했다. 주전의 어느 바닷가 횟집에서 밥을 먹으며 나는 "내가 위원장이 되면 현대중공업 노조의 문제는 안에 있는 우리에게 맡기고, 1995년에 있을 지방자치단체 선거에 경남도의원으로 출마해서 노동운동을 정치로 이어가는 게 어떻겠느냐"고 조심스레 물었다. 권용목은 그 제안에 즉답을 피했다.

그는 행여 정치판으로 간다는 오해를 받을까 선뜻 대답을 안 했던 것 같다. 나는 권용목의 성품을 알기 때문에 "나에게 맡긴다면 알아서 하겠다. 이는 너의 정치 행보를 돕는 게 아니라 노동운동을 현실 정치에 연결시키는 임무를 맡기는 거다"라고 말하면서 그를 설득했다. 오랜 시간 얘기한 끝에 결국 권용목도 이에 동의했다. 나는 해고자가 밖에서 지원 활동을 하다가 어영부영 운동을 끝내면 활동가가 재생산될 수 없다고 바라본 탓에, 이를 돌파해야 한다고 생각했다. 더구나 당시 권용목은 누구도 이의를 제기할 수 없을 정도로 그 실력과 신의를 인정받는 노동운동가인데다, 지역에서 인지도나 신망이 두터웠기 때문에 지자체 선거에 적격인 인물이었다.

그런데 권용목과 약속했던 일을 추진하려던 차에 갑자기 변수가 생겼다. 1994년 68일 골리앗LNG 파업으로 내가 덜컥 구속된 것이다. 뒤에 들어선 윤재건 집행부는 권용목 문제를 나처럼 추진할 의사가 없었고, 더구나 윤재건 선거 때 그를 지지했던 조직은 1995년도 지자제 선거를 이미 준비하던 사람들이었다. 나는 구속되어 있던 상황에서 권용목의 진로에 대한 얘기를 윤재건에게 전했으나, 윤재건은 이미 다른 사람으로 후보를 정리한 상태였다. 결국 이들은 1995년도에 현대중공업 노조의 지원으로 노동자가 아닌 지역의 활동가를 도의원에 당선시켰다.

1997년 울산이 광역시로 승격하게 되었다. 광역시가 되면서 시장, 구청장 선거가 진행됐다. 인지도나 조합원 정서로 봐서는 당연히 권용목이 선두주자였다. 그러나 당시 권용목은 그를 지지하고 지켜줄 만한 세력이 없었다.

울산에서는 어떤 일을 하든 현대중공업 노조가 움직이고 지원해야 일이 되는데, 현대중공업 노조엔 아직 바깥쪽의 정치 선거에 적극 나서야 한다는 정치의식이 부족하던 때였다. 당시 도의원이었던 한 인사는 바깥의 학생운동 출신 세력들과, 현대중공업 노조 선거를 지원하면서 현장에서 조직한 노동자 세력을 규합해서 지자체 선거를 준비하고 있었다.

1994년도에 내가 현대중공업 노조 위원장에 당선되었을 때, 어느 날 그가 연락을 해와 만난 일이 있다. 당시 나는 그를 잘 몰랐고 바깥에서 활동하는 활동가 중의 하나로 기억하고 있었는데, "앞으로 노동자를 위한 정치를 하고 싶다, 도와달라"는 요지의 이야기를 했다.

나는 이미 권용목과 정치 진로에 대한 얘기를 마친 상태였기 때문에, "나는 노동운동을 할 것이고, 노동자 중에서 권용목이 정치를 하도록 도울 것이다. 당신도 열심히 하라"고만 얘기했다. 그때 나는 도의원이었던 그 친구를 학생운동을 하다가 정치에 뜻을 품은 열혈 청년 정도로만 생각했다.

그런데 돌아보니, 그때 내가 권용목의 이름을 거론한 것이 실수였다는 생각이 든다. 권용목의 정치 진출은 개인의 문제일 뿐 아니라 정치에 대한 노동자들의 생각을 바꾸는 몹시 중요한 문제였다. 권용목이라는 동구 노동자의 상징이 자본가와 맞서 싸우는 구도를 생각한다면, 권용목은 누구의 반대나 견제도 없는 압도적인 지지를 받아 밖의 선거에 나갈 수 있게 해줬어야 했다. 이는 현대중공업 노조 집행부의 의지만 있다면 얼마든지 가능한 일이었고 어느 정도 자신도 있었다. 내가 조용히 있다가 노조에서 결정해서 내보냈다면 아무 문제 없이 권용목은 자신의 몫을 해냈을 것이다. 그런데 본의 아니게 권용목을 견제 대상으로 만들어버린 것이다.

상황은 권용목에게 유리하게 돌아가지 않았다. 1995년 말 민주노총이 건설되면서 윤재건과 현총련은 권용목을 민주노총 중앙의 사무총장으로 추대해서 올려 보냈다. 그런데 권용목은 1년도 못 가 노동운동의 중앙판에 적응하지 못하고 다시 울산으로 돌아오겠다는 의사를 타진해 왔다. 권용목은 현총련에 자리를 마련해주면 돌아오겠다고 하였으나, 당시 현총련은 그것을 받아들이지 않았다.

민주노총 초대 사무총장에서 중도 하차한 권용목은 울산으로 다시 내려오지도 못하고, 서울에서 일을 할 수도 없는 애매한 상황이 되었다. 결국 1998년 울산 동구청장 선거에는 학생운동 출신의 도의원이 출마했다. 당시 현총련 집행부는 권용목이 아니라 구청장에 출마했던 도의원과 같은 조직이었고, 나는 민주노총 선거를 준비하느라 그에게 신경 쓰지 못했다. 결국 권용목은 인생의 전환점을 맞게 된다. 내가 권용목에 대해 미안하게 생각하는 지점이 바로 여기다.

학생운동 출신의 그 활동가가 1998년 동구청장에 당선된 후 한 달만에 영남위 사건으로 구속되고 1999년 보궐선거에서 그의 부인이 출마했을 때, 권용목은 처음으로 정치 행보를 시작했다. 그때 권용목은 상대 후보였던 민주당 후보의 선거운동을 도우면서 영남위 사건이 조작이 아니라고 주장했다. 이때부터 권용목은 노동자들과 멀어지게 되었다. 민주당 후보가 떨어지고 권용목은 러시아, 동남아 등지를 돌아다니면서 사업을 시작하게 된다. 해고자 생활을 청산하면서 받은 위로금으로 시작한 사업이었는데, 돈도 경험도 없는 노동자가 사업에 성공할 가능성은 높지 않았다.

권용목은 그렇게 노동운동을 떠났고, 이후 사업과 선거에서 연이은 실패를 겪더니 민주당 이인제 캠프에도 몸을 담갔다가, 결국은 자신을 테러하고 구속과 해고와 고통으로 몰아넣은 현대중공업의 총수 정몽준에게 머리를 조아리는 극단으로까지 몸을 옮겼다. 거기가 끝인 줄 알았는데 한나라당이 집권하자 뉴라이트라는 수구 보수들의 집단에 노동운동가라는 이름을 팔아 들어가기까지 했다. 돌아올 수 없는 강을 건넌 것이다.

나는 권용목을 생각하면 안타깝다. 권용목을 '배신자다, 탐욕스러운 인간이다, 자본의 개가 되었다' 는 식으로 거칠게 욕하기엔 내가 권용목을 지켜주지 못한 책임이 있기 때문이다. 그때 내가, 또는 우리 노동자가 지금 정도의 정치의식만 갖췄어도 권용목은 훌륭한 노동자 정치인이 되었을 것이다.

지금의 나라면 1994년도 현대중공업 노조 위원장에 당선되자마자 권용목의 역할에 대해 공론화하고 확정을 지었을 것이다. 그때만 해도 노동자 정치 참여에 대한 부담이 있었다. 물론 지금도 노동운동을 하던 사람이 정치인으로 선거에 출마하는 것이 부담이 없는 것은 아니다.

이는 정치 활동을 운동의 연장선에서 바라보기보다는 사회 일반의 의식처럼 개인적인 출세나 권력을 지향하는 행위로 보는 것에 대한 부담 때문일 것이다. 낮은 정치의식과 기우 때문에 이를 적극 추진하지 못한 결과가, 결국 탁월한 능력과 노동운동에 대한 열정을 품었던 활동가 한 명을 잃어버리는 결과를 빚었다.

배우지 못하고 가진 것 없는 노동자들끼리는 서로 지켜줘야 한다. 유혹에 너무 쉽게 노출되는 게 우리들이기 때문이다. 일터에서 쫓겨난 후에 생활고에 시달리고, 찾아주는 사람 없고, 몸 하나밖에 없는 쇳물 만지던 노동자가 할 수 있는 일이 무엇이 있겠는가.

권용목 같은 경우 정치 행보를 보이면서 돈을 챙겼다는 오해를 받기도 했지만 실제로는 생계가 어려워 가족들이 고생을 많이 했다. 이는 우리 해고자들이 너무나 흔하게 겪는 일이다. 개인이 감내하기엔 너무 큰 고통들인데, 현장은 현장대로 닥친 일에 맞서 싸우기 바쁘고 조합원들은 일터에 없는 해고자들에게 관심을 갖지 못하게 된다. 회사는 해고자와 조합원을 분리시키기 위해 온갖 공작을 꾸준히 벌인다. 이런 사면초가 상태에서 우리가 이들을 지켜주지 않는다면 제2, 제3의 권용목은 계속 나올 수밖에 없다.

자본주의 사회에서 돈에 못 팔 것이 뭐가 있겠는가. 더구나 권용목처럼 노동운동에서 명망 있는 사람은 자본이 활용할 가치도 상대적으로 높은 사람이다. 이런 사람조차 우리가 챙기지 못한 마당에 권용목을 배신자라고 욕하고 비난한다 해서 문제가 해결될 수는 없는 노릇이다.

그러나 나는 권용목의 장례식에 가지 못했다. 왕회장이라 불리던 정주영의 사망 소식을 듣고 활동가 하나가 조문을 가자고 했을 때는 조금도 망설임 없이 싫다고 했는데, 권용목의 조문은 고민이 됐다.

예전 정주영의 장례식에는 현대중공업 노조 위원장-어용이 아닌 민주노조의-이 문상을 갔다. 내 눈에 흙이 들어가기 전에 노조는 안 된다던, 테러와 해고와 구속과 온갖 탄압을 일삼던, 당시 우리 눈앞의 가장 커다란 '적'이었던 자본가의 상가에도 인간적인 도리라며 문상을 갔던 사람들. 그의 아들 정몽헌이 죽었을 때도 통일운동 진영의 운동가들이

조의를 표하고 문상을 갔다. 우리가 그토록 투쟁했던 대상, 자본가 계급의 가장 적나라한 표상이었던 둘의 죽음에 운동 진영이 별다른 문제 의식 없이 조문을 가는 마당에, 살을 맞대고 함께 피를 흘렸던 한때 둘도 없는 동지가 죽었는데, 나는 문상을 가지 못했다.

갈등도 많이 했다. 내가 아는 그의 옛 동지들도 많이 갈등했고 그의 죽음을 안타까워했다. '그렇게 살지 않았다면 참 좋았을 동지이고 아까운 인물인데' 라는 통한의 감정을 토해냈다. 하지만 끝내 가지 못했던 이유는 그가 노동자계급을 배신하고 팔아먹고 출세에 눈이 먼 '적' 이어서가 아니라, 뉴라이트 시민 사회장으로 장례를 치르기로 했다는 소식을 들었기 때문이다. 더구나 그 장례식의 위원장이 지금 현대중공업 노조의 조합원들을 고통으로 몰아넣고 있는 오종쇄라는 이야기를 듣고 더더욱 발길이 떨어지지가 않았다.

오늘 그를 칭송하는 건 자본가와 수구 보수들이고, 그를 욕하는 건 이른바 노동자와 노동운동가들이다. 권용목을 일컬어 영욕의 세월을 살다 간 사람이라 한다. 그가 누렸던 '영' 은 과연 무엇인가. 뉴라이트 신노동연합의 대표가 그가 누린 영은 아닐 것이다. 1987년 노동자 대투쟁을 이끈, 한국 민주화운동과 노동운동의 주역이라는 타이틀이 그가 누린 유일한 '영' 이다. 나머지는 모두 욕된 세월이었다. 그건 권용목 개인의 탓도 있지만 그가 누렸던 '영' 을 우리 모두 끝까지 지켜주지 못해 결국 '욕' 으로 옮겨가게 한 탓도 있다.

권용목은 노동운동을 '영' 이라 생각하고 있는 나 같은 사람들을 싸잡아 비난했다. 자신의 역사를 부정하고 자신과 목숨까지 함께했던 동지들에게 칼을 꽂은 그를 그래서 용서할 수가 없다. 하지만 죽음조차 뉴라이트의 상품으로 소모되고 있는 그의 운명이 참으로 가혹하다는 생각이 드는 것까진 어쩔 수 없다.

다시 혁신을 위하여

민주노총이 위기라고 한다. 여론의 뭇매는 거의 동네북 수준이어서 이제 맷집이 생길 정도다. 내부에서나 외부에서나 모두 위기임을 부정하지 않고 있고, 또 여러 사람이 진단들을 내놓기도 한다. 그러나 자세히 들여다보면 정파에 소속된 사람들은 뜬구름 잡는 소리만 할 뿐 자신의 책임을 시인하지 않고, 정파에 소속되지 않는 사람들은 실명 비판을 하지 않는다. 정파들은 위기 진단에서도 담합을 한다. 나는 정파를 대표해서 스스로 잘못했다고 솔직하게 시인하는 활동가를 보지 못했다. 그러면서도 기사에 보면 꾸준히 정파의 대표들이 모여 민주노총과 금속연맹의 선거를 어떻게 한다는 둥 자기들끼리 또 민주노총을 뒤에서 운영한다. 누가 그들에게 그런 권력을 주었는가.

보이지 않는 권력들

나는 민주노총의 정파에 대한 문제 제기를 꾸준히 해왔다. 그 가운데서도 특히 민주노총의 중앙 권력을 장악했던 이른바 우파의 정파들(국민파, 전국회의, 노연, 현장연대 등)에 대한 제기가 더 많았다. 우파가 권력을 잡았을 때 양적, 질적으로 심각한 문제들이 일어났기 때문이다. 가장 중요한 것은 평가를 어떻게 하는가인데도, 이들은 덮어주고 막는 것에 치중해 지금까지 제대로 된 평가가 이루어지지 못했다. 악순환이 계속되고 있는 것이다.

나는 실명 비판, 실명 칭찬을 해야 한다고 생각한다. 칭찬은 정파를 넘어서, 평가는 혹독하게 하지 않으면 민주노총의 미래는 없다. 그래서 되도록 실명 비판을 하려고 노력했다. 많은 글을 쓰지는 않았지만, 언론에 글을 쓸 때도 책임성을 높이려고 실명 비판을 했다. 개인이 아닌 공적인 행위에 대한 비판이므로 상대방이 반박을 해주면 풍부한 논쟁이 될 텐데 아쉽게도 그런 일은 없었다. 실명 비판에 익숙해져야 성숙한 토론 문화가 생길 것이다.

우리 노동운동에 아직 그런 문화가 자리 잡지 못하다 보니 나는 독한 소리 잘하고, 싫은 소리만 골라 하는 '왕따'가 되었다. 물론 정파 조직에 속해 있지 않다고 우스개로 둘레에서 부르는 소리지만, 그 소리가 듣기 좋을 리는 없다. 조금만 타협하면 나도 조직의 보호를 받으면서 간부 자리 하나쯤 얻을 수 있고, 생계가 어려우면 어떻게든 자리를 마련해주는 끈끈한 조직들이 있지만, 그런 이유로 조직에 들어갈 수는 없지 않은가?

잘난 척을 하는 것이 아니다. 나는 노동운동을 시작하면서 그 흔한 학습 한 번 해보지 않았고, 그런 제안도 모두 거절했다. 학생운동 출신들이 노동운동을 가르친다며 하는 말과 행동들이 무척 거슬렸고, 그런 사람들과는 같이 일을 하지 않았다. 시쳇말로 '독고다이' 기질이라고 할까. 그들이 가진 노동자에 대한 우월감이 싫었고, 대학을 다니지 못한 죄로 그들을 무조건 경외하는 노동자들의 비굴함도 싫었다. 지금도 똘똘한 조합원이 보이면 학생운동 출신의 활동가가 이리저리 선을 대서 조직에 가입시킨다. 이렇게 접근해 학습시키고, 자신의 조직원으로 포섭한 다음 선거에 내보내 조직 권력을 장악한다. 이 책 안에서도 여러 차례 강조했듯 민주노총 안의 보이지 않는 권력들, 선출되지 않아 견제 대상도 되지 않는 숨은 관료 권력들을 정리해야 조직이 산다. 그들이 저지른 해악이 너무나 크기 때문이다.

먼저 민주노총의 첫 총파업 얘기부터 해야겠다. 1996년 한국 사회를 흔든 총파업은 순식간에 수요 파업으로 전환되면서 그 투쟁의 막을 내렸다. 현대자동차라는 대기업 노조의 요구 때문이다. 그 위원장은 정파 소속이다. 결코, 혼자서 결정 내리지 않는다. 투쟁이 약해지면서 조직은 선거로 방향을 틀었고, 원래 성향도 온건한 권영길 후보의 '국민과 함께하는 노동운동' 슬로건이 민주노총의 전략 구호가 된다. 그는 총파업을 팽개치고 갑자기 대통령 후보가 되었다. 현대자동차 노조의 정갑득 위원장도, 권영길 위원장도 모두 혼자서 내린 결정이 아니다. 그 결정을 한 정파 조직이 분명히 있다. 모두 그걸 안다. 알면서도 아무도 말하지 않는다. 그래서 평가도 대상도 주체도 없다. 왜냐하면, 정파는 정파일 뿐 공식 조직이 아니기 때문이다. 결정과 행동은 정파가 하는데, 비판은 선거 대책 본부나 파업을 철회한 민주노총 전체가 받게 되는 것이다.

그뿐이었나. 함께하기로 한 조직과 사람들이 노동자 후보인 권영길을 뽑아놓고 김대중에 대한 비판적 지지를 공공연하게 주장하는데도 이를 평가하지 않는다. 왜? 실제는 있는데 실체가 없기 때문이다. 이들은 그래서 정파의 이름으로 행동하지 않고 정파 뒤에 숨는다.

김대중을 지지한 이들의 행위를 조직이 평가하지 않고 넘어가니 김대중 정권과 투쟁하지 않고, 오히려 정권의 품으로 날아가는 변절자들이 생겼다. 나는 민주당이나 평민당 인사들처럼 일관되게 김대중의 편에 있다가 자리를 찾는 사람들을 비판하지 않는다. 우린 그들과 갈 길이 다른 것일 뿐, 인간적으로는 오히려 민주노총의 관료보다 나은 사람들도 많다. 문제는 우리 안에 있는 박쥐들인 것이다. 김대중과 노무현 정권 때 얼마나 많은 노동운동의 고위 간부들이 조직을 팔아 떠났는가. 이들 대부분이 벽제파(민주노총 고위 간부 중심의 우파조직) 소속이라는 걸 다 알면서도 아무도 비판하지 않는다.

그렇게 노동자를 배신하고 떠난 이들이 지난 10년 정권 동안 혜택을 누리고 잘살다가 이제 이명박 정권에서 탄압을 받는다고 주장하며 촛불을 드는 것을 보면 때론 역겹기도 하다. 정리해고와 비정규직법을 만들고 통과시킨 정권에서, 노동자 팔아 자리를 보전해놓고 이제 민주 투사 명예까지 받고 싶은 것인가.

민주노총 중앙 권력의 정파 집권 역사를 잠깐 훑어보자. 민주노총의 초대 위원장과 사무총장이었던 권영길, 권용목은 뚜렷한 정파색은 아니었다. 조직을 세우면서 두루두루 추대 형식으로 세운 지도부였고, 정파들도 그렇게 색깔을 드러내지 않았다. 2대는 나와 고영주였는데, 이때는 상대 후보였던 정갑득 위원장이 이미 우파의 후보로 출마했다. 산별연맹 위원장과 지역 본부 위원장들이 정파색을 드러내며 행동을 같이했다. 나는 '현장파'로 분류되긴 했지만, 그냥 개인이었기 때문에 무슨 정파의 후보라는 소리는 하지 못했다. 3대 위원장 단병호와 사무총장 이수호는 단독 출마로 당선되었다. 단병호 위원장은 중앙파 소속이었지만 이수호 총장은 정파의 후보로 나온 건 아니었다. 2001년 4대 위원장 선거부터 정파 선거가 본격 시작된다. 우파는 강승규와 이석행을, 중앙파는 단병호와 이홍우를, 좌파연합으로 유덕상과 윤성근이 출마했다. 좌파 후보들은 범좌파 연합으로 약간 성격이 다르지만, 우파와 중앙파의 후보들은 개인이 아닌 정파의 책임하에 출마한 것이다. 1차에서 강승규 · 이석행이 1위, 단병호 · 이홍우가 2위로 올랐으나 결선 투표에서 단병호 위원장이 당선된다.

2004년에는 재미있는 것이, 3대 사무총장을 지낸 이수호와 이석행이 우파의 후보로 나온다. 중앙파인 단병호 위원장과 러닝메이트를 했던 사람이, 이번에는 조직을 바꿔 우파의 후보가 되어 맞서게 된 것이다. 나는 사실 이런 지점을 비판하고 싶다. 노동운동의 정파가 이념보다는 권력으로 이합집산한다는 걸 보여주기 때문이다. 우파와도 후보가 되고, 좌파와도 후보가 될 수 있는가? 적어도 정파라면 정치 지향과 노선이 중심이 되어야 하는데, 이게 제대로 된 정파인가?

어쨌든 중앙파는 좌파와 후보 연합을 해서 유덕상 · 전재환이 출마했는데, 이수호 · 이석행 우파 후보가 당선된다. 우파는 지난번 위원장 후보로 출마시켰던 강승규를 부위원장으로 당선시켜 수석 부위원장에 임명한다. 그러나 2005년 10월, 강승규가 수천만 원의 금품을 받은 혐의로 구속되면서 이 집행부는 사퇴한다. 정파의 해악이란 바로 이런 것이다. 강승규는 개인이 아닌 정파의 후보였다. 그러나 정파는 실체가 없으므로 책임지지 않는다. 결국, 책임은 공조직인 민주노총이 져야 한다. 임원 사퇴와 비대위로 조직을 초토화시키고도 강승규를 내보낸 우파는 사과도, 책임도 없다.

책임을 안 지는 정도가 아니라 뻔뻔하게도 다시 선거에 나온다. 2006년 선거에서 우파는 조준호 · 김태일을 후보로 냈고, 중앙파는 좌파와 연합 후보로 김창근 · 이경수를 내는데 우파가 또 당선된다. 이미 대의원 수가 많기 때문이다. 아무리 잘못을 저질러도 당선되면 그뿐이다.

더구나 2007년 선거에서는 1년 3개월 전 강승규 비리 사건으로 물러난 사무총장 이석행이 다시 위원장 후보로 나온다. 우파가 이석행 · 이용식을 후보로 내보낸 것이다. 중앙파는 좌파와 연합하지 않고 양경규 · 김창근을 후보로 냈고, 좌파는 조희주 · 임두혁을 내보냈다. 또다시 대의원 수에서 우월한 우파가 당선된다.

그러나 이석행 위원장은 2009년 2월 감옥에 있는 상태에서 조직 강화 위원장의 조합원 성폭행 사건으로 옥중 사퇴를 하게 된다. 우파의 조직원인 성폭력 가해자는 경기도에서 정파의 핵심 노릇을 했던 사람이고, 민주노총의 중앙으로 우파가 올려 보냈다.

사고가 보고된 이후에도 민주노총을 장악한 우파는 이를 쉬쉬했고, 자신들의 조직원인 그를 비호했다. 결국 그 정파 이기주의가 민주노총에 핵폭탄이 되어 떨어졌고, 지금 민주노총이 이 모양이 되었다.

간선제는 이렇게 선출되지 않은 권력인 정파들이 민주노총을 마음대로 휘두를 수 있는 제도다. 어떤 사고를 쳐도 묻어두고, 덮어두고 자신들이 가진 권력으로 끝까지 보호한다. 다시 권력을 잡으면 그만이니 반성이나 책임 따윈 필요도 없다. 권력을 잡으니 자기 조직원들을 모든 자리에 앉힐 수 있고, 이는 다시 권력을 재생산하는 데 너무나 좋은 구조가 된다.

나는 반성 없음과 계급의식 부족, 권력 지향, 패권주의, 비리 등의 문제로 우파가 더는 민주노총의 선거에 나오면 안 된다고 생각한다. 그렇게 주장을 펴왔다. 그러나 우파는 끄떡도 않는다. 왜냐하면, 그 권력이 너무도 좋기 때문이다. 그들은 자신들이 당선되는 자체가 실력이라고 주장한다. 그러면 선거로 집권한 이명박도, 쪽수로 모든 걸 밀어붙이는 한나라당도 모두 실력이니 인정해줘야 하는가. 우파가 내세우는 그 대중성과 부지런함과 조직력을 정의로운 투쟁을 위해서 쓴다면 누구라도 실력이라고 인정할 것이다. 그런데 온갖 문제를 저지르고도 계속 선거에 나와서 당선되는 것을 실력이라 하면, 그래도 괜찮다는 얘기인가? 나는 그래서 제도를 바꾸자고 주장하고 있다. 민주노총의 직선제는 그런 문제의식에서 나온 것이다.

간선제인 민주노총은 위원장과 임원들을 대의원 대회에서 뽑는다. 대의원 대회는 예산안과 사업 계획을 세우는 연초 정기 대의원 대회와, 중요한 투쟁이나 급박한 결의가 필요할 때 소집하는 임시 대의원 대회가 있다. 그러나 이런 대의원 대회가 그 기능을 제대로 하지 못하고 정파 간 세력 다툼의 장이나, 요식적인 표결의 자리로 변해버렸다. 심지어 성원이 안 되어 무산되거나 유회되는 일이 다반사다. 지난 몇 년간 대의원 대회가 치러진 상황을 보면, 선거가 있을 때 참석률은 90% 이상이었다. 당선을 위해 정파들이 최대한 참석을 독려하기 때문이다. 이에 반해 중요한 투쟁을 결정해야 하는 대의원 대회는 성원을 채우기가 어렵다. 정파들이 선거 말고는 관심이 없어서 그럴까? 꼭 그렇지만은 않다. 나는 상층의 정파 권력자들과 달리 현장의 조합원이거나 간부인 활동가들은 누구보다도 투쟁의 필요성을 체감하고 있다는 것을 안다. 그렇기 때문에 대의원 대회가 계속 성사되지 못한 것을 꼭 내부의 정파 다툼 때문이라고 볼 수만은 없다. 우리가 중요하게 대응해야 할 또 다른 원인이 있다.

민주노총 위원장을 할 때 총파업을 결정하는 대의원 대회를 앞두고 참석을 독려하는데 조직이 잘 안 됐다. 왜 그런지 확인해보니 회사가 그동안 안 풀리던 문제를 갑자기 그날 협상하자고 제안했다는 사업장, 대의원 대회에 참석하지 말라는 압력을 받았다는 사업장들이 있었다. 아, 이게 단순하게 볼 문제는 아니구나 하는 생각이 들었지만, 제대로 대응하지 못하고 대의원 대회를 연기해야 하나 고민만 했다. 지금 생각하면 참으로 어리석은 행동이다.

민주노총의 중요한 투쟁을 결정하거나, 총파업을 결의해야 하는 대의원 대회를 앞두고, 갑자기 협상을 제안한다거나 하는 사업장은 일단 의심을 해야 한다. 대의원 대부분이 단위 사업장의 위원장이나 연맹 위원장들이다 보니 협상이 들어오면 응할 수밖에 없다. 자연스럽게 민주노총의 대의원대회 참석을 안 하게 된다. 그러나 이것이 의도된 작전이라면 이에 대응해야 한다. 경총이나 전경련에서 민주노총의 총파업 결정을 유보시키기 위해, 산하 사업장에 대의원 대회가 열리는 날 협상을 제안하라는 지침을 내릴 수도 있다. 우리는 이에 대비해서 대의원 대회를 사수해야 한다. 어떤 일이 있어도 대의원 대회를 성사시킬 수 있도록 당일 협상은 모두 미루도록 하는 단일 지침을 내려야 한다. 그리고 대의원들에게 이런 작전에 말리지 않도록 설득하고 대비를 시켜야 한다. 그동안 안 하다가 왜 하필 민주노총 대의원 대회 날 열려고 하느냐, 의도가 뭐냐 하는 말을 할 수 있어야 한다. 그리고 과감히 이를 거부하고 대의원 대회를 성사하도록 해야 한다. 이렇게 안팎의 원인을 살펴서 이를 해결할 때 민주노총의 대의원 대회는 그 위상을 되찾을 수 있을 것이다.

우리를 진보라고 할 수 있을까?

나더러 왜 그렇게 우파를 싫어하느냐고 말하는 사람들이 많다. 적당히 타협하라고도 하고, 거기도 괜찮은 사람 많으니 너무 편견을 가지고 보지 말라고 하기도 한다. 나는 우파여서 싫어하지 않는다. 잘못을 저질렀거나, 원칙을 버린 사람이 공교롭게도 대부분 우파였고, 그렇다면 이건 개인이 아닌 우파 조직의 문제라는 판단이 들었기 때문이다. 내가 우파에 대한 문제의식을 깊게 느끼게 된 데에는 울산의 우파들 역할이 컸다. 물론 현장에는 정말 열심히 투쟁하는 동지들이 많다. 그들에게 누가 될까 싶어 많이 망설이기도 했지만, 누군가는 해야 할 말이라는 생각에 용기를 내서 쓰는 글이다. 개인에 대한 비난이 아니라, 조직에 대한 건강한 문제 제기로 받아들여지기를 바란다.

나는 2000년 국회의원 선거에 낙선하고 나서 민주노동당 동구지구당을 운영하면서 우파의 진면목을 몸소 경험했다. 현장과 달리 지역의 지구당은 우파의 학생운동 출신 활동가 일색이었다. 이들은 자신들의 후보를 선거에 출마시키려고 당내 경선과 본선에 대비하기 위해 주소를 한곳에 몰아넣고, 집단으로 지구당을 옮겨 다니며 당직을 장악한 후 모든 일을 쪽수로 밀어붙였다. 어쩔 수 없이 나를 지구당 위원장으로 동의하긴 했지만, 위원장을 허수아비로 만들려고 했다. 이들의 대표는 울산 동구청장을 지낸 김창현과 이영순 부부였다. 문제는 당선 가능성이 가장 높은 지역인 울산 동구가 노동자들의 밀집 지역인 것이다. 노동자 후보와 이들은 늘 경쟁을 해야 했는데, 그 경쟁 과정에서 보인 이들의 모습은 진보와는 거리가 멀었다.

이영순과 김창현에게는 도덕적인 문제가 있었다. 나는 지구당 위원장 시절, 회사에서 꾸준히 이영순의 도덕성에 흠집을 내는 이야기를 들었지만 어쨌든 같은 당에 있는 처지여서 일단은 당 차원에서 보호했다. 그러다 2002년 지방 선거에 내가 이영순의 뒤를 이어 구청장이 되고 난 후 회사가 제기했던 의혹을 풀기 위해 조사를 했다. 그런데 서류와 행정처리 흔적을 조사 해보니 회사의 말이 사실로 드러났다. 나는 이를 문제 제기했으나 이들은 대꾸를 하지 않았다.

김창현과 이영순이 임기 중에 자신들이 운영하던 대형 학원의 앞과 옆으로 도로를 내 건물의 가치를 높였고 어떤 도로는 사업을 앞당겨서 시행하기도 했던 이 사건은, 결국 시사주간지에 '대형사고'라는 제목의 심층 추적 기사로 보도되어 도덕성 면에서 민주노동당을 곤경에 빠트렸다. 만일 한나라당의 공직자가 이런 행위를 했으면 우리는 사퇴하라고 난리를 쳤을 것이다. 주변의 동지들에게 이들의 얘기를 하며 반드시 문제가 될 것이니 해결해야 한다고 했다. 전임 구청장이자 같은 당 사람을 현직 구청장이 고소 고발을 할 수도 없는 노릇이었다. 당이 해결해주기를 바랐으나 당직을 장악한 우파들은 이 문제를 거론도 하지 않았다. 공개토론회 요청이 1년 넘게 묵살되자 나는 결국 부패방지위원회에 이들을 고발조치했으나, 공소시효가 지났다는 이유로 해결되지 못했다. 일은 더 커져 언론에서는 이영순 의원의 재산누락과 매매과정에 대해 명의신탁 의혹까지 제기했다.

그러나, 조심조심하며 노동자들 눈치를 살피던 우파는 선거를 계속 치르면서 세가 불어나니 이제 노동자를 '지도'하는 위치가 되었다. 문제가 해결되기는 커녕 일부 노동자들은 그들의 충실한 조직원 노릇을 했다. 예를 들어 김창현의 현장 조직원인 현대중공업의 김경득은 지역본부장 선거에 현대중공업 노조가 지지한 후보 대신 자신이 직접 출마한다. 조직의 결정을 어기는 것에 대해 그는 노골적으로 "내년 선거에 김창현이 시장으로 출마해야 하는데, 박준석 후보는 김창현을 지지하지 않기 때문에 자기가 후보로 나간다"라고 말한다. 김경득은 떨어졌지만, 현대중공업 현장은 예전의 민주 대 어용의 구도가 아니라, 바깥의 우파와 현장의 민주세력이 경쟁하고 갈등하는 형국이 되었다. 회사와 싸우기가 더 어려워진 것이다. 이것이 우파가 현장을 장악한 결과였다.

영남위원회 사건으로 구속되었던 김창현은 2001년 석방과 동시에 사면 복권이 되어 2002년 지방 선거에 울산시장 후보로 출마한다. 국가보안법 전과자가 바로 복권되기란 어려운데 운이 좋은 건지 그렇게 출마는 했지만, 민주노총 지역본부가 민주노동당에 제안해서 치르기로 한 조합원 총투표에서 송철호 후보에게 패해 본선에 나가지 못한다. 2004년 국회의원 선거 때는 노동자들의 의견도 듣지 않고 동구 후보로 출마를 선언하고, 민주노동당의 후보로 나간다. 그리고 부인인 이영순은 민주노동당 비례 대표로 국회의원이 된다. 당시 이영순은 비례 대표 후보로 나간다는 말을 지역에서 일절 하지 않았다. 논의 과정도 없이 그냥 조용히 출마를 했다. 나는 이영순이 출마를 선언하면 학원 건물 주변도로 문제를 제기하고 사퇴시킬 생각이었다. 그런데 조용히 출마를 하는 바람에 후보가 되고 나서 문제 제기가 이루어지게 되었다.

그러나 이미 우파가 장악한 당에서는 오히려 나를 징계한다고 난리를 쳤다. 이영순도 아닌 방석수라는 동구지구당 당원이 나를 민주노동당의 중앙당기위원회에 제소했고, 나는 우파에게 온갖 상스런 욕을 들어가며 이 문제를 끝까지 제기했다. 그러나 이영순은 사과하라는 당의 형을 받고 사과 아닌 사과를 한 후 국회의원이 되었다. 공직자로서 공공사업과 이해관계가 충돌할 때는 이를 피해야 한다는 이해충돌회피 노력이란 걸 잘 몰랐다고 한다. 그것조차 모르는 사람이 진보 정당의 국회의원이 될 수 있다는 것인가? 나는 이영순과 김창현을 개인적으로 알지도 못하고 우파의 활동가로서 그들을 보아 왔다. 내가 본 그들은 너무나 문제가 많았다. 계급의식이 부족할 뿐 아니라 정치권력에 대한 욕망이 너무 강해 진보의 가치까지 흔들릴 정도였다.

한 예로 2004년 김창현이 동구 국회의원에 출마했을 때 중공업의 비정규직 하청 노동자 박일수 열사가 분신했다. 선거 초기에는 당과 후보 모두 대책위에 합류해 열사 투쟁을 했으나, 차츰 지역 여론이 불리하게 돌아가자 그는 대책위에서 발을 뺀다. 그리고 대책위에 와서 투쟁을 접을 것을 주장하다 먹히지 않자, 그날로 민주노동당의 깃발은 열사 투쟁에서 사라져버린다. 투쟁이 득표에 해가 될 때 이를 과감하게 접는 모습. 도저히 함께할 수 없다고 생각하고 당 게시판에도 이 문제를 제기했다.

울산의 우파 가운데 구청장 시절 이영순의 비서실장을 했던 송주석은 2006년도에 김창현과 노옥희 울산시장 후보가 경선에 들어가자, 우파 조직원들에게 메일을 돌려 "모든 선거를 다 제쳐놓고 김창현 선본에 결합해라. 노옥희 당선은 우리 조직(울산연합)에겐 재앙이다. 노옥희가 본선에서 이긴다 해도 우리 연합에게는 의미 없는 일이다"라며 경악할 만한 선동을 하다가 들켰다. 일명 '송주석 문건'이라 불리던 그 문건은 우파의 조직관을 고스란히 들여다보게 했다. 정파가 공조직인 당보다 우위에 있는 현실. 민주노동당의 후보가 울산시장에 당선되어도 자신들의 조직에는 재앙이며 아무 의미가 없다는 이들의 인식은 충격적이었다. 그는 이 사건으로 큰 징계를 당했는데, 2년이 지나고 다시 이영순의 남구지구당 사무국장으로 복귀했다. 당에서 징계를 받아도 조직에서는 아무 일 없던 듯 일을 시키니 어떤 조직원이 공조직인 당을 무서워하겠는가. 당에서 쫓겨나면 정파가 건사해주지만, 정파에서 쫓겨나면 갈 곳 없는 신세가 되니 공조직보다는 정파에 대한 충성도가 높아질 수밖에 없다.

이들 우파는 계급의식이 부족해 선거 때마다 '비판적 지지'를 했다. 비판적 지지는 자유지만, 문제는 이들이 민주노동당이라는 당 안에서 다른 당 후보를 지지한다는 것이다. 2002년 대선에서 울산의 우파 조직원이며 당 간부였던 방○○는 노동자들에게 정치 교육을 하는 자리에서 "권영길이 100만 표를 받고 당선은 노무현이 되었으면 좋겠다"는 발언을 스스럼없이 했다. 김창현은 중앙당 간부 최○○이, 토론회에 출연할 사람을 지정해서 보낸 방송사의 공문을 조작해 그가 출연하게 만든 공중파 TV 토론회에서, 권영길 대신 촛불과 효순이·미선이 이야기만 해 당시 노무현 후보의 선거운동을 도왔다는 비판을 받았다(최○○은 이 건으로 징계를 받았다). 그는 동구에서도 민주노동당 대선운동을 하면서 권영길 지지보다 효순이 · 미선이를 위해 모이자는 발언을 주로 하고 다녔다. 효순이 · 미선이 사건과 이로 인한 촛불 집회는 노무현 캠프가 주목하는 이슈였다. 그는 민주노동당의 사무총장 시절 "열린우리당 2중대면 어떠냐"는 말을 해서, 계급의식 부족을 드러냈고, 당의 정체성을 혼란스럽게 했다.

이 밖에도 너무나 많은 문제가 있지만 하나하나 다 말하기 어렵다. 내가 울산의 우파들을 보면서 걱정했던 건, 과연 저게 우리가 집권한 후의 모습이라면 어떨 것인가였다. 우리를 진보라고 할 수 있을까? 우리를 민주라고 할 수 있을까? 나는 절대 아니라고 보았다. 그래서 계속 이들의 문제를 지적하고 제기하고 때론 격렬하게 싸우기도 했다. 물론 나는 혼자고 저들은 조직이기 때문에 불리한 싸움이다. 나를 욕하는 입은 백 개인데, 내 입은 하나이니 이상한 소문에도 휩싸이고 그랬다. 내가 음주운전을 해서 사람을 죽일 뻔했다느니, 젊은 여자와 돌아다닌다느니 하는 말들도 그 조직원들 입에서 들었다. 인정하기 싫지만, 우리 운동의 수준이 그렇다는 걸 깨달았다. 이 밖에도 너무나 많은 문제들이 있다. 구청장 시절 우파들은 나를 탄핵하려다 실패하기도 했고, 노동자들과 계속 갈등하고 대립했다. 지역에서 이런 문제를 두고 싸우다 보면, 과연 한나라당이 적인지, 이들이 적인지 혼란스럽기까지 했다.

물론 지금도 노동운동과 정치운동 안에서 이 문제는 계속되고 있다. 당에 있을 때 전국의 곳곳에서 지역마다 제기되는 문제들을 보면 울산의 우파들과 똑같은 행태가 일어나고 있었고, 상식적인 당원들과 조합원들이 이에 대한 문제 제기를 계속하고 있었다. 민주노총의 자정 노력도 어쨌든 내부에서 계속 시도되고 있기는 하다. 직선제는 그런 방안 중의 하나였다. 그런데 현 임성규 위원장이 이석행 사퇴 후 비대위를 맡으면서 솔솔 직선제 연기를 흘렸다. 그러더니 우파와 담합해서 정식 위원장이 되어서는 직선제 연기를 '신념'을 가지고 추진해서 그예 주저앉혔다.

노동자들의 계급적 자각

예전에는 노동자와 함께했던 시민사회 단체들이 국민의정부와 참여정부 들어서면서 노동자들에게 많이 등을 돌렸다. 자신들의 눈높이에서는 괜찮은데 노동자들과 불화하고 있으니 선뜻 함께하지 못한 것이다. 시민사회의 의제와 노동운동 진영의 의제가 갈리게 된 것은, 민주주의와 진보의 색채를 띤 개혁 정권의 등장과, 계급적인 면에서 이들과 근본적으로 대립할 수밖에 없는 노동자들의 처지 때문이다.

사회 전반의 보수화와 신자유주의 체제가 깊어지면서 노동자들은 사회적으로 계속 고립되었다. 노동자의 투쟁은 '배부른 투쟁'으로 공격당하고, 노동자 내부는 정규직과 비정규직으로 갈라져 그 안에서 또 다른 소외와 차별의 문제가 제기되고 있다. 비정규직은 아무 지원도 없이 혼자 내동댕이쳐져 싸우는데, 정규직은 탄압을 피해 민주노총이란 테두리에 숨어 있는 기이한 구조가 되었다. 지난 10년 정권을 거치면서 나는 아무도 노동자를 대변해주지 않는다는 것을 경험했다. 우리는 이들 국민의정부와 참여정부가 근본적으로 노동자 계급과 함께할 수 없다는 걸 확인하는 데 지난 10년을 허비했다.

나는 이런 시기에 가장 필요한 건 노동자들의 계급적 자각이라고 생각한다. 국회의원이 10명 넘어 20명이 된들 노동자들을 위한 법을 만들기 어렵다. 국회의원 과반수를 확보하면 정리해고법을 바꿀 수 있을까? 나는 어렵다고 생각한다. 재벌들이 로비해서 국회의원 몇 명만 빼내면 불가능하다. 국회의원의 6, 70%를 장악하는 게 불가능한 구조에서 정치권력에만 목을 매어서는 안 된다.

요즘은 '계급' 이란 말을 입에 올리면 아주 편협하거나 시대착오적인 사람 취급을 받는다. '노동자' 란 말은 떨떠름하긴 해도 받아들이긴 하지만 여전히 무언가 불온한 찜찜함이 남아 있다. '근로자' 란 단어를 사용하면 책에도 나오고, 법에도 나오고 정부에서 권장하는 말이니 심심한 반응이다. 그러나 일상에서 잘 쓰지 않는다는 단점이 있다. 마지막으로 '일하는 사람들' 이란 말은 그다지 반감도 없고 부드럽게 둥글려진 단어라 거부감이 없다.

민주노동당은 '노동자의 희망 민주노동당' 이 아니라 '일하는 사람들의 희망 민주노동당' 이다. 사장도 일하고 사원도 일한다. 주인도 일하고 종업원도 일한다. 그럼 민주노동당은 누구의 희망인가. '땀 흘려 일하는 사람이 주인 되는 사회' 를 민주노동당은 말한다. 사장도 땀 흘려 일하고, 사원도 땀 흘려 일한다. 사장은 사우나에서 땀 흘리며 그걸 일이라고 여기고, 어떤 사장은 골프장에서 나이스 샷을 날리고자 땀을 흘린다. 어떤 종업원들은 사장이 골프장에서 땀 흘리는 것도 회사를 잘 되게 하기 위한 경영 활동의 하나이기 때문에 일이라고 생각한다. 그러면 민주노동당은 땀 흘려 일하는 사장의 희망인가.

'일하는 사람' 을 한자말로 표현한 것이 '노동자' 인데 우리의 시대와 역사는 '노동' 을 불온함과 편협함의 대명사로 만들어버렸다. 원내 10석을 얻은 진보 정당도 '노동' 이란 말을 앞세우지 못할 정도로, 그래서 '일하는 사람들의 희망' 이라는 아주 건전하고 순박한 단어의 조합을 내걸 정도로 타협하게 만들었다.

우리 내부의 이런 분위기는 오랫동안 목적의식을 가지고 계급운동을 하지 않고, 지표 없이 운동해온 결과다. '노동' 이나 '계급' 을 입에 올리면 시대에 뒤떨어진 편협한 좌익 소아병 환자 취급을 받는 것은 민주노동당 안에서도 마찬가지다.

계급에 대한 정의를 다시금 내려볼 때다. 계급적 자각과 연대를 통해 계급의식을 방해하는 그릇된 정파의 활동을 몰아내고, 진짜 노동자들의 조직으로 민주노총을 만들어야 한다. 그래야 우리는 혁신할 수 있다.

에필로그

남기고 싶은 사람들

김임식–또 다른 나를 보는 것 같은

김임식 형은 현대중공업의 10대 위원장을 한 사람이다. 중공업에 노동조합이 생기기도 전, 산재 환자들을 모아서 회사와 싸우는 사람들이 있었다. 노조가 없을 때 회사를 상대로 싸우는 것은 불가능한 일이었다. 자기가 산재를 당해도 싸우기 어려운 시절에 사람들까지 모아 투쟁한다는 것은 어려운 일이었는데, 임식 형은 회사 밖에서 산재협의회를 만들어 싸우다 회사에 찍혀 복직하지 못했다. 1987년에 노동조합을 만든 동지들이 구속되고 해고되기 시작할 때 이들의 뒤를 돌볼 사람이 절실하게 필요했는데 임식 형은 그런 역할을 해주었다. 1994년 68일 투쟁을 함께하다 감옥에 갔고, 1997년 10대 위원장으로 당선되었을 때 노동법 개정 투쟁을 하다 감옥에도 갔다. 그는 원칙을 강조하는 곧은 성격 탓에 조직이든 개인이든 가리지 않고 쓴소리를 잘한다. '맑은 물에 고기 없다' 는 말처럼 쓴소리를 듣기 싫어하는 사람은 그의 곁에서 멀어진다. 나와 비슷한 유형이다. 그래도 굽히지 않고 사는 모습이 좋다. 누구보다 속정도 깊고.

이성도–거침없고, 숨김없고, 줏대 있었던

1990년 두 번째 징역을 살 때, 부산의 대우정밀 노동조합 위원장이었던 그를 처음 만났다. 대우정밀은 총을 만드는 군수 사업체라 파업이 불가능한 곳이었지만, 그는 실정법이 아닌 운동의 원칙으로 파업을 강행했다. 성격이 워낙 거침이 없어서 다른 사람들이 "파업하면 총 들고 나올 사람"이라고 할 정도였다. 감옥을 나온 후 1993년 부산에서 열린 영남권 메이데이 행사에, 대회 위원장인 그가 내게 집행위원장을 맡아 사회를 봐달라고 부탁해왔다. 그는 대공장 출신 골리앗 전사가 위원장인 자기 밑에서 사회 보라면 거절할 줄 알았는데 수락해 주어 고맙다고 했다. 5년 후 민주노총 위원장이 되고 이번에는 내가 그를 조직강화 위원장으로 불렀다. 주변의 동지들이 안 올 것이라 했지만 그는 바로 승낙하고 올라와, 민주노총 위원장 시절 가장 친한 동지이자 친구로 함께 보냈다. 둘 다 홀아비였던 터라 한집에서 식구로 살았다. 그는 가장 가까운 동지이면서 언제나 나를 긴장시킨 비판자였다.

그런데 2003년, 겨우 마음에 맞는 짝을 만나 행복한 결혼을 한 지 한 달도 안 되어 불의의 사고로 목숨을 잃고 말았다. 솥발산공원묘지에 그를 묻으며 추도사를 해달라는데 입이 열리지 않았다. 가슴이 아프다는 말이 이런 것이구나, 슬프면 정말 아무 말도 할 수가 없구나 하는 걸 나는 이성도의 장례식에서 느꼈다. 결혼식 사회를 봐달라 했는데, 늦게 가는 바람에 약속을 못 지킨 일이 그렇게 후회스러울 수가 없었다. 그에게 해주지 못한 모든 게 지금도 한으로 남아 있다.

권용목–지켜주지 못해 미안한

나는 권용목이 죽은 후 언론에 그의 운명이 참으로 가혹하다고 기고했다. 문상을 하자는데 뉴라이트로 간 권용목의 장례식에 차마 갈 수가 없었다. 권용목에게는 미움보다 원망이 크다. 혹시라도 다시 돌아와 불명예를 회복했으면 하는 일말의 기대가 아직 내게 있었나 보다. 권용목이 어떻게 노동운동을 떠났는지를 알기 때문에 '생계형 변절'이라고 여기고 그냥 개인적으로 안 보고 살았지만, 이 당 저 당 옮겨다니다 결국 정몽준에게 굽실대는 데까지 이르니, 왜 다른 놈들처럼 대충 표 안 나게 해서 먹고살지 못하고, 저렇게 극단으로까지 가야 하나 싶었다. 그러면서도 계속 형편이 어려워 해외로 보따리장사를 다닌다는 소리를 들으니, 남들은 변절하고 가면 떵떵거리고 돈이라도 챙겨 잘사는데 그마저 못할 위인이 뭐 하러 갔나 싶어 화가 나기도 했다. 몇 번이고 전화를 할까 하다가 결국 하지 못했다. 언젠가 만나서 서로 허심한 얘기를 할 날이 올 거라고 생각하다가, 뉴라이트에 간 후로는 이제 같은 땅에 살아도 만날 일이 없겠구나 했는데, 어느 날 갑자기 죽었다는 것이다. 마음이 복잡했다. 그를 보내고 나를 돌아보니 나도 그와 똑같이 해고된 노동자에다, 가진 것, 배운 것 없고, 조직도 없다. 노동조합이 아니면 내가 설 자리가 없는 것이다. 1998년 이전의 권용목처럼 사는 건 힘든 일이다. 하지만 1998년 변절에 들어선 그 이후의 권용목처럼 살지 않는 것도 사실 힘든 일이다. 스스로 떠난 것이 아니라 지켜주지 못해 잃어버린 소중한 노동자, 다시는 제2의 권용목이 생기지 않았으면 좋겠다.

단병호–애정과 미움이 교차하는

단병호 위원장에게는 양가감정이 있다. 나는 단 위원장을 비판하고 때론 욕도 하지만, 남이 단병호 위원장을 욕하는 것은 싫다. 왜 그런가 내 마음을 들여다보니, 내게 단병호는 개인이 아니다. 그는 노동운동을 하는 사람들에게 신화였다. 단병호는 우리들의 또 다른 신화 '전노협' 그 자체였다. 전대협 의장이었던 임종석의 사진을 품고 다녔다는 여학생들처럼, 그 시절 현장의 간부들은 단병호 위원장의 사진을 책상에 두고 볼 정도였다.

비대위, 민주노총, 금속연맹 위원장 시절 그가 한 일들에 대해 때로는 정면에서 반박하고, 때로는 배신감에 분노하기도 했지만, 누가 그를 무시하거나 대접하지 않는 것은 용서할 수 없다. 노동자의 대표를 함부로 하는 것은 노동자를 무시하는 거란 생각이 들어서다.

구청장 시절, 민주노총 위원장을 끝낸 그가 혼자 울산에 내려왔다. 횟집에서 술을 마시는데 자기 처지에 대해 허심하게 얘기를 했다. 민주노총 위원장까지 했지만, 돌아갈 사업장이 있는 것도 아니고, 다른 일을 할 수 있는 것도 아니라 답답하다는 것이다. 노동자는 민주노총 위원장을 해도 갈 곳이 없구나, 생각하니 서글펐다. 그가 많이 미울 때였고, 내가 자기를 어떻게 생각하는지 그도 잘 알지만 노동자로서 그의 불안과 답답함이 충분히 이해가 됐다. 나도 구청장 마치면 바로 닥칠 일이었기 때문이다. 국회의원 임기를 끝내고 다시 똑같은 고민에 빠져 있을지 모를 그에게, 노동자로 새로운 길을 가기를 응원하면서, 건강한 비판자로 함께하길 바라는 마음이다.

박선태–고맙고 자랑스러운

박선태를 내가 남기고 싶어 하는 이유는 노동운동을 떠났지만 다른 차원의 노동운동을 하고 있는 특별한 동생이어서다. 나는 선태를 대전 교도소에서 처음 만났다. '대전 옥투위' 라고 예전에 대전에서 징역을 산 '깜빵 동기' 들 모임이 있는데 지금도 가끔 모여서 즐겁게 논다. 출신들도 다양해 지금은 의사가 된 최연소 장기수 강용주나 문광명, 양준홍, 신승철, 신하송, 고영주, 이경걸, 배종렬 의장님, 서재일, 안길만, 이준경, 전균, 박현정, 이연백, 김점수, 구자현 등이 다양한 곳에서 다양한 일들을 하고 있다. 선태는 대부분 학생운동 출신들이 주류였던 감옥살이에 얼마 안 되는 노동자여서 나와 무척 친하게 지냈다. 그때 노동자 중에서 가장 긴 4년 6개월을 받아 살고 있었다. 키친아트로 유명한 인천의 경동산업에서 분신한 노동자가 있었는데 이를 '방조' 했다는 죄로 그렇게 긴 형을 받은 것이다.

그래도 굴하지 않고 누구보다 부지런하고 노동자답게 징역을 살았다. 석방된 후에 복직 투쟁을 하다 망한 회사를 노동자들과 함께 자주기업으로 만들어 지금 너무나 잘 운영하고 있다. 본인은 이제 노조 사람이 아니라고 하는데, 지금도 지역에서 노동자들을 음으로 양으로 도우면서 살고 있다. 명절이면 기륭전자나 KTX 용산 현장, 해고자들처럼 힘들게 싸우고 있는 동지들을 직접 찾아다니며 선물을 챙겨주는 것도 잊지 않는다. 얼마나 고맙고 자랑스러운지 모른다.

김진균–보고 싶고 또 보고 싶은

사람마다 장점이 있으면 단점도 있기 마련인데 내가 만난 김진균 선생님은 단점을 찾기가 어려웠다. 학식이 풍부한데도 늘 겸손하셨고, 운동에서도 원칙을 벗어나지 않으신 데다, 외모마저 배우처럼 잘생긴, 흔치 않은 분이었다.

내 결혼식에 주례를 부탁했더니 너무 좋아하셨다. 아내도 김진균 선생님을 잘 알고 있던 터라 누구보다 우리의 결혼을 축하해주셨는데…… 더 이상 볼 수가 없다. 요즘 같은 때, 곁에만 계셔도 힘이 될 텐데, 완벽한 그에게 단 하나 부족한 게 '명'이었나 보다.

1999년 남북노동자 축구대회 결승전이 잠실에서 열렸을 때, 울산에서 딸 은주가 올라왔다. 딸은 몰래 연애 중이던 지금의 아내와 함께 있었는데, 선생님이 저녁을 사주신다고 우리를 좋은 고깃집으로 데려가는 것이다. 저녁을 잘 먹고 집으로 가야 하는데, 우리의 연애 사실을 모르는 선생님은 한사코 아내를 데리고 가셨다, 딸이 오랜만에 왔으니 아빠랑 시간을 보내도록 빠져줘야 한다며. 말릴 수도 없고, 밝힐 수도 없어 할 수 없이 헤어졌다가 다시 만났다. 나중에 이 사실을 아시고는 내가 그렇게 눈치가 없었다며 두고두고 웃으며 회상하셨는데, 이제 그 웃음을 볼 수 없다니 뭐라 말할 수 없이 슬프다.

차봉천–노조밖에는 몰랐던

차봉천 위원장을 생각하면 나는 '차고집'이 떠오른다. 노동운동을 하는 동지들이 대부분 고집이 세지만, 차봉천 위원장은 누구보다도 고집이 센 분이었다. 자기 주관과 운동에 대한 열정이 넘쳐, 주장을 굽히거나 타협하지 않았고, 또 남에 대한 비판도 주저하지 않고 직설적이었다. 그런 분이니 고분거리고 굽실거려야 하는 공무원 생활을 버리고,

노동조합을 만들었을 것이다.

구청장 시절 몇 번이나 찾아오셔서 노동자들의 걱정을 하며, 함께 일하자고 설득하던 모습이 생생하다. 그 양반도 나처럼 노동운동밖에 몰랐다. 암에 걸린 후에도 그 힘든 항암 치료를 하면서도 노조 생각뿐이었다. 자신이 해야 할 역할을 쉬지 않고 하셨다. 공무원들이 모이는 자리는 불러만 주면 어디든 가고, 노조가 바로 서야 한다며 원칙에 벗어나면 거침없이 하이킥을 날렸다. 존경하고 사랑했던 분인데 이 땅에서 다시는 볼 수가 없다.

나 개인으로는 고마운 인연도 있다. 아내가 서울에 취직해서 방을 구할 때 우연히도 차봉천 위원장님 동네여서 열 일 제치고 나서서 어렵게 집을 구해주셨다. 서울에 오면 한동네 사람이라 자주 만나 의논도 하고 병세도 살피고 했는데, 괜찮다, 괜찮다 하시다 결국 못 이기고 떠나셨다.

언젠가는 떠날 줄 알았지만, 막상 돌아가셨단 소식을 들으니 문상 가는 발걸음이 무거웠다. 영안실에 안치하기 전 마지막 모습을 뵈었는데 얼굴이 편해 보이지 않는다. 먼 길 가면서도 후배 공무원 노동자들이 염려되어 발걸음이 무거우셨나 보다. 부디 영면하시길……, 하늘에서라도 우리 노동자들 도와주시길…….

김주익–골리앗의 외로웠던

내 별명은 '골리앗의 외로운 늑대' 다. 1990년 골리앗 투쟁에서 얻은 별명이다. 그러나 나보다 이 별명이 더 어울리는 사람은 한진중공업의 김주익이다. 128일 투쟁 때 우리는 저녁마다 내일은 무슨 내용으로 조합원을 끌고 가야 하나 고민했다. 말이 128일이지 너무나 긴 시간이었다.

그런데 그 긴 시간을 김주익은 혼자서 아무도 없는 골리앗에서 보냈다. 하늘 위에 고립되어 그 긴 시간을 보냈을 김주익을 생각하면 눈물이 흐른다. 김주익 동지의 소식을 들었을 때가 구청장을 할 때였는데, 아무것도 해줄 수 없어 혼자서 5일 동안 단식을 하며 김주익을 떠나보냈다. 129일을 그 위에서 혼자 보내다가 목을 맬 동안 내가 아무것도 하지 않았다는 사실이 견딜 수가 없었다. 얼마나 외로웠을 것인가. 나는 골리앗에 수십 명이 함께 있었어도 너무나 외로웠다. 그 고립감이란 말로 표현할 수가 없다. 그런 곳에서 혼자 명절 쇠러 떠나는 조합원들의 모습을 보며 아이들에게 유서를 써야 했던 주익을 생각하면 지금도 가슴이 터질 것 같다.

얼마 전 한진중공업 정규직 노동자들이 비정규직 동지들과 함께 집회를 한다는 소식을 들었다. 하늘에서 김주익이 지켜주고 있구나 하는 생각이 들었다. 중공업 정문에서 해고자 농성을 하고 있던 2001년에, 우리 농성장을 찾아와 위로해주던 그 선한 얼굴이 떠오른다. 골리앗의 외로웠던 늑대, 다시는 볼 수 없는 착한 노동자.

이소선–조용히 내 발을 만져주시던

구청장에 취임하면서 이소선 어머니께 취임식 축사를 부탁드렸다. 어머님은 당장에라도 오고 싶어 하셨는데, 당뇨가 심한 데다 몸이 너무 안 좋으셔서, 아내의 후배가 댁에 가서 비행기를 함께 타고 모셔오는 조건으로 겨우 아드님의 승낙을 얻었다.

어머니는 내가 무슨 말을 하냐며 손사래를 치시다가 마이크 앞에 서시더니 훌륭한 축사를 해주셨다. 동구 사람들이 눈이 밝다, 이런 사람을 뽑았으니 동구 사람들은 행운을 얻은 것이라 하며, 노동자 구청장에 대한 확신을 심어주셨다. 그 먼 울산까지 달려와 주신 것만 해도 고마운데……. 전태일의 엄마가 축사까지 해준 구청장은 나밖에 없을 것이다.

부모님이 돌아가신 지 15년째인데, 어머니와 부모님의 연세가 비슷하다. 볼 때마다 내 어머니 생각이 난다. 내 결혼기념일이 전태일 열사의 기일이어서, 겸사겸사 노동절이면 어머님을 찾아뵙고 함께 저녁을 먹곤 했다. 서울에 온 뒤로는 한 달에 한 번이라도 꼭 찾아뵈려 했는데, 약속을 못 지키고 있어 죄송하고, 부쩍 건강이 안 좋아진 어머니를 볼 때마다 가슴이 철렁한다.

1998년 연말 민주노총 위원장 시절, 산별 대표들의 도움을 받지 못하고 혼자 국회 앞에서 농성하던 때다. 텐트도 못 치고 트럭 짐칸에서 단식하다 누워 있으면 조용히 문을 열고 손을 뻗어 가만히 내 발을 만져보고 가시던 어머니. 아마 내 어머니가 살아 계셨어도 이런 마음이었을 것이다. 지금도 만나면 그때 얘기를 하신다. 단식만은 하지 말라고, 노동자들 단식하는 건 정말 못 보겠다고 당부 또 당부하신다.

지금도 동구에는 어머니의 축사를 기억하는 사람들이 있다. 어머니의 안부를 묻기도 한다. 어떤 사람들은 내 친어머니로 생각하기도 하는데, 굳이 부인하지 않는다. 우리 어머니로 모시고 살고 싶은 마음에서다.

온몸으로 겪은 투쟁과 삶이 담긴 책

김경욱 | 전 이랜드 일반노조 위원장

이랜드 투쟁이 한창이던 2008년 봄, 상급 단체인 민주노총의 서비스 연맹은 이랜드 노조와 뉴코아 노조의 파업 1주년 투쟁 결의대회 비용 지원을 거부했다. 작은 단위 노조에서 긴 투쟁을 끌고나가다 보니 늘 돈 때문에 고생이었고, 상급 단체의 지원이 절실했는데 거부를 당하니 막막했다. 왜 지원이 안 되는지 항의하는 내게 연맹의 한 간부는, 사전에 연맹과 충분히 논의하지 않았다는 절차상의 문제와, 행사에 민주노동당에서 분리해 나간 진보신당 대표의 연설이 포함되어 있다는 정치적인 문제를 지적했다.

이미 연맹이 함께하는 공동투쟁본부 회의에서 여러 차례 논의했고, 행사 계획을 사전에 이메일로 보고한 상태였다. 그리고 연설은 진보신당뿐 아니라 민주노동당 대표도 하도록 해서 두 진보정당을 동등하게 배려했고, 연맹을 비롯한 각 사회단체 대표자들도 포함되어 있었다.

화가 나고 기가 막혔다. 문득 1주년 행사를 취소하고 민주노총을 탈퇴해버리자는 충동이 일었다. 실제로 나는 행사 장소로 가는 길에 부천의 한 활동가에게 전화를 걸어 민주노총 탈퇴 절차에 대해 물어보기도 했다. 결의대회는 예정대로 진행되었지만 나는 분노를 다스리기 어려웠다.

결의대회 때 현장에 있던 기자들이 당시 한창이던 '촛불 항쟁'에 대해 물었다. 나는 "절망스럽다"고 대답했고, 이때 보도된 기사가 당시 많은 사람들에게 각성과 상처를 주면서 논란이 되었고 촛불 항쟁이 끝난 후에도 진보 진영에서 회자되었다. 사실 그때 나는 촛불보다 민주노총에 더 절망하고 있었다. 더 정확히는 민주노총과 노동운동을 통해 자신들의 '자리'와 '권력'을 유지하고 있는 사람들에게 절망했다. 그러나 언론에 그런 이야기를 다 할 수는 없었고, 비정규직 문제와 만나지 못하는 촛불과, 막막했던 우리들의 처지를 생각하면서 들었던 느낌을 '절망'이란 단어로 표현했던 것이다.

당시 민주노총에 대한 절망감은 무척 컸다. 하지만, 그때까지도 잘 몰랐다. 내가 감동하고 동경했던 민주노총과 노동운동이 왜 이렇게까지 썩어 있는지, 어쩌다가 정파적이고 관료적인 일부 세력들이 민주노총을 장악한 채 온갖 문제들을 만들었는지, 그런 민주노총이 왜 변하지 못하고 또 그럴 가능성조차 보이지 않는지를.

그런 나의 의문과 고민에 대해 이갑용 위원장이 자신의 경험을 중심으로 해답이라며 이 책을 내놓았다. 가끔 술자리에서 온몸으로 겪은 투쟁과 삶에 대한 이야기를 하더니 어느 날 책으로 엮어 내놓은 것이다. 내가 아는 많은 사람들이 그 이야기 속에 있었고, 읽어보니 그들에 대한 내 생각과 일치하기도 하고 많이 다르기도 했다. 믿기지 않을 만큼 황당하고 재미난 이야기들이 이 책 속에 들어 있었다. 실제 있었던 일이라고 하기엔 너무나 노골적이고 민감하며 야만적이기까지 하다. 그래서 더 재미있다. 다만, 사람들의 이름이 많이 감추어져 있는 것이 조금 아쉽다.

어쨌든 이갑용 위원장은 이 책을 통해 노동운동의 감추어진 종양에 현미경을 들이대고 조직검사 결과를 내놓았다. 검사 결과는 악성 종양이다. 빨리 치료하지 않으면 오래 못 간다. 노동운동을 살려내기 위해서는 단순한 약물치료가 아니라 악성 종양 전체를 들어내는 대수술이 필요하다. 과연 그 수술을 누가 할 수 있을까? 성공할 수는 있을까?

욕망의 시대, 다시 계급을 말하다

이 책은 남편과 내가 처음 만나 지금까지 11년 반 동안 나눴던 얘기를 글로 엮은 것이다. 나는 남편의 얘기를 듣고 거친 노동운동사의 너머에 있는 솔직하고 인간적인 노동자들의 모습을 알게 되었다. 내가 배운 노동운동사의 골리앗 전사들은 모두 투사요, 견결한 혁명가들이었다. 하지만 남편의 얘기 속 그들은 달랐다. 128일 파업을 지킨 건 미처 현장을 빠져나가지 못한 평조합원들, 그것도 힘든 싸움에 술을 마시거나 피곤한 몸을 뉘었다가 지쳐 잠든 아저씨들이었다는 것이다. 비장한 각오와 결연한 의지로 올랐다고 배운 골리앗도 마찬가지였다. 왜 골리앗에 올랐느냐는 물음에 남편은 담담하게 말했다. 그냥 골리앗이 거기 있어 올랐다고. 골리앗이 천혜의 요새인 건 맞지만 그땐 그런 걸 따져볼 겨를도 없었고, 그냥 땅에서는 도망갈 곳도 없고, 빠져나가지도 못하니 거기서 버틸 작정으로 꾸역꾸역 올랐던 것이라고.

머리가 띵했다. 남편은 골리앗 위에서 하늘에 떠 있는 한 점처럼 외로웠다고 했다. 하지만, 저 아래에서는 그들을 세상의 어둠을 밝혀줄 빛나는 한 별로 바라보고 있었다. 그런 바람이 의도하지 않은 미화를 낳았을 것이다. 그러나 아무렴 어떤가. 투사나 전사, 혁명가가 아니었던들, 그들은 거기에 올랐고, 투쟁했고, 결국 노동운동의 역사를 썼으니.

남편은 계급주의자다. 계급 얘기를 하면 촌스런 사람 취급을 받는 요즘이지만 계급은 분명히 있다. '국가' 나 '국익' 이란 말을 믿지 않는 내게 모든 '국민' 에게 이익이 되는 일이란 없다. 어떤 '계급' 에게 이익이 되는 일이 있을 뿐이다. 남북정상회담과 노벨평화상 수상이 세계적인 사건이라고 하지만, 나는 롯데호텔의 여성 노동자들이 개처럼 끌려가고, 대우자동차 노동자들이 짐승처럼 두들겨 맞는 세상에서 평화와 화해를 말할 수 없었다. 진심으로 축하할 수도 없었다. 그러면 안 되는가? 그들이 노동자를 죽이는 것은 정치 행위이고, 이에 대해 저항하는 것은 속이 좁고 편협한 것인가. 나는 우리 사회가 공정해지기를 바란다. 그러려면 기계적인 중립이 아니라 오른쪽으로만 치우친 저울추를 한참은 왼쪽으로 옮겨야 한다. 그래야 최소한의 자본주의라도 제대로 작동될 수 있다. 공정한 경쟁이야말로 시장이 내세우는 원칙 아닌가? 노동자들이 파업할 때 가장 절실하게 요청하는 것은, 노동자 편을 들어달라는 게 아니다. 편은 안 들어도 좋으니 제발 공정하게만 봐달라는 것이다.

이 책은 '계급' 이란 것에 대해 다시 생각해보게 했다. 사람들은 이제 정치적으로 올바른 사람을 찍지 않고, 자기가 욕망하는 대상을 찍는다. 적어도 노무현 시대까지는 상고 나와서 변호사 되고, 혼자 지역감정에 맞서 타협하지 않는 원칙주의자인 그를 찍음으로써 정치적으로 올바른 사람을 뽑으려 했다. 하지만 이제 사람들은 정치적으로 좀 올바르지 않더라도 부자로 살고 싶고, 성공하고 싶은 삶을 욕망한다. 그 욕망의 투영이 이명박이다. 자본이 지배하는 나라, 노동자들이 1000일을 넘겨 2000일을 싸워도 눈 하나 꿈쩍하지 않고, 부박해진 그들은 자꾸 하늘로, 하늘로 오르는 이 시대에 계급적 각성과 연대를 주장하는 이 글은 그래서 의미가 깊다.

남편은 노동운동만이 이 세상을 살릴 수 있다고 믿는다. 여성주의자인 나는 착각하지 말라고 한다. 하지만 그러면 어떤가. 온통 노동자를 없는 존재로 취급하는 이 세상에서 자기 계급에 충실하고, 자기 운동에 신념을 가진 사람이 있다는 건 다행한 일이다. 모두가 노동운동 그런 거 아니라고 욕하고 떠나면 아직 노조 가입도 못한 1400만 노동자는 어떡한단 말인가.

지난 두 계절을 꼬박 남편은 이 책에 매달렸다. 밤잠을 설쳐가며 자신의 경험을 빠짐없이 담으려고 노력했고, 탈고한 후에도 계속 빠트린 것들을 찾아내고 보태느라 신경을 곤두세우고 지냈다. 노동자 당사자의 기록을 남긴 것만으로도 얼마나 중요한 일을 한 것인지, 듬뿍 칭찬해주고 싶다. 함께 산다는 이유로 남편이 쓴 소중한 기록의 첫 독자가 되는 영광을 누렸다. 그가 기울인 노력만큼 좋은 결실이 있길 바랄 뿐이다.

2009년 11월 13일 첫 독자,

아내 이선옥.

현대중공업 노동조합 역사

1987년

7월 21일	권오성 외 50여 명이 모여 어용노조 설립 기습 신고
7월 25일	11인 민주노조 대책위 구성
7월 28일	11인 민주노조 대책위 주도로 어용노조 퇴진 등 17개 요구 사항을 내걸고 56일간 파업
7월, 8월, 9월	**노동자 대투쟁**
8월 14일	2대 이형건 집행부 출범
8월 18일	현대중공업 노조를 포함한 계열사 4만여 명이 울산공설운동장까지 가두시위
9월 2일	임금 협상 결렬로 중장비를 앞세우고 시청까지 가두 진출. 약 14킬로미터 행진
9월 6일	임금 투쟁 관련, 이형건 외 30여 명 구속
9월 12일	이상남, 구사대 차량에 깔려 중상 입음 (1989년 5월 16일 612일간의 사투 끝에 운명)
9월 19일	수습대책위, 조업 정상화 합의서 작성

1988년

2월 11일	3대 서태수 위원장 당선. 다음날 서태수 위원장 교통사고
4월 19일	심재경 직무대행, 임금 협상 직권 조인
12월 12일	총파업 돌입, 89년 3월까지 128일 파업 투쟁 펼침. 해고자 복직과 단체 협상 요구, 어용노조 퇴진 서울 상경 투쟁 펼침

1989년

1월 8일	회사 측, 쇠파이프와 각목 테러 자행
2월 21일	회사 측, 식칼 테러 자행
3월 24일	회사 측, 노동자 55명 무더기 해고
3월 30일	1만 5000명의 공권력 투입. 육 · 해 · 공 입체 작전을 통한 강제 해산
3월 31일	동구 지역 가투 투쟁 펼쳐 4월 10일까지 진행됨
4월 26일	4대 송명주 집행부 출범
8월 12일	임금 협상과 해고자 복직 협상으로 정리

1990년

1월 22일	**전국노동조합협의회(전노협) 결성.**(14개 지역 협의체와 2개 업종별 조직, 600여 개 노동조합 20여만 명의 조합원 포괄)
1월 20일	5대 이영현 집행부 당선
2월 7일	전 조합원 집단 조퇴 후 공판 참석
2월 9일	구속자 석방 투쟁으로 취임식도 못하고 이영현 위원장 구속
4월 25일	골리앗 총파업. 임단협 성실 교섭 촉구 및 노동운동 탄압 중지 요구
4월 28일	공권력 투입(1만 5000명). 육 · 해 · 공 상륙 작전 개시. 골리앗 점거 농성 시작
4월 30일	동구 지역 가두 투쟁 펼침
5월 10일	골리앗 농성 해제
9월 11일	임금 협상 합의

1991년

4월 1일	단체 협상 시작
9월 1일	임금 협상 합의

1992년

1월 24일	6대 이원건 집행부 출범
8월 31일	파상 파업, 잔업 금지 등 준법 쟁의 실시
9월 8일	노사 잠정 합의안 부결(총회)
9월 18일	이원건 위원장 임단협 직권 조인

1993년

2월 11일	해고자 농성 시작
3월 12일	이갑용 24일 단식으로 민주노조 재건
3월 31일	우진범 직무 대행 불신임과 법원의 가처분 결과 부분 승소
5월 26일	7대 윤재건 집행부 출범
6월~8월	현총련 임단투 공동 투쟁 펼침
11월 24일	8대 이갑용 집행부 출범

1994년

6월~8월	골리앗 투쟁과 LNG선상 68일 파업으로 이갑용 위원장과 간부들 구속 (임단협 성실 교섭 요구와 직장 폐쇄 철회 투쟁)
11월 13일	**민주노총 준비위 결성**
11월 29일	9대 윤재건 집행부 출범

1995년

6월 16일	단체 교섭을 협상으로 마무리
11월 11일	**전국민주노동조합총연맹 창립**(866개 노조 41만여 명의 조합원 가입)

1996년

1월 10일	10대 김임식 집행부 출범
4월 26일	단체 협상 시작. 월급제, 임금 투쟁 실시
7월 11일	부분 파업, 잔업 금지 등 실시
9월 20일	잠정 합의안 총회 가결
12월 26일	날치기 노동법 통과 항의 파업

1997년

7월 25일	단체 교섭을 협상으로 정리

1998년

1월 12일	11대 윤재건 집행부 출범
5월 20일	임단협과 해고자 복직 협상 시작
10월 2일	잠정 합의안 총회 가결

1999년

4월 16일	99년도 임금 요구안 발송
7월 15일~19일	쟁의 찬반 투표. 회사 측의 반대로 중단
7월 26일	임금 교섭 조인식
12월 1일	12대 김종철 집행부 출범

2000년

12월 1일 13대 김덕규 집행부 출범

2002년

10월 1일 14대 최윤석 집행부 출범

11월 7일 노동조합이 해고자 강제 청산

2003년

12월 11일 15대 탁학수 집행부 출범

2004년

9월 15일 **현대중공업 노조, 민주노총에서 제명당함**

(사내 하청 노조 故 박일수 열사 투쟁 관련)